当代中国城市发展丛书
Contemporary China Urban Development Series

无 锡

《无 锡》课题组◎著

当代中国出版社
Contemporary China Publishing House

图书在版编目(CIP)数据

无锡 /《无锡》课题组著. -- 北京 : 当代中国出版社, 2017.1

(当代中国城市发展丛书)

ISBN 978-7-5154-0763-0

Ⅰ. ①无… Ⅱ. ①无… Ⅲ. ①城市建设-研究-无锡 Ⅳ. ①F299.275.33

中国版本图书馆 CIP 数据核字(2016)第 305715 号

出 版 人　曹宏举
责任编辑　袁又文　张　瑞
责任校对　康　莹
封面设计　蒋宏工作室
版式设计　姚　洁
出版发行　当代中国出版社
地　　址　北京市地安门西大街旄勇里 8 号
网　　址　http://www.ddzg.net　邮箱:ddzgcbs@sina.com
邮政编码　100009
编 辑 部　(010)66572264　66572154　66572132　66572180
市 场 部　(010)66572281 或 66572155/56/57/58/59 转
印　　刷　北京润田金辉印刷有限公司
开　　本　787 毫米×1092 毫米　1/16
印　　张　19.75 印张　32 插页　插图 79 幅　256 千字
版　　次　2017 年 1 月第 1 版
印　　次　2017 年 1 月第 1 次印刷
定　　价　70.00 元

《当代中国城市发展》丛书
江苏省编写工作指导委员会

《无锡》课题组

课题组组长　李祖坤

课题组副组长　王铭涛　王　燕

课题组成员　汤可可　陶伯华　徐志钧　尤学民
刘韶岭　蔡家彬　苗春阳　汪春劼
冯树洋　曹洪东　郁彩虹　李建华
徐雨峰　张志德　武睿娟

统　　稿　李祖坤

出版前言

城市是一定地域范围内的社会政治经济文化中心，是社会生产力发展到一定阶段的产物，在国家和地区发展中起着主导作用。城市发展的水平是一个国家社会经济发展，特别是工业化程度的重要标志。

我国自古是以农业为主的国家，到近代虽然有了一点机器工业，但工业产值在国民经济中所占的比重很低。相应地，城市发展也十分缓慢。当1949年中华人民共和国成立前夕，建制城市只有132座，城镇人口仅占全国人口的10%左右。

中华人民共和国成立以后，我国进行了大规模的工业化建设，城市也有了较大发展。特别是1978年实行改革开放政策以来，我国国民经济持续快速健康发展，不仅传统工业产业得到大幅度提升，而且高新技术产业和现代服务业也有了显著增强，从而极大地加快了城市化进程，使城市的规模、功能、面貌都发生了日新月异的变化。目前，我国城市化率已达到43%，建制城市已增加到661座，城市在国内生产总值、工业产值及社会商品零售额方面均已占到70%以上，城市在社会主义现代化建设中的作用日益突出。

进入21世纪后，我国经济社会发展呈现出新的态势。一方面，随着21世纪头20年基本实现工业化的进程，我国城镇化水平必定会有新的提高；另一方面，人均资源短缺、生态环境脆弱和社会问题增多等因素的制约，也会使城市发展面临新的严峻的挑战。因此，每个城市通过回顾自己发展的历史，认真总结城市建设与管理中的经验教训，勾画未来发展的蓝图，无论对于探索中国特色城镇化道路、落实科学发展观对城市建设与管理的指导、促进城市建设的健康发展、进一步发挥城市在区域发展中的中心作用，还是对于丰富当代中国史研究和建立中国特色的城市科学理论，都具有积极而重要的意义。正是在这一背景下，当代中国研究所继编辑出版大型丛书《当代中国》之后，又在自己的科研规划中列入了组织编辑出版《当代中国城市发展》丛书的项目，并得到了中共中央书记处的原则批准。

《当代中国城市发展》丛书以我国现有各类建制市为单位设卷，既记述每座城市形成与发展的历史，又从城市功能定位、经济发展，以及城市规划、管理、公共设施、建筑、交通、服务、教育、文化、环境、历史遗产保护等角度总结经验教训，展望发展远景。每卷书的内容大致由这座城市的历史尤其是当代历史的回顾、城市建设中的问题研究，以及城市未来发展的展望等三大部分组成。它既不同于已有的当代地方简史，也不同于城市问题的研究报告，更不是学者个人的学术专著，而是在城市领导机关的主持或支持下，以学术研究为基础，既是面向城市决策者、建设者、管理者、研究者的权威性的科研成果，又是面向广大读者的科学性、普及性读物，是史论结合、篇幅适度、图文并茂、规格统一、装帧精美的系列图书。它不仅可以作为研究城市问题、查询城市信息的参考书、工具书，也可以起到城市名片的作用。

正因为如此，《当代中国城市发展》丛书各卷的写作班子，一般应是由当代史、地方志的学者，城市各方面问题的专家，以及城市规划、建设、管理部门的实际工作者所组成的三结合的写作队伍。每卷书在回顾城市发展的历史和总结城市发展的经验教训时，应当以历史唯物主义的观点为指导，把问题放在一定的历史条件下来分析；在展望城市发展的远景时，应当从实际出发，坚持党的方针、政策，立足国情市情，尊重城市规划部门和其他工作部门的意见，并力求吸收和借鉴当代国外有关城市问题研究的最新成果。书稿写好后，应由城市领导机关或领导机关指定的部门审定。我们相信，只要每卷书在写作中都这样做了，这套丛书就一定可以实现科学性、权威性、普及性的统一，一定会为中国城市化与城市现代化的发展作出自己的贡献。

我们衷心希望全国大中小城市都能积极参与到这一大型图书工程中来，成为《当代中国城市发展》丛书大家庭中的一员。我们热切期盼广大读者为这套丛书的编辑出版提出宝贵的意见和建议，使我们的工作不断改进，使丛书的质量不断提高。

《当代中国城市发展》丛书编委会

2007 年 2 月

江苏部分*序

城市是绵延的文化，是凝固的历史，是人类的家园。江苏历史悠久、人杰地灵、文化灿烂，是中国城市文明的发祥地之一。公元前12世纪泰伯奔吴，播撒了中原文明的种子。在历史的长河中，沧海变桑田，催酿出一座座蜚声中外、令人神往的历史名城：南京以六朝古都、十朝都会著称于世，苏州以园林胜迹、“人间天堂”享誉天下，扬州扼南北漕运之咽喉繁华尽染，徐州历来是兵家必争之地……。城市文化绚丽多彩、交相辉映：吴地文化的精致，金陵文化的温婉，维扬文化的博雅，楚汉文化的雄朴……数千年文脉传承弥新、积淀醇厚。江苏人民以自己的勤劳和智慧，书写了城市发展史上壮丽的篇章。

跨入新的时代，踏上新的征程，江苏城市在改革创新中快速发展，在不断嬗变中追求和谐，在传承历史中活力迸发。全省城市化进程明显加快，大中小城市协调发展，城镇空间布局更趋合理。城市面貌日新月异，古城焕发生机，新城朝气蓬勃，经济充满活力，文化欣欣向荣，环境更加优美，越来越多的市民居住其中、乐也融融。全省有9座历史文化名城、13座国

---

* 江苏参加《当代中国城市发展》丛书研究、撰写的有南京、无锡、徐州、常州、苏州、南通、连云港、淮安、盐城、扬州、镇江、泰州、宿迁13个省辖市，及进入2005年度国家统计局公布的全国百强县（市）社会经济综合发展指数测评前十强的县级市，即昆山、江阴、张家港、常熟、吴江和太仓6市，共19卷，统称“江苏部分”。

家生态城市、20座国家环保模范城市，数量居全国前列。城市的巨大发展与深刻变化，让世人见证一个开放的江苏、发展的江苏，记住一个文明的江苏、美丽的江苏。

“以史为鉴，可以知兴衰。”考察城市的历史，展示城市的发展，审视城市的价值，是为了建设更加美好的家园，创造更加幸福的生活。《当代中国城市发展》丛书江苏部分，记载了江苏19个城市的发展历程，史论结合、论从史出，为城市化发展提供了有益借鉴。在短暂与永恒之间，在变革与激荡之中，我们攫取历史的睿智，倾洒今天的激情，描绘明天的蓝图，将城市建设得更具个性、更有诗意、更富魅力。未来的江苏城市，一定是紧贴时代、创新发展的活力都市，一定是立足高远、不断超越的现代都市，一定是环境优美、文明和谐的幸福都市。借改革之力，聚民众之智，尽我们之能，江苏的城市化道路越走越宽广，更多的城市必将成为“人间新天堂”！

中共江苏省委书记

2010年3月2日于南京

序

城市是经济活动和社会生活的中心，每一个城市都有其自身的成长经历和与生俱来的气质。无锡，就是一座具有独特个性魅力的江南名城。

无锡，是山水之城。大自然赋予了无锡丰富的山水资源，这里山水相依，钟灵毓秀。北有滚滚东流的长江，南有浩浩汤汤的太湖，太湖东翼是绵延逶迤的锡惠山区，北翼是翠屏环抱的峄嶂群峰，湖中屹立着烟雨缥缈的马迹山区。无锡之西南有重峦叠嶂的宜兴山区，腹地平原则点缀着碧如翠螺的阳山、鸿山、胶山、定山、顾山，并交织着密似蛛网的湖荡河流，还有宛若锦带的京杭大运河穿城而过。古人诗曰："湖上青山山里湖，天然一幅辋川图"，"春水满四泽，夏云多奇峰，秋月扬明辉，冬岭秀孤松。"就是对无锡山水的生动写照。千百年来，无锡的山水绵绵不绝地滋润着这座城市的独特气质。

无锡，是文化之城。公元前 11 世纪末，周太王长子泰伯、次子仲雍为让王位南奔梅里（今无锡梅村一带），筑城立国，号称"勾吴"。泰伯带领百姓兴修水利，发展农桑，开创了泽被江南的吴文化，无锡由此成为吴文化的主要发祥地之一。古往今来，无锡这片文化沃土孕育出众多的历史名人和文化巨匠。如古代的陶朱公范蠡，举案齐眉的梁鸿和孟光，画家顾恺之、倪瓒、王绂，千古奇人徐霞客，东林党人顾宪成、高攀龙，四国公使薛福成等。近代无锡更是群英荟萃，以秦邦宪、陆定一为代表的革命家，以荣氏家族为代表的工商实业家，以陈翰笙、孙冶方、薛暮桥为代表的经济学家，以华蘅芳、周培源、钱伟长为代表的科学家，以唐文治、高阳、蒋南翔为代表的教育家，以刘半农、钱穆、钱锺书为代表的文学家，以徐悲鸿、刘天华、华彦钧、程及为代表的艺术家等等，在历史的星空中熠熠生辉。据统计，中国两院院士中无锡籍人就达八十余名。无锡因此而有了“书画之乡”、“民乐之乡”、“教授之乡”、“院士之乡”、“经济学家摇篮”等美誉。还有无锡的紫砂、泥人、锡剧等，这些非物质文化遗产和历史名人、古迹文物、五大历史街区、十大古村落以及现代都市文明交相辉映，形成了无锡城市文化的闪亮名片。

无锡，是创业之城。近代，无锡成为中国民族工商业的重要发祥地。从1895年第一家近代企业——业勤纱厂创办，到1937年抗战前夕，在四十余年的时间里，无锡从一个普通江南小县，一跃成为全国六大工商强市之一，工业生产总值列全国第三，产业工人数仅次于上海，在中国近代化进程中最早完成了跨时代的转型，成为中国近代民族工商业的创业高地。荣德生、荣宗敬，杨宗濂、杨宗瀚，薛南溟、薛寿萱，唐滋镇、唐殿镇以及周舜卿、王禹卿、祝大椿、杨翰西等一大批民族工商实业家，以他们成功的创业实践，共同成就了无锡工商经济的百年繁华，并对整个中国社会的近代化转型产生了巨大的推动作用。新中国建立后，“实业兴邦”的理念引领着无锡经济不断创出新的奇迹。20世纪70年代后期，无锡敏锐地抓住改革开放的第一个历史机遇，大胆探索，创造出一种新型的经济体——乡镇企业，被誉为引领经济发展的“苏南模式”，使无锡当仁不让成为中国乡镇工业的发祥地。无锡进而通过利用国际国内两种资源、两个市场，建设各类经济技术开发区，走出了社会主义市场经济发展的新路，成为现代制造业和商贸服务业并举的国内重要经济中心城市。

无锡，是活力之城。近现代以来，无锡素以充满活力、善于创新而著称，特别是改革开放以后，无锡不断创造了一个又一个令世人瞩目的发展奇迹，很快成为中国东部经济重镇，经济总量、综合竞争力持续多年跻身全国和全省前列。在2005年无锡就率先达到江苏省发布的全面小康社会建设指标要求，并积极推进率先基本实现现代化的探索。近年来，无锡加快了转型发展，积极调整和优化产业结构，加快建设先进制造业基地、新兴产业发展高地、旅游度假胜地，推进人才集聚中心、文化创意中心、商贸物流中心建设，全市物联网与云计算、新能源、新材料、高端装备制造和工业设计、节能环保、生物技术和新医药、微电子、软件和服务外包等战略性新兴产业快速增长，高新技术产业正在成为未来无锡的城市之光。

无锡，是希望之城。改革开放以来，无锡不仅经济实力持续增强，而且城镇化深入推进，中心城市带动战略推动了城市现代化和城乡发展一体化。经过多轮规划建设，无锡的城市规模和综合功能实现了大幅提升，基础设施不断完善。同时，文化、教育、卫生、社会保障等事业协调并进，智慧城市建设走在全国前列。民生福祉持续提升，城乡居民可支配收入位居江苏省前列。生态环境改善成效明显，成为中国宜居城市。围绕我国第一个百年奋斗目标，无锡再扬发展的风帆，将全力推进高水平全面建成小康社会的宏大实践，积极探索开启基本现代化建设的新征程。

无锡，这颗太湖明珠，必将闪耀出更加绚丽的光彩！

《无锡》课题组

2016 年 1 月

目录

历史篇

专题篇

展望篇

历史篇

无锡市古称梁溪、金匮，简称锡，位于江苏东南部、长江三角洲走廊腹地，北倚长江，南濒太湖，东接苏州，西连常州，京杭大运河穿城而过，是太湖流域的交通中枢，被誉为“太湖明珠”。无锡市是江苏省省辖市，全市总面积为4627.47平方公里，境内以平原为主，属北亚热带湿润季风气候区，四季分明，热量充足，降水丰沛，雨热同季，作物种类多样，以稻为主，自古就是中国著名的鱼米之乡。

无锡是一座有着丰厚历史文化底蕴的江南名城，是中国吴文化的主要发祥地之一，历代人文荟萃，才俊辈出。无锡也是中国民族工商业的主要发祥地，素有“小上海”之称。改革开放以后，无锡又成为现代乡镇企业的发祥地。1985年经国家批准为沿海开放城市，经济总量、综合竞争力一直跻身全国和全省前列，是中国东部经济重镇。先后获得中国制造业最具竞争力城市之一、中国大陆最佳商业城市之一、全国重点旅游城市、国家历史文化名城、中国智慧

城市、中国宜居城市、全国文明城市等荣誉称号。

无锡建置沿革的历史脉络十分清晰。三千多年前周太王长子泰伯“三让王位”南奔梅里（今无锡梅村一带），筑城立国，号称“勾吴”，为无锡后世的发展奠定了深厚的经济文化基础。汉高祖五年（公元前202年），无锡正式置县。1949年4月无锡解放之后，分设无锡市、无锡县，1953年无锡市为省辖市。1958年6月无锡市区形成崇安、南长、北塘、郊区四个区。1983年实行市管县体制，无锡市辖无锡、江阴、宜兴三县（后改设为锡山市、江阴市、宜兴市）。1988年设立马山区，1992年成立无锡新区。2000年撤销锡山市设立锡山区、惠山区，撤销马山区，成立滨湖区。2015年底撤销崇安、南长、北塘三区，成立梁溪区，同时设立新吴区。经过多年的沿革，无锡现下辖锡山区、惠山区、滨湖区、梁溪区、新吴区五个区和江阴市、宜兴市两个市（县），2015年底全市常住人口达到651万人。

第一章 历史悠久 底蕴丰厚

无锡地处中纬度地带，全区临近海洋，深受亚热带季风惠泽，四季分明，气候湿润，生长期长，适合稻麦果蔬生长、池鱼饲养。这里地处长江三角洲腹地，南临太湖，北达长江，地形以平原为主，地势低平，水网密布，湖荡众多，青山临城。区域内大运河贯穿而过，有独特的水运枢纽和区位优势，自古交通发达。气候、地貌、水系是影响无锡社会历史经济发展的三个重要自然因素。

▲ 太湖（老照片）

无锡有着悠久的历史和灿烂的文化，有着自身特有的史前文化或史前史，经历过有文字记载以前的原始社会。千百年来，无锡已成为一座风景秀丽的历史文化名城、著名的鱼米之乡、明清以来的经济繁荣之区、近代发达的工业城市。

一、史前时期的无锡

远古时期，太湖流域是我国历史上最早开发的地区之一。早在一万二千年前，与无锡境内的太湖三山岛上已有原始人类，属旧石器时代末期。这是太湖流域至今发现的最早人类活动遗存。三山先民的经济生活以渔猎为主，过着母系氏族公社生活。新中国成立以来，太湖周围与杭州湾以北地区已发现 100 多处新石器时代文化遗址。这一时期的基本特征是农业、畜牧业的产生和磨制石器、陶器、纺织的出现，是原始氏族公社发展过程的一个历史时期，先后经历了马家浜文化、崧泽文化、良渚文化三个原始文化阶段，及以后的马桥文化阶段。

无锡地区的史前文化如何呢？1973 年在今健康桥东堍地层中出土的 1.5 万年前的纳玛象化石、麋鹿角残段，以及 1988 年在黄巷乡南街村出土的一件经人工打制的凹刃刮削器，反映了上万年前无锡自然环境及早期人类在无锡地区活动的遗迹，是无锡地区历史和文化的源头。

无锡鸿山彭祖墩、江阴祁头山、宜兴骆驼墩等遗址，为目前无锡地区发现的最早的新石器时代遗址，距今 7000 年左右。通过对史前遗址、遗迹及遗物的研究，及对太湖流域和沿江地区史前文化情况的比较，无锡新石器时代的序列基本清楚。其发展序列应为：

马家浜文化（约公元前 5000 年）—崧泽文化（约公元前 4000 年）—良渚文化（约公元前 3300 年）。良渚文化中断 500—700 年后进入青铜时代的马桥文化（约公元前 1500 年）。

现有考古资料表明，无锡地区属马家浜文化类型的有：鸿山彭祖墩、雪浪葛埭桥大小庵基墩、洪口墩与赤马咀、阳山新渎庙墩上、玉祁芦花荡、港下蠡澜西村，江阴护城河北、祁头山，宜兴西溪归泾骆驼墩等。这一时期属母系氏族公社时期，男子主要从事打猎、捕鱼等活动。并且已经有了粗糙的陶器，使用磨制的石斧、石锄等农具，有了籼稻和粳稻两个品种，为先民逐步走上定居生活打下了基础。

无锡地区属崧泽文化类型的有：无锡仙蠡墩、东亭北街巷、马山门前山，江阴青阳南楼、周庄龙爪墩，宜兴归泾骆驼墩等。此时磨制石器普遍采用穿孔技术，出现了石犁，制陶技术有了显著进步，已使用陶网坠捕鱼，有了私有财产观念，社会形态处于母系氏族向父系氏族过渡阶段。有了纺织工艺，有了衣服，有了佩玉的审美情趣。

无锡地区属良渚文化类型的有：无锡环湖路 7 号桥、东埄金城湾、马山马围，江阴石庄高城墩、西郊璜塘、夏港璜塘河，宜兴归泾骆驼墩、铜峰沧浦等。社会形态处于父系氏族公社，村落断续相邻，男耕女织，手工业从农业中分离出来，出现了大型石犁、石镰等新式农具，有人专门从事制陶、磨制石器与琢玉，有了蚕丝织物等，更有玉琮、玉钺、玉璧等玉制品，成了中国最重要的礼玉。这时已建有宫殿、祭坛、城址、村落、墓地，社会已处于从部落到国家、从原始社会到文明社会转变的过渡阶段。

▲ 无锡出土的上万年前的泥制瓦罐

无锡地区属典型的良渚文化类型。20 世纪 50 年代文物普查时，无锡有十个新石器时代遗址，表 1–1 根据尹焕章先生的文章《对江苏太湖地区新石器文化的一些认识》（载《考古》1962 年 3 期）列出了这批遗址及现状。

表 1–1　　江苏太湖地区新石器文化遗址

遗址	地点	发现时间	文化遗存	说明
芦花荡	玉祁郑家塘	1960.11.1	马家浜	现已不存
庙墩上	阳山庙墩上	1960.11.18	马家浜	保存尚可
新渎南	陆区新渎	1960.11.18	马家浜	现已不存
阖闾城	胡埭闾江村	1957	马家浜	省级文保，破坏过半，作过正式考古复查
施墩	锡惠公园喷水池	1955. 秋	良渚 马桥	当年发掘 70 平方米现已封
仙蠡墩	市区蠡桥北	1954. 冬	良渚 马桥	1954 年挖掘 500 平方米
许巷	新运河河中	1960.8.10	良渚	开运河时挖掘，现已不存在
环湖路七号桥	梅园南太湖北岸	1960.11	良渚 马桥	现已不存在
庵基墩	太湖镇葛埭桥	1960.11.4	马家浜 马桥	现已破坏
塔山	查家桥龙宕头	1961.6.15	马家浜 马桥	现已不存在

良渚文化时期是太湖地区新石器文化最发达、成就最辉煌的时期，已经成为探讨东方文明起源的重要对象。这一时期的社会形态已处于父系氏族公社，村落断续相邻。男子在农业等生产劳动中起着主要作用，妇女从事纺织等家务劳动，形成了男耕女织的分工。农业生产已出现大型石犁、破土器、耕田器、石镰等新式农具，注重了田间管理。更有意义的是，良渚文化的玉器和陶器上有的刻有许多符号，这些符号很可能是原始的文字，而不少符号与大汶口文化的符号相同，而有人认为大汶口文化的符号是早期的文字。

马桥文化因上海马桥遗址而命名，距今 3500—3000 年，大致与商代相当，石器、青铜器并用，开始进入青铜器时代，与宁镇地区的湖熟文化是平行发展的两支土著文化。马桥文化的分布区域不只限于太湖流域，还包括宁绍平原和金衢盆地一带。现已发现的重要遗址近二十处。无锡地区属马桥文化类型的主要有：锡山南麓、仙蠡墩、许巷村、安镇上山村、东亭北街巷等。马桥文化与良渚文化之间断档了约 500—700 年，原因大概是一次持久、大规模的洪水泛滥或说海水入侵，因而马桥文化中良渚文化因素十分微弱。马桥文化先民，已经有了刀、凿、镞等小件青铜器。无锡许巷出土的一件圆底内凹陶罐，一件表面篮纹灰陶鸭形壶和东亭北街巷遗址出土的陶觚则是马桥文化的典型器物。花山遗址出土一件长条形黑皮陶船形器，仿自当时的独木舟，为江阴长江古渡口提供了一件形象的水上交通之舟。陶器受中原夏商文化影响较大，占主导地位的是几何印纹陶。发展了拍印技术，除单钱印纹外，还有两种以上纹样组成的组合纹样。安镇白丹山东南麓上山村就发现了众多的印纹陶片。马桥文化中出现的硬陶和原始瓷数量极少，到泰伯以后才有发展。居民房屋选择在地势高爽的土墩或山坡，如锡山遗址分布在南麓与东麓，仙蠡墩与许巷村也建在土墩上。许巷村遗址南北长约 120 米，东西宽 76 米，高约 2 米多。1998 年末到 2000 年初发掘，佘城位于花山东南，地势优越，是迄今发现的马桥文化时期最大的城址。城址面积约 30 万平方米，平面是圆角长方形，土城墙保存良好，墙外有护城河遗迹。南北长 800 米，东西宽 500 米，城墙高出现今地面 7—8 米。从城内出土的几何印纹陶器和原始瓷器等遗物分析，佘城是一座距今约三千五百年的古城遗址。花山遗址位佘城西郊。城市的出现是文明时代到来的重要标志之一，故有的学者认为，佘城遗址的发现，表明此时已进入文明时代。

当然，吴地因自然灾害的原因，曾发生过文化的断层。重灾以前的良渚文化社会组织已处于从部落到国家、从原始社会到文明社会转变的过渡阶段，这时已隐现国家雏形，初露文明时代的曙光。但所有这些几乎一下子被洪水冲得精光，以致以后的马桥文化中良渚文化因素很微弱。之后虽在某些方面有所进展，如出现青铜器，但总的来看，比不及良渚文化那样的水平与辉煌。泰伯、仲雍来到江南时，面对的就是这样的局面。泰伯立国勾吴时，中原已历经 440 年的夏朝，500 多年的商朝了。

二、吴文化的发祥地

无锡在马桥文化时期已处于原始社会末期，由于周人的到来而加速进入阶级社会，并建立起国家。这就是始建于无锡梅里（今梅村一带）的勾吴国。

吴文化的开创源自“江南始祖”泰伯（太伯）及其弟仲雍。约公元前 11 世纪，泰伯与弟仲雍为让王位南奔，来到长江以南、太湖之滨的无锡梅里，建立勾吴国，将中原文化与江南土著文化相融合，逐步形成了区域特点鲜明的吴文化。吴国从泰伯到夫差共经历 25 位君主，其中 23 位以梅里为都。公元前 514 年，吴王阖闾迁都苏州，公元前 473 年，吴国被越国所灭。从吴国历史来看，无锡梅里具有 600 多年吴国政治文化中心的历史，它见证了吴文化的开创、传承和发展。因而，无锡是吴文化的主要发祥地之一。

无锡作为吴文化的发祥地是有据可考的，其据有四：

一是有翔实的史料记载。《左传》有八处记载泰伯奔吴或吴为姬姓。如“太伯、虞仲，太王之昭也，太伯不从，是以不嗣”（僖公五年）；“太伯端委以治周礼，仲雍嗣之，断发纹身，裸以为饰，岂礼也哉？有由然也”（哀公七年）。《世本·居篇》记载“吴熟哉居樊离”，熟哉即仲雍，樊离谓梅里，即今梅里一带。《史记》记载泰伯奔吴的资料更为翔实。《史记·吴太伯世家》曰：“吴太伯、太伯弟仲雍，皆周太王之子，而王季历之兄也。季历贤，而有圣子昌，太王欲立季历以及昌，于是太伯、仲雍二人乃奔荆蛮，纹身断发，示不可用，以避季历。季历果立，是为王季，而昌为文王，太伯之奔荆蛮，自号勾吴。荆蛮义之，从而归之千余家，立为吴太伯”。唐代张守节作《史记正义》注释说：“吴，国号也。太伯居梅里，在常州无锡县东南六十里。”《吴地记》记载，太伯城筑于梅里平墟，周三里二百步，外郭三百余里。今曰梅李乡，亦曰梅里村，太伯庙在焉。城东五里曰皇山，一名鸿山，有太伯墓。《论语》《国策》《吕氏春秋》《汉书》《越绝书》《逸周书》《韩诗外传》《论衡》《舆地记》《吴越春秋》《东周列国

▲ 泰伯奔吴图

志》等许多地方史志古籍都有相关记载。据此知，泰伯是奔到今无锡东南的梅村建国的，无锡乃是吴国最早的建都地，是吴文化的发祥地。

二是大量的遗址遗迹和考古发掘。遗址遗迹是对历史原貌的重现。无锡境内发掘了大量关于泰伯和吴文化的遗址遗迹。泰伯墓、泰伯庙、阖闾城、泰伯渎、故文台、江阴花山遗址、鸿山吴越贵族墓大型遗址等，重现了泰伯在梅里生活、创业、建国的史实和吴文化形成、发展的历史轨迹。据考古发掘，学术界定论，连裆鬲是周文化的遗物，是周人的炊煮用具，一人一鬲，鬲随人走。江阴花山遗址出土了一件完整的素面鬲，属连裆鬲。江南历来用釜不用鬲，在无锡境内多次发现了连裆鬲遗存，足可说明泰伯奔吴到无锡梅里。2004 年，在梅村附近考古发现了鸿山吴越贵族墓大型遗址，在鸿山遗址土墩中发现了西周晚期至春秋时期的历史遗存，这些遗存中出现了几何印文陶、曲折纹、回纹、方格纹等典型的西周晚期至春秋时期的考古特征，还有一些出土的编钟等也与前期考古的结果互为印证。这就意味着其存在时间从战国早期提前到了西周晚期至春秋时期，因而，发掘的墓群应该是吴越贵族墓群，这一考古发现也成为“无锡是吴文化发祥地”论说的重要佐证。

▲ 无锡鸿山遗址出土的玉飞凤

三是历代官方的认可和民间文化的流传。从历史记载来看，无锡梅里是“泰伯奔吴”之所在，得到历代君主的认可。主要表现在历代对泰伯庙、泰伯墓的修整和对泰伯的祭祀。东汉永兴二年（154 年），桓帝敕令即宅为祠，建泰伯庙于无锡梅里。同年命吴郡太守麋豹修筑太伯茔门。麋豹《太伯碑记》云：“余幼年读鲁论文暇，每思太伯之风，彷徨而不可企，不意受命南邦，诏建太伯墓庙于梅里鸿山……”晋明帝尊泰伯为“三让王”，用王者礼乐，聚王者冕服。唐太宗贞观十三年（639 年），下诏重新扩建大殿、庙门。宋哲宗下诏“吴太伯以致德殿为额”。康熙御书“至德无名”，乾隆御书“三让高踪”，清代多次修葺泰伯墓。特别是从宋代开始，历代皇帝都很重视对泰伯墓的祭祀。北宋太平兴国二年（977 年）宋太宗命人祭祀泰伯，并赐金帛祝文。明朝朱元璋封泰伯为神，春秋两季进行祭祀并亲自写祝文。历代对泰伯墓和泰伯庙的修缮与皇帝祭祀、追封达数十次。

无锡梅里是“泰伯奔吴”之所在，不仅得到历代的官方认可，口碑、传说、吴歌等形式的民间文化也是有力的证据。现代著名先秦史专家李学勤先生指出：传说往往蕴含十分重要的史实……古代一个民族关于本身先世的传说，绝不是凭空虚构的故事，他在古人心目中有重大意义，传说的传述更是很严肃的事情。千百年来广泛流传于梅里关于泰伯的故事和传说，有名有因、有地可寻的不下数十处。位于梅村西南陶埂上村前的一条河浜，因泰伯出外打猎骑马渡过此河，故名“皇渡河”。在梅村东北五华里许的皇山坡泰伯墓东侧的山顶上有四角亭子一座，谓泰伯在此遥望虞山二弟仲雍之处，故名“望虞亭”。位于梅村泰伯庙左后方，有横跨伯渎河，用金山石砌成，做工厚实，造型稳重，象征泰伯开发江南德高望重的“至德桥”。凤凰墩相传是泰伯看到凤凰停留的地方，泰伯认为此地吉祥，便定居“蛮村”。纱帽丘是泰伯纱帽被吹落之地。故文台是泰伯率众春秋祭祀的地方。梅里至今还流传着“梅里花，梅里果，泰伯教民唱山歌”的民谣。口碑、传说、民歌等民间文化形式，对泰伯在无锡梅里的起居生活和其领导的经济社会建设进行了系统的描述，绘声绘色、有血有肉，许多已入史志，有迹可循，这些都从另一个方面实证了“泰伯奔吴”的落脚点是在梅里，无锡是吴文化的发祥地。

四是纪念泰伯的祭祖活动得到广泛认同。在无锡，关于吴文化鼻祖泰伯的祭祀和纪念活动传承数千年，既有官方祭祀也有民间自发，无锡民众通过祭祀等多种形式来表达对泰伯精神及其丰功伟绩的纪念和敬仰之情。无锡作为吴文化的发祥地，其举办的祭祀活动不仅得到当地吴氏后裔的支持和认同，而且得到海内外广大嘉宾和至德宗亲的认可，他们不远千里来无锡参加泰伯的纪念和祭祀活动。据不完全统计，目前在世界各地的吴氏宗亲约有 4000 多万，从 20 世纪 80 年代中期开始，来自海内外的许多吴氏宗亲每年清明前后都会赴无锡市

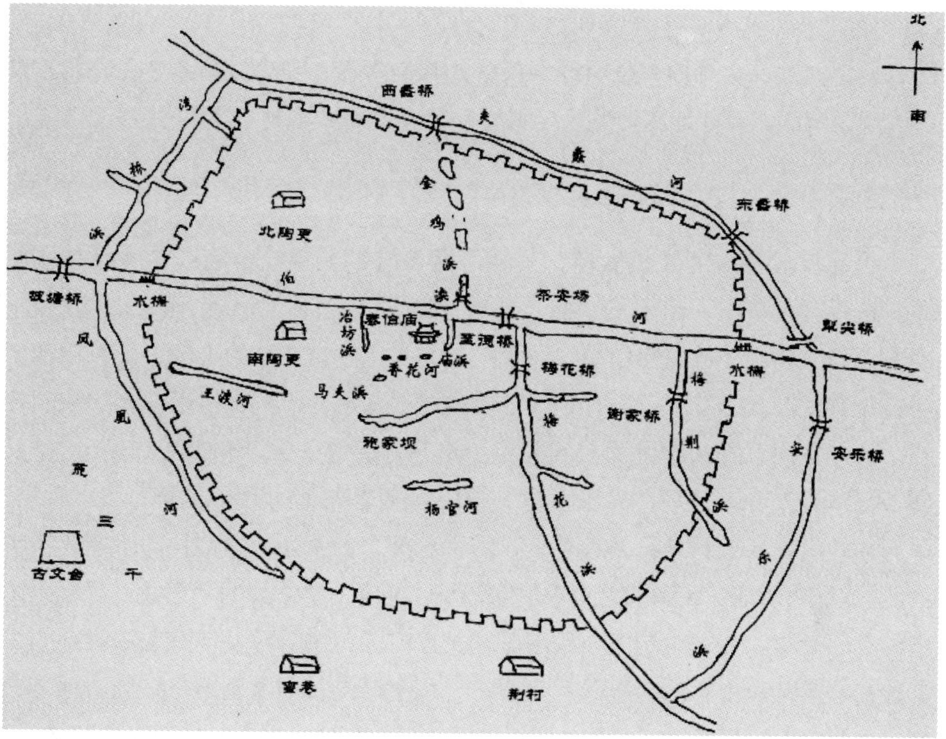

▲ 梅里示意图

寻根祭祖。2006 年 4 月，首届中国（无锡）吴文化节开幕，包括吴氏宗亲时任中国国民党副主席、仲伯基金会董事长、台湾吴氏宗亲总会荣誉理事长吴伯雄在内的，来自世界至德宗亲会的代表和海内外吴文化专家学者等三千余人参加了开幕式和祭祀典礼。至今，中国（无锡）吴文化节已举办八届，每年都有大量的海内外吴氏宗亲和民众前来参加祭祀和纪念活动。在无锡举办的关于泰伯和吴文化的纪念、祭祀活动得到海内外民众，特别是吴氏宗亲的高度认可，并自发或有组织地前来寻根和祭祀，这种广泛认同也从另外一个方面证明了，无锡是“泰伯奔吴”的落脚点，是吴文化的发祥地。

几千年来，无锡继承了吴文化的本质和精髓，并在时代发展的浪潮中，赋予吴文化以新的内涵和生命力。无锡人民创造的许多文化成果，如工商文化、“四千四万”精神等，都是对吴文化的经典传承。

三、两汉至明清的开发与繁荣

如果泰伯立国梅里，道启东南文明是无锡历史上的第一次辉煌时期的话，那么无锡的第二次辉煌，是历经秦汉，尤其是永嘉、安史、靖康之乱，北方人口大规模南迁，吴地加速开发，至明清，经济、文化呈现了鼎盛之势。

（一）两汉时期的社会经济

无锡汉代考古的大量发现，反映了两汉时期无锡社会经济发展的某些侧面。在无锡汉墓中，出土了铁鼎、铁釜、铁刀、铁剑、铜钱、陶壶、陶瓶等。铁器大量出现，并普遍使用在农业生产上，加上牛耕技术的推广，使无锡地区的农业有了很大的发展。当时水井开凿也已很普遍，无锡曾出土很大的陶制井圈，开井使用沉降法把井圈放到井下。这些都促进了生产和生活的进步。《汉书·武帝纪》："江南之地，火耕水耨"。据古人对这句话的解释："烧草下水种稻。草与稻并生，高七八寸，因悉芟去，复下水灌之，草死，独稻长。所谓火耕水耨。"这反映了地处江南的无锡农耕的情况。从考古所看到的手工业，汉代无锡已经有了冶铁、铸铜、制陶、髹漆等门类。在马山牛塘村发现有东汉时期的古窑址，从窑址旁堆积的大量碎片来看，专门生产的日用陶瓷器是在周边地区销售的。阳山石被开采，制成各种器用，运销江南各地，更多的是用作建筑材料。

秦汉时期，江南的经济相对落后于黄河流域。但随着改造自然环境的推进，其经济潜力及优越的气候条件，十分有利农业生产的发展。西晋末年北方长期战乱，人口大量向江南迁移。无锡经济从中获得了两个发展的要素：劳动力的增加和社会文化总体水平的提高。江南成为文化高地，这是经济发展的核心推动力。当时无锡所在的江南地区安定和平，为经济的发展提供了优良的环境。在南朝的宋，无锡人口约13000余人。三国时期到南北朝时期的三百年中，无锡经济稳步发展。随着水利的开发，到隋唐时期的江南经济已赶上中原地区。

（二）三国、东晋时期的水利建设

三国时，无锡还是一片水乡泽国。南面是浩渺无际的太湖，惠山以北是烟波迷茫的芙蓉湖，东面有嘉菱荡、谢埭荡、宛山荡、鹅真荡、漕湖等众多湖泊。只有阳山、惠山、城中及伯渎港一带稍有高地。至于小的池沼到处皆是，密如星斗，连城中也有不少湖泊。无锡地形对无锡的农业生产有很大影响，水利的兴修，排涝条件的改善就显得特别重要。六朝时期，无锡水利兴修主要表现在疏浚河道，排水入海，减少内涝，增加可利用土地。孙吴时期，曾以国家的力量疏浚长广溪。长广溪长十三公里，流经今天的大浮、东绛、雪浪，从吴塘门入太湖。长广溪在大运河开通之前曾是南北交通的主动脉，它是联系江苏和浙江的重要水道，又是排水入湖的渠道。东晋时，疏浚了梁溪，梁溪又名梁清溪。梁溪经过的地方本是沼泽，排水不畅。到梁大同年间，又重疏浚，加深加宽，所以命名为梁溪。梁溪自西水墩南流，经蠡桥、大渲口入五里湖，再经独山门入太湖。全河七点五公里，是无锡重要的行洪、灌溉渠道。从明朝开始，梁溪河原有的宽阔水面不断被圈占养鱼，至清代中期已达七百亩，梁溪河逐渐变成在无数鱼塘中穿行的狭长河道。因筑土为堤，埒河为池，所以梁溪河近城的一段岸地，明末起即被称为河埒口。唐宋以后的治水，以塞湖圩田为主。惠山北面的芙蓉湖，面积达一万五千余顷。南宋时开始围湖排水。明代巡抚周忱总结前代治水经验，在溧阳与高淳之间修建东坝，截断芙蓉湖上游水源；同时开辟江阴黄田港，使湖水流入长江，这样芙蓉湖变成了万顷良田的芙蓉圩，只留下中间和小块最深的部分成为锡澄运河的一段宽阔水面。古代无锡的水道是排涝、灌溉、航行的依托，为明清时期的经济发展创造了有利条件。

（三）大运河的开通与商业的发展

《史记·货殖列传》中说："夫吴阖闾、春申、王濞三人招致天下之喜游子弟，东有海盐之饶，章山之铜，三江五湖之利，亦江东一都会也。"说明从一开始，江南经济与中原内地仅限于农耕的经济有很大的差异。这一差异在南北朝时有了进一步的发展。《隋书·食货志》。"晋自过江，凡货卖奴婢马牛田宅，有文券，率钱一万，输估四百入官，亦百分收四，名为散估，历宋、齐、梁、陈，如此为常。以此人竞商贩，不为田业。"这种传统的商业社会的风尚，造成了江南独特的人文背景。无锡是江南的一部分，当然也不会例外。农业方面，在汉代经过平定七国之乱的打击，到东汉末年，江南还是地广人稀，生产落后。到了六朝，江南经济已得到较大的发展。南朝刘宋的史书上说："江南之为国盛矣"，"地广野丰，民勤本业，一岁或稔，则数郡忘饥。"农业的主产品稻米生产有了很大提高，逐渐显现它的优势。到了唐朝，无锡已成为望县，人口达到六万六千余人。安史之乱后降为三万七千余人。当时无锡的贡品是麻布。北宋初年无锡人口约八万三千余人。南宋绍兴初有十万五千余人。后来，陆续南迁的人口使无锡达到十三万五千余人。南宋末年，人口已达二十三万多人。南宋灭亡，元兵南下，无锡人口下降至十三万八千多人。明末增加至二十五万三千多人。王仁辅《无锡志》："盖夏以税输者，二麦总一万七百九十四石。秋以粮入者，一十九万二千二百一十石有奇。”“总以一县之土，计之得一万五千八百六十顷三十八亩有奇。”无锡的可耕地历代多次丈量，所得数字都是纳税数，实际耕地在一百五十万亩上下。从宋代开始，无锡在常州府属县中始终是经济最发达的。

大运河的开通，带动了无锡商业的发展。唐代以前，无锡出现了漆器、琢玉、金银钿工等行业。宋代，无锡的手工业有金银、彩帛、服饰、香烛、油酱、食米等行铺及作坊，酒肆、面店、货摊随处皆有。出土文物反映了当时商品流通相当活跃，这些商品通过交换而流入无锡。无锡出土了不少南方青瓷窑烧制的产品，如隋代湘阴窑荷叶纹青瓷盘，“千峰翠色”的唐代越窑茶瓯，釉色甜润的岳州窑黄釉瓷执壶，还有当时畅销的长沙铜官窑瓷器，也有宜兴民间日用陶器，唐代漆器、铜镜等，从一个侧面反映了商品交换的活跃。宋代无锡的商业更为繁荣，当时江西景德镇的青白瓷、宜兴陶瓶、浙江杭州等地的漆器和湖州铜镜畅销于无锡市场。无锡宋代墓葬中出土的青白瓷碗、碟、盖罐、注子、唾盂、漆托碗、钵、盘、盒等生活用品，都是商业发达的证明。宋代无锡阳山之石，作为建筑材料远销各地。无锡的陆墟桥、惠山寺金莲桥，都是阳山石的制品。至元代，无锡的棉纺织业已有较大发展。无锡雪浪窑窝里元代钱裕墓的出土品反映了江南高度发达的手工业和商业繁荣。墓中的丝织品、金银器与大量至元宝钞葬在一起，正是商品经济繁荣的写照。元王仁辅《无锡志》卷一记载：“尿巷，在勾栏前”。它在靠近当时县衙的地方。勾栏是宋元时期演出杂剧和其他技艺表演的地方。因县衙周围常是市廛所在，故勾栏也设在此。“勾栏”一般在北宋东京，元大都的记载中出现。出现在无锡的街巷记载中，则提供了一个重要的信息，这个娱乐场所的出现，表明了无锡城市经济已发展到相当水平。当时的街巷地名：粢糕巷、鸡鹅巷、铸冶巷、打绳巷、鱼腥巷都说明了城市商品及手工业的快速发展。

（四）因漕而兴与明清时期经济走向繁荣

无锡的交通优势转化为经济优势，与运河承担漕运的功能有很大的关系。漕运指水运粮食到京师的实务和制度安排。历代统治者都十分重视漕运，视漕运为“要政”、“大政”。秦代就已有关于漕运的记载，汉时有“漕渠”，宋代有“漕运四河”。唐宋以前主要是“东漕西运”，元代开始“南漕北运”。漕运促成了无锡米市，也促进了商品流通，“南货日集于北，空船南回者必须物实，而北货亦日流于南”（邱浚《大学衍义补·漕挽之宜》）。

南漕北运使无锡米市规模不断扩大。元朝“岁漕东南粟，由海道以给京师，始自至元二十年，至于天历、天顺，由四万石以上增而为三百万石以上”（《元史·食货·海运》），据元代政书《经世大典》：“浙西漕粮以河船载粮至刘家港与海船对装”。无锡建有亿丰仓，“置仓无锡州，以便海漕，合是州及义兴、溧阳之粮，凡为石四十七万八百五十有奇”，当时无锡输纳数约占海漕总数的八分之一（元《无锡县志·卷四·亿丰仓记》）。明永乐十三年（1415 年），大运河全线疏浚通航，政府决定漕运全部走内河。明成化七年（1471 年）定岁运漕粮 400 万石，其中南直隶 179 万石，浙江 63 万石。清承明制，漕运额度 400 万石不变。对无锡有重大影响的是“白粮”制度。明永乐年间额定漕粮总数时，同时规定苏松常嘉湖五府加征内府白粮（上白粳、糯米）17.4 万石，各府部 4.4 万石（《明史·食货志三》）。白粮实行民兑民解到内府交割，正粮之外还要遭受宦官的勒索，“耗上加耗，垫上加垫”，“浮收”成惯例。《万历野获编·江南白粮》一文中揭示了要米一石八斗才能折漕一石，解运白粮成为苏松五府的沉重负担。无锡白米深受明朝宫廷和王公贵族喜爱，明代光禄寺志唯有“无锡米仓一区”的记载，其他稻米产区则未有记载。嘉万年间王士性经济地理书《广志绎》记有“无锡之米”，晚明各类经商指南书也多有无锡米的记述。明初嘉兴、湖州到无锡采购白米交纳白粮，说明无锡在明永乐年间就已有米市存在。但真正并称“四大米市”则是光绪八年（1882 年）镇江七浩口米市被李鸿章强令迁移芜湖之后。

无锡成为四大米市之一有几个因素，其一咸丰兵燹，苏州枫桥米市一蹶不振，太平天国后，无锡米市恢复较早，原皖赣之米（主要是籼米）转口浙闽的业务转到无锡。其二，季节性调节。根据黄印《锡金识小录》：无锡农民秋粮上市以米换棉花，来年春天抱布贸米，换回“种田饭米”，地产米只够吃三个月，其他时间则吃客籍米，本地对皖赣之米也有需求。其三，清代漕粮海运。道光三十年（1850 年）核准苏松常太漕白粮改海运，漕白粮在无锡采办，租船运至上海装船。其四，漕粮折色。内河淤塞，海运风险大，漕运官办成本太高，大米商业性经营日渐发达，官员俸禄发米不如发银让其自购，光绪十四年（1888 年）决定浙漕折色，民折官办到无锡采办。光绪十七年（1891 年），江苏也公布了冬漕折价表。其五，清末漕运终止后，保留商业采购。光绪二十七年（1901 年）正式颁布停漕改折命令，但实际上民折官办，每年仍从江浙采购漕粮百万

▲京杭大运河沿岸米市

石，一直到辛亥革命后漕运才真正停止。

明清时期是无锡发展史上的繁荣时期，无锡依凭优越的自然条件、便利的水陆交通和相对安定的社会环境，社会生产力得到较快的发展。锡西北的芙蓉湖经过几次大规模的整治，形成大批良田。农业上由于精耕细作，粮食产量逐年增加。“春豆夏麦，秋收禾稻，中年之岁，亩得三石”，成为全国“米仓一区”。随着手工业的兴盛和商品经济的发展，无锡除了因漕而兴逐步形成了江南有名的米市外，还是当时著名的布码头。随着无锡米市的形成与发展，北方地区，特别是苏北淮扬、高宝湖等产棉区的棉花由购米船队运至无锡，无锡乡间棉纺织业十分兴盛。所以，无锡尽管不种棉花，但四乡农村几乎家家有纺机，户户织棉布。明弘治年间，无锡北门外莲蓉桥南，已形成布列成行的布市。“坐贾收之，拥载而贸于淮扬高宝等处，一岁所交易不下数十百万”。明末清初，布码头一度衰落。至清代中叶，无锡家庭棉纺织业再度兴起，全县织布木机有4万—5万台，年产土布300万匹，占全国棉布产量的6.7%。各地布商云集无锡，从北栅口至北塘，形成绵延数里的布市。乾隆年间，无锡每年经销的土布达700万—1000万匹。无锡有“布码头”之称，与汉口的“船码头”、镇江的“钱码头”，并称为长江“三码头”。

四、城市的变迁

无锡地名最早见于司马迁《史记·东越列传》。汉高祖五年（公元前202年）始建无锡县。西汉时期曾封多军为无锡侯，又先后属韩信的楚国、吴王刘濞的吴国。刘濞于公元前154年发动七国之乱，兵败被杀。之后，无锡成为会稽郡二十六县之一。东汉及三国时期无锡改属扬州吴郡。晋太康二年（281年），无锡北部土地划出设暨阳（今江阴）县。无锡、暨阳同为扬州毗陵郡属县。公元589年，隋灭陈，无锡属浙江西道常州。自此至清亡，无锡行政区的归属基本不变。

（一）古代城市空间的发展特点

古代吴地具有“水行而山处”的特点（《尚书·禹贡》）。因为地势的原因，早期无锡城址不在现在位置。史书记载的无锡城市先后有泰伯城（《史记》《吴地记》），阖闾城（《越绝书》），范蠡城（《太平寰宇记》），黄城（元《无锡县志》），都在无锡东、西部地势较高的地方。范蠡城址在历山西北（《舆地志》），黄城在舜柯山，两城相向，符合《越绝书》中“吴市者，春申君所造，阙（向）两城以为市”的记载。历山北麓是通向阖闾城的“吴古故陆道”，《越绝书》记载此道“过历山阳龙尾西”，“无锡西龙尾陵道者，春申君初封吴所造也”，陵道是陆道。有三个原因使城址东迁：一是吴国疏通了伯渎、古江南河，新开了邗沟，兼之造船业发达，水路交通开始形成；二是洪水退去，现无锡城址有了筑城可能；三是秦始皇筑驰道，南方地区变“陵道”为水陆并进的“陵水道”。交通工具与交通线路变迁是城市兴衰的重要因素，也可能是古人选择现在无锡城址的主要原因。

城市学把城市类型分为行政中心、军事中心和商业中心。无锡从建城开始就是个商业城市，城市外形呈龟背形。按照“天圆地方”的宇宙观，行政中心的城市布局，一般是“田”字形或“井”字形布局，政权机构居中央，道路（河道）形成“一纵一横”或“二纵二横”布局。商业中心城市则按市场发展布局，无锡充分反映了后者特点。

无锡城市的空间发展有这样几个显著特点：第一，先有市后有城。无锡子城（内城）规模并不大，只有一个门，周长二华里。《越绝书》：“无锡城，周二里十九步，高二丈七尺，门一楼四。其廓十一里百二十步”。专家考证当时子城夹在运河（现中山路）与梁溪河之间，南到现学前街，北到现西河头，子城内是县署衙、学宫和官员住宅。汉朝以后无锡城市主要在“廓”的范围内发展，“县市在县东街”；隋朝已有“大市”：“大市桥，隋大业八年建”；唐朝已发展到“南市”：“南市桥，唐武德中建”（《咸淳毗陵志》）；“大市”与“南市”中间还有“中市”：“中市桥，跨直河，宋淳熙年间造”。可以想见当时无锡市场已很发达。罗城在“廓”的基础上形成，宋乾兴元年（1022年）修。（参见李孝聪《唐宋运河城市城址选择与城市形态的研究》）第二，坊市结合。坊是居民区，市是商业区，唐朝以前城市有严格的功能分区，但无锡城从大市桥（现商业大厦）到南市桥（现南市桥巷）不到2华里，其中有四个市场，坊市很难分离，大市桥东有状元坊、怀仁坊，南市桥有永兴坊、新桥坊等。（均见《咸淳毗陵志》）。第三，城市布局沿运河展开。市场沿运河布局，市场的引力使城市布局南北略长于东西，居住区在市场两侧展开，形成龟背形格局。第四，“一弓九箭”生态系统。《咸淳毗陵志》：“弓河在县东运河侧，旁有九河号九箭”，“上河如弦”。城东区有九条东西向河流，其中三箭河、六箭河贯通南北河流，形成了无锡城的水上交通系统和给排水系统，在莲蓉闸和将军堰的节制下，水从运河、梁溪河进入箭河再进入弓河（东壕河），“由东门而南，出度僧桥（南禅寺旁）通运河”，形成无锡城给排水系“西进东出”的活水格局。有效解决了古时无锡的生态问题。

点线结合的城镇体系，化解了中心城市的生态压力，这是无锡又一特色。无锡中心城市格局形成后，多年未有大的变化，没有出现城市膨胀的现象，这与无锡商业集镇密集布局有关。无锡地区河网密布，交通便利，城市的集散功能，部分分散到了周边乡镇。据清末民初侯鸿鉴编的《锡金乡土地理》，无锡有25个商业集镇，而且各具特色，“花布开庄遍市廛”。苏南批量生产土布，始于明宣德八年（1433年）江苏巡抚周忱定田粮加耗折征例，允许以布折税。徽商兴起，“为米布于运漕中”，活跃了商品流通。徽商把无锡视为利薮，并顺河而下，深入到乡镇集市，那里有布庄。清初黄印《锡金识小录》：“东北怀仁、宅仁、胶山、上福……出布最夥亦最佳”，指现在羊尖、东北塘、安镇、厚桥一带是土布生产与销售的集中区。安镇土布行情是全市的参照，称之为“安放”，商业常识说明当时安镇土布成交量据全市之最。八字桥妙市头“昔乡人以善织布名，其出布之数冠于北乡，故妙市头之布逐为吾邑土产之一大宗”。（《锡金乡土地理》）商业集镇中，以土布交易闻名的还有荡口、张泾、顾山等。“要知吾

乡纺织好，请看江淮卖买船”。（杨抡《芙蓉湖棹歌》）

鸦片战争后五口通商，国际市场对丝绸的需求刺激了蚕桑生产，无锡效法湖州发展蚕桑业。太平军退出太湖地区后，无锡种桑养蚕风靡一时。开化乡（吴塘门和南方泉）开风气之先：“旧丝唯开化乡有之，同治初，经乱田荒，人多植桑饲蚕，辄获奇羡，其风始盛，延及于各乡”。（光绪《无锡金匮县志》）无锡自然成为太湖北面各县丝茧的集散中心，乡镇也有了丝市、茧行，较有名的如鸿山丝市：“吾邑丝市除邑城南北两处为丝市之中心外，唯唐家桥之丝曰鸿山丝，为苏沪驰名，故鸿山为唯一丝市云”。（《芙蓉湖棹歌》注）其他以蚕丝出名的集镇还有周新镇、羊尖严家桥、钱桥、藕塘、张舍、胡埭、新安等。塘头的丝线、许舍的丝经黄草布、长安桥的弓弦，都是有名的丝制品。

（二）古无锡城的规模及其变迁

无锡城墙是古代无锡城市的主要标志，也是体现城市历史风貌的重要建筑遗迹。在近代口岸城市“拆城墙”、“筑马路”的市政建设示范效应下，无锡与众多的城市一样也逐步将古城墙拆除殆尽。城墙作为一种具有古城象征意义的建筑符号，其兴筑与湮灭，既是无锡城市建设史上的重要事件，也是无锡城市更新发展中值得研究总结的典型现象。

1. 城墙的兴筑和古城的形成

西汉高祖五年（公元前 202 年），无锡建县。城邑西依梁溪河，距惠山 2.5 公里，南离泰伯渎（伯渎港）2.5 公里。沿古制，无锡城邑分为子城和罗城。子城即内城，为县治外垣；罗城即外郭，又称外城。东汉《越绝书》载：“无锡城，周二里十九步，高二丈七尺，门一楼四。其郭十一里百二十八步，墙高一丈七尺，门皆有屋。”这是有关无锡城郭的最早文字记载，表明至东汉时无锡已筑有完整的城墙，并设有城门、城楼。南朝《南徐记》载，“无锡，旧罗城周围四里三十七步，子城一百七十步”。与汉代相比，子城与罗城都大为缩小，但两者的比例关系仍大体相当。

唐末，吴王杨行密在无锡城东、南、西加筑外郭，并在原来 4 个正门（东为熙春门、南为阳春门、西为梁溪门、北为莲蓉门）的基础上，开顾桥门、新塘门、董家门 3 个偏门。以后无锡城郭又多次修筑。宋乾兴元年（1022 年），县令李晋卿重筑子城，子城范围有所扩大，东接运河，西距梁溪。南宋建炎初，无锡外郭倾圮，为据城御敌，邑人仓促筑城。此后，无锡历次城墙修筑皆修外城，子城逐渐废弃。

元朝曾实行禁止汉人筑城或补城的政策，到元末时无锡城墙已破损不堪。直到元末农民起义爆发后，元政府才不得不下令要求全国普遍筑城。元至正十五年（1355 年）无锡重修城墙。元至正十七年（1357 年），张士诚占据无锡，增广其制，开始用砖石砌筑城墙，废掉 3 个偏门，保存 4 个正门及南、西、北 3 个水门。《无锡金匮县志》载：元末无锡城“周围九里，城高二丈”。明洪武元年（1368 年），无锡又缮治城墙，周围 1620 丈，高 2 丈，4 门皆有城楼。弘治元年（1488 年），无锡知县荣华又修缮了 3 水门，即南、西、北水关。但后来无锡城墙逐渐失修破败，文徵明的长子文彭在嘉靖年间写了一首诗，记无锡城：“昔尝经此地，荒草蔽颓垣。狂寇频年至，危城一旦完。”此时，无锡城墙的军事防御功能已严重受损。

明嘉靖三十三年（1554 年），无锡知县王其勤为抵御倭寇的骚扰，率领全城人民用了 70 天时间，修筑了一座条石作墙基、巨砖包砌的坚固城墙。城墙周

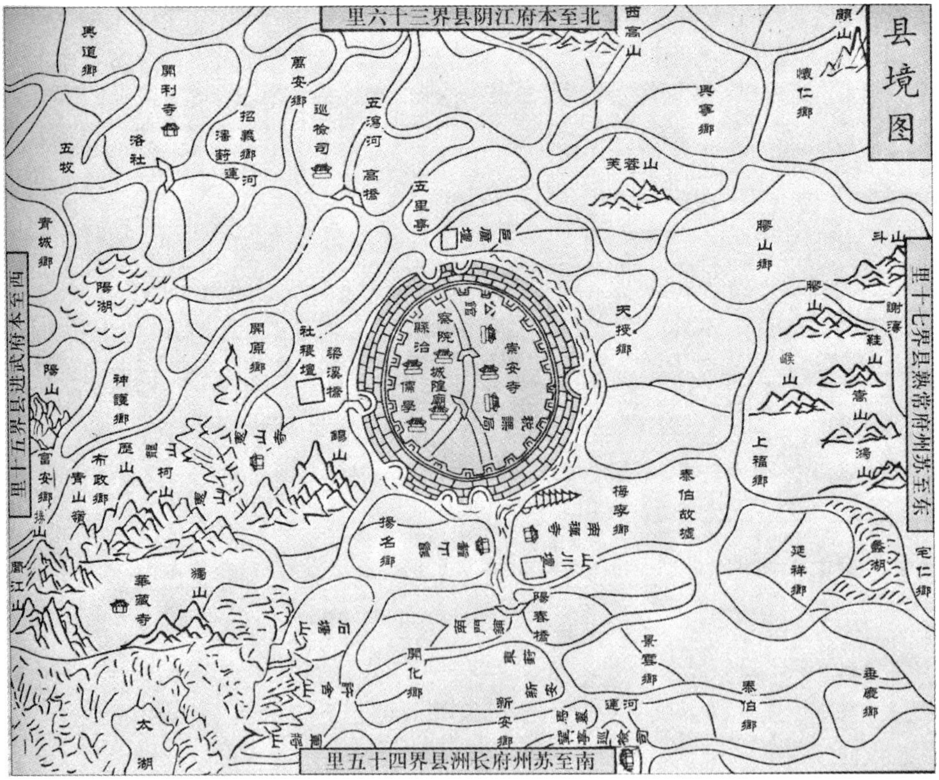

▲ 明弘治七年（1494 年）《无锡县志》县境图

围 1783 丈 6 尺 1 寸，高 2 丈 1 尺。分设 4 座城门，东名靖海、西称试泉、南为望湖、北曰控江。城门前还加修瓮城，门上修城楼，分别为对育楼、抚薰楼、序城楼、企辰楼。之后，无锡城墙屡损屡修。清康熙、雍正、道光、咸丰年间，都曾几次修建，但城墙的形制基本稳定下来，与明代时没有太大的差别。清光绪《锡金县志》载，城周 1854 丈 9 尺 7 寸，合 12 里 110 步，稍大于汉时外郭。

从无锡城郭的变迁看，在元末之前无锡城墙皆用土筑，时建时废，城墙界址也不固定。明清时期，无锡城墙改为大规模包砖，城墙形制、格局基本稳定，城墙成为城市不可或缺的组成部分。明弘治七年（1494 年）、清康熙二十八年（1689 年）和清光绪七年（1881 年）的无锡县城图都清晰标明城墙、城门的位置和形态，无锡城郭轮廓最终呈现略向东南—西北向倾斜的龟背状。朝向面南偏东的“龟城”，不仅顺应着常年的主导风向，而且体现了用最短的周边围合最大面积的科学建筑构思，同时又表达长寿永固的寓意。明清时期，无锡城墙与内城河、外城河及城中纵横交织的河道交相辉映，营造了浓郁的水城风貌。

2. 桥梁建造和城市规模

从无锡建造的桥梁可以推拟出无锡县城的规模。凤光桥，唐武德七年（624 年）与凤光寺同建，在运河东岸，跨第六箭河（今崇宁路），位置在今崇宁路西口；新桥，唐武德中（618—626）开凿运河时建，跨运河，宋人称“南市桥”，位置在今南市桥巷东口；将军堰桥，《风土记》云：唐景龙三年（709 年）置堰，堰旁有梁萧将军墓，遂名，宋嘉祐中（1056—1063）开运河通梁溪，取太湖水，堰遂废，位置约在今学前街与健康路口；斜桥，唐咸亨二年（671 年）建，跨第六箭河，宋崇宁间重建，亦名“崇宁桥”，位置在今崇宁路与新生路相交汇处；莲蓉桥，唐贞观三年（629 年）建，有闸，以近莲蓉湖故名，位置在今北塘街东口。

其余诸桥皆唐代以后所建。这些隋唐时期建造的桥梁可以帮助推拟出唐无锡县城的规模：东城墙临江南运河（今中山路），西界梁溪，北以胡桥河（今公园路）为城壕，南以将军堰所在之束带河（今学前街）为南壕，周围约四里。县治位于城北，也有城壕环绕，即今石皮路和人民中路两段之间，形成子城。子城南有一条直街（今健康路）直抵南门将军堰桥，并与县衙前的东、西横街构成丁字形骨架，这是以后无锡城市生长所依托的核心区，同前文所述唐代常州内、外子城的形制很相似。从江南运河故道今中山路中有一段曲折分析，唐代可能对无锡城下的一段运河进行过改造，改线的运河走向一直影响到后世。

▲ 无锡望湖门

运河东岸旧有九条支汊，也就是《咸淳毗陵志》记载的“九箭河”，多半用来宣泄运河河水。无锡建造年代最早的寺庙崇安寺，创于东晋兴宁二年（364 年），始名“兴宁寺”，虽在唐无锡县城外的运河东岸，但寺庙附近可能已有不少人户落居，并沿九箭河向南延伸，不然不会修凤光桥和斜桥。

北宋乾兴元年（1022 年）县令李晋卿曾依前代旧址重修无锡县子城“东接运河，西距梁溪”，衙前建谯楼作击鼓报时之用。据《咸淳毗陵志》记载，宋无锡城尚有罗城，关门有四：“东熙春，经胶山”，通常熟，位置在今人民中路东口；“南朝京，经平江”，通苏州，今解放南路体育场桥北；“西梁溪，经惠山”，通宜兴，今西门；“北莲蓉，经郡城”，通常州，今解放北路与中山路交口。罗城何时兴筑，于史无证，但是北宋神宗时日僧成寻乘船溯运河北上，途次无锡时曾记载此城之规模与州城相当。“熙宁五年（1072 年）九月六日庚戌雨下，卯时出船，巳时越上亭堰入常州界……戌时过八十里至常州无锡县宿，广大县也，宛如州作法”。也就是说，至少在北宋中叶，无锡县城的规模已非如唐县城四里之围，而与州府相当。《宋会要辑稿·食货十五》所列熙宁十年（1077 年）无锡县商税额已逾万贯，人口已逾万户，在东南诸路中委实不同于一般县城了。然而，根据无锡罗城南门称“朝京”，未录旧称，意味着此门之命名应当在以杭州为临时京师的南宋时期。还有一点是：南宋中叶，镇江至丹阳段江南运河夹岗水涩，京口闸上下河道浅塞，积船严重，朝廷诏纲船改自江阴宽转，由五泻堰（今无锡市北郊高桥）入运河，使无锡县的转搬仓储功能大大加强，刺激了城市建筑面积的扩大。因此，可以推想北宋时无锡县城附近的各类建筑占地面积已很大，而罗城的拓筑可能最终完成于南宋。其四隅即今解放路围成的纺锤形轮廓内，周围大约12里。江南运河纵贯其间，南水关在今朝阳桥北，北水关在今胜利门。宋代俗称罗城半圆形东城壕为“弓河”，以运河比之弓弦，九条泄水沟比之箭也。

宋代为接济江南运河的水量，废掉了唐无锡县城西南隅束带河（今学前街）将军堰桥下的原有堰坝，并在县衙所在的子城南北相继开凿斥渎（今西河头巷）和水哒河（今后西溪街），皆引梁溪水贯城而东入运河，分别与运河东岸的第九、第六箭河相对。宋代还在城内河汊上架桥近20座，通过崇宁桥连接的南北街与第六箭河在运河东岸形成新的十字形城市主干骨架，桥路与城内河道组成的无锡城内街巷网络相沿至今而未改。宋代无锡城内曾形成了三个交易市场：一在县治南横街东口，运河通济桥下，称大市，故此桥又称“大市桥”；一在城东南隅运河新桥下，称南市，桥亦易名为“南市桥”；一在官仓三登仓（今北禅寺巷东段路北）东侧运河仓桥下，此桥遂易名为“中市桥”。鉴于无锡新罗城三座正门偏于城西和城北，东南隅市民进出城不便，宋代还在东南城垣新开辟了三座偏门：顾桥门（今朝阳广场），通运河下塘；新桥门（今南市桥巷西口），东接南市桥，南联朝京门外去平江府的驿路；董家门（今东河头巷口），通南禅寺前，专为便利城内民户进香。过去有人误以为此三偏门之设是专为对付吴越钱氏，其实是不了解无锡城市发展演进的时空之故也。宋代无锡县的官仓、税务、驿馆及三个市场都位于城内江南运河岸侧，是在运河水运机制刺激下，城市非军事行政职能机构寻求交通便利地带，寻求人流集中地段而配置的结果。这种区位规律必然导致无锡城市建筑区以运河为中心轴向两极延伸而形成纺锤形的城市平面形态。而且，随着江南运河水运作用持续不衰，无锡城市建筑也必将会突破城垣的限制，这已经被明清时期北塘和下塘两个手工业、商业街区的繁荣所证实。

唐、宋时期，无锡属常州府。无锡、常州两座城市纺锤形平面形态的出现反映了唐、宋江南运河沿岸城市发展的时空规律。由于这段运河开凿较早，沿河已经形成一些城镇聚落，后世城市建筑区的膨胀既受到水运机制的推动，又受到中国封建社会城市作为地方军事行政中心这一传统功能的限制，即一定要依托前期城市固有的位置。因此，在城市形态上，一般都有一个子城，其为唐代或更早时期所建，是行政中心之所在。还有一个受严格的市坊制度约束的罗城，一直保持较规整的四方形和十字相交的街道格局。另有一个较大的新罗城，系五代十国以后，多为宋代所扩建。此时封闭的市坊制已解体，城市人口膨胀，市廛繁荣，被拓展的新罗城根据运河沿岸城市物资集散、转运、交易功能的需要而自然伸展，呈现出不拘泥传统规矩的特点。一般来说，五代十国以前城市尚不夹运河而筑，两宋时期始然，亦反映运河城市的交通和商业职能于此时表现得最为显著。明代因城内运河河道过狭，往往在城外另辟新道，于是城内运河旧道则慢慢地演化成商业街。

五、文化教育的发展

（一）唐宋元时期的文化轨迹

无锡惠山自古多泉。唐大历十二年（777 年）无锡县令敬澄开出了惠山泉，当时《茶经》的作者陆羽品评天下泉水二十种，无锡惠山泉为天下第二，惠山近运河，第二泉之名遂满天下，宋时二泉之水被列为贡品。惠山寺及天下第二泉成为名胜之区，历代文人学士、骚人墨客、商贾估客、文武官员、帝王将相在这里留下游踪及优美的诗篇，苏轼写有：“独携天上小团月，来试人间第二泉”。二泉庭院今天已成为全国重点文物保护单位。在惠山寺旁还有李绅读书台，二茅峰有秦观墓，城中束带河有尤袤官宅园林及著名的藏书处万卷楼。无锡胶山及惠山建有李纲祠。惠山纪念唐代张巡的张中丞庙。唐宋无锡著名的佛寺道观有明阳观、北禅寺、祥符寺、孚泽庙、洞虚宫。运河中的黄埠墩，因文天祥抗元失败，被押送北上曾在此停留，写下了悲壮的诗句，成为胜游之地。

唐宋时期无锡的文化教育得到了长足的进步。李绅在惠山寺读书，后考中进士，他是唐代新乐府诗的重要作者。北宋嘉祐三年（1058 年），知县张诜创建了无锡孔庙和县学，大大推动了无锡的教育事业。南宋时出了无锡第一位状元蒋重珍。尤袤为南宋四大诗人之一，并且是编写版本目录的中国第一人。杨时在无锡创办了龟山书院进行讲学活动，由于杨时把二程之学传到南方，他的三传弟子朱熹完成了理学的集大成，杨时被称为“洛闽中枢”。

元代无锡出现了又一位大画家倪瓒，他的创作六百年来影响了一代又一代画家。他的平远山水开创了新的构图，达到了形和神的高度统一，荒江之野，寂寞之滨，正是他的主题。以极少的笔墨有精神地笼罩住整个画面，使人收视返听，清气照映，让内心进入崇高的美学境界。他的画清新飘逸，远离尘俗，引导人们的心灵奔向与造化自然结合的平淡天真的大和谐。看了他的画，鄙吝之心不觉尽消。他的绘画语言所表达的思想，正是志行高远，心灵纯洁，同时也不乏对尘世的哀伤。在明代，“江东之家，以有无为清浊”，因为没有他的画而自惭庸俗，这是何等的推崇。倪瓒被《大不列颠百科全书》列为世界文化名人。

（二）明清时期发达的教育

明清时期无锡的教育十分发达。明代王穉登为《无锡县学笔记》作的序写道：“国朝重科第，科第独江南最，江南独无锡最。无锡虽称百里之邑，其文献视毗陵一郡盖得十五焉。”无锡在明清两代达到国家考试最高一级进士的人数之多，在大江南北是颇负盛名的。明代中进士 228 名，清代中进士 226 名。明代有状元孙继皋，清代有状元邹忠倚、王云锦、顾皋。在无锡县学前的牌坊上悬着两块白底黑字的匾。一块上写“六科三解元”，另一块是“一榜九进士”。明隆庆四年（1570 年）至万历十三年（1585 年），在南京举行了六次乡试，其中属于江苏考生的三次，全被无锡秀才夺得了称为解元的第一名，他们是吴汝伦、顾宪成、周继昌。另外三次只能录取安徽省的考生。万历十七年（1589 年），无锡共有九人同榜录取为进士，故称“一榜九进士”，那时候无锡人是以此为骄傲的。清朝时，无锡在朝做大官的，共四十多次被委派为乡试和会试的主考官。

明、清两代无锡人才辈出，通过科举步入庙堂担任要职，青史留名的很多。明代有能臣邵宝（1460—1527），他历官浙江右布政使、总督漕运、都察院右副都御史，是诗人、教育家、理学家。著名大臣秦金（1467—1544），干练有才，政绩卓著，多纠皇帝之失，历仕三朝，官至两京五部尚书，他还是寄畅园的始建者。名臣顾可久（1485—1561），多次冒死诤谏皇帝，廷杖被打得“臀肉尽脱”，在琼州府主持乡试，识拔海瑞。谈恺，嘉靖五年（1526 年）进士，历官广东布政使副都御史，巡抚江西、福建，多有军功，在小娄巷建有万备堂。华察（1497—574）历任翰林院修撰、东宫侍读，出使朝鲜。罢官后回乡，参加碧山吟社，支持王其勤清丈田亩。马世奇（1584—1644），庶吉士，翰林院编修，代表皇帝访问各藩王，积极支持崇祯皇帝力挽危局，明亡殉国。堵胤锡（1601—1648），任南京户部河南清吏司主事，主办漕粮。明亡后在南明各政权中历任要职，奔走抗清，最后兵败死节。到了清代，无锡有嵇曾筠（1670—1738）、嵇璜（1711—1794）父子两代治理黄河的大臣，在中国水利史上有突出贡献，为后人留下了宝贵的科学遗产。秦蕙田（1702—1764）清代著名文臣、经学家、音韵学家，所著《五礼通考》代表了清代经学的重要成就。顾光旭（1731—1797）历任户部现审处行走（赈灾畿辅）、甘肃宁夏知府、平凉知府，升四川按察。他编纂了《梁溪诗钞》，辑录自古至清乾隆年间无锡人所写诗二万余首。孙尔准（1771—1832）翰林院编修，协助编纂《全唐文》，历任江西按察使、福建布政使、广东布政使、安徽巡抚。道光五年（1825年）任闽浙总督，多次巡视台湾，平定匪乱，政声卓著。薛福成（1838—1894），清末著名外交家、思想家、文学家，曾任出使英、法、意、比四国钦差大臣，他的故居“钦使第”今天是全国重点文物保护单位。

无锡东林书院是一所著名的学府。明末顾宪成（1550—1612）与高攀龙（1562—1626）发起东林讲学，以天下之治为己任。他们反对空谈，标榜气节，讲求品德，崇尚务实精神。他们的学说以杨时、朱熹的理学为宗。东林讲学，倾动天下，举凡正直官员，都到书院参加讲学，被反对者称为东林党。天启初年东林党人一度执掌朝政。不久，魏忠贤篡政，驱逐东林官员殆尽，又制造“六君子”、“七君子”案，大肆屠杀。高攀龙投水自尽，东林书院被拆毁。崇祯元年（1628年）明思宗上台，严惩魏忠贤为首的阉党，为东林平反，然而这时已离明亡不远了。明末清初黄宗羲在《明儒学案》中写道：“数十年来，勇者燔妻子，弱者埋土室，忠义之盛，度越前代，犹是东林之流风馀韵也。一堂师友，吟风热血，洗涤乾坤，无知之徒，窃窃然从而议之，可悲也夫。”今天的东林书院已在原存建筑的基础上全面修复，重现明清时代风貌，现为全国重点文物保护单位。

（三）明清时期的文学艺术

无锡的山水园林艺术，到明清更是大有发展，保存至今且最有名的是寄畅园。秦金休官回无锡后，在明嘉靖六年（1527年）前后买下原惠山寺沤寓僧房，修建了这处山麓别墅园林，取名“凤谷行窝”。当时因山就池，古木成林，仅用了一年时间即建成。秦金死后，园归族孙秦梁，他与父秦瀚于嘉靖三十年（1551年）作了一番修整，新建了不少建筑。这之后传至秦梁的族侄秦燿，把园改名“寄畅园”，进行大事修葺。当时松江宋懋晋画了《寄畅园册》共五十景，为我们留下了明代寄畅园的全貌。清顺治年间秦德藻请了当时江南的造园名家张涟对园重加设计，由他的侄子张鉽去施工完成。改建后的寄畅园充分体现了山麓园林的特点。寄畅园全部景色是围绕一泓清池展开的，这正是明代园林的造园艺术特色。北段廊桥有机组合那里的建筑，七星桥分割了水面，扩大了空间的感觉。靠东的长廊由知鱼槛、涵碧亭、郁盘亭，月洞门到凌虚阁形成一组视觉上的节奏，中间杂以老树、栏杆、湖石，达到移步换景的效果。而在这里的任何一点抬头仰视时，不尽的龙山奔腾而来，消失在对岸的石坡和古树浓阴中，又让人感到九龙山脉仅是园中石坡的延伸，一望无垠。这展示了巧妙的借景手法，一下子园林的空间感无限扩大了。走廊尽头正好步入另一组建筑中。这里有凌虚阁、先月榭、卧云堂、美人石，在锦汇漪之南形成另一个意境。卧云堂前有月台、通道、石桥。寄畅园十四次接驾都是以主体建筑卧云堂为中心展开的，清朝康熙和乾隆各曾进行过六次南巡，这在清史上有重要地位，也是无锡历史上的大事。康熙六次南巡，七游寄畅园。后来乾隆仿照祖父的做法也六次南巡，多次游寄畅园。寄畅园在1988年被公布为全国重点文物保护单位。

明清时期的无锡在文学方面也取得了辉煌成就。明代无锡人文荟萃，被称为“梁溪明秀之区，衣冠礼乐甲于江左。”“五湖九龙之间，郁起闻人，其显者翱翔王途，身名两泰于世；而次亦鸿飞凤举，厕足高士之林。”明代诗人之多，超越前代。咏诗填词，成为文人的普遍修养。邵宝《锡山遗响序》云：“锡之为邑，在三吴间，山水清丽丰旷，生其地者，多雅秀整，以文名家，代不乏人。诗，文之一也。”明代无锡文人的诗文集，超过210家，其中不乏名家。仅记录于《梁溪诗钞》的明代诗人即有近300人。明初著名无锡诗人华幼武，著有《黄杨集》；浦源，有《浦舍人集》；顾协，有《鸣志斋稿》；王达，有《耐轩》《天游》二诗集；王绂，有《王舍人诗集》。明代中期出现了诗社碧山吟社，吟社创始人秦旭，与本地九位布衣老人于成化十八年（1482年）结社作诗，其地点已成今天惠山的著名古迹。后来明嘉靖三十三年（1554年）吟社重新恢复，有顾可久、华云、王问、安如山、施渐等十九人参加。秦瀚写了《碧山吟社志》以记其盛。明中期最有成就的诗人是邵宝，有《容春堂集》。邵宝是当时诗坛领袖李东阳的弟子，他严守师法，诗写得如平芜弥望，清和淡泊。明后期华察，有《岩居稿》。他的诗风韵冲淡，追踪陶韦，浑朴天真。《惠山寺与施子羽话别》：“看山不觉暝，月出禅林幽。夜静见空色，身闲忘去留。疏钟离云度，残叶映泉流。此地欲为别，诸天生暮愁。”此诗写得事境超诣，允为明诗代表之作。与之诗风相近的诗人有王问，他的《湖山歌》石碑，今天保存在鼋头渚。晚明邹迪光曾“狎主文坛”，有《始青阁稿》等诗集。东林党人高攀龙是明末最有成就的诗人，程朱理学推崇陶渊明的诗，奉为作诗的“根本准则”，而朱熹把陶渊明的诗作为最高典范，东林领袖高攀龙笃信这个诗学理念，他的诗有心学陶而天机自会，达到很高的艺术意境。他的《夏日闲居》：“长夏此静坐，终日无一言。问君何所为，无事心自闲。细雨渔舟归，儿童喧树间。北风忽南来，落日在远山。顾此有好怀，酌酒遂陶然。池中鸥飞去，两两复还来。”另一首《夜步》：“幽人夜未眠，月出每孤往。繁林乱萤照，村屋人语响。宿鸟时一鸣，草径露微上。欣然意有会，谁与共心赏。”这是既精研理学，又深通诗学，加上居于湖滨的山水感悟，达到了诗境的哲理化。在明末诗艺既学陶渊明而又别开境界的，高攀龙是极成功的一位。清代是无锡诗歌的高峰。据《梁溪诗钞》所载，仅从清初至乾隆中期的150年间，即已记录了700余人，诗1万余首。

明清时期无锡画家也出了不少。明初即有中国十大画家之一的王绂（1362—1416）。他年轻时因卷入冤案充军山西，中年时还乡，隐居惠山，赋诗作画。1403年被荐进京，参与编纂《永乐大典》，曾两次随永乐帝北巡，绘了著名的《燕京八景图》。王绂绘画擅长山水及枯木石竹。他的山水画苍郁旷远，对吴门画派的山水有一定影响。他画竹飘逸雄秀、潇洒自如，人称他的墨竹是明朝第一。他性格孤傲自持，画非为知己者不作，因此传世作品不多。今惠山二泉旁的雨秋堂正中壁上嵌有他的两幅墨竹刻石。他所画的《竹炉煮茶图》曾珍藏在竹炉山房。王问（1487—1576），曾师从邵宝，长期闭门读书，学问大进，42岁时考中进士。后弃官回无锡，在五里湖的宝界山筑湖山草堂，长期隐居于此。嘉靖三十三年（1554年）曾与顾可久等重修碧山吟社。王问是著名的画家，所画山水、人物、花鸟皆精妙，风格独特。市博物馆藏有他的《孤屿秋色图》，画得极有情致。

第二章　工商名城　百年繁华

实业兴邦造就工商名城。近代以来，无锡成为中国民族工业的发祥地，在抗战前跻身中国六大工业都市之一。1928—1937 年，无锡生产总值占全国的百分之一，列全国第三。在当时的六大工业城市中，无锡的工厂及资本数居第五位，工业产值居上海、广州之后，排第三位，工人总数仅次于上海居第二位。以荣氏家族、唐氏家族、杨氏家族等六大家族为主体的民族工商资本群体在近现代中国独领风骚。

一、自开商埠与城市商业中心的形成

1840 年以后，陷入世界资本主义漩涡的中国政府在既有的条约口岸之外，主动对外开放了大量的通商口岸。这些通商口岸无论从性质上还是意义上与条约口岸都不同，它不设租界，外国商民不享有特权，中国政府控制口岸的所有主权，这些通商口岸被称为“自开商埠”。自清末以来自开商埠经过一段时间的发展，与条约口岸共同构成中国通商口岸有机整体。在北洋政府时期自开商埠数量上还有一定的增长，此时无锡正以一个商业性的水陆码头崛起，开埠顺理成章。自开商埠虽然对促进中国近代经济发展和城市化进程起了重要的作用，但是在政府更迭频繁、战火纷飞的近代中国，大部分自开商埠都难以支撑下去，最终难逃失败。20 世纪 20 年代无锡历时四年的自开商埠活动，从最初的大张旗鼓到勉为支撑再到最后彻底失败，是近代自开商埠城市的缩影，它反映出该时期无锡近代经济发展模式和城市化程度，也反映了近代中国城市发展进程中最具代表性的问题。

20世纪20年代，无锡籍京官看到当时沿海、沿江、沿边的许多城市，除了被资本主义、帝国主义列强强行辟为通商口岸外，晚清政府和民国政府先后自行开辟的吴淞、济南、南宁、海州、张家口等通商口岸，商业繁荣，经济发达，深感开埠之利，遂有促进无锡开埠之动议。

1922年8月，任北京政府农商部司长的无锡人氏李徽回锡，与实业家荣德生深谈开埠一事，并征得同意。同年9月，无锡县商会、县农会、县教育会、县四乡公所、市公所、县款产经理处（时称“社会六公团”）联合呈请无锡县公署转请省政府援照海州、吴淞成案，同意无锡开辟商埠。9月26日江苏省实业厅批复无锡六公团呈文的128号命令：无锡工商发达，自有开埠之必要，但事关国体，应由阁议。随后，同年10月24日，北京政府批准无锡成立商埠局，由大总统签发命令，委任北洋政府财政部次长杨味云为商埠督办，商埠局设于广勤路。

（一）自开商埠成因分析

自开商埠是近代中国现代化变迁过程中的必然产物，是在多种因素的推动下出现的。无锡自开商埠，既有19世纪中叶以来中国发生巨大社会变迁的宏观基础，也有交通近代化和工商业振兴的动因和条件。

1. 抵御外来侵略，防止主权外溢，振兴商务

这是清末民初政府自开商埠的初始动机，也是无锡自开商埠的宏观背景。19世纪中叶以来，中国被纳入到世界资本主义经济圈中，国际因素对中国城市的发展产生着越来越大的影响，而这些影响在许多方面是通过开埠通商城市来进行的。无锡著名实业家荣德生早在1912年《无锡之将来》文首即精辟论述了无锡当时的宏观概况：“无锡，为江苏六十县之一，地居沪宁之中心，水陆交通，商贾辐辏，出产有大宗之丝茧，贸易以米市最为盛。今则工厂林立，如纺纱厂、织布厂、面粉厂、缫丝厂、碾米厂等，不下数十处。其直接便利商店者，有电灯电话焉。此商业之大较也。”“无锡于十五年内将有大商场发现。”

2. 得天独厚的经济地理优势与交通运输条件的改善为无锡自开商埠创造了条件

无锡地处江苏南部经济区中心，居上海、南京中间，北临长江，南滨太

湖，运河横贯其中，无锡在很早以前就获得了“布码头”、“放款码头”之称，是近代中国工商业发展最早的城市之一。作为太湖南岸水运中心，在《马关条约》签订后，内河轮运对列强开放，无锡成为外商内河航运经营中的泊地之一。另外，1908 年 12 月沪宁铁路全线通车，设无锡城区和石塘湾两站。在轮运和铁路运输日渐发展的同时，无锡的公路建设加速进行，不仅加强了无锡与外埠的联系、沟通，还有利于城区的改造与开发。20 世纪 20 年代末无锡已经初步形成以水运、公路、铁路为主的近代交通体系，以及以无锡为中心、向各地辐射的交通运输网络。

3. 自开商埠之地因新式交通而带动商业的发展，构成了无锡自开商埠的物质基础

商贸活动日趋频繁。近代工商业的兴起是经济城市优先发展的主要动力，无锡具有优越的经济地理位置和工商业经济基础，以及成熟的近代工业体系。1895 年，在无锡东门外的兴隆桥，无锡第一家近代机器工厂——业勤纺织公司开始兴建，它的创办揭开了无锡工业化的序幕，标志着无锡近代化的起步。1900 年，荣宗敬、荣德生兄弟与朱仲甫合伙创办保兴面粉厂，匡仲谋创办亨吉利布厂。1904 年，周舜卿开办裕昌丝厂。以棉纺织业、缫丝业、面粉加工业为三大支柱的近代工业如雨后春笋在无锡兴起。在 1913 年前作为无锡近代主体产业的纺织、缫丝、面粉三大产业已基本形成，其中纱锭数居全国第四，约占全国纱锭数的 7.5%。1914 年第一次世界大战爆发后，无锡近代工业更获得较快的发展，突出表现在：战后的纺织、面粉、缫丝三大产业获得更加稳步的发展；食品业中的碾米也加快步伐，成为仅次于前三大产业的行业。20 世纪 20 年代无锡的近代工业体系已经基本完备，门类分布较广，六大民族资本系统地位也完全确立（周、杨、荣、薛、唐蔡、唐程）。虽然被称为“小上海”的无锡并未设市，但实为一个迈进现代化的工商业城市，与工业建设相匹配的其他方面的建设也极具规模。

（二）自开商埠与城市发展

无锡开埠是无锡实现城市化的一个重要举措，它对无锡城市经济发展起到了一定的促进作用，主要表现在：

首先，促进了无锡城市工商业的发展，加强了无锡城市与其腹地社会经济的联系。在有限的商埠开放时间内和有限的发展规模范围内，无锡的开放与当时工商业的发展形成互动作用。不管是资金方面、技术层面还是人力聚集方面，自开商埠成为无锡近代工业兴起发展和近代城市急剧扩张、城市化发展的一个重要内在原因。它聚集了周边地区的交换活动，形成了作为承接南京和上海两地的经济中心，还与其他国内或国外的城市有一定的经济交往。商埠初具规模后，还辐射到广大乡村腹地，经常地、大量地、不停顿地进行物资的、能量的、信息的以及各种精神成果的交流，保持城市的新陈代谢。在不断地吸收发达城市的先进技术、先进设备、先进的科研成果和各种技术人才的同时，也发挥了巨大的辐射作用，从政治、经济、文化、技术、设备、物资、人才、知识等各方面影响着其他城市和周围广大农村的发展。

其次，自开商埠加快了无锡城市市政建设的近代化步伐。无锡开埠后，政府实行了修整道路、改造建筑物、整理市场以及建设新街市等一些措施，使无锡的街市面貌初步得到了改观。商埠局设立之初还曾提出一个《商埠计划意见书》，大刀阔斧地对无锡城市进行规划，城区规划内容大致如下：于运河两岸各做马路一条，中间横贯铁路。岸上各划土地数万里、分为九区，如井字形，两岸共十八区，以左岸九区为行政机关、商店和住宅，右岸九区为工厂、堆栈和船坞用地。沿土地周围筑马路，其井字形划为长街、各宽七八尺。左岸九区中取中区为行政、交通、教育、巡警等公共建筑。新埠马路不仅行驶人力车、马车、汽车，并考虑将来设置电车轨道之可能，所有新辟马路，其中心之宽，宜以五丈为标准，两边人行道之宽，每边各以一丈为标准。就当时情况来看，这种分区设想较为合理，基本上奠定了无锡城市未来的发展基础。

二、工业勃兴与工商名城的形成

（一）工业勃兴带动早期的城市转型

一个国家或地区的近代化，意味着以农业为基础的经济向以工业为基础的经济的转型。明代以来，优越的地理区位条件和传统手工业、商业的兴盛使无锡形成远近闻名的米市、布码头。但是近代以前无锡市场贸易的土布、蚕丝，全是个体小农户以副业的方式生产的，劳动力成本极其低廉，不能诱发城市中出现机器生产，也难以吸引农民进城从事纺织和蚕丝劳动。直到清末民初以前，无锡只不过是地处苏常之间，隶属于常州府的一个不起眼的三等小县城，经济和文化的发展远逊于苏常镇扬，除米市外，经济地位在全国各县微不足道。无锡最早的工厂是从西方移植的产物。以机器为动力的近代工业的产生和发展，导致无锡的传统经济逐步解体，近代经济体系逐渐形成。

清末，无锡是江苏第一个出现工业企业的县份。1895 年 10 月，杨宗濂、杨宗瀚兄弟筹银 24 万两，在锡城东门外羊腰湾创办了无锡第一家民族资本企业——业勤纱厂，拉开了近代无锡机器生产的序幕。无锡城市近代化由此起步。1900 年，无锡第二家工厂——保兴面粉厂诞生。1904 年，上海滩有名的“煤铁大王”周舜卿在其家乡无锡县东埄投资 8 万两，开办无锡第一家机器缫丝厂——裕昌丝厂，自行仿造意大利式缫车 96 台，替代传统的土法缫丝。业勤、保兴、裕昌三家工厂的先后诞生，开创了无锡地方创办实业的先河，为无锡近代经济发展奠定了基础，也为后继企业的创办跟进树立了样板。其后，号行商人、钱庄老板、政府官员纷纷投资近代工业，到 1911 年，已建棉纺厂、面粉厂、缫丝厂、碾米厂、染织厂 16 家，资本额 150 万元，工业总产值 350 万元，无锡成为全国民族工业的发祥地之一。

第一次世界大战爆发，初具规模的无锡近代工业遇到了有利的发展机遇。1912—1919 年，无锡新增工厂 74 家，是辛亥革命前无锡创办工厂数的 4.6 倍，平均每年增加 7 家。工业资本总额 1585 万元，工业总产值 4128 万元，比前期增长 10 倍以上。不仅企业数量增加，投资规模也远胜前期，新增纱厂 3 家，平均投资额 120 万元，是辛亥革命前的近 5 倍，新增面粉厂 5 家，平均投资额 15.2 万元，是辛亥革命前的 2 倍多。1919 年爆发的五四运动提倡“抵制外货，爱用国货”，使国货畅销的好势头继续保持，促进了无锡民族工业的进一步繁荣。1920—1929 年，无锡新增工厂 163 家，平均每年增加 16 家。资本总额 2940 万元，工业总产值 10472 万元。这一时期，工业资本明显向棉纺、缫丝、面粉三大行业集中，无锡近代工业中的三大支柱产业基本形成，并产生了杨、

▲ 杨宗濂、杨宗瀚、荣宗敬、荣德生（从左到右）

周、荣、薛、唐蔡、唐程六大资本集团，它们各具优势，相互竞争，又彼此参股，相互合作，创出了骄人的业绩。

1929 年资本主义经济危机席卷全球，无锡以出口为主的缫丝工业遭受严重打击，其他行业也遇到前所未有的困难，许多企业停滞衰退，甚至歇业破产。荣氏、唐氏等迎难而上，励精图治，积极引进国外先进设备和科学管理，注意改革生产技术，重视提高产品质量，实施联合兼并、扩股增资，大大增强了企业抗风险能力和竞争实力，终于度过危机并得到进一步的发展。

1933 年，全国工业新增产值 6.4 亿元，农业总产值 187.6 亿元，两者之比约为 1：29。同年无锡县工业产值 7726 万元，农业产值 869 万元，农业产值大约相当于工业产值的 10%。因为无锡的工业绝大部分是制丝、纺织、制粉等农产品加工，若按照原料生产产值一般占工业总产值 70% 计算的话，核到工业新增产值约 2318 万元，即农业与工业的比例约为 1：3。工业取代农业成为经济增长的主体，给城市发展注入了强劲动力，由此推动无锡城市的功能结构和市容市貌发生根本性的改变。它标志着从前自然成长起来的城市已经变成了现代化的大工业城市。经过短短二三十年，无锡一跃成为苏南经济中心，工业实力雄居江苏榜首、全国第五。经济地位的变化导致城市级别的提升，无锡从一个普通县治上升为地区的行政中心，1933 年，江苏省分为 13 个行政督察区，无锡属第七区，又称为无锡区，辖无锡、武进、昆山、常熟、江阴、太仓、吴江 8 县，汪伪时期区督察专员公署仍驻无锡。相形之下，令传统的府城苏州、常州和新兴的明星城市南通亦黯然失色。

1936 年，无锡有纺织、面粉、缫丝、碾米、榨油、化工、建材、造纸等 20 个工业门类，294 家工厂。资本总额 3860 万元，工业总产值 13550 万元。基本形成了以纺织、面粉、缫丝为支柱，其他工业门类相配套的轻工业生产体系。从全省和全国范围来考察，无锡工业经济占有十分重要的地位。无锡缫丝厂和缫丝车分别占全省的 94% 和 95%，居全国首位，出口量约占全国 28%，成为名副其实的丝都。面粉工业不论是工厂数还是生产能力，均居全省第一位。纺织业纱锭 24 万多枚，布机 3500 多台，分别占全省的 38% 和 92%（《无锡市志》第 840 页）。1937 年 2 月的统计，无锡工业资本总额 1407 万元，在全国工业城市中居第五位；年总产值 7726 万元，仅次于上海、广州，居第三位；产业工人总数 6 万多人，居上海之后位列全国第二。全国民族资本每百元资本年产值为 286 元，上海、天津、武汉、广州、青岛、无锡六大工业城市平均为 386 元，而无锡达到 549 元，工业生产水平居全国领先地位。经济发达造就了城市的繁荣，无锡由此以“小上海”而著称海内外。

环顾无锡周边城市，近代工业经济的发展各有千秋，但均远落后于无锡。到抗战前夕，无锡的工业实力已雄踞全省之冠，成为推进城市近代化最强劲的动力。

（二）工商联动，带动城市繁荣

无锡近代企业家大多经商出身，投资近代工业的原始动力来源于经商活动中对“兴新业而占大利”这一历史机遇的发现，开办工厂所需的初始资本、知识才能、市场联系等必要条件，主要借助于先前的商业积累，而明清以来持续兴旺的米市，布码头和丝茧市场，则为纺织、缫丝、面粉加工业的成长提供了广阔的市场空间。工业的兴起完全依赖于商业的发展，然而，作为新的生产力，近代工业一旦形成规模，它对商业和整个经济的巨大推动作用立即显现出来。

工业发展需要商业为之组织成批的原辅材料，也为商业提供了作为交易内容的大宗商品。作为无锡工业主干的纺织、缫丝、面粉、碾米、榨油工业，原料大都来自外埠，产品运销全国乃至出口。满足工业生产需要的购销活动，成为无锡商业贸易的主体。业勤纱厂开工后，无锡的棉花经营开始兴盛，北门外江阴巷、竹场巷一带出现专营棉花的纱号。到 1919 年纱号由 3 家增至 14 家。第一次世界大战后，无锡棉纺织业崛起，更使无锡成为与上海、汉口、天津、青岛并称的棉花销售中心市场。这里每年输入皮棉 50 万担，籽棉 10 万担，在全省各城市遥遥领先。与此相应，棉纱输出平均每天 400 件。而且，无锡所出的线呢、府绸、绒布等花色布，产量并不输于上海，为棉纺织业服务的商家也因此分化为纱号、布庄、颜料行等分工明确的专业化行业。纺织业生产对淀粉需求的增加，又带动面筋、粉皮、粉丝等淀粉加工业的发展。同样，面粉、榨油等近代食品加工业的发达，促使因漕粮停办而一度变衰的无锡米市再度兴旺，从米稻贸易为主，拓展成为米稻、小麦、大豆、杂粮、粉麸、油饼等多品种的粮食大集散地。在批发商发展的基础上，无锡米市进一步细分为稻米、杂粮、面粉三大专业市场。当然，这种专业化分工又并非截然分离。如当时全城 38 家粮食堆栈，13 家丝茧堆栈，除了主业仓储外，还办理代销、经纪业务，兼营抵押放款，吸收存款等，成为兼有仓储、营销、信贷、保险等多功能的经营服务机构。不但传统的米市、布码头和丝茧市场得到新的发展，服务于近代工业营运需要的其他商贸行业，如煤铁、石油、五金机械、电料、水泥等新兴行业也不断产生，民国 24 年（1935 年）后，无锡 4020 家商户中，经营生产资料的商号店铺 868 家，占 21.59%。

随着无锡近代工业的发展，各种日用工业制成品逐渐进入寻常百姓家庭，商业经营品种增加，规模扩大，出现各具特色的专业商店，如日用五金电料、袜业、西药、卷烟、煤油。30 年代中期，经营日用工业品的店铺 729 家，占当时商店总数的 18.13%。除各类专业商店外，近代形态的百货业日渐兴盛，从最初专售舶来品到以国产品为主，其业态名称也经历了洋广货业、华洋杂货业到百货业的变化，30 年代已出现大型的百货公司和百货商场，从业商家从清末的 18 家增至 1949 年的 181 家。与此同时，满足居民生活必需的农副产品贸易也形成规模。

金融业在社会经济活动中具有重要意义。无锡民族工业的快速发展，也为金融业的兴起创造了条件。钱庄是我国封建社会经营货币信用业务的旧式金融机构，明代万历年间无锡产生兑换银钱的钱铺。19 世纪 50 年代，开始设立经营存款、放款、汇兑等信用业务的钱庄。光绪二十三年（1897 年），无锡有大小钱庄 10 多家。早期钱庄的放款主要面向传统商业，清末以后随着民族工业的起步发展，钱庄转而扩大对民族工业的放款，主要面向粮食、茧丝、棉纱等业，大体是春茧、夏麦、秋棉、冬粮，其中尤以粮食为大宗。1918 年钱庄对工商业企业放款达 1400 万元，资金大都拆借自上海、苏州等地。1929 年，无锡已有钱庄 23 家，每家资本额增至 5 万—6 万元，这是钱庄业的鼎盛时期。无锡的银行业则直接伴随着近代工商业的发达而产生和发展。至抗战前夕，无锡计有银行 10 家，并成立了银行分会和票据交易所。

工商发达，人口日繁，人们对服务消费的需求急剧增加，无锡城市服务业应运而兴。从服务内容来看，衣食住行、娱乐休闲、生老病死，包罗万象。从行业结构来看，典当、钱庄、银行、报纸、电台、餐馆、旅馆、理发、浴室、照相、洗染、修配、书场、戏院、舞厅等，应有尽有，门类齐全。逐步形成专业化分工，配套成龙的服务产业系统。就企业数量而言，服务业的发展势头胜过商业贸易，仅饮食服务就有 481 家，占全城商业网点总数的 11.97%，1949 年达 2148 家，占 21.76%，还不包括走街串巷的饮食摊担。

这一时期无锡商业服务业的显著特征之一是经营方式的近代化。大多数大商号采用了近代经理制，雇佣劳动制和新式的财务核算制；在经营方式上，以合同和票据广泛建立起跨地区跨行业的经济联系，商业机构之间普遍通过近代邮政电讯手段及时反馈市场信息；商品运输也从撑船、帆船向着货轮拖驳、铁路整车进化。城区百货业开始向社会招考员工，百货商店经营的商品分部归类陈列，并改变讨价还价旧习，实行划一定价，标价定货，以此表明货真价实，没有虚头。大型商店在店堂内设置立式玻璃样橱，自办广播电台、安装霓虹灯，开展促销宣传，有的还增设店堂电梯，收到方便和招揽顾客的双重效果。所有这些变化，尽管只是出现在部分规模较大的行业和店铺中，但它代表了时代发展的潮流，对整个锡城商业和服务业向近代化转变起着积极的示范和带动作用。

根据统计，1929—1930 年间，无锡城区已有各种商业行业 30 个，商店超过 1000 家。30 年代又有较大发展。1949 年底，除国营和集体以外，私营商业、饮食业、服务业全市共 110 个行业，有坐商 10023 户，店员、工人约 4 万人，商业摊贩 8156 户。工商业的兴盛，有力地推动了无锡城市的近代化。城市规模扩大，人口增加，街面店号兴建，道路铺设，桥梁修筑，公共照明等市政工程建设相继发展，都与工商业的发达有直接间接的关联。

三、工商业的兴起与人口的集聚

人口集聚是城市建设发展的必要条件，又是城市发展水平的具体体现。近代无锡城市发展的一个显著特征是城区人口快速递增。据统计，民国初年无锡城乡人口为 79 万余人，其中城区仅 5 万—6 万人。1920 年全县人口将近 92 万，城区人口突破 10 万，与民国初年相比，前者增加 16% 左右，后者增加 60% 以上。1928 年，全县人口 94 万余人，而城区人口接近 20 万。8 年时间，全县人口增长约 2%，城区人口则翻了一番。已达到民国政府普通市条件，无锡因此有筹备废县设市之举。30 年代，无锡城市人口进入 30 万大关，而全县人口最高峰在 1936 年为 121.9 万人。又一个 8 年，全县人口增长近 30%，城区人口增长 50%。1933 年的调查统计，无锡县全部人口中，农业人口占 51%，非农业人口占 49%，相比于当年全国农业人口与非农业人口之比 73 ：27 来看，当时无锡城市化水平已达到相当高的程度。到 1949 年，市区人口已达到 48.67 万人，将近 40 年时间内，无锡全县人口增长不到 40%，城区人口增长 5 倍左右。

城市人口的迅猛增长显然不是人口自然增长所致，从本质上说，它反映着农村社会正受到新的发展中心的吸引。城市近代化在很大程度上是一种移民现象，即农业人口转化为非农人口并向城市转移的过程。无锡地区历来地少人多，土地容纳不下大量增加的人口，随着城市的发展，农村剩余劳动力纷纷进城寻找就业机会。本地农村的年轻人一般不留在村里，而是到上海、无锡城去打工。根据1941年对无锡县开原乡荣巷、小丁巷、郑巷和杨木桥等自然村的调查，全部农户中外出打工的人家占46%，外出打工人数占村民总数12%。1934年，无锡城区就业人口中，近一半为四乡农民。劳动力从农村流向城市的主要动因是务工优于务农的收入效应，不同产业间相对收入上的差异，将会促使劳动力向能够获得更高收入的部门转移。但是，影响劳动力转移规模和速度的决定性因素，不是农村剩余劳动力的多寡，而是城市对劳动力的吸收消化能力。否则，大量人口涌向城市，非但不能带来城市的发展和繁荣，反会造成巨大压力和灾难性后果。

城市化动力的推拉因理论认为，农村人口大量涌进城市，造成城市人口膨胀，成为城市发展的“推因”，城市工业发展提供大量就业机会，把农村人口拉了进来，成为城市发展的“拉因”。就近代无锡城市发展而言，推动和拉动两种因素同时起作用。近代无锡因工而兴。仅以纺织、面粉、缫丝三大产业而言，从手工劳动变为机器生产，工业技术带来了生产规模的巨大膨胀、产业链条的延长、分工的增加和细化，从而产生了对劳动力持续增加的需求。城市劳动力主体不再是手工作坊和商店的雇工、学徒，而是与社会化大生产紧紧相连的产业工人。正如薛明剑所指出的，甲午战争前，“全邑劳工仅以扛运肩夫（是时更盛行轿行）之小工（苦力）居多数，即有艺工，亦仅属于农闲时之家庭手工，无所谓劳方资方之显然区别”。一战后，无锡机器工业发展，“全邑工厂均感缺乏工作人员，每一新工厂之设立产生，往往发生招工纠纷，如拉揽技术工人等。”无锡近代产业工人队伍呈现出由小到大，由少到多的成长态势。1919年全城工人数25616人，占全县人口2.8%、城区人口1/5。1929年达到7万人，占全县人口8%、城区人口1/3、城区劳动力的60%—70%。1933年，产业工人占全县人口12%，1948年工业人口达到89263人，工人人口的持续增加及其占总人口比例的逐步提升，从一个侧面呈现近代无锡由传统农业文明向现代工业文明的转化过程。

近现代工业具有传统手工业和农业无法比拟的劳力吸附和人口效应，这不光体现在产业工人数量的增加上。马克思指出，随着资本有机构成的提高，资本对劳动的需求，同总资本量相比相对地减少，并且随着总资本量的增长以递負老攜幼，揭釜甑而歸古公。居三月，成城郭，一年成邑，二年成都，而民五倍其初。古公三子，長曰太伯，次曰仲雍，雍一名吳仲，《史記》作「虞仲」。少曰季歷。太姜生。少子季歷，即王季也。季歷娶妻大任氏，音泰任。《詩·大明篇》：「摯仲氏任。」毛氏箋：「摯，國；任，姓；仲，中女也。」《史記》作「太任」。《列女傳》：「大任，摯任氏之中女。」生子昌。昌有聖瑞，《尚書緯·帝命驗》曰：「季秋之月甲子，赤爵銜丹書入於酆，止於昌戶。」其書云云，此蓋聖瑞丹書，文多不載。古公知昌聖，欲傳國以及昌。曰：「興王業者，其在昌乎。」因更名曰季歷。太伯、仲雍望風知指，曰：「歷者，適也。」知古公欲以國及昌。古公病，二人託名採藥於衡山。南嶽。遂之荊蠻，斷髮文身，爲夷狄之服，示不可用。古公卒，太伯、仲雍歸。赴喪畢，還荊蠻。國民君而事之，自號爲勾吳。《漢地理志》：「太伯奔荊蠻，號曰勾吳。」顏師古注：「吳俗語聲發，猶越爲于越也。」吳人或問：「何像「像」，疑當作「豫」。而爲勾吳？」太伯曰：「吾以伯長居國，絶嗣者也。其當有封者，吳仲也。故自號勾吳。非其方乎？」荊蠻義之，從而歸之者千有餘家，共立以爲勾吳。數年之間，民人殷富。遭殷之末世衰，中國侯王數用兵。恐及於荊蠻，故太伯起城，周三里二百步，外郭三百餘里，在西北隅，

《吴越春秋》记述泰伯南奔建吴

泰伯像

泰伯庙

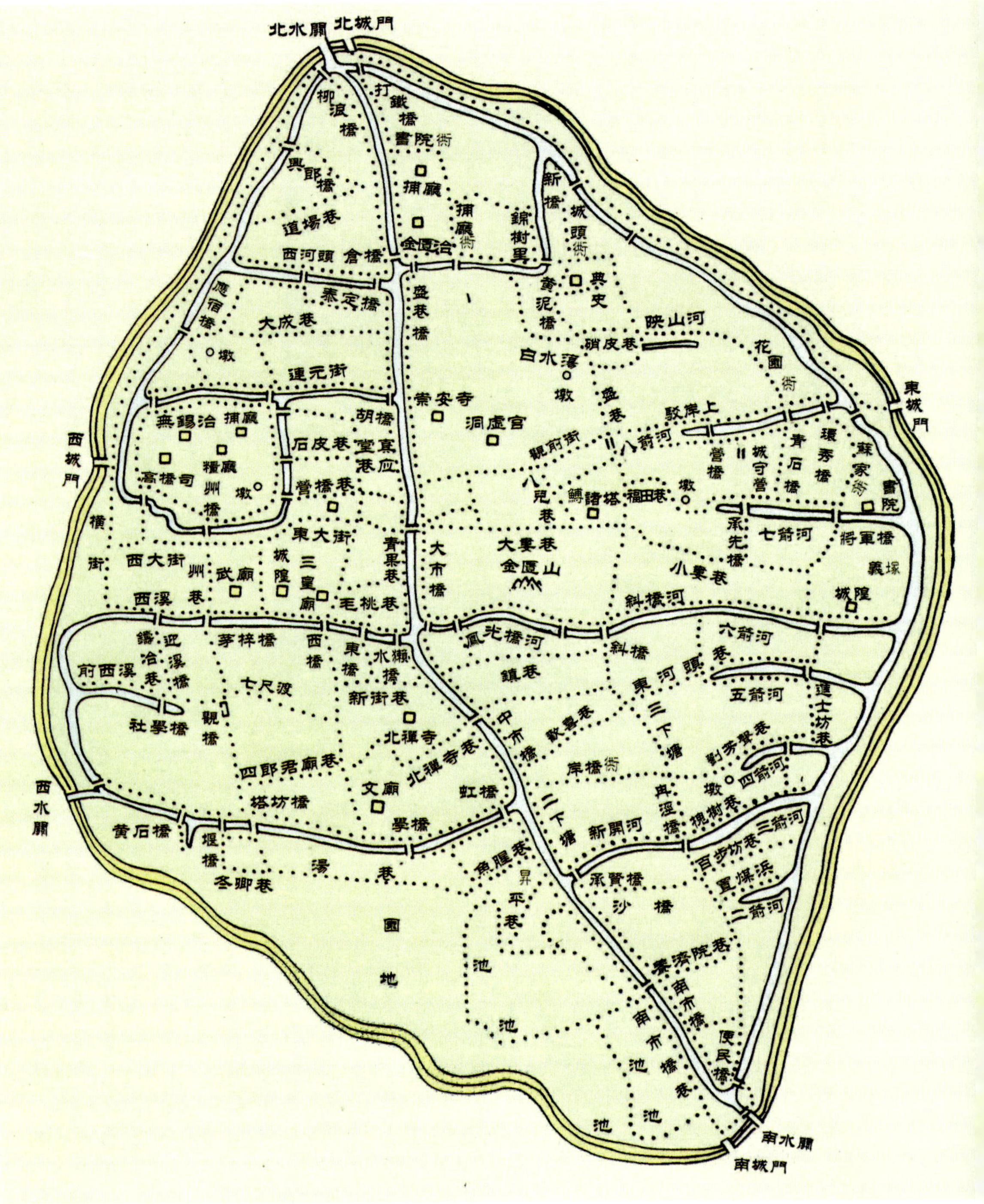

清光绪七年（1881年）无锡金匮县城图

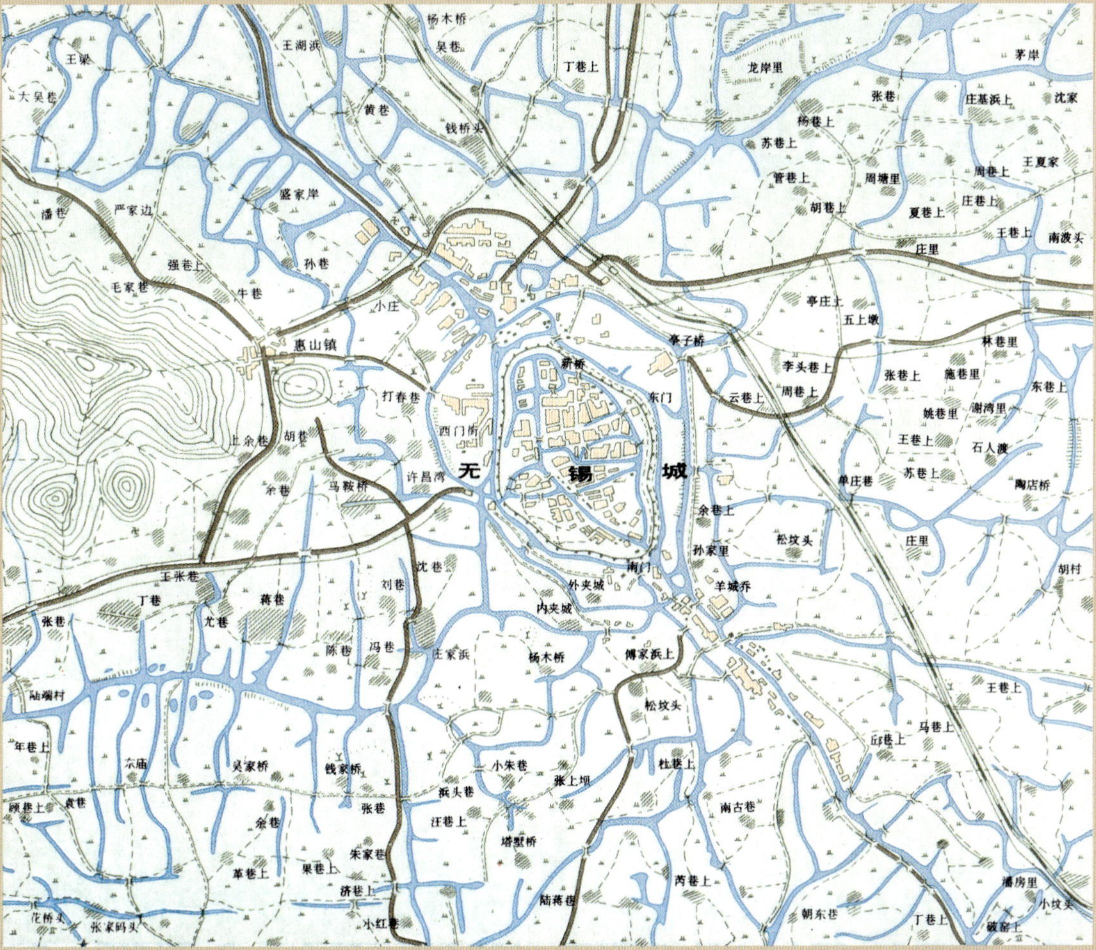
杨木桥
王梁
王湖浜
吴巷
丁巷上
龙岸里
茅岸
大吴巷
黄巷
张巷
庄基浜上
沈家
钱桥头
杨巷上
苏巷上
管巷上
周塘里
周巷上
王夏家
潘巷
严家边
盛家岸
胡巷上
夏巷上
庄巷上
王巷上
南波头
强巷上
孙巷
庄里
毛家巷
牛巷
小庄
亭庄上
五上墩
惠山镇
亭子桥
新桥
林巷里
李头巷上
周巷上
张巷上
施巷里
打春巷
云巷上
东门
东巷上
姚巷里
谢湾里
上余巷
胡巷
王巷上
石人渡
无
锡
城
马鞍桥
许昌湾
单庄巷
苏巷上
陶店桥
余巷
余巷上
松坟头
庄里
孙家里
南门
胡村
王张巷
沈巷
羊城乔
刘巷
外夹城
丁巷
蒋巷
内夹城
张巷
尤巷
陈巷
冯巷
庄家浜
杨木桥
傅家浜上
王巷上
陆瑞村
松坟头
马巷上
年巷上
邱巷上
吴家桥
钱家桥
小朱巷
杜巷上
浜头巷
张上坝
顾巷上
黄巷
张巷
南古巷
余巷
汪巷上
塔墅桥
朱家巷
果巷上
革巷上
芮巷上
济巷上
潘房里
陆蒋巷
小坟头
花桥头
张家码头
小红巷
朝东巷
丁巷上
破窑上

1916年无锡地图

太湖鼋头渚：包孕吴越

伯渎桥，纪念泰伯而得名

上图　无锡县城胜利门
下图　东林书院

阿炳故居

天下第二泉

上图　缫丝厂车间
下图　荣氏风雨操场

锡山

增的速度减少。20 世纪二三十年代，无锡工业企业纷纷增资扩股，进行技术改造和设备更新，各厂资本有机构成显著提高，因而“劳工之被雇数，则日就锐减”。以纺织厂为例，原先每万纱锭须雇工人 500 人，改革后的申新等厂，每万纱锭只雇 297 人，“尚在力求减省，最短时间内，有减至二百五十人之可能”。织布机原先 1 人管理 1—2 台，改革后增至 1 人管 4 台，新购自动布机，更三四倍于此数。然而，同一时期无锡产业工人总数并没有因此减少，资本有机构成提高所精减的工人，又被不断开设的新厂所消化。更具意义的是，技术进步使工厂规模扩大，生产效率提高，产品质量升级，竞争能力增强，资金和物资流转加快，对城市建设提出更多新的要求，创造更多新的机会，从而带动相关的原料供应，产品销售，资金保障以及其他各种配套服务行业和部门不断向广度和深度发展，吸附更多的劳动力融入城市近代化进程。1920 年，无锡城区人口占全县人口比重约为 10%，1928 年达到 23% 左右，1935 年更升至 25%。充分显示近代无锡这座新兴的工商业城市强劲的集聚能力和创新能力。人口职业构成上的非农化属性是城市近代化的又一重要表征。议员、教员、律师、记者、医生等从事脑力劳动的知识分子和管理者这一职业群体的形成，反映出城市居民在职业类属上的现代性成分逐渐增加。

▲ 周新镇老街

城市意味着财富和人口的集中。一个城市，财富的创造和经营效率越高，其对周边地区的吸引能力越强，人口的集聚效应越大。近代工业打破了狭隘的地区分界，在促进国内市场一体化进程的同时，也在更广大的地域范围内吸附劳动力。无锡工业初兴时，本城居民“稍有家产之相当家庭均不令子女入厂作工”，全部工人中，本城居民仅占 5%。进入 20 年代中期，无锡各工厂逐步改良工作条件，增加职工福利，城区居民进厂做工人数逐渐增加。但到1934年，本城工人仍然只占全城工人总数的20%，工业发展所需的大部分劳力只能依靠外源补充。据1928年统计，无锡产业工人及其家属中，本地人只占54.2%，外籍人占45.8%，其中本省其他县市人占32.1%，外省人占13.7%。丽新厂创办时，女工大部分来自江阴，无锡本籍很少，男工大部分是通州人。1929年申新三厂趁青岛日商纱厂工人罢工之机，曾派员到青岛招雇熟练女工。华大火柴厂开设时也从上海招聘熟练工人数十人。据统计，1928年无锡1.5万多纺织工人中，近乡人占50%，外籍人占30%，其中来自江北者居多，宜兴、溧阳、常熟、江阴等处亦多有来锡打工者。

源源不断的外来人口不仅为无锡产业发展提供一般劳动力，而且为无锡城市各行各业提供了多层次的技术人才和大批创业者。外来人口中不乏大批技术和管理人才，其中许多人成为无锡工商企业的中坚力量。20年代初，荣德生聘请汪孚礼为申新三厂总工程师。汪是湖南沅江人，留学日本，曾任上海大中华纱厂工程师，受聘申三后，带来大中华厂的部分技术人员充实各车间，引进先进的科学管理方法，对传统的工头制进行改革。历经艰辛，终于改变了工厂管理落后，生产下降的局面，使申三成为荣氏申新系统管理最好的工厂，对全国纺织企业推行科学管理产生不小的影响。应聘担任永泰丝厂经理的徐锦荣，浙江海宁人，上海纶华丝厂总管车出身，为创品牌，他严格管理，狠抓质量，经过几年努力，永泰丝厂“金双鹿”成为国产丝四大名牌之一，享誉海内外。永泰丝厂还聘用日本人田中太郎为煮茧技师、聘用朝鲜人李光华为助理工务，庆丰纱厂也高薪聘用英国工程师汤麦斯来厂主持漂染部达三年之久。普遍重视引进技术和管理人才，这是近代无锡工商业能够异军突起的重要原因。

四、工商业的繁荣与城市布局的演变

作为经济和人口集聚的载体，城市的地域空间规模与经济和人口规模密切相关。一定的城市空间规模，既是发挥城市功能，满足经济和人口增长需要的前提条件，又是由经济和人口的集中程度所决定。明清时期，无锡县城布局所呈现的局促狭窄，零乱随意，是与传统农业经济相适应的。米市、布码头的繁荣，虽在南北城门之外形成八段米市和沿河商业街巷，但还不足以对城市化进程产生根本影响。近代工业诞生后，这一状况才开始得以改变。

与传统手工作坊不同，社会化大生产要求宽畅的场地和便捷的交通，无锡旧城区难以满足工厂建设的需要。虽然京杭运河穿城而过，城内河道纵横，但因年久失治，或淤浅，或湮塞，舟行困难。市民大多傍河而居，街巷壅塞，道路狭窄，陆路交通不便，且有城墙阻隔。受用地规模和地价影响，城内少有大幅私有土地宜作厂址。而且工业生产作为一种新事物，其高耸的烟囱、轰鸣的机声，如与民居相邻为伴，一时也很难被当时的人们接受。即使建在城外的保兴面粉厂，仍遭传统势力的百般阻挠就是例证。整个民国时期，拆除城墙的呼声不断，这在一定程度上反映了近代工业发展要求突破旧城束缚的迫切诉求。

旧城无法容纳，绝大部分工厂只能建在城外，由此带动了周边地区的开发，使城市规模逐渐扩大。1917 年，杨翰西于锡城北郊丁村长源桥建广勤纱厂，最初工人 1400 多，最多 2200 多人。当时火车站以北还是一片旷野，广勤开工后，这里人烟渐多，后筑周山浜至广勤厂的广勤路，成为火车站以北第一条马路，又“于道旁陆续修建市房，招引商贾，日趋成市，使一片旷野逐渐繁荣热闹起来”。1919—1936 年间，周山浜地区先后开办了十多家工厂，用工一万人左右。杨又陆续开办小学、医院，建小型发电厂，沿广勤路安装路灯。1921 年，更辟于胥乐公园，建公共体育场。公园入夜灯火通明，有多种文艺演出活动，市民俗称其为“夜花园”，在周山浜广勤路口，还建有华盛顿西菜馆和西式客房，市区新潮人士趋之若鹜，成为当时无锡一景。周山浜和夜花园地区

▲ 茂新面粉厂（1902 年）

逐渐与火车站以南的商业闹市连成一片。作为无锡最主要的工业区，西门外集中了锦记丝厂、茂新面粉厂、申新三厂、兴业布厂等几十家大中型工厂。这些工厂对原辅材料的需求，又催生了大批配套协作厂商。纺织厂浆纱所用淀粉需求日增，西门一带粉坊如雨后春笋般涌现，进而产生规模更大的淀粉厂。工厂产品包装用蒲包、草绳需求日增，专营蒲包、草绳的店号随之跟进。大工业带动手工业和商贸服务业，使西门外棚下街一带很快形成锡城又一商业闹市。

1912 年后，旧城四周的工商业日臻繁盛，开始形成新兴工商业区。铁路、公路等近代交通的出现，更使商业中心由城中、南门向北塘、北大街和火车站附近偏移。1911 年至 1937 年，无锡城新建各类建筑达 120 万平方米以上，其中 55 万平方米为工业建筑，占 46% 左右。1949 年底，无锡城区建筑面积 315 万平方米，其中工商业用房 110 万平方米，住宅 180 万平方米。在住宅中，新兴工商业者占了 70 万平方米。因此，工商业资本占有的房产将近 60%。这从一个侧面反映了工商经济在城市发展中所起的作用。

由于工商业的拉动，无锡城市开始形成轴向发展和组团发展的布局特征。一是工商业沿着运河、铁路、公路等主要交通线向外延伸，成带状分布，工厂、商店、堆栈、码头、货场相对集中，如北塘—蓉湖庄一线、长泾路—羊腰湾一线、周山浜—广勤路一线。二是在闹市口和交通要道口形成各有特色的经济组团，呈块状分布，如吴桥、北塘、三里桥至莲蓉桥沿河，粮油行、粉麸号、南北山地货行及堆栈较为集中；江尖—南尖—龙船浜—李家浜和迎龙桥—西水墩两处，以纺织厂、碾米厂、面粉厂及相关仓库为多；清名桥、南下塘和亭子桥等处，以丝厂和相关行号、堆栈为主；机械修造业、翻砂业、则集中于光复门外及惠农桥；造船业主要分布于泗堡桥、塔桥下和丁泽里。三是商业服务业也在发展中形成一定的片区，如零售商业主要分布在城中大市桥—崇安寺、北大街、光复门等处；批发商相对集中于北塘、工运桥等地；金融业则处于与北塘和北大街相邻的财神弄；娱乐业则以火车站、汉昌路一带为多。

近代产业的迅速成长导致城区人口急剧膨胀，使旧城难以负荷。客观上要求打破城墙的禁锢，在城外辟建新的居住区。沪宁铁路通车后，无锡城区私房出租占私房总量的一半，仍不敷满足住房需求，人们惊呼“旧城厢快要胀破了！”为了便利本厂工人居住，规模较大的企业先后建造了一批工房，围绕城厢外围和主要工厂区周围，形成庆丰里、丽新里、乾德里、华新里、豫康里、勤工桥、通扬桥、振新一村、振新二村、十八间头等工房区，全邑此项工房，数量不下二三万幢。

明清时的无锡一直是由周长 11 里的城墙包围着，面积约 2.25 平方公里的袖珍小城。虽然这一时期农副产品的商品化程度不断提高，转口贸易日益兴盛，但城市规模并无多大变化。民国初年，无锡城厢已具有都市特征，建成区面积达 5 平方公里，抗战爆发时已扩展至 10 平方公里，这无疑应归功于近代工业的快速发展。

五、市政设施的兴建与公用事业的兴办

近代无锡城市的发展能够摆脱以往自然生长的格局，不同程度地走向有目的地开发建设。不仅工厂的兴建、商市的扩充，以及与传统民居不同的具有近代风格的私宅的翻建，或多或少地改变了城市的面貌，而且，具有近代意义的城市基础设施和公共设施建设逐步进行，由此推动城市的性质和功能发生一系列深刻的变化。

（一）交通建设

交通对城市的作用，犹如血脉之在人身。交通不畅，则物资阻滞，往来不便，影响城乡交流和农工商发展。交通建设实为城市近代化的前奏。

无锡地处江南水乡，在火车和汽车出现之前，交通运输向来“以水不以陆”，近代工厂大多沿河而建，便于原材料和产成品的进出。无锡交通运输的近代化也以内河轮运启其端。1895 年锡城第一家近代企业业勤纱厂开办，无锡运河上就驶有上海等地轮船公司载货搭客的轮船。1902 年，上海内河招商总局无锡分局成立，这是无锡第一家轮船公司。1905 年起，无锡历年有新的轮船运输企业开设，1919 年时有小火轮 20 艘，主要业务为客运，兼带货运。20 年代以后，轮运业进入发展时期，1929 年，轮运公司增至 21 家，有轮船 57 艘，其中货班主要是上海航线，客运和客货兼运则包括江阴、常熟、苏州、湖州、宜兴、溧阳等 21 条航线。到抗战前夕，无锡共有 35 家轮运公司，拥有 87 艘蒸汽机和柴油机轮船。当然，轮船并没有完全取代木帆航船，因为运价低廉，租用方便，能驶达轮船所不通航的地区，因而粮食、蚕茧、建材等笨重货物主要仍由航船承运。有鉴于此，轮运业也改进经营方式，轮船改为仅作动力，拖带航船载货搭客。平均每条货轮可拖带 7.5 条航船，既提高了轮船的运输能力，降低了单

▲ 大运河（21 世纪初）

位能耗，也把旧式航运业纳入了近代交通运输体系。

1906 年，沪宁铁路沪锡段通车。1908 年沪宁铁路全线通车，无锡增设南站、石塘湾、洛社三个车站。这使无锡的交通运输发生了历史性变化。首先，它缩短了无锡与上海之间的经济距离，两地间行程，航船约需 2—3 天，轮船也要一天一夜，而火车只需三个小时就能抵达；其次，它突破了河道运输的局限，使无锡成为更大范围市场网络中的一个重要节点。来自北方的大豆、小麦、棉花、煤炭这些无锡工业必需的原材料，因铁路运输而更有保证，无锡销往各地的棉纱、布匹、面粉等工业品，因铁路运输而更加通畅。据 1933 年《江苏省鉴》统计，无锡站发往全国各地的年货物运输量为棉纱 9.5 万包，厂布 80 万匹，面粉 550 万包，大米小麦 310 万石，鲜茧蚕丝 9 万担。供销运输快捷，资金周转缩短，无疑成为无锡近代工业快速发展的重要原因之一；再次，它促进了无锡内河运输格局的调整转换。一方面，原有与铁路同向运行的轮运业务受到冲击，如常州、镇江到无锡的航线先后停办。另一方面，从宜兴、溧阳和苏北靖江、泰兴、如皋等地经江阴来锡中转，换乘火车去沪宁两地的乘客迅速增加，促使内河航运依托铁路获得新的发展。鉴于铁路运输的优势，民族资本家陈尚侠曾于 1916 年 8 月筹备锡湖铁路公司并登报招股，计划筑造无锡至湖州铁路线。民国政府交通部以国人办铁路尚无先例为由不予批准，锡湖铁路胎死腹中。

公路建设是近代交通运输的又一支柱。民国政府成立后，无锡县政当局以筑路为市政建设的开端，于1912年设立市自治公所作为专门承办机构，筹划修建了火车站通崇安寺的通运、汉昌、光复、公园等路，使无锡城区与火车站连成一线。其后年年筑路，1913 —1929年共建圆通、工运、东新、交际等27条道路，总长12公里，无锡城区范围逐渐突破原有城墙向外扩展。为了消除阻隔，县政当局和地方人士参照上海、天津成例，多次呼吁拆除城墙改建马路，并呈文省府，都因财政窘迫而“缓办”。1930年到抗战前，无锡又相继建成锡澄、锡沪、锡苏、锡宜、锡梅等省道、县道13条，东通常熟、苏州，北抵江阴，西接宜兴，总长147公里，增强了无锡与周边城市及乡镇间的经济联系。在沟通城市外围通道的同时，无锡城内的街巷也得到一定程度的改善。1929 —1936年，先后拓宽公园路、新生路、复兴路，其中新生路长1.6公里，宽6米，是当时城区最宽的道路。

作为我国民营资本最为集中的地区之一，无锡工商实业家在城市交通建设中成为一支不可或缺的重要力量。“江苏省是近代工商业较为发达的地区，其公路建设始于商人投资”（黄逸平《北洋政府时期经济》第248页）。1914年，由荣德生倡议出资，从西门迎龙桥到梅园辟筑全长近9公里的开源路，这是无锡城乡之间的第一条公路，也是江苏省最早的公路之一。其后，荣德生、陆培之、祝兰舫、杨翰西等先后出资兴建广勤路（周山浜通勤路—华庄岸）、通惠路（火车站—吴桥—惠山）、扬化路（南门带钩桥—南方泉）等14条公路，总长48公里，使无锡城区与近郊连成一片，昔日的荒郊野地如北栅口、周山浜等渐成闹市。近代交通建设的发展，对无锡城市布局的拓展起到了极其重要的作用。

无锡水网密布，沿河两岸之间依靠渡船交通，筑路必须造桥。1916年，无锡源康丝厂经理吴子敬，独资兴建了横跨京杭大运河的吴桥，这是无锡第一座大跨度、可通行汽车的钢筋混凝土大桥，式样与上海外白渡桥相仿，成为当时无锡一景。1928年，荣德生、陆培之、薛南溟、祝兰舫等集资建造大公桥、蠡桥等，同时组建百桥公司，8年内共建成大小桥梁88座，其中无锡地区57座，最有名的是宽5.6米、长375米，60个桥孔的宝界桥，当时钱塘江大桥尚未建成，所以它号称“江南第一长桥”。

随着近代公路的修筑，无锡汽车运输得到初步发展。1927年，无锡利民汽车公司、袁世开汽车行开业，成为汽车客运之始。次年又增加开原乡公共汽车公司。1931年锡澄长途汽车股份有限公司开业，专营锡澄线客运。京杭国道（南京至杭州）竣工后，即成立江南长途汽车股份有限公司，承办江苏段客运业务。1934年10月，锡沪长途汽车股份有限公司成立，与江苏省建设厅签约30年专营锡沪路合同。抗战前，锡澄、锡沪、江南3家长途汽车公司共有大客车118辆，小客车20辆，货车2辆。1947年荣德生等集资成立无锡长途汽车公司，行驶于锡苏线、湖滨线、锡锦线。汽车运输机动灵活，可直达目的地，具有取代传统人力、畜力运输的内在优势。它的出现，对原来的土路小桥、窄街小巷是一个巨大的冲击。但由于当时各方面条件的制约，汽车运输始终以客运为主。在长途货运方面，它根本无法与水运和铁路的优势相竞争，即使是短途货运，因旧中国劳动力极其低廉，汽车也敌不过肩挑人扛和胶轮大平板车，所以汽车货运业务极少。就当时情况而言，公路建设更多的是方便了人力交通工具（如手推车、黄包车、平板车）的使用和发展。

近代无锡交通运输业，形成以内河轮运为主体，远距离的铁路运输为骨干，汽车运输为辅助，互相联系、互相促进的综合网络体系，初步解除了传统交通运输对新兴工商经济发展的阻扼，推动无锡城市近代化快速发展。

（二）电力供输

电力应用标志着能源利用的近代化，它促进工业生产效率大幅上扬，同时也深刻地改变城市面貌和市民生活。在无锡，电力工业的起步发展，是从工业企业自办发电和经营居民照明用电开始的。

1910年8月，由孙鹤卿、薛南溟等人集资6万元筹办的无锡耀明电灯公司2台50千瓦发电机组在光复门外建成发电，夜间定时向火车站、汉昌路、光复路、圆通路及北塘部分地段近2000盏16支光电灯送电，并于汉昌路树木电杆安装路灯。此为无锡地区利用电能的开始。1919年开原电灯公司成立，与耀明公司自办发电不同，开原公司采用购电经营方式，营业区域东至迎龙桥、南至梁溪河、西至萧家湾、北至庆云寺锡山脚。此前，一度自备发电的荣巷镇荣家住宅和工商学校，也转而由开原公司供电。至20年代中，无锡城乡陆续有6家电灯公司创办，其中有小型火力发电厂，也有购电转售的供电公司，主要供应照明用电，小电厂装机总容量不过150千瓦。

电力对城市的作用更多体现在工业生产上。1913年，振新纱厂安装1350千瓦发电机组，此后，申新、庆丰和丽新等厂也相继自办发电，申新纱厂1922年装机容量达3200千瓦，发电规模称当时之冠。至1935年，4家工厂共装置发电设备9台，装机容量18500千瓦，占全省15家有自发电工厂装机容量的

63.7%。接近上海19家华商工厂的自发电总量。使用电力的成本较蒸汽机动力为低，且有利于保持机器转速稳定，为提高新产品质量创造了条件，同时机器的开停运行方便灵活，又能节省传导的损耗，而工厂自备发电的余电，则可以用于工厂职工住宅和附近居民及路灯照明。更重要的是，电力的应用，使先进机器设备的引进，工业技术的不断进步成为可能。至无锡解放，戚墅堰电厂装机总容量17100千瓦（其中一半左右供应无锡），而无锡四家纱厂自发电设备总容量达18730千瓦，这从一个侧面反映无锡近代工业和城市建设的发展程度。

（三）邮政电信

城市近代化过程中，邮政电信是发展较快的一个行业，它既是城市近代化的重要组成部分，又促进其他各行业的近代化步伐。

唐代，无锡就有传递官府文书的驿站。光绪初年，无锡先后出现6家投递民间信件的民信局。1896年，清政府开办“大清邮政”，无锡设二等邮局，1918年升为一等邮局，下辖4所支局，27个代办所。此后洛社、石塘湾、荣巷各设三等邮局，邮政网点向主要集镇伸展。由于工商业发展的需要和交通运输业的进步，无锡邮政业务量快速增加，1921年仅快信挂号就达16万件。长途电话开通后，邮件收发有所影响，但1926年收寄函件仍有36万余件，快信挂号近7万件。与此同时，邮政服务项目和内容不断扩充，1927—1936年间，先后开办航空邮件、国际快递邮件，平快信函等业务。由于信誉好、汇费低，邮政汇兑成为主要业务之一。1921年，无锡邮局年汇额80万元，次年增至96万元，1930年开办航空汇票，1937年办理商业汇兑，1945年后增开电报、电话汇兑。值得一提的是，日本占领时期，大量商品包裹（主要是本地集散量较大的花纱布），利用邮政专送和转运之便，避过日伪控制进行投寄，使包裹业务畸形发展，为日伪压榨下艰难撑持的民族工商业助了一臂之力。

光绪七年（1881年），清政府在天津至上海间架设电报专线，主要用于军事，兼营商电。因无锡商市繁荣，于1883年在锡设电报转报局，成为无锡电信事业之始。无锡转报局初设时，门前挂虎头牌，称洋务衙门，有无锡至苏州、江阴电报电路各一条。

1911年7月，杨翰西筹资2万元创办无锡电话公司，购置英制磁石交换机100门，开通市内电话，为工厂企业及商号服务。初期，市民对此“洋玩意”不了解，公司免费给一些企业和商店装机试用；数月后，反映良好，用户骤增，原有设备不敷使用。1918年电话公司加添股本25万元，改磁石交换机为共电交换机，容量增为1000门。同时架设近郊线路，先是河埒口、荣巷、梅园一线；1924—1928年，前洲、堰桥、西漳、坊前等镇相继架线通话。1929年，为普及乡村电话，无锡县建设局召开各市镇会议，规定各乡重要集镇必须装置电话，县政府负责40%的经费，余则由各区公所分摊。同年无锡电话公司配合这次活动再增资扩容为1700门。无锡电话公司的规模及交换机容量，在当时全国民办电话事业中已屈指可数。到1933年，无锡县区主要集镇均已通电话。1934年，无锡电话公司在火车站行李房首次装置城厢第一部公用电话，1946年后，新增堆栈、米豆、丝厂、纱布等业公会的公用电话。解放前夕，无锡城厢共有公用电话29部。

1922年，无锡、武进两地电话公司经协商，各自架线至五牧相接通，成为江苏地区第一条跨城市的商办长途电话线路。其后在锡开办京沪和省内长途电话。到1936年时，无锡电话有部办、省办和民办三种，通过中继线互相转接，无锡长途电话可通至平津、两湖、豫鲁皖等九省主要城市和江苏各县。

抗战初期，无锡市内电话、电报干线，均被日军炮火毁坏，电信业务停顿；直到1938年电话公司恢复，此年春日伪华中电气通讯公司在锡开设电报局，并附长途电话业务；又于1941年出价40万军用券收购无锡电话公司，改名无锡电话局。抗战胜利后，电信、电报两局合并为无锡电信局，由国民政府接管，邮政业务迅速恢复。

虽然无锡近代邮政电信业在整个产业经济中所占比重甚小，但是，它与交通运输、广播电台、新闻出版等一起，促进生产要素流动和信息传播，从而深刻地改变着城市的生产方式、生活方式和人们的观念，构成近代城市文明不可或缺的重要部分。

（四）环卫设施

近代无锡以轻纺工业为主，工业三废排放数量不大，且废渣大多被利用，自然空间和水的自净能力较强，总的环境质量较好。但随着城市规模的扩大和人口增加，城市粪便和生活垃圾处置问题日益突出，环卫设施建设逐渐成为市政建设的要件之一。

清末民初，无锡城厢露天开缸式坑厕林立，随地大小便、任意抛撒垃圾的现象司空见惯。城区粪便和生活垃圾靠粪商和灰肥商收集清运，装船转售农村作为肥料，没有专门的环卫设施和清洁卫生管理。民众要求取缔开缸、清洁街道，以重卫生的呼声不断。民国初年，无锡城区始办清道市政，雇工清扫和管理清道、清河事宜。民国 18 年（1929 年），无锡县政当局把粪管和清道列入政府议程，与警政结合，开展现状调查，颁布法规制度，设置公共厕所和垃圾箱，着手改进城市的卫生环境。

为倡导城市文明，1906 年俞复等创建锡金公园（城中公园）时，园内建有公厕，以方便游人。民国初年，荣德生建梅园、杨翰西建于胥乐园、陆培之建小桃源、王禹卿建蠡园等，亦同时建有公厕。此后公厕普及于学校、工厂、机关。无锡筹备设市期间，市政筹备处曾颁发公厕建造规则，公布甲等标准公厕设计方案，并先建造 2 只作为示范。以后公厕逐步增加，至 1935 年锡城公厕达 67 只。

1921 年无锡市公所推行“自雇夫役，分区办理”的专职清道夫制度，雇用清道夫 24 人，并以欧美城市为榜样，于街道里弄设置垃圾箱 50 只，以后逐年增多，1935 年城厢共有垃圾箱 267 只。1948 年，在新建的无锡火车站候车厅和大上海电影院还设有公共痰盂和废物箱。

在管理体制上，1929 年城厢划分为 5 个卫生分区，各设 1 名卫生指导员；1935 年改为按警政分区，县警察局设卫生专员、稽查员各 1 名，6 个警察分局和 1 个分驻所各设卫生警 1 名。这种卫生警指导清管工作的体制，除抗战时期暂时中断外，一直延续至无锡解放。

与整个城市的快速发展相比，无锡的环卫设施建设显然是一个薄弱环节，不仅种类残缺，数量稀少，而且管理时紧时松，但它毕竟作为近代城市文明的一个方面在缓慢前行。

（五）文体娱乐设施

工商经济的繁荣使城市中积聚了大量的社会财富，麇集着众多的富商巨贾、工商市民及有闲阶层，大众文化娱乐生活的需求与日俱增，刺激锡城文化娱乐设施建设的兴起。

1. 戏院、影剧院

无锡最早出现的营业性娱乐场所是茶楼书场，有说书、评弹、滩簧等演出；近代以来，戏院、影剧院逐渐出现。1905 年吴复明在光复门外搭一可容 500 多人的芦席棚，内建戏台，名庆仙戏院，成为无锡第一家戏院。1915 年 7

月，无锡人杨某集资在城中公园开设景新影戏院，放映无声电影，这是无锡第一家电影院。一年后，无锡第一所综合性娱乐场所新世界屋顶花园在通运桥堍诞生。抗战前夕，无锡城区共有戏院 14 家（2 家专放 6 家兼放电影）游艺场 3 家，座位近万个。抗战期间，大都被毁或被日军占用，只剩少数勉强维持。抗战后再度兴起，到 1948 年共有影剧院 19 家，座位 9810 个。

2. 公共体育场

无锡早有国术（即武术）、棋类等民间体育活动。清光绪二十三年（1897 年）冬杨模创办的竢实学堂首开体操课，以后竞志、翼中女学堂也相继开设体育课，传授体操、田径等体育项目的基本技能。从此，无锡开始了近代体育活动。1911 年在西门里城河之东利用一块官荒地辟建无锡县公共体育场，有半圆形跑道 200 米，习称“内操场”。1918 年在西门外购买一座旧仓库，改建成无锡县立公共体育场，建有 200 米半圆形跑道，篮球、足球、排球场和单双杠等设施，又称“外操场”，相应地把羊腰湾运动场称为“南操场”。1928 年无锡县业余协进网球会的简易网球场改建成为公园篮球场，四周筑有 7 级看台，能容纳千余观众。公共体育场的建设促进了近代无锡公共体育运动的兴起，1905—1945 年无锡县共举行了 4 届县运动会，1946—1949 年举行 6 届中学生田径运动会。

3. 公共图书馆、博物馆

藏书之风气盛，读书之风气亦因之而兴，这是无锡历来人文鼎盛的重要原因。无锡古代藏书家辈出，据吴晗《江苏藏书家史略》记载就有 23 人，但私人藏书家，“其弊也在于自私，在于保管之不得当，在于一般民众之不识”。代之而起的是近代公共图书馆的出现。光绪二十三年（1897 年）冬，杨模在连元街创办竢实学堂，建校之时就专门建筑了一幢藏书楼，并向当时各省管书局、江南书局、湖北书局、

▲ 创办于清光绪二十三年（1897 年）的竢实学堂

上海制造局征募各类图书数万卷，无锡地方士绅也捐赠了大批图书，于是无锡出现了历史上第一个新型的近代学校图书馆。1912 年 4 月，侯鸿鉴、丁宝书等 12 人联名倡议，经锡金军政分府批准实施，在崇安寺三清殿旧址兴建无锡县立图书馆；1915 年元旦建成开放，这是无锡最早的公共图书馆。几乎在同一时间，荣德生在家乡荣巷筹设“能藏书二十万卷”的私立图书馆，“本无我之旨，命名大公”。大公图书馆于 1916 年建成，购入各类图书九万余卷，以无锡地方资料多为其主要特点。1930 年 6 月，无锡县立历史博物馆在孔庙建成开放，陈列室及办公用房共 30 间，征集到藏品 70 种 657 件。1935 年，藏品增至 380 种 2346 件，其中有全套孔庙乐器、祭品以及明代无锡人民抗倭古炮、辛亥革命锡金军政分府门额等。博物馆辟有 5 个陈列室，分别为金石、雕塑、陶器，二兵器，三乐器、祭器，四服装等，五图书、物产、碑帖。全年观众达 3 万多人。可惜日本占锡时馆内藏品被洗劫一空，从此未能恢复。

▲ 无锡县立图书馆

第三章 城市新生　淬炼蜕变

新中国诞生 60 多年以来，无锡城市发展走过的道路与共和国发展成长的道路一样，经历了一个曲折而又辉煌的发展历程。

一、新中国成立与城市的新生

1949 年 4 月 23 日深夜，人民解放军解放了太湖之滨的著名工商城市无锡，无锡的经济和社会步入了崭新的发展新时期。

（一）无锡解放

1949 年 3 月中下旬，渡江作战已准备就绪，部署在长江东线（南京—江阴）渡江的人民解放军诸兵团都已集结江边，3 月 29 日起，人民解放军首先打响肃清敌江北桥头堡的战斗，拉开了渡江作战的序幕。

人民解放军先头部队于 4 月 23 日深夜 10 时左右穿过梨花庄占领了无锡火车站，一路未遇任何抵抗。当晚 11 时，人民解放军从光复门（今吉祥桥旁）进入城中，受到了各界代表和护城的工商自卫团的欢迎，无锡宣告解放。

人民解放军入城后，立即在全城各处张贴《中国人民解放军司令部、政治部布告》和华中工委颁发的 23 条安民口号，阐明城市政策，安定民心。接管的先遣人员进城后就直达县前街旧县政府，在门口张贴《无锡市军管会一号布告》

《无锡市人民政府（第一号）布告》，向全市人民宣告无锡市人民政府、无锡市军管会成立。人民解放军当晚有屋不进，露宿街头，严格执行三大纪律、八项注意，对人民群众秋毫无犯。

天亮后，人民解放军大部队雄赳赳气昂昂地从胜利门入城，受到无锡人民隆重欢迎，城内中山路两侧及周围大小街道到处是手持彩旗的欢迎人群，人们欢呼着："解放了！""解放了！"下午2时，在公花园召开了以工人、学生为主体的欢迎解放军入城大会，会后进行了盛大的游行庆祝活动。县中、苏南文教学院、江南大学、无锡师范等大中学校的千余名学生队伍，直奔野马路（今广瑞路），热烈欢迎解放军过境部队。

（二）无锡人民政权的建立

无锡城解放后，苏南区党委、无锡军管会、市委、市政府领导先后到达无锡。第二天，市级机构就公开办公。同时，无锡县委、县政府建立，由莫珊任县委书记、薛永辉任县长。4月26日，苏南行政公署也在无锡正式建立，无锡市直属苏南行署领导，这是首次在无锡建立的人民政权。

人民政权建立后，第一件工作就是接管。在渡江的同时，华中工委就率先派遣6个接管干部随先头部队进入无锡，将应接收单位加以控制。从4月26日起，军管会对全市国民党旧政府的公营企业、公共机关部门、中小学校进行接管。6月中旬，无锡市接管工作基本完成。

解放不久，苏南军区、无锡市军管会、无锡市警备区颁发了收容国民党散兵游勇及收缴散枪的布告。布告贴出一个多月，就收缴了一大批枪炮、弹药，

◀ 军民共庆无锡解放

对安定社会秩序起了重要作用。紧接着，驻锡部队和公安局又对社会上出现的各类刑事案件及时侦破，严厉惩处首恶分子，受到了广大人民群众的拥护。

解放后的第 8 天迎来了五一国际劳动节，市政府作出规定："各公私工厂工人放假一天，薪金照发。"这是当时全市 10 多万工人第一次享受到的公假。5 月 3 日，无锡军管会、市委、市政府在皇后大戏院（现改为和平电影院）举行了庆祝"五一"大会。会上宣布成立无锡市职工委员会筹委会。

由于国民党反动派的严重破坏和帝国主义的封锁，刚解放的无锡经济遇到了缺乏原料、资金、燃料、电力和产品销路不畅等严重困难。无锡是一个以工商业为主的城市，当时工人总数占全市人口 35%，因此能否尽快恢复生产是涉及新政权巩固和人民生活安定的大事。解放后的第五天，即 4 月 28 日，市军管会召开工人座谈会，在会上，苏南行署主任兼市军管会主任管文蔚号召全市工人动员组织起来，为恢复、发展城市生产而努力。在人民政府号召下，许多工厂先后召开工人、职员代表大会，讨论如何恢复生产和保障职业问题。广大工人把从内心迸发出的政治热情，化作生产中的巨大动力，普遍开展生产竞赛活动，使生产大幅度上升。对资金不足、无法开工的私营企业给予贷款，帮助代销产品，代为采购原材料、燃料，促使绝大部分工厂正常开工，解决了大批工人的就业问题。市政府又采取果断措施，从外地调进大批粮食，平抑市场物价，并打击贩卖银元的投机活动，稳定金融市场。在新生的人民政权领导帮助和广大工人、市民支持下，无锡工业生产又出现了蒸蒸日上的景象，人民群众生活日渐趋于平静稳定，广大人民开始尝到了翻身后的甜头。无锡人民从此在共产党和人民政府的领导下，在建设社会主义的道路上昂首阔步，向前迈进，使无锡这颗太湖明珠放射出绚丽的光彩。

（三）解放初期巩固政权和恢复经济发展

1949—1952 年，是新无锡巩固政权和恢复经济发展的时期。解放初期的无锡面临的是工业企业处于停工半停工状态，失业工人 2 万余人，市场秩序混乱，各种社会矛盾错综复杂。无锡市人民政府采取措施，整顿和恢复发展经济。在城市，将敌逆资产和官僚资本收归国有，建立起社会主义性质的国有经济，同时对私营工业积极扶持。在农村，发动群众，开展土地改革。

1. 依靠工人阶级恢复生产

无锡解放后，市军管会、市委和市人民政府认真贯彻、落实党的七届二中全会精神，坚持以生产建设为中心，全心全意依靠工人阶级，大力恢复和发展生产。市军管会在公开办公后第3天，就邀请全市各公、私营企业工人代表100余人，在城中公园嘉会堂举行座谈会。这是市军管会召开的第一个群众代表座谈会，此举表明党和人民政府全心全意依靠工人阶级的鲜明立场和尽快恢复生产的决心。座谈会倾听工人代表意见，与工人代表一起，共同商量恢复生产等重大问题。工人代表座谈会结束后，市委就迅速向各大中型工厂派出共计由200余人组成的职工工作队。提出职工工作队三大任务：第一，宣传党的全心全意依靠工人阶级，迅速恢复和发展生产等各项方针、政策；第二，大力帮助私营企业复工、复业，迅速恢复生产经营；第三，发动群众，逐步建立工会组织。同时关心工人疾苦，保障工人生活。职工工作队由市委职工工作委员会统一领导。

2. 促进私营工商业发展

无锡刚解放时，全市有大小工厂800余家，大小商店9800余户，工人、店员总数近10万人。而所接管的国民党官僚资本企业中，能称得上工厂的仅有农具实验制造厂、米厂等几家，其工业产值仅占全市工业总产值2.4%。无锡市通过接管国民党官僚资本企业后建立的国营经济力量十分薄弱。而私营工商业在无锡的经济成分中占比达97%以上，占绝对优势。为了尽快恢复和发展经济，亟须发挥私营工商业的积极作用，同时又要限制其消极的一面。市委、市人民政府认为，恢复生产工作的重点，必须从无锡的实际情况出发，即首先应该是全力敦促和扶助私营企业迅速复工、复业。市人民政府在无锡解放后第9天就召开全市工业界座谈会，听取私营工厂业主代表对恢复生产的意见和要求，商谈恢复与维持生产的具体措施。座谈会以后，市人民政府采取切实有效措施，积极扶助私营工厂恢复和维持生产。

3. 稳定市场物价

1949年春夏之交，全国解放战争仍在继续，暂时实行战时财政，即靠发行纸币来弥补财政亏空。在这种情况下，旧社会遗留下来的投机资本在新解放区兴风作浪，囤积居奇，哄抬物价，搅乱市场，严重威胁到生产建设的恢复、经济秩序的稳定和人民生活的安定。无锡在解放初期曾经历了三次惊心动魄的物价大波动。这三次物价大波动分别为1949年4月下旬开始的银元价格猛涨，10月下旬开始的米、棉物资价格猛涨，以及12月底至次年2月份的粮价大涨风。

新生的人民民主政权采取了一系列有力措施平抑了这三次大的物价风波。三

▲ 世泰盛绸庄（老照片）

次平抑物价大波动的斗争，是新生的人民民主政权同资产阶级进行限制与反限制第一回合的斗争，也是对中国共产党的执政能力，特别是驾驭经济建设能力的第一次重大考验。就无锡市来讲，这场斗争的胜利，表明解放后刚刚建立起来的国营经济和刚刚进入无锡市场的人民币，通过大规模吞吐物资等经济手段，已经站稳了脚跟并取得了稳定市场的主导权，为恢复、发展生产，安定人民生活发挥了极其重要的作用。

4. 抗美援朝运动

中共中央根据朝鲜党和政府的请求，以及中国自身安全的需要，作出了“抗美援朝、保家卫国”的战略决策，决定组建中国人民志愿军赴朝参战，协同朝鲜人民军，抗击美国侵略军。为进一步深入开展爱国主义和国际主义教育，无锡市委决定在全市人民群众中有组织地开展读报活动。各单位和地区居民小组都广泛组织了读报小组，全市建立了广播收音网，以加强对各读报小组开展活动的辅导。

无锡于 1950 年 11 月上旬发出通知，要求立即在全市范围内开展以时事学习为中心内容的抗美援朝宣传教育活动，时间定为 1 个月。市级党、政、工、团领导人全部担任时事报告员，分别深入基层单位，向群众作时事报告。半个月内共作报告 20 场（次），听众达 5 万多人。全市人民迅速行动起来，投身于抗美援朝运动。

12 月上旬和中旬，中共无锡市第二次代表会议和市一届四次各界人民代表会议先后召开。党的代表会议和各界人民代表会议分别作出决议，对无锡市的抗美援朝运动作出了新的部署，总的精神是进一步动员全市人民群众，广泛深入开展抗美援朝运动。根据两个会议决议精神，中国人民保卫世界和平反对美国侵略委员会无锡市支会和军事干部学校无锡市招生委员会先后成立，市总工会主席包厚昌、市长顾风分别兼任市支会、招生委负责人。广大青年学生、青年工人积极报名参加军事干校，全市的抗美援朝运动出现高潮。团市委和市学联先后两次组织数千名学生集会，号召全市青年学生发扬“一二·九”爱国学生运动传统，踊跃报名参加军事干校。会后，苏南文教学院、无锡师范学校、市立中学、市立女中、辅仁中学、私立无锡中学、江南中学等大、中学校里出现了报名热潮。12 月 16 日，全市大、中、小学校师生 1.4 万人冒着纷飞的大雪举行抗美援朝示威大会，大会通过《无锡市师生爱国行动纲领》，私立无锡中学等学校师生向大会献上了为志愿军捐献的武器款项。会后，以 1000 余名报考军事干校的学生为前导，全体与会师生举行示威游行。次日，市总工会组织了全市工地一起在党的领导下开展轰轰烈烈的抗美援朝运动。国内的抗美援朝群众运动是中国人民志愿军在朝鲜作战的坚强后盾，并随着朝鲜战场形势的发展而步步深入、高潮迭起。

无锡市各界人民 1951 年 7 月 6 日举行抗美援朝代表会议，讨论如何贯彻执行中国人民抗美援朝总会 7 月 4 日的通知。会上，各界人民代表一致认为：抗美援朝、保家卫国运动决不能因朝鲜停火谈判而有丝毫松懈。工人代表报告他们决定捐献战斗机 5 架；工商界代表报告他们决定捐献战斗机 27 架；其他各界代表也决定联合捐献战斗机 1 架，共 33 架。仅无锡县农民 1951 年捐款金额就占捐献总额的 51.48%。

5. 废除保甲制度与改革旧户口制度

无锡解放时，全市辖 13 个镇和 1 个乡，共有 68085 户，设 450 个保、5472 个甲。解放后，无锡市军管会接管了镇公所和乡公所，建立镇（乡）人民政府。从安定地方的实际出发，没有立即宣布废除保甲制，而是作为一种过渡，暂时延用原有的保甲系统。各公安分局分别召集辖区内的保、甲长训话，责令他们不准包庇坏人，不准欺压群众，不准敲诈勒索，痛改前非，将功补过，配合公安派出所做好地方治安工作。

1949 年 5 月，市军管会制定《暂行户口管理规则》，对军管期间居民户口管理作出明确规定。整个户改工作分成四个阶段。第一阶段是宣传教育，发动群众。通过报纸、广播、报告会、小组讨论等多种形式，向居民群众进行宣传教育，揭露保甲制度和旧户口制度的不合理性及危害性，明确废除保甲制和改革旧户口制度的重要性和必要性。第二阶段是发动群众，自报公议。首先由工作队宣布废除原有保甲编制，按街道里弄、自然区位划分，以25户至30户划为一个小组，召开居民会，按照户口簿项目进行自报登记。曾在反动党、团、特务组织和国民党军、政、警、宪机关任过职的人员，当众交代历史问题，由群众评议。通过自报公议，初步分清敌我阵线，既发现一批敌情线索，又培养出一批治安保卫积极分子和居民干部。在群众自报公议过程中，还结合进行改造游民和禁娼、肃毒前的调查摸底工作。第三阶段是正式建立居民小组，民主选举小组长。全市共建立2118个居民小组。居民小组属当地公安派出所管辖，每个小组下设读报组、人民服务队、俱乐部等，主要任务是协助做好社会治安保卫和政治宣传工作。第四阶段是建立新的户口管理制度，发放新的户口簿。城区共发放户口簿62300余册，基本上消灭了原有的“虚人虚户”、“漏人漏户”现象，也为市人民政府掌握确切的人口信息提供了可靠依据。次年2月底，全市废除保甲制和改革旧户口制度的工作顺利结束，普遍实行人民群众民主自治性质的居民小组和户口管理制度，在全市形成有广大人民群众参加的社会治安管理网。

6. 文化教育事业的改革

无锡解放前夕，市区有公、私立小学246所，学生不满5万人，教职员仅1000多人。全市仅有2所公立中学，每校班级数不足20个；另有10多所私立中学，每校班级数都不足10个，全市中学生不满1万人，教职员仅550人。全市学龄儿童失学率为63%，市民文盲率为74.3%，职工中文盲、半文盲的占60%以上，大量贫困工农子弟被拒于学校门外。无锡解放后，市委和市人民政府对旧教育事业采取“维持现状，逐步改造”的方针。市军管会首先接管原无锡县教育局和全部公办学校，同时宣布私立学校由市军管会文教部管辖。1949年5月，市军管会决定成立无锡市教育局，市委相应先后成立学校党总支委员会、学校党委。市教育局向公办学校派出政治指导员，同时又派出干部到私立学校指导工作。在恢复、稳定学校工作和教育秩序的基础上，对旧教育进行积极、慎重的改造。一是改革教材和教育制度。废除“国民党党义”、“公民”、军训、童训等课程及教材，中学增设政治课，小学增设政治常识课，国文、历史、地理、政治等课程改用新编的课本。取消训育制度，采取教导分设，建立生活辅导委员会，实行民主管理制度（1950年9月新学年开始实行教导合一）。各校成立校务委员会，作为学校行政组织。二是各级各类学校“向工农开门”。中、小学广泛招收劳动人民子女入学，对家庭经济有困难的中学生实行减免学费，以后又增设助学金。公立学校录取的新生绝大部分为工农子弟，私立学校新生中工农子弟的比重也大幅上升。同时，在全市范围内大力开展成人业余教育，先后成立市工人夜校委员会、市职工业余教育委员会和市速成识字运动委员会。至 1951 年初，全市创办 62 所工人夜校，共 171 个班，在校学习文化的产业工人超过 5000 人。两年后，全市共办职工业余初等学校 130 所、职工中学 8 所，学员总数有 2.3 万人，另有近 1.3 万名职工参加扫盲。三是私立学校逐步改造成公立学校。无锡市的私立学校许多是宗族义庄或工商业者捐款以社会公益形式兴办的学校，解放后社会的变动使私人办学失去了原有经济基础，经费缺口越来越大。市人民政府依靠群众，同时争取校董继续筹款，帮助一些私立学校渡过资金难关，以得到暂时维持。鉴于私立学校的实际困难，更重要的是根据新民主主义教育中关于要把中、小学逐步变为国民义务教育的指导思想，无锡市结合对全市中、小学布局的调整，从 1951 年起，逐步将全市私立学校改为公立。

无锡解放初期文化艺术事业的发展，包括两大方面：一方面是原有民间文艺、专业剧团的维持与改造，推陈出新，走出困境；另一方面是老解放区文工团和文艺工作者带来的清新活跃的革命气氛，有力地推动了群众性业余文艺活动的开展，成为发展新民主主义文艺事业的生力军。1951 年 4 月，无锡市人民大会堂建成，占地 20 亩，建筑面积 3400 多平方米，有座位 1890 个，成为无锡地方标志性建筑之一。全市各区先后建成文化馆（站），向群众开放，初步形成开展群众性文化学习辅导和业余文艺活动网络。1951 年 12 月 15 日，无锡市文学艺术工作者第一次代表大会召开，市文联正式成立，标志着无锡市的文化艺术事业进入一个新的阶段。

新民主主义的文化教育事业，作为新民主主义革命和建设不可或缺的一翼，对宣传、动员广大人民群众，巩固新生的人民民主政权，推动国民经济的恢复和发展，起着十分重要的作用。

7. 城市建设初具规模

从 1950 年至 1952 年，全市基本建设投资总额达 19 亿元。市人民政府拨出专款用于城市建设，拆除旧城墙，相继建成解放路、吴桥东路、人民商场、人民体育场、人民大会堂等城市重要设施；修建五里新村、扬名新村、井亭新村、绿塔新村、周新新村、建设新村等住宅区；营造锡山、惠山、梅园等风景绿化林；接收和整理梅园、寄畅园、鼋头渚等风景区；修筑城区道路下水道 10.3 公里，窨井、雨水井105座。1952年，市人民政府制订发展自来水事业计划，经政务院财政经济委员会批准拨款，无锡有史以来第一个自来水厂动工兴建，城市居民饮水卫生有了一个质的飞跃。

二、城市建设的全面展开

（一）计划经济体制的形成和第一个“五年计划”的制定

1953年6月，中共中央政治局正式讨论和制定党在过渡时期的总路线，即“从中华人民共和国成立，到社会主义改造基本完成，这是一个过渡时期。党在这个过渡时期的总路线和总任务，是要在一个相当长的时期内，逐步实现国家的社会主义工业化，并逐步实现国家对农业、对手工业和对资本主义工商业的社会主义改造”。作为实现党在过渡时期总路线的一个重大步骤，中共中央决定制定发展国民经济第一个五年计划。中央提出，从1953年起，开始执行国家建设的第一个五年计划，并指出经济建设工作在整个国家生活中已经居于首要地位。随着“一五”计划和各个年度计划的编制与执行，开始逐步形成以统一集中配置资源为主，大计划、小自由的计划经济体制。1954年2月，中共中央指示在各经济和文教部门，包括基层工作部门及基层企业单位，逐级建立和完善计划机构，负责编制年度计划（包括季度计划，基层企业还应编制月度计划）和长期的生产、事业、基建、财务等各方面计划。6月，中共江苏省委发出关于贯彻中央建立与充实各级计划机构指示的通知。根据中央指示和省委通知精神，无锡市委和市人民政府决定撤销市财政经济委员会，并在原市财政经济委员会计划室的基础上，充实力量成立无锡市计划委员会，由副市长兼任市计委主任。市计委具体负责全市国民经济与社会发展的中长期计划及年度计划的编制、下达、检查、调整和组织实施，研究经济发展战略等重大问题。市计委成立以后，全市各国营和公私合营企业、产业主管局、经济管理部门等陆续相应建立计划科（室），具体负责本企业、本部门和本行业的计划编制以及与全市综合计划的衔接和执行，逐步形成不同层次的计划管理机构，开始全面实行国民经济的计划管理。在计划管理方式上，按照中央规定，对不同的经济成分，实行不同的计划管理模式：国营经济实行直接计划（指令性计划）；其他经济成分实行间接计划（指导性计划），其中合作社经济、国家资本主义经济编制简要计划，个体农业和手工业经济作出估算计划。随着国民经济建设和社会事业的发展，各级计划管理的内涵逐步扩大，从早期的重点掌握绝大部分关系到国计民生重要商品和物资的市场控制，扩大到工业产品成本、主要物资分配和调拨、职工工资、大中专毕业生分配、固定资产投资项目安排等诸方面，并综合协调价格、金融、财政、工商等经济管理部门的业务工作。最后，在全市完成生产资料所有制的社会主义改造后，在公有制条件下，完全实现对全市各项资源的计划配置以及对生产、流通、分配、消费各个环节的计划调控，全市计划经济管理体制基本形成。

无锡市发展国民经济第一个五年计划，是根据党在过渡时期总路线和总任务精神，从无锡市国民经济原有基础和特点出发，结合省委下达的第一个五年计划主要任务分解指标而提出的。无锡市发展国民经济第一个五年计划开展大规模有计划经济建设的主要任务是：利用原有的基础和设备，充分发挥其潜在力量，生产更多的产品满足人民的需要，为国家积累资金，培养技术人员和管理人才，以支援全国重点建设；有步骤地把农业、手工业个体所有制逐步地改造成为集体所有制；把资本主义工商业分别纳入各种形式的国家资本主义轨道，使社会主义成分在国民经济中逐步增长；在国家投资增加，劳动就业面扩大和发展农业生产的同时，相应地扩大商品流转，适当提高人民的物质和文化生活。围绕“一五”计划规定的主要任务，分别制定出工业、农业、财贸、文教卫生的发展目标和基本建设项目等。其中工业发展的主要任务是增强社会主义经济的实力，完成国家投资的工业重点建设项目，合理进行工业布局和结构调整，加快工业发展速度，全面完成江苏省下达的工业计划指标。农业计划受土地所有制形式和生产经营方式限制，以年度计划为主，根据生产条件、全社会对农产品的基本需求制定发展目标。基本建设的投资重点是国营经济部门、文教卫生部门和城市建设，在确保中央投资的重点建设项目、壮大国营经济实力、努力发展文教卫生事业和城市公用事业的指导思想下，编制和安排基本建设计划。地方财政的建设资金大部分用于社会事业发展，重点是文化、教育和卫生事业，包括新建和改扩建机构、改善设施条件的投资安排和建设项目，各类学校招生计划、扫盲计划等。

（二）社会主义制度的初步建立

1. 对工商业的社会主义改造

党在过渡时期总路线提出：“经过国家资本主义完成对私营工商业的社会主

◀公私合营三凤桥慎余肉庄

义改造，是较健全的方针和办法”，是“改造资本主义工商业和逐步完成社会主义过渡的必经之路”。按照党中央关于经过国家资本主义改造资本主义工业的方针，无锡市在1953年年底以前，着重发展以加工订货为主的初级和中级形式的国家资本主义，如全市的私营缫丝业、机器制造业至1953年年底已全部接受加工订货。1953年全市私营工业加工订货产值已占私营工业总产值92.9%。1954年1月，中央财政经济委员会提出《关于有步骤地将有十个工人以上的资本主义工业基本上改造为公私合营企业的意见》之后，无锡市开始转入重点发展公私合营这种高级形式的国家资本主义。加工订货，主要是国家同资本家在企业外部的合作。公私合营，则是社会主义成分同资本主义成分在企业内部的合作，公私双方初步共同经营企业，公方代表居于领导地位，企业具有较高程度的社会主义性质。

2. 对农业的社会主义改造

1953年，中共中央先后作出两个关于农业合作化的决议。第一个是1953年春发布的《中共中央关于农业生产互助合作的决议》。第二个是1953年底发布的《中共中央关于发展农业生产合作社的决议》。党中央两个决议的先后发表，表明对农业的社会主义改造，已经由建立和发展农业生产互助组阶段，推进到主要以建立农业生产合作社为重点的阶段。无锡市郊区农村的农业合作化运动，在党中央决议指导下展开。中共无锡市委在研究农村工作时，明确提出要“根据‘积极领导、稳步前进’的方针，大力开展互助合作运动。……巩固提高现有互助组，大力发展临时互助组，推广常年互助组，将农民个体经济的积极性引导到互助合作的轨道上来，克服农民资本主义自发势力，逐步实现对农业社会主义改造。

3. 对手工业的社会主义改造

无锡手工业行业众多，分布面广，在社会经济中占有一定地位。手工业与农业之间关系极为密切，其原料有74.9%来自农村，其产品有24%销往农村。手工业与工业的关系密不可分，直接为工业生产服务的就有14个行业，占手工业总产值的12.5%。手工业与城市人民群众的生活也紧密相连，手工业产品的57.2%是为城市消费服务的。无锡解放后，随着工农业生产的恢复、发展和人民群众生活逐步改善，手工业生产也得到长足的发展。以打铁业为例，全市打铁业有282家店铺，分属19个生产类别。从1951年到1953年，打铁业年营业额在三年中翻了两番。但是，无锡市的传统手工业大多是分散经营的个体经济，生产规模小，技术落后，资金短缺，劳动生产率低下，产供销矛盾突出，长期走不出本短利薄的困境，从业人员中失业、半失业人数居高不下。

党在过渡时期总路线把对手工业进行社会主义改造列为三大改造总任务中的一项，要求各地党政组织引导个体手工业者走合作化道路，彻底改变陈旧、落后的生产方式，迅速提高生产力水平，以适应国民经济发展和满足城乡人民物质文化生活的需要。1954年3月，中共无锡市委成立手工业工作委员会，并根据中央“必须有效地促进各种有益于国计民生的手工业生产，并按照自愿原则，推动手工业合作化的发展”的指示精神，制定出对手工业进行改造的方案。

至1956年1月，全市批准公私合营的工商企业共2182户，其中工业819户，商业697户，交通运输业368户，手工造船业298户。5371户个体手工业者与原来的116个社组成199个合作社。至年底，在农村建立高级社147个。社会主义改造基本完成。

4. 社会事业的新成就

（1）发展教育事业以适应大规模经济建设需要

经过1952年下半年全国高校院系调整，无锡原有高等院校如江南大学、苏南文教学院奉命撤销，各系科分别并入北京、上海、南京等地有关高校。同时，在苏南文教学院原址创办华东艺术专科学校，由刘海粟任校长，设美术、音乐两科。全国高校院系调整后，无锡市委、市人民政府着重抓好中等教育，特别是中等专业教育、中等技术教育和职工业余教育，在提高广大劳动人民文化知识水平、技术水平、贯彻党在过渡时期的总路线、实现向社会主义的转变的同时，培养大批中级专业技术人才以适应国家大规模经济建设的需要。

（2）繁荣文化艺术

1953年开始，戏改工作在全市各剧团推开，彻底废除了“幕表戏”。经过戏改，戏曲界逐步确立文艺为政治服务，为工农兵服务的方向。戏曲事业也得到发展，市锡剧团、市越剧团、市沪剧团、市滑话剧团等专业剧团相继成立，并整理和创作《珍珠塔》《孟丽君》《玉蜻蜓》《王孝和》《无锡大阿福》等一批优秀剧目。无锡市戏曲事业初现繁荣景象。1954年10月，市锡剧团挖掘整理的《拔兰花》等3部传统剧目参加华东区第一届戏曲观摩演出大会，3人获演员二等奖。

1953年11月，为贯彻中国文学艺术工作者第二次代表大会精神与决议，市文联决定改组与整顿全市原有文艺机构，将市一级的各文学艺术协会联合组织性质的市文学艺术界联合会，改组为吸收个人会员性质的市文学艺术工作者联合会，撤销其他空有其名的美术协会、戏剧协会、曲艺分会等组织，并确定重新登记会员的标准和进行新会员登记工作。同时，市文联组织部分专业和业余文艺工作者，组成文艺评介小组，以推动文艺创作和群众文艺活动。各种文化设施也得到进一步完善。1954年2月，无锡市工人文化宫建成开放，设有影剧院、小剧场、文化厅、图书馆、展览室等，总面积2.6万平方米。各区建有工人俱乐部，与文化馆合署办公。1956年元旦，无锡市少年之家正式开放，内有电影、幻灯、游艺、图书阅览等活动室，并建立少年合唱队等10多个兴趣活动小组，成为全市少年儿童文化活动中心。

（3）面向工农建立医疗保健网

1953年1月，无锡市爱国卫生运动委员会成立，市长兼任市爱卫会主任委员。各区、街道和基层单位也相应建立爱卫会或小组，形成全市爱国卫生工作网络。1月29日，市爱卫会举行第一次会议，决定开展全市性爱国卫生运动。5月15日，全市举行爱国卫生运动宣传周，开展大规模爱国卫生运动和反细菌战宣传活动。在宣传周期间，将爱国主义教育和卫生宣传相结合，发动群众，人人动手，搞好环境卫生。全市92%以上的单位和地区，普遍订立爱国卫生公约，使卫生工作经常化、制度化。

全市社会医疗卫生事业也有新发展，一批医疗机构相继建立或扩建。1953年，建成华东疗养院，原惠人医院转为市店员工人医院，原苏南公立无锡医院改为市公立普仁医院，市妇幼保健院扩建后病床从 50 张增加到 200 张，原苏南漆塘疗养院改建为有 250 张病床的市肺结核病防治院，成为省内最早建立的市级结核病专科医院。也是从 1953 年开始，全市 95%以上的个体开业医生走上合作化道路，根据“自愿结合、民主管理、集体经营、政府领导”原则，成立联合诊所。并在此基础上先后建立崇安联合医院、南长联合医院和北塘联合医院，后均改为区人民医院。1954 年 10 月，全市中医界知名人士联合创办无锡市第一联合中医院，并于 1956 年转属全民所有制，改名为无锡市中医医院。1956 年春，建立无锡市儿童保健所，原江苏省公立益寿医院改为市第三人民医院。

三、在曲折中发展的十年

1956 年中国共产党第八次全国代表大会在北京召开。由于中国的社会主义实践刚刚起步，人们对于什么是社会主义、怎样建设社会主义等重大问题，在理论和思想上还缺乏理性的认识。“大跃进”和人民公社化运动，使得以高指标、瞎指挥、浮夸风和“共产风”为主要标志的“左”倾错误严重泛滥开来，造成社会生产力的极大破坏。1960 年冬，中共中央开始纠正农村工作中的“左”倾错误，并决定对国民经济实施“调整、巩固、充实、提高”的八字方针。经过全国人民的共同努力，到 1965 年，国民经济得到恢复和发展。从 1956 年到 1966 年“文化大革命”前夕的十年间，无锡的经济社会建设虽然遇到曲折，但仍然取得了很大成就。

（一）建立起比较完整的工业体系

通过对工商业的社会主义改造，无锡的工业生产面貌发生了重大变化。但从整体上看，工业基础薄弱、门类残缺不全、布局结构不尽合理、生产技术水平低下的落后状况仍未彻底改变。经过社会主义改造后十年的发展，无锡工业布局趋向合理，机械制造工业有了较大发展，从小到大发展了化学、医药工业以及日用轻工业，新发展了冶金、电讯仪表工业，社办工业开始起步，全市初步建立起比较完整的工业体系，无锡逐步发展成为一个工业门类较齐全的综合性工业城市。

从无到有兴办冶金工业。1958 年的大炼钢铁运动，结束了无锡无钢铁生产的历史。与钢铁生产相适应的炼焦、耐火材料业，也形成一定生产能力。冶金工业在调整时期，保留了骨干企业，生产能力逐步配套。钢铁厂能够轧制的钢材品种规格逐渐增多，大部分是优质钢材，有的已进入国际市场。至 1965 年，无锡市冶金工业总产值达到 4313 万元，占全市工业总产值的 3.8%。型钢、耐火材料、金属制品、地矿机械等主要产品，出现前所未有的增长势头，成为无锡市新兴的工业产业。

机械工业成为主要工业门类之一。无锡机械工业起步较早，但厂多规模小，技术落后，经过社会主义改造以后的调整和发展，到 1957 年，无锡市的机械工业已有一定的基础。1958 年，全市机械行业通过较大规模的投资，建设了一批新厂，扩建了老厂。到 1961 年，全市机械厂从 1957 年的 16 家增加到 64 家。工业总产值占全市工业总产值的比重由 1957 年的 9.2%上升到 30%，品种从 34 种发展到 290 种。从 1961 年起，经过调整，对生产支农新产品的工厂进行大规模扩建，增加支农新产品的生产，贯彻“质量第一、支农第一、维修配件第一”的方针，将制造与修配的比例由 12：1 调整为 5：1。

纺织工业全面发展。1957 年无锡纺织品重新进入国际市场，全市出口棉布 333.6 万米、呢绒 31 万米。由于“大跃进”中棉花大幅度减产，从 1960 年起，纺织业生产连年下跌，工厂开工不足。经过对纺织工业的调整，全市纺织工业出现新局面，生产出大批优级纱、优质布及高等级丝。纺织工业品的品种显著增加，仅从 1963 年到 1964 年上半年，就增加 876 个品种。1964 年以后又发展生产化学纤维和棉、毛混纺交织等 71 种产品。至 1965 年，全市棉纱、棉布、印染布等主要产品的产量、质量、积累均达到历年最高水平。

创办电仪、化工、医药等新兴工业。1958 年之前，无锡市仅有部分电器、电料商店，属商业性经营。1959 年、1960 年，江苏省委和无锡市委先后发出“大办无线电”、大力发展“高、精、尖”工业的号召后，无锡市的电仪工业开始起步发展。1960 年，全市电仪工业企业（含独立核算车间）达 120 家，职工 19500 人。通过 1963 年至 1965 年的调整，新建一批生产航空工业配套产品的企业，雷达、通讯机形成一定的生产能力，研制开发了压电陶瓷、无线电变压器、真空电容、玛瑙轴承、半导体分立器件等产品。至 1966 年，全市电仪工业有企业 15 家、研究所 1 个，职工 4781 人，工业总产值 3448 万元。

1957 年全市共有 10 家化工企业。1958 年后，涂料、染料、溶剂、助剂等化工产品相继投产，农药也从只能加工发展到能生产 6 种农药原药。1959 年，全市化学工业基本建设投资 650 万元，为第一个五年计划期间对化学工业投资总额的 5 倍多，基建规模迅速扩大。

1957 年无锡仅有医药生产企业 3 家。1958 年大办医药工业，医药工业产值达 473.25 万元。1958 年 11 月试制成功的土霉素，成为江苏省第一只抗生素产品。1960 年建立无锡抗菌素厂（后并入江南制药厂），在无锡医药工业史上揭开了新的一页。合成原料药扑热息痛、呋喃西林等产品相继问世，为无锡市抗生素与合成原药的发展奠定基础。江南制药厂等主要制药企业在调整中得到充实扩大。这一时期先后成立了 10 多家专业与非专业性制剂、器械生产企业，成为无锡市西药制剂、中成药与医疗器械生产迅速发展的中坚力量。

在“大跃进”期间，无锡市生产出自行车、缝纫机、钟表等产品，填补了历史空白，并形成了相应的自行车、缝纫机及钟表制造工业。在调整时期，自行车厂、缝纫机厂不仅得到保留，而且进一步扩建，调进设备，增加技术力量。1965 年，自行车厂所生产的部分自行车配件开始出口。此后，自行车厂形成相当规模，恢复了整车生产。

（二）农业生产得到恢复和发展

经过 1963 年至 1965 年的调整，随着党在农村中各项政策的贯彻落实、经过农村广大干部群众的努力，在“大跃进”中遭受严重破坏的农村生产力得到逐步恢复和发展，农业作为国民经济基础的地位得到巩固。至 1965 年，无锡郊区粮食总产量回升到 1956 年的水平，蔬菜、水产、畜牧、茶果等生产都有回升发展。

粮食亩产超过全国农业发展纲要规定的水平。1956 年党中央制定的《一九五六年到一九六七年农业发展纲要（草案）》提出在 12 年内长江以南粮食平均亩产要达到 400 公斤。1962 年贯彻《农村人民公社工作条例（草案）》后，广大农村干部群众的生产积极性大大提高，各项增产措施全面落实，粮食产量持续增长。从 1964 年起，郊区粮田面积恢复到 7.24 万亩，粮食亩产一举超过农业发展纲要规定的指标。1965 年，粮食总产量回升和超过 1956 年的水平，达 3783 万公斤，水稻一季亩产超纲要规定，达 424.5 公斤，三麦亩产 162.2 公斤。

建立为城市服务的蔬菜生产基地。1956 年，无锡市贯彻中央提出的关于郊区为城市服务的方针，扩大蔬菜生产规模，逐步建立了蔬菜生产基地。当年有常年菜田6000亩，季节性菜田1200亩，茭白2750亩。1958年建立人民公社，无锡县划归无锡市，农村常年菜田进一步扩大，除城郊蔬菜管理区全部种菜外，城区周围的广益、南站、黄巷、河埒4个公社都建立专业蔬菜大队。

副业生产得到恢复和发展。至1965年，鲜活鱼上市130.3万公斤，生猪圈存量增加到5万多头。蚕茧产量逐年提高，至1965年，市郊蚕茧生产总产量达34.1万公斤，蚕桑生产得到逐步恢复。1958年创办国营茶果场，拓植茶园371亩，以后逐年拓植，1965年发展到1531亩。随着农副业生产的发展，社员分配的口粮和收入也有所增加。

农田水利基本建设得到加强。在“大跃进”的三年中，无锡县农村在农田水利基本建设上投入了大量的人力、财力和物力，兴修水利达2600万立方米，相当于1949年到1957年8年总和的4.5倍。市郊在1957年冬至1958年春，掀起兴修水利的高潮。至1958年4月底统计，一个冬春完成土方103万立方米，超过过去8年总和的1倍多。年内相继建成19座电力灌溉站。至1959年，郊区300多个零星小圩、联圩并成33个大圩，并在圩内按河网化的规格开挖中小河渠，逐步建立内外控制的排灌系统。

（三）社会事业逐步发展

教育事业发展迅速。在“大跃进”中，教育事业急剧扩展。经过调整和整顿，教学秩序逐步恢复，教育事业不但在数量、质量，而且在形式上都有新的提高和发展。全市教育事业已发展为多层次、多门类结构，除全日制普通学校外，还创办了半工（耕）半读学校（郊区为农业中学）、职业技术学校、中等专业学校、职工业余学校、成人夜大等。至1965年，全市有中等学校40所（其中公办28所，民办10所，厂办2所），比1956年7月翻了一番，在校中学生33235人，增长51.3%；小学224所，比1957年增长17.9%，小学生115285名，比1957年增长42.9%。1965年下半年全市各级有各类职工学校89所。从1961年至1966年“文化大革命”之前的这一时期是教育工作发展比较健康，办学成绩较为显著的时期。

卫生事业有较大发展。卫生事业方面，继续贯彻执行以“预防为主”的方针，积极采取各种措施，开展疾病防治工作。至1965年，全市市区卫生机构达到312个，床位4389张，卫生技术人员3091人（其中医生1394人）。

科学技术有明显进步。科学研究工作进一步贯彻“双百”方针，对1958年以来先后建立的10多所科研机构进行调整和充实，注意发挥各种专门学术团体的作用，学术活动有所加强。1964年至1965年，全市投入科研和新产品试制费用达1089万元，完成科研项目158个，研制成功新产品372项，投产278项，其中47项取得显著的社会经济效益。在社会科学方面，1958年底，成立中共无锡市委《无锡十年》编辑委员会，组织编写《无锡十年》《无锡十年大事记》《中国共产党在无锡地区的斗争史料》等著作。

文化事业取得丰硕成果。文化艺术贯彻“百花齐放，推陈出新”的方针，呈现繁荣景象，文化团体不断发展，文化队伍不断壮大。这一时期，锡剧、越剧、沪剧、滑稽剧、歌舞剧、曲艺等各文艺剧团相继建立，创作并演出了一批优秀作品。尤其是锡剧，经锡剧艺人的共同努力和其他文艺工作者的帮助，在表演艺术、音乐唱腔、舞美设计等方面有很大改进和提高，成为江苏省主要剧种和华东地区三大剧种之一。

（四）城市建设步伐加快

1958年至1965年，全市基本建设总投资为32455万元，其中城市建设投资为1727万元。从1958年开始，随着工业交通、文教卫生等事业发展，城市

▲ 无锡莲蓉桥

发展方向已有初步规划，城市布局逐步拉开。城市商业区、居住区、工厂区布局逐步形成，新建和拓建人民路、中山路等主要干道，市内路桥质量得到改善。

制定城市发展规划。1958 年 4 月，无锡市城建局编制出《无锡市城市初步规划》（十年规划）。规划建成面积比 1958 年扩大一倍达 32 平方公里。同年 7 月，无锡县划归无锡市领导，又重新编制《无锡市、县总体规划》。1959 年 1 月，市委、市人委提出《无锡市市政建设规划》。

11 月，国家城乡建设部设计院、江苏省城建厅规划处和无锡市城建局联合组成无锡市城市规划工作组，首先编制《无锡市城市规划及建设原则》，后本着"承认现状、充分利用、积极改造、合理发展"的原则，重新编制《无锡市规划总图》。1960 年春，由于电讯仪表工业迅速发展，市城建局又对规划作出修改，主要是增加一个蠡湖南岸电讯仪表工业区。在"二五"计划期间，先后按规划开辟梁溪河机电仪表工业区，铺筑沪宁铁路双轨路基，开挖老鸦浜至下甸桥新运河工程，新建槐古、健康、塘泾桥、小木桥等新村，扩大锡惠、建设、扬名、通扬、夹城里等新村。规划中有些部分，因经济困难，未能实施。1963 年至 1965 年，无锡没有制定新的规划，仅按过去规划安排零星建设项目 345 个，至 1965 年，全市总人口为 619897 人，市区工矿企业 467 家，市区建成面积 21.79 平方公里。

开挖京杭运河无锡市区新线段。1958 年 10 月，无锡市组成大运河工程指挥部，由副市长任指挥，计划迁移居民 1403 户，拆除楼房 316 间、平房 1520 间、草房 557 间、大小工厂 27 家、商店 23 家，支付补偿费 108.33 万元。12 月 1 日正式开工，平均每天出 12.42 万人，完成土方 58 万立方米，后因故暂缓施工。1960 年 1 月，无锡县 33 个公社抽调 1 万余名民工和江阴、常熟县各 2000 人，进行大兵团作战，开挖大运河自下甸桥至梁溪河长 6.7 公里的改线河段，到年底完成土方 250 万立方米。1961 年因劳力不足，再度暂停施工。1963 年恢复施工，至 1965 年秋，开凿成从老鸦浜向南至旺庄下甸桥一段河床，全长 7.2 公里，与通往苏州的京杭运河相衔接。开挖京杭运河无锡市区段是一项功在当代、利在千秋的重大水利工程，对无锡的交通运输、环境生态、观光旅游和城市建设都起着积极的作用。

新建、拓建城市主干道。1958 年 9 月，市人委成立东西干道（人民路）拓宽工程指挥部，集中大批建筑工人和市政建设队伍，投入施工。1960 年 10 月 1 日，人民路东门至五爱广场段全线建成通车，成为市区东西方向的唯一干道，并为后来两侧建造商业区打下基础。无锡城内南北向原有 8—16 米宽的中山路，交通拥挤，公交车无法通行。1958 年，以开挖映山湖之土，填没与中山路平行的原城中直河，筑成中山二路。后又逐步拆除中山路与中山二路之间的带状商业区，建成宽 40 米的沥青道路。从 1958 年至 1960 年，在连接鼋头渚公园与梅园以及五里湖北侧新市区修建环湖路，将环太湖著名景点连成一线。这一时期，还新建和改建许多桥梁，且多以钢筋混凝土桥为主。对郊区 484 座农桥进行普查和鉴定，并制定分批翻建计划。1963 年至 1965 年以改造老桥为主，木桥翻建为钢筋混凝土桥的有文化宫桥、钢铁桥、工运桥、吉祥桥等 10 多座。1964 年，无锡交通局在东亭建成全国第一座砖砌双曲拱桥，为节约公路桥梁用料创出新路。此外，新建和修建郊区农用桥 118 座。市政公用事业部门先后完成锡梅、解放北路等沥青路面铺设，增加公交车辆、建设停车场以扩大公交运输能力，并建成中桥水厂。

无锡赖以进行现代化建设的物质技术基础，有很大一部分是这个期间打下的；经济建设和社会发展方面的骨干力量和工作经验，大部分是这个时期培养和积累起来的。

四、“文革”时期徘徊中的前行

1966 年“文化大革命”开始，正常的生产秩序受到破坏和干扰，生产下降，商业网点大批撤并，集市贸易关闭。粉碎“四人帮”以后的 1977 年到 1978 年，党的工作在徘徊中前进。无锡的城市发展也经历了十年的艰难发展和徘徊中的前行。

（一）工业的艰难发展

“文化大革命”期间，无锡市的工业战线随着合成纤维厂、电视机厂、半导体元件厂、手表厂、微型轴承厂、电影胶片厂等骨干企业的先后建成，开发出一批技术密集型产品。纺织、机械、冶金、煤炭、电子等行业得到一定程度的发展，郊区社队工业依靠自身积累和城市支援得到迅速发展。

纺织工业保持增长势头。“文化大革命”开始后，无锡市纺织业正常的生产秩序被打乱，生产直线下降。1967 年与 1966 年相比，全市纺织工业总产值下降 25%，利润下降 32%。在“斗、批、改”运动开展期间，虽然政治运动不断，但全市纺织行业经过广大干部、群众内部挖潜和改进技术，生产保持稳步增长。1969 年全市开始推行高速锭，棉纱产量逐年上升，1969 年一跃超过 40 公斤，1970 年达到 43.12 公斤。1970 年全市纱锭数比 1949 年减少 29116 枚，而棉纱产量却增长 1.9 倍。经过 4 年筹建，市合成纤维厂于 1970 年 10 月正式投产，为全市纺织工业开发出新的门类。1974 年，无锡市棉纺织业广大干部职工开展“挖潜、扩锭”等活动，棉纺织产量不断上升，全年出口棉布 262 万匹，居全国第二。

机械工业大力发展新产品。“文化大革命”运动初期，无锡市机械工业遭受严重破坏。据机床厂、柴油机厂、油泵油嘴厂、轴承厂等 10 家工厂统计，1967 年总产值比 1966 年下降 60.4%，实现利润只有 1966 年的 1/30，机床厂、柴油机厂、油泵油嘴厂、轴承厂等 4 家大厂出现严重亏损，亏损金额达 432 万元。市革委会成立后，机械行业多次组织新产品制造会战，其中有 39 家机械厂及其他行业有机械制造能力的工厂参加的直升机发动机试制会战（前后历时近 10 年），有 7 家机械厂参加的 2.3 万燃气轮发电机成套设备会战，还有汽车制造会战、照相机制造会战等。经过会战，有关工厂获得投资，添置了一批较为先进

▲ 无锡柴油机厂

的生产设备，提高了生产能力。同时，通过采用新材料、新工艺、新技术，又提高了工厂的工艺水平和职工的技术水平。

在参加会战的同时，机械行业大力开展新产品的试制开发。1966 年，国家决定发展仪器仪表工业。无锡市根据江苏省发展规划，决定组建一批新厂，制造平板仪、纠正仪、立体绘图仪等整机及元件、配件。微型轴承厂干部职工克服缺乏设备、资金和技术等不利因素，用 3 台旧机床生产制造微型轴承的一些必要设备，在上海一些工厂的支援下，仅用 1 年时间就试制出 20 套微型轴承，到 1970 年生产出微型轴承 20 万套，1972 年产量达 56 万套。1969 年以后，油泵油嘴厂 1 号系列泵等新品相继试制成功并投产，成为国内最大的油泵油嘴专业生产厂之一。1970 年，电力电容器厂大力开发新产品，成为全国电力电容器的第三大生产厂。锅炉厂试制成功新型电站锅炉和煤粉炉，进入全国八大电站锅炉制造厂行列。柴油机厂批量投产 6300 型船用柴油机。1976 年，重新组建的动力机厂完成废气涡轮增压器的试制，提高功率达 30%—100%。

冶金工业组织钢铁会战、矿业会战。“文化大革命”前夕，无锡市冶金工业总产值占全市工业生产总值的 3.8%，成为无锡市一个新兴的工业产业部门。“文化大革命”初期，全市冶金工业遭受严重挫折，特别是 1967、1968 年，生产急剧下降，工伤事故和设备故障频发。

1971 年无锡电视机厂试生产 50 台电视机，这是无锡市制造出的第一代电视机。同年，还承接 21/2 英寸黑白投影电视机的试制任务，年底试制出样机 1 台，并于翌年全国计划工作会议上试放，反映良好。无线电五厂于 1970 年 4 月自行设计出“卫星”牌 06 型便携式 6 管半导体收音机，次年又相继设计出“咏梅”牌、“太湖”牌半导体收音机，其中“咏梅”牌 605 型收音机在 1973 年全国收音机例行试验项目评比中获得满分。总体而言，“文化大革命”期间无锡市电子工业的发展是在一哄而起、高指标、缺乏统一规划下进行的，因而分散、粗放、规模技术欠缺，这也为日后无锡电子工业的进一步发展埋下了隐患。

社队工业抓住机遇乘势而上。“文化大革命”期间，无锡市郊区农村广大干部群众克服频繁运动带来的不利影响，发展社队工业。全市工业系统先后两次组织市属产品脱壳下放，支援社队工业发展。“文化大革命”初期，市机械局、轻工局等单位将 27 个产品下放到郊区，按就近就地、厂社协作挂钩的原则，在扬名、南站、旺庄、广益、江溪、黄巷、山北、溪南、蠡园、河埒 10 个公社新建 18 家工厂。此后，郊区按照“围绕农业办工业、办好工业促农业”、“以副（业）促农（业），以工（业）补农（业）”的方针，冲破对社队工业发展的种种限制，兴办一批小型机械、五金、纺织、化工、建材厂，其中社办工业33家，队办工业46家。1975年，市委、市革委会通过厂社挂钩、集体安置城市知识青年的途径，由城区各区、局帮助郊区兴办知青工厂24家。1976年初，因市属工厂产品升级换代，设备更新，市委、市革委会就组织第二次厂社挂钩，当年向郊区增加无息贷款110万元，并将城区企业生产的89个项目转给郊区生产，当年建成投产67个项目。在此过程中，城区企业还负责为郊区社队工业培训技术人员，帮助疏通供销渠道。至1976年，郊区社队工业结构发生较大变化，除农产品加工外，新增机械、化工、纺织、电子、建材等门类，无锡市郊社队工业产值由1966年的73万元跃升到1976年的7125万元，增长97.6倍。

“文化大革命”运动给无锡市的国民经济造成了极大的破坏。粉碎“四人帮”以后，尽快恢复和发展国民经济、改善群众生活，成为无锡面临的一项紧迫任务。市委要求全市各级党组织联系经济工作的实际，采取多种形式，把揭批“四人帮”反革命集团同恢复发展国民经济结合起来抓，恢复正常的生产秩序和工作秩序，确保经济发展步入正常轨道。在工业生产方面，无锡深入开展“工业学大庆”运动，号召全市工交企业广大干部职工学习大庆油田自力更生、艰苦创业、尊重科学、依靠群众的首创精神和“三老四严”、“四个一样”的好作风，从恢复和建立正常生产秩序着手，狠抓企业整顿，建立健全各项规章制度，促进工业生产的发展。

（二）农业生产的艰难发展

“文化大革命”初期，无锡市郊区粮食生产连年徘徊，菜农一度种粮自给，自留地时收时放，造成城区蔬菜供需矛盾突出。蚕桑生产因取消奖售补贴和片面强调“以粮为纲”而跌入低谷。60年代末70年代初，郊区贯彻北方地区农业学大寨会议精神，结合江南农村实际掀起学大寨高潮。郊区革委会于1970年12月召开的区委会和1971年1月召开的全区农业学大寨誓师大会上，提出“举旗抓纲学大寨”和“大寨治山我治水”的口号，明确“夺取粮食总产超亿斤，全区粮食生产要实现自给有余”的奋斗目标。围绕这一目标，郊区大搞农田基本建设，围湖造田，填塞河塘鱼池，平整土地及改林果、蔬菜地为粮田，并推广种植双季稻，农业生产艰难发展。

片面强调“以粮为纲”。“文化大革命”期间，无锡市曾一度强调农业生产

“以粮为纲”。在此口号下，为夺取粮食高产，面对城郊有限的耕地状况，郊区革委会要求各社队迅速打响建造“吨粮田”的硬仗。从1969年冬起，各社队按照亩产一吨粮的标准，进行“田、路、河、渠、村”的综合规划治理，展开较大规模的农田基本建设。郊区农村经过3年冬春的连续作战，到1973年全区已有3.8万亩平整格方、三沟配套的稳产高产田。

突击围湖造田。无锡市于1969年提出“向太湖进军、向太湖要粮”的口号，市、区相继组织围垦太湖、五里湖大会战，实施围湖造田计划。4月，郊区大浮、蠡园、溪南、河埒等公社首先在西五里湖实施围湖造田。经过千余名干部社员和部队指战员的连续突击作业，于同年10月围筑成东、西两条大坝，造田近5000亩，当年入冬开始种植三麦。1969年10月到1970年5月，郊区渔业公社和梅园、旺庄、扬名等公社在梅园石埠周围，南起大箕山、向西北伸展到东姚湾基康里，沿湖湾堆筑一条长达2.8公里的大坝，围湖造田7000余亩。

开挖新鱼池。片面强调粮食生产后，郊区副业生产明显下降。为解决鱼米之乡吃鱼难的矛盾，市委要求郊区将发展城郊养鱼作为调整农业布局的重点之一。1975年12月，市委发出“城乡人民齐动手，大干一百天，建成鱼池2400亩”的号召，印发《全市人民动员起来，积极投入开挖新鱼池》的宣传提纲，广泛宣传发动。规划从1975年冬至1976年春，在西太湖、西五里湖两处围田垦区，开挖连片新鱼池2400亩。

粉碎“四人帮”后，为加快国民经济发展步伐，无锡市委十分重视农业生产，在郊区继续开展“农业学大寨”运动，加强农田水利建设，积极发展农业生产力。1977年、1978年，郊区常年菜田面积稳定在16200亩左右，季节性菜田7100亩，茭白3000亩。在抓好蔬菜生产的同时，郊区利用低洼滩地开挖鱼池，扩大池塘养鱼面积，利用湖泊水面发展网箱养鱼和围网养鱼，形成池塘、湖泊养鱼格局，淡水鱼产量得到明显提升。1978年城区副食品市场90%以上淡水鱼来自郊区养殖捕捞。为发展畜禽饲养业，郊区新建和扩建一批“茶、畜、禽”、“鱼、畜、禽”、“果、畜、禽”配套生产的副食品生产基地，有效地改善城区副食品供应种类。

（三）社会事业的恢复和发展

1. 教育事业步入正轨

“文化大革命”十年内乱，教育事业受到严重摧残，并直接导致各条战线人才青黄不接、后继乏人。“文化大革命”结束后，无锡市委首先在指导思想上进行拨乱反正，按照中央和省委文件精神，逐步落实知识分子政策，平反冤假错案，提高教育工作者的社会地位，教育事业逐渐走上蓬勃发展的道路。

1977年10月，国务院批转教育部《关于1977年高等学校招生工作的意见》，决定恢复高考招生制度，明确规定高等学校招生实施文化统一考试，只要符合条件，工人、农民、上山下乡和回乡知识青年都可以报名参加考试，在校高中生成绩特别优秀的可以自己申请报考，学校按成绩择优录取。为照顾“文化大革命”期间失去进入高等院校深造机会的往届高中毕业生，这次高考的年龄放宽到30周岁。根据此意见，无锡市成立高考招生办公室，负责高考招生工作。高考制度的恢复激起广大知识青年强烈的求学欲望。众多因“文化大革命”而失去上大学机会的青年，包括1966届、1967届、1968届高中毕业生，终于重新得到报考大学的机会。1977年，全市符合高考报名条件的适龄青年踊跃报考“文化大革命”后恢复的第一次全国高考，人数之多，范围之广，年龄跨度之大，前所未有。1978年全市有4000余人参加高考，324人考取高等院校，595人考取中等专业学校和技校。

2. 文化事业日益活跃

“文化大革命”期间，无锡市文化界许多干部、演职员受到批判冲击并被下放农村，《红花曲》《珍珠塔》等优秀锡剧剧目被诬为毒草，大批文物古迹遭毁，文化馆、工人俱乐部、工人文化宫、少年之家被迫停办，市文化局陷入瘫痪，市文联停止活动。粉碎“四人帮”以后，市委坚持党的“百花齐放，百家争鸣”的文艺政策，推翻“四人帮”及其无锡追随者鼓吹的“文艺黑线专政论”，肯定文艺工作者在社会主义建设中的重要作用。市文化局重新成立，市文联恢复活动。一批被长期禁锢的电影、戏曲、曲艺等文艺领域的优秀作品重见天日，新的作品应运而生，文艺战线日益活跃和繁荣。

1977年10月，市锡剧团创作的短剧《人民路的早晨》，获得观众和专家的好评。该剧参加江苏省创作汇报演出后，获剧本奖。1978年4月，市锡剧团排演《西安事变》，在锡剧舞台上首次出现周恩来总理的光辉形象，此剧先后在无锡、溧阳、镇江等地演出，场场满座。市歌舞团1977年10月在江苏省专业文艺团体剧（节）目汇演中，《银丝飞舞》获演出奖，《鱼池春早》获音乐舞美灯光奖。市曲艺团1978年4月参加江苏省评弹现代剧目创作汇演，有多部作品获奖，中篇《电厂风云》、短篇《感激在心里》获创作奖，短篇《一张门票》、开篇《井冈兰》获创作奖、演出奖。

3. 卫生医疗事业逐步发展

粉碎“四人帮”以后，市委在卫生系统贯彻落实党的各项政策，对部分冤假错案进行平反昭雪，陆续调回“文化大革命”期间下放的医务工作人员，先后恢复被撤并的医疗机构，医疗卫生事业得到逐步发展。1977 年 9 月，市卫生局革命委员会改名为市革命委员会卫生局。为提高全市医疗人员医疗水平，市卫生局在年内举办 250 余人参加的培训班，派出医疗队 272 人次下乡、下厂防病治病。为进一步提高医疗质量，改善医院服务态度，1978 年全市各医疗卫生单位开展“百日红”竞赛活动，取得明显成效。

五、城市振兴与迈向基本现代化

1978 年 12 月党的十一届三中全会召开，党的政治思想路线又回到正确的轨道上来，这一历史的转折标志着无锡进入了一个改革开放的新时期。无锡坚持以经济建设为中心，坚持改革开放，使无锡的经济社会发展不断迈上新台阶，并始终以率先发展的良好态势走在江苏乃至全国的前列。在中国特色社会主义道路上，无锡有着成功的实践，并有自己独特的成就和贡献。

从 1978 年到 1991 年是改革开放逐步展开时期，是新时期无锡发展的起始阶段。其特征是从实现工作重点的转移，到加快改革开放、加快发展。

在 20 世纪 70 年代末、80 年代初实施一系列落实政策等拨乱反正的举措之后，社会秩序趋于平稳，20 世纪 80 年代中期无锡市委、市政府适时提出了“加快改革和开放的步伐”。在这样的大背景下，无锡农村在农业生产承包责任制的推动下，原已有基础的乡镇企业迅速崛起。1983 年，无锡县堰桥乡突破计划经济的框框，创造出著名的“一包三改”经验，即以承包责任制为核心，把企业干部的任命制改为选聘制，把固定工资制改为浮动工资制，把职工照顾进厂改为考核录用合同制。“一包三改”不但在苏南得到推广，走出了一条具有无锡特色的“苏南模式”之路，而且在全国也有广泛的影响，成为当时中国农村改革的一面旗帜。乡镇企业的“异军突起”，使无锡农村集体经济迅速壮大，从“以工补农、以工建农”，直至以后的建设社会主义新农村，都离不开乡镇企业所打下的雄厚经济基础。

在农村经济体制改革深入开展的同时，城市体制改革也逐步展开。1982

人民日报
RENMIN RIBAO
有了生产经营、干部管理、劳动管理、经济分配、劳动福利等自主权
堰桥乡镇企业全面改革一年见效
中共江苏省委文件
关于批转无锡市委《关于总结和推广无锡县堰桥乡乡镇工业"一包三改"经验的报告》的通知
把"包"字引向乡镇企业
稳定和发展生猪生产

◀ 1984年，堰桥乡推行“一包三改”的经验得到肯定和推广

年，无锡市就在全省率先提出城市国有经济的“转轨变型”，即把企业的经济活动转移到以提高经济效益为中心的轨道上来，企业从单纯的生产型变为生产经营型。1984 年，无锡市贯彻对外开放、对内搞活的方针，开始实施城市经济体制改革，并成为国务院确定的 6 个企业承包责任制试点城市之一。在市委、市政府关于开放市场、搞活流通的要求下，无锡不断深化农产品购销体制改革和商品流通体制改革，在全省率先建立了一批农副产品批发市场，生产资料市场搞得红红火火，为无锡国有企业的发展提供了有力的支撑。第三产业发展较快，旅游业有了明显发展。无锡的老牌企业如机床厂、国棉一厂、国棉二厂等继续保持行业领先的地位，电子行业的“红梅”牌电视机，轻工行业的“梅花”牌电扇、“小天鹅”洗衣机等成为国内知名品牌。1986 年，城市国有企业学习并移植乡镇企业强烈的市场意识和灵活的经营机制，由点到面地推开。同时，在城乡各种所有制企业掀起了横向联合、组建企业集团的高潮，出现了不同类型的股份制。体制改革促进产业结构调整，基础工业特别是地方电力工业得到加强，电子、家用电器、精细化工等新兴行业迅速崛起，机械、纺织、丝绸等传统骨干行业进行了不同程度的技术改造，形成了一些新的优势。

无锡市早在 1985 年就率先在全国实行职工养老保险统筹，推行社会失业保险。1986 年，国家体制改革委员会、劳动人事部联合推广这一做法。1988 年又成为全国试点城市。在此期间，教育综合改革、科技体制改革、文化卫生等方面的改革，以及城区改革和乡镇综合体制改革都在逐步展开。

1983年实行市管县体制，对无锡市的发展有着重大的影响，使原本依靠城市一条腿走路改为依靠城乡两条腿走路，从而加速了城乡一体化的进程，为无锡提供了更广阔的区域发展平台。在壮大无锡经济实力的同时，也释放了区域本身潜在的生产力。

在实行城乡体制改革的同时，无锡加快开放的步伐。从原先只是在计划经济体制下的对外贸易，到1978年无锡有了第一个利用外资项目——无线电一厂的加工装配线，再到1983年9月建成投产的无锡市第一家中外合资企业——江海木业公司。1985年长江三角洲对外开放之后，利用外资的渠道和投资形式越来越多，投资行业、领域、地区与规模以及对外贸易额、劳务出口额等都有发展，对外交往也不断扩大。1988年，根据沿海开放地区经济发展的新形势，无锡市再一次提出了“转轨变型”，推动经济实现从内向型到外向型的历史性转变。

从1992年到2005年，是改革开放向纵深推进时期，是逐步向市场经济转换中无锡实现跨越发展的阶段。其特征是，大力发展外向型经济和民营经济，各类企业进行改制；其标志是创新了“苏南模式”。

1992年邓小平南方谈话是中国改革开放的第二个里程碑，也使无锡再次面临抢先发展的机遇。1993年，无锡市就在全省率先提出实现“两个率先”的目标。两个率先是指在全省率先初步建立起社会主义市场经济的运行机制，率先达到初步实现社会主义现代化的目标。此外还提出了经济整体素质有质的提高，三大产业在更高层次上协调发展，基本形成市场经济运行机制，形成多功能、开放型、一体化的现代化城市群体，社会发展水平和人民生活质量提高等具体要求。

自20世纪90年代起，伴随着社会主义市场经济体制的逐步建立，无锡市实现了第二次转轨变型。至21世纪初，无锡的转轨变型概括起来大致有三点：一是大力发展外向型经济。始建于1992年12月的无锡高新技术开发区和1993年12月建立的新加坡工业园区，使很多外商由此了解无锡并进入无锡。使无锡在工业布局、城市建设布局上出现根本性的变化，创造了新的竞争力。二是企业改制。1994年初，无锡按照建立现代企业制度的基本要求，在37家国有工商企业进行改制试点。从1997年起，为优化资本结构，一方面进行企业兼并重组，另一方面实行破产，被兼并和破产的尤以传统的轻工、纺织、丝绸业为最多。同时推进资本经营，小天鹅等4家公司成功上市。财税、金融、外贸、计划、投资等宏观配套改革也相继实施。养老保险社会统筹面进一步扩大。1993年底至1994年初，乡镇企业以转换机制为重点，以产权制度为突破口，以建立现代企业制度为目的，进行多种形式的改革、改制。1998年又对“大而盈”、“大而亏”的企业进行转制。至2000年，全市80%的国有大中型企业初步建立现代企业制度，80%的国有大中型亏损企业脱困；90%的国有中小型企业完成改制转制；乡镇企业产权制度改革面已超过97%，发展活力明显增强，实现利税增长19%。三是发展民营经济。无锡通过企业改组、改制，及时调整发展战略，大力发展民营经济，推进私营经济园区建设，民营经济呈现出良好的发展态势。“苏南模式”也有了新的质的变化，它以多种经济成分混合、经济结构多元和越来越多的高新技术为特点展现在人们面前。至2000年全市已建私营经济园区123个。

2003年，党的十六届三中全会提出了科学发展观这一重大战略思想，标志着改革开放进入了第三个战略机遇期。当年，无锡市提出在省内率先全面实现小康社会，率先基本实现现代化的目标，要争创“两个率先”的先导区和示范区。无锡市进入了建设全面小康社会和实现现代化的发展时期。无锡在1992年已实现小康社会。但按照十六大提出的全面建设小康指标体系，2002年无锡市除人均GDP、城市化水平等指标超过评价值外，城乡人民收入、环境质量等指标还有不同程度的差距。对照基本现代化指标体系，无锡市大部分指标尚未达到标准。至2005年，无锡市人均国内生产总值达到50958元，其他相应指标也已达到全面小康社会水平。2006年，市（县）、区的指标也达到全面小康社会水平。

从2006年以后，无锡进入推进科学发展迈向基本现代化的新阶段。其特征是：结构调整，优化转型。

2005年12月，无锡市委召开十届九次会议，会议提出“十一五”规划期间，无锡由率先建成全面小康社会跨入了率先实现基本现代化的新阶段。在无锡市第十一次党代会上，提出“一当好、三争创”的战略任务，即：自觉肩负起创新发展模式、当好江苏现代化建设先行军的重大历史使命；突出转变增长方式、争创全省科学发展先导区，构建和谐社会、争创全省和谐发展示范区，提高执政能力、争创全省党的建设模范区。通过开展“一当好、三争创”活动，建设“经济繁荣、生活富裕、科教发达、环境优美、法制健全、社会文明”的和谐宜人新无锡。

这一期间，无锡制订了一系列规划，采取了一系列举措，如建设“五个中心”（国际先进制造技术中心、区域性商贸物流中心、创意设计中心、职业教育中心、旅游度假中心）；打造“五个名城”（最适宜投资创业的工商名城、最适宜创新创造的设计名城、最适宜生活居住的山水名城、最适宜旅游度假的休闲名城、最富有人文特质的文化名城）；全面实施“科教兴市、人才强市、质量与知识产权立市”主战略，积极培育高新技术产业、发展高端服务业、集聚高层次人才和营造高品质人居环境（即“四高联动”）；加快推进投资拉动向创新驱动、生产制造向设计创造、资源依赖向科技依托转变（即“三大转变”）；推动科技创新创业和发展软件业、服务外包业，促进产业升级；加快“三谷三基地”（即：硅科技谷、液晶谷、生物医药谷和动漫基地、信息服务外包基地、流程外包基地）建设；建立“7+1”（清华、北大、南大、东南、同济、复旦、上海交大和中科院）政产学研战略联盟；规划建设创新、创业、创意载体，形成了无锡（国家）工业设计园和太湖国际科技园等一批高质量的“三创”载体；在省内率先启动实施吸引海外留学归国创业领军型人才计划（即“530”计划）；规划建设临港、太湖、蠡湖、环科、锡东五大新城，着力打造太湖国际科技园、国家工业设计园、太湖新城科教产业园、藕塘职教园和空港产业园五大品牌园区，拉开了“七区一体、一体两翼”城市发展框架；加快现代化新农村建设，优化农村行政区划，加速农村“三集中”的进程；实施治太保源“6699”行动和环保优先“八大”行动，展开“治理太湖、保护水源、重建生态”攻坚战，关停“五小”和“三高两低”企业，完成长江引水工程和太湖南泉取水口延伸工程，形成太湖、长江“双水源”安全供水格局；在全国率先进行“四个分开、两个分离”（即政府与事业、政府与企业、政府与资产、政府与中介组织“四个分开”改革，教育、卫生、体育、市政、园林等行业“管办分离”改革和广电、报业集团“宣传与经营分离”改革）改革；进行协会、学会归属管理改革和政府职能转移试点，发展壮大了社会民间组织和中介组织，加强了政府、社会和公民的合作互动；实施新一轮乡镇合并和镇改街工作；等等。通过实施这些举措，说明无锡已跳出资源依赖、两元分割的传统发展模式，开始形成创新型经济发展、城乡现代化建设和生态文明建设的新格局，推动了“苏南模式”的再创新。

2006 年 8 月 28 日，在中国共产党无锡市第十一次代表大会上，无锡提出要为努力打造“五个名城”，为建设“经济繁荣、科教发达、环境优美、法制健全、社会文明”的和谐宜人新无锡、再创无锡新辉煌而努力奋斗。

1. 打造工商名城

打造工商名城，塑造国内外具较强活力和竞争力的经济中心城市形象。无锡以建设国际先进制造技术中心和区域性商贸物流中心为重点，工商业发展在全省、全国保持和提升领先地位，形成一批产业规模、创新能力、出口水平位居全国前列的产业基地和一批在全国有重要影响的商贸市场集群，打造江苏民营经济最佳成长区。(1) 加快无锡工商文化的开发、保护和利用，提炼新时期无锡的工商理念和精神。加强对市区商业中心、商业特色街、"老字号"品牌的建设和保护，精心打造太湖（国际经贸）博览会，彰显无锡工商名城的底蕴和特色。(2) 精心打造无锡国际先进制造技术中心和区域性商贸物流中心。大力实施新型工业化战略，优先培育电子信息、新材料、机械装备、汽车及零部件、高档纺织等支柱产业和环保、新能源、生物等先导产业的名牌产品。以微电子产业为例，无锡将构建集研发、产业化、商品化于一体的 IC 产业链，将无锡建成在国内外具有一定影响力的"太湖硅谷"。通过对液晶产业的培育，将无锡建成全国液晶产业最密集的高科技产业集群区之一，建设具有国际水平的"太湖液晶谷"，2012 年实现销售收入达到 1000 亿元以上，年均递增 30% 以上。同时加快现代商贸物流业发展，制定"三年行动纲要"，力争将无锡建成与上海国际航运中心相呼应的长三角区域性物流中心，成为全国现代物流体系中的重要枢纽与节点。

2. 打造设计名城

打造设计名城，塑造国内一流的工业设计创意中心形象。以工业设计、动画设计、软件、集成电路设计等产业为重点，大力发展创意设计产业，作为无锡加快转变经济增长方式的创新战略。建设国家级工业设计园。形成集研发、设计、展示、培训、交流、服务、商务等功能于一体的设计名城核心区域，使之成为国内重要的工业设计研发创新中心、孵化培育中心、人才培训中心、技术交流中心和成果转化中心。占地 2.5 平方公里的工业设计园完成了一期孵化大楼和二期园区建设，建成了工业设计大厦（一期）和创意产业园区（二期），集聚各类设计人才 200 多名，各类设计企业近百家，年增销售超 10 亿元。同时，形成以公共平台建设为核心、设计中心为支撑的创新、创意和创业服务体系。建成国内一流的模具及精密机械设计、平面设计、汽车工装设计、IC 及动漫设计和自控系统设计等五大设计中心。

3. 打造山水名城

打造山水名城，塑造和谐宜人的现代生态城市形象。以无锡独特的自然资源和文化资源为依托，发挥名湖、名河、名山、名泉、名人、名景的优势，继续“打太湖牌、唱运河歌、建山水城”，营造和谐宜人的山水和人文环境，树立城市的独特形象。(1)加快城市规划建设，形成山水名城的城市形态。实施“打造山水名城，共建美好家园”城建行动，按照“靓山、亲水、扬名、筑城”的总体要求，创建具有无锡山水特色、文化底蕴、现代风貌和国际形象的城市品牌。根据新的城市板块规划，滨湖板块、紧靠太湖新城的另一“主城区”蠡溪新城，都将成为无锡未来的重点风景旅游区、人居生态新城区建设地区。在太湖边著名的佛文化旅游胜地马山，将形成两个特色分明的区域：马迹山休闲旅游度假区和马圩旅游服务配套区、居住区和工业园区。同时，太湖山水城旅游度假区规划不仅做强现有的影视基地，还将利用山水生态资源和历史文化资源，建设南泉滨湖风情小镇，沿山水西路基本形成以原生态山水为屏障、以高档别墅、公寓酒店、旅游景点为点缀的旅游风光带。(2)建设城市识别系统，推出城市品牌形象。紧扣“太湖明珠，中国无锡”的整体形象，建设城市理念、视觉和标志性识别系统。以“太湖明珠，中国无锡”为核心理念抓紧无锡城市商标注册，对城市发展、经营、服务理念等进行全面设计；在现有市歌、市花、市树的基础上，确定城市吉祥物等城市象征性标志；加快城市自然景观、建筑景观等特别是标志性建筑和雕塑规划建设。(3)展示城市品牌形象。规划建设“太湖明珠”实景演艺广场；结合城市人文特色和自然景观，精心打造一台“太湖明珠”主题实景晚会；创办和开放规划展示馆。

4. 打造休闲名城

打造休闲名城，塑造国内外著名的旅游休闲胜地形象。(1)加快旅游休闲基础设施建设。抓好蠡湖环湖景观带、惠山古镇、灵山景区、古运河景观带等一批代表无锡品牌的旅游休闲要素聚集区域建设，开发以农旅结合、商旅结合、工旅结合、体旅结合为主要标志的现代旅游休闲品牌。把无锡太湖国家旅游度假区建成世界著名的佛教文化胜地、中国一流的旅游度假胜地，无锡太湖山水城旅游度假区建设成以湖光山色、港湾半岛、影视文化为环境特色，以度假休闲、旅游观光为主体的国内知名的湖滨休闲胜地。(2)积极开展旅游休闲活动。成功举办首届中国徐霞客国际旅游节，打响了无锡作为区域重点旅游城市的品牌。以建设长江三角洲旅游的区域中心和“新江南游”首选目的地为目标，到 2012 年底前已基本建成六大特色旅游板块。打好“太湖牌”，以太湖为中心，以滨湖区为主体，加快建设环太湖旅游度假休闲区，唱好“运河歌”，整治开发和修复古运河和梁溪河，重点突出江尖、南长街、清名桥等历史文化精华段；弘扬“吴文化”，整合“三泰一址”（泰伯庙、泰伯墓、泰伯渎、鸿山遗址）旅游资源；奏响“二泉曲”，有序开发惠山古街和古祠堂群，建设惠山森林公园；建都市休闲旅游区，重点建设和完善崇安寺旅游商贸休闲区、南禅寺旅游文化商贸区、青石路旅游餐饮街等；打造都市农业旅游圈，开发“农家乐”、“渔家乐”等特色旅游项目。

5. 打造文化名城

打造文化名城，塑造传统文化与现代文化交相辉映的文化名城形象。（1）无锡以“传之后世、永续利用”为宗旨，抓好文化遗产保护。在全国率先成立的无锡市文化遗产局，将完善历史文物管理办法，增强全民文保意识，建设和修复一批人文古迹、名人故居和遗址公园。以吴文化遗存的修复、保护为重点，修复保护了彭祖墩、高城墩、伯渎港、阖闾城等大型文化遗址，惠山古镇、清名桥古运河水弄堂、荣巷等历史街区古镇古村，以及荣德生等名人故居；建设国家级的鸿山大遗址保护工程和鸿山专题博物馆。2012 年底无锡市三级文保单位总量达到近 600 处。（2）加强对非物质文化遗产的整理和宣传。对无锡非物质文化遗产进行了系统调查，摸清底数，并有计划地进行系统整理。建立非物质文化遗产保护中心，建成锡剧博物馆、吴歌演艺馆、江南丝竹博物馆、泥人博物馆。（3）加快标志性文化设施建设。建成无锡博物馆、太湖艺术中心、灵山艺术殿堂和名人园等一批城市标志性设施。中国民族工商业博物馆、吴文化博物馆、乡镇企业博物馆、民间艺术博物馆等一批专题博物馆已完成建设，并推进布码头、米码头和教育、卫生、体育等一批行业博物馆建设，鼓励印花布等民营博物馆的发展，打造城市系列博物馆品牌。（4）积极推进文化艺术生产和文化产业发展。到 2012 年底无锡建设完善“一圈三带三区”的城区文化空间布局，提高城市总体规划和建设的文化内涵。[“一圈”，就是以太湖广场为中心，依托无锡市人民大会堂、图书馆、博物馆新馆、美术馆、科技馆（档案馆）、革命陈列馆等标志性设施，形成有较大带动力和辐射力的城市文化中心圈。“三带”指的是环蠡湖文化景观带、环太湖岸线文化景观带和古运河文化景观带。锡惠文化旅游区、灵山文化旅游区和吴越文化旅游区则组成了这个规划中的“三区”。] 繁荣文艺精品创作，以组织实施“五个一工程”、“群星工程”和“五星工程”为龙头，带动文艺创作的全面发展，扶持具有无锡地方特色的民间艺术作品的创作生产，以舞剧《阿炳》《红河谷》为代表的文艺精品创作生

▲ 无锡中国民族工商业博物馆

产成绩斐然。推进文化体制改革，进一步推进政企分开、政资分开、政事分开、政府与市场中介组织分开的政府职能转变，实现政府由办文化为主向管文化为主转变。贯彻落实《无锡市人民政府关于支持文化事业和产业发展的若干经济政策》，进一步加大扶持公益性文化事业、发展文化产业、激励文化创新的政策力度。到 2012 年末文化产业增加值占地区生产总值的比重达到 6%，未来的目标是把无锡建设成为文化综合实力在全省领先、位居国内同类城市前列的文化名城。

无锡的城市建设，注重围绕凸显独特的自然人文特色来推进发展。2006 年到 2015 年，无锡又先后确立建设现代化滨水花园城市、美丽宜居城市等目标，城市面貌不断发生新的变化，一个经济活跃、生态趋于良好、有着自身特色的现代化都市呈现在了世人的面前。

专题篇

新中国成立后无锡作为省辖市，经济社会和城市建设实现了全新的发展。改革开放以来，无锡更加焕发出了工商名城的巨大发展活力，经济总量曾多年位居全国城市十强之列。

勇立潮头、坚持率先发展使无锡创造了一个又一个奇迹。改革开放之初，大胆突破计划经济的思想束缚，乡镇企业发展突飞猛进，创造了中国经济史上具有重要地位的“苏南模式”。20 世纪 90 年代，加速了经济市场化、国际化进程，进而不断推进经济社会走上全面协调可持续发展的轨道。进入新世纪以后，审时度势，突出科技引领，大力推进以科技创新为主动力的转型发展。在改革开放的每个时期，无锡根据时代的要求，不断创新目标定位，展现了率先全面建成小康社会、率先基本实现现代化的生动实践。

坚持强化城市带动，以统筹发展加速了城乡一体化的进程。改革开放以后，加快了城市现代化步伐，先后进行了 4 次城市整体规划，形成“一体两翼”的

城市发展格局，城市化率快速提高，城市交通体系、公共设施以及管理、服务功能得到不断完善。同时坚持把农村发展融入区域城市化进程，完善中心城市功能布局，启动了“五大新城”建设，拉开了城市发展空间，加快了城乡一体化发展。

社会事业、城市文化、生态文明建设的协调并进，赋予无锡城市现代化更加多姿多彩的魅力。无锡在全省率先实现了高等教育大众化和区域教育现代化，医疗卫生、体育事业、社会保障等各项工作位居全省前列，人民生活水平持续提高。文化事业和精神文明建设取得长足发展，具有地域特色的“尚德务实、和谐奋进”的城市精神、“四千四万”精神、“四尊四创”精神和社会主义核心价值观深入人心。以治理太湖为重点推进了环境优化发展战略，生态城市建设取得新突破。2015 年无锡被评为全国文明城市。

第四章 城市规划和空间布局

城市规划是一定时期内城市发展的战略部署，是城市各项建设和管理的依据。一个好的城市规划，不仅使城市土地资源配置更加合理，城市生产和生活的空间布局更加优化，同时能更大限度地提高城市产业水平和经济效率。改革开放以来，无锡先后编制了四次城市总体规划。科学的规划对于无锡统筹城市土地、空间等资源，集聚城市发展优势，塑造城市空间特色，促进无锡经济社会发展和提高人民生活质量起到了巨大的推动作用。

一、城市规划的历史演进

无锡最早的城市规划是1923年制订的“商埠计划书”。无锡解放后，又陆续编制或修订了一些城市规划，把它作为建设和管理城市的依据。改革开放后，1978年国务院召开了第三次全国城市工作会议，提出了“认真编制和修订城市总体规划、近期规划和详细规划”的要求。此后无锡市于1980年开始制订改革开放后第一个城市总体规划，后由于经济和社会的不断发展，1986年、1993年、2001年分别又进行了三次大的修订，对指导全市的城市建设起到了重要作用。

（一）《无锡市城市总体规划（1982—2000）》

20世纪70年代末，无锡工业迅猛发展，市区建成区面积达到35平方公里，常住人口62万人。但由于整个城市缺乏统一规划以及人们对城市功能的片面理解，认为抓城市建设就是抓工业建设，“先生产、后生活”，把城市基础设施视作“非生产”设施，致使很长一段时间内无锡城市发展局限于“修修补补”、“零敲碎打”的旧城改造。基础设施建设滞后、城市布局分散零乱、住房严重缺乏，制约了无锡城市功能的发育完善。1978年，国务院第三次全国城市工作会议后，无锡到底要建成一个什么样的城市这个问题十分突出地摆在了市委、市政府的面前。当时市委认为，面临新情况，首先必须制订新一轮城市建设的总体规划，以作为谋划各项事业发展的依据。编制工作历时2年多，其间进行了广泛的调查研究，听取专家学者的建议，征求各方面意见，最后形成了《无锡市城市总体规划（草案）》。1983年，实行市管县体制后，无锡市辖江阴、宜兴、无锡三县，无锡市总面积扩大到4650平方公里。市里又就如何拓展城市的规模，如何进行老城改造等请了专家进行讨论，在集思广益基础上将修改后的规划于1984年2月上报省政府。1984年5月，省政府批准《无锡市城市总体规划》。这是新时期无锡发展的最早蓝图，也可说是无锡历史上第一份经立法认可的法规性规划，经省政府批准的第一个城市总体规划。

规划根据无锡当时发达的工业生产基础和紧傍太湖得天独厚的自然条件，将无锡城市性质明确为“电子、轻纺、精密机械为主的工业城市和风景旅游区”。此轮规划将全市划分为中心城、卫星镇、县城、中心集镇、乡集镇五个层次。确定洛社、青阳、马山、华庄为卫星镇，无锡县的安镇、梅村、张泾，江阴的西石桥、华士、周庄、长泾，宜兴的丁蜀、张渚、徐舍、官林、和桥、周铁为中心集镇。中心城要改变原来的格局，扩大范围，形成几条各具特色的商业街，新建一批住宅区。在道路交通系统方面主要是规划通过新建主干道，把城市布局拉开，即建一条金匮路，然后以此为主干道，向两侧有序延伸，形成新的建筑群。设想沿金匮路建几个行政中心。从高速公路出口一直到鼋头渚风景区，以一条30里长的中心大道为依托，逐步形成一片新的带状建成区。然后，在古运河和新运河上建几座桥，就把老城区和新城区网状、便捷地沟通起来。

当时还构筑了对外交通的设想：发挥无锡沿江（长江）、靠港（黄田港）、临湖（太湖）和临近上海的优势，组成铁路、公路、水运、航空为主体的交通运输网络。当时已有铁路、公路、运河、港口。航空有硕放军用机场，打算改造为中型军民两用机场。甚至还想到了轨道交通，设想无锡轻轨网络为一横一纵一环。得到省政府领导赞许，但苦于当时的财力，未能列项。

作为无锡历史上第一轮总体规划，由于受当时经济发展水平和城市发展基础的限制，具有浓厚的计划经济色彩，在内容和深度上也有一定的局限性。但总体来说，与当时的经济、社会背景相符合，指导了今后城市以生产为主向生产、生活并举的发展方向。该轮规划重点解决了城市基础设施和住房困难等历史问题。但规划还存在诸多局限性：（1）城市规模。城市人口迅速增长，原规模预测偏小。人口急增造成市内交通拥挤，城市各项基础设施严重不足，城市用地和布局亟待调整。（2）城市性质。全面实行了市管县新体制后，无锡城乡经济飞速发展，1985 年工农业产值达 193 亿元，已跻身全国较大城市和经济中心城市之一，鉴于无锡市地位和作用的变化，原有对城市性质的定位有待补充完善。

（二）《无锡市城市总体规划修改方案（1986—2000）》

美国城市规划理论家门德福（Menfold）说过："真正影响城市规划的是深刻的政治经济的转变。"经过改革初期的建设，无锡的交通和环境有所改善，但城市仍十分狭小，与无锡经济发展相比是滞后的。因此，随着城乡经济体制改革的不断深入和"苏南模式"的兴起，无锡城乡经济飞速发展，城市人口迅速增长，市内交通拥挤，城市各项设施严重不足。1980 年编制的城市总体规划已不适应经济社会和城乡发展的需要，为此，无锡市从 1986 年 5 月开始修改和调整总体规划。1988 年 1 月 5 日江苏省人民政府批准了《无锡市城市总体规划修改方案（1986—2000）》。

规划根据无锡的经济地位、地理环境、发展前景，以及在全省的地位和作用，把城市的性质定位为"无锡市是我省重要的经济中心城市、著名的风景旅游区"。规划人口规模 100 万人左右，用地总面积 130 平方公里，规划建设用地 105 平方公里。此轮规划提出有控制地发展中心城（即市区），将江阴市的澄江镇、宜兴市的宜城镇和丁蜀镇建设成小城市，重点发展无锡县的杨市等 22 个经济发达城镇，相对集中建设 87 个乡镇，形成"中心城为主体——小城市为两翼——城镇为纽带——乡镇为基点"四个层次的城镇体系。

在当时无锡被批准为沿海经济技术开发区和制造业快速发展的背景下，规划提出市区用地主要向南、北两个方向发展。传统工业主要向北发展，金融贸易、文教科研以及高新技术产业主要向南发展的设想。中心城区提出采取片区布局、紧凑建设的思路。

城市路网规划逐步完善和建成一环、二环、三环、南北干道、东西干道等主要道路，形成以环形放射和方阵路网相配合的四通八达的城市路网体系。规划研究以中心城为枢纽形成双向交通主轴，南北方向以沪宁高速公路、沪宁铁路和京杭大运河为一轴，东西方向以新长铁路、锡澄和锡宜快速干道、锡澄和锡溧运河为另一轴，形成铁路、公路、水路交叉平行的六大交通干道，联结四周交通构成完整运输网络，从而带动城市基础设施建设，完善城市公共中心和功能中心建设，为无锡发挥区域交通枢纽的作用打下基础。

此轮规划加强了中心城区市政公用设施的改造和充实，城市发展向北、向南伸展蔓延，在一定程度上缓解了中心城区的城市压力。规划还更多地关注了中心城区的空间布局，但城区每个片区的功能分工，主要是围绕发展第二产业按工业门类而设置，工业区、居住区混杂，环境质量下降，中心城的辐射作用不能得到充分发挥，另外，城市规划还缺乏对区域的足够重视和充分研究。

（三）《无锡城市总体规划修订（1995—2010）》

随着改革开放的深入和市场经济的逐步建立和完善，1986 年版的总体规划出现了与发展不相适应的状况，诸如规划区用地范围突破、第三产业的兴起、各类经济开发区的发展等打破了原总体规划确定的城市结构布局，城市外部交通快速发展而市内交通相对滞后，城市基础设施和生态环境保护不能适应城市及社会发展的需要等。鉴于原有规划已不能适应经济迅猛发展的形势，1993 年 5 月，无锡市开展新一轮《无锡城市总体规划修订（1995—2010）》编制工作。1996 年 5 月正式上报国务院审批，后由于行政区划调整等原因，未获正式批准。

修订后的规划确定无锡为重要的经济中心城市、区域性的交通枢纽、著名的风景旅游胜地。较上期的规划，增加了“区域性的交通枢纽”，是因为沪宁高速公路、江阴长江大桥、硕放机场的扩建等路、桥、场建设为无锡经济腾飞、加快城市化进程提供十分有利的外部条件，无锡城市建设面临着前所未有的发展机遇。规划城市人口规模近期 104 万人，远期人口规模达 130 万人。城市建设用地近期 92 平方公里，远期 137 平方公里。城市规划区范围为无锡市区所辖行政区域，包括崇安区、南长区、北塘区、郊区、马山区、无锡新区，面积 517.7 平方公里。城镇体系规划范围为无锡市域所辖行政区域，包括市区、江阴市、锡山市、宜兴市，面积 4650 平方公里。重点规划中心区，面积 200 平方公里。

规划提出建设以大城市为主体，中等城市为两翼，中心镇、重点镇为组带，一般镇为基点的城市群体。空间上形成沿长江发展轴、沿沪宁铁路和沪宁高速公路发展轴、新长铁路沿线发展轴“两横一纵”的“干”字形城镇发展轴。城市发展主要沿沪宁通道向南北两端延伸，辅以向北拓展形成与江阴市的城市联结带。

在形态结构上，该轮规划针对“苏南模式”发展带来的广大乡村区域土地资源日益紧张、农业发展受到挑战、工业污染全面扩散、生态环境严重破坏和中心城市建成区不断蔓延的实际情况，提出了“分散组团式”布局模式的对策。由河湖、山脉、绿地等组成的自然空间，将中心城分成 11 个组团，构成“三城一中心”的城市结构主体框架。提出建设城外城（无锡新区）、城中城（无锡旧城）、山水城和中心商务区（CBD）的构想，以形成开敞的、分散组团式的大城市发展格局。规划内容的变化反映了无锡充分认识到土地、环境等资源的刚性约束，体现了注重城市集约、集聚发展的新思路，城乡建设逐步由“集中紧凑建设”向“紧凑型都市与开敞型区域相结合”过渡。

此次规划提出“三城一中心”的构想、生态绿地系统的概念和综合交通体系至今对城市建设仍然有重大指导作用，成为无锡研究跨世纪发展战略的重要参考及组成部分。到 2000 年，无锡市区初步形成城中城、城外城、山水城、中心商务区有机联结的城市格局。

二、新一轮的规划

（一）《无锡城市总体规划修订（2001—2020）》的背景

进入新世纪，社会经济发展环境发生了深刻变化，城市经济建设面临着发展、提高、创新的新目标和新要求，无锡迫切需要修编城市总体规划，制定城市建设发展的蓝图和依据。

1. 基于区域区位优势的城市化发展目标

省委、省政府提出现代化建设“四大战略”，城市化作为“四大战略”之一，被提到前所未有的高度。2000 年 7 月，省委、省政府召开全省城市化工作会议，提出江苏省建设南京、苏州、无锡、徐州 4 个特大型城市，建设南

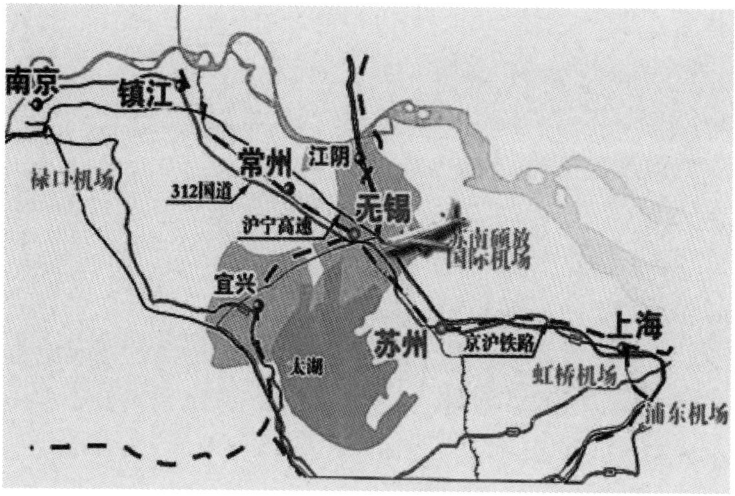

无锡区位示意图

京、苏锡常、徐州 3 个都市圈的目标。作为全省重点发展的四个特大城市之一，无锡具有明显的区位优势。在全省三个都市圈中，无锡恰好处于苏锡常都市圈的地域中心，同时，在五条城镇聚合轴和南北向的新宜聚合轴中，无锡位于东西向的沪宁聚合轴和南北向的新宜聚合轴的交汇处。在南北轴线上，江阴长江大桥的建成，开辟了苏南、苏北大通道，地缘经济社会联系已全然消除了地理障碍；在东西轴线上，无锡正好位于南京与上海的中间位置。在南京到上海轴线上，有南京、镇江、常州、无锡、苏州等大、特大城市，而新宜轴线 500 多公里轴线上，只有无锡一个特大城市。位于这两个轴线交汇点和苏锡常都市圈中心的无锡，规划建设特大城市，将有利于无锡更好地在区域发展中发挥更大的拉动作用，并且对周围区域产生更强的聚集力和辐射力。

2. 基于行政区划的调整

过去因长期受“市县同城”的困扰，中心城区受郊县的包围，空间拓展受限，辐射和带动力不强。2001 年 1 月，无锡部分行政区划进行调整，撤销县级锡山市，设立无锡市锡山区和惠山区。撤销马山区，将原马山区的行政区域并入无锡市郊区，并将无锡市郊区更名为滨湖区。随着城市化战略加快实施和行政区划调整，无锡进入了一个快速发展时期。无锡新区、锡山经济开发区、惠山经济开发区、滨湖经济开发区等工业园区的建设，加快了中心城市空间发展的步伐。另一方面，在乡镇工业发展的推动下，镇的发展呈现蓬勃之势，呈现分散型乡村城市化的特征。针对无锡城市化的特征，新的总体规划（2001—

2020）以市域城镇体系、市区城镇布局和主城区布局优化为核心，确立走集中型城市化发展道路，做大做强中心特大城市的城市化战略，改变了原来“苏南模式”中发散型城市化的弊端。新的总体规划（2001—2020）于2004年报送国务院审批，2009年3月国务院正式批准实施。

（二）新一轮规划的总体要求和特点

新规划中无锡的城市定位是：建成国际制造业基地、长江三角洲的中心城市之一、国家历史文化名城、重要的风景旅游城市。强化全国生态人居名城的城市发展目标和一级中心城市发展。规划城市人口至2005年，总人口514万人，城市化水平60%左右；2020年，总人口538.8万人，城市化水平73%左右。

1. 构建“1+2+12”新型三级城镇体系

为加快无锡特大城市建设，主动创新城市化的“苏南模式”，倡导集中整合前提下的均衡发展，规划坚持“紧凑型城市和开敞型区域相结合”，提出集约、集聚、集中型城市化模式；积极推进了“一体两翼”的市域总体格局，将原来的1个特大城市、2个大中城市、8个中心镇、32个一般镇四级城镇体系调整为“以无锡特大城市为主体，江阴、宜兴两个大中城市为两翼，十二个城镇组团为纽带”的“1+2+12”三级城市体系；规划积极推进了“三沿”产业布局，引导重化工、新材料等产业向沿江集中，形成沿江基础产业带，先进制造业向沿路高新技术园区集中，形成沿路高新技术产业带，旅游、商务创意、科研、环保等产业向沿湖功能区集中，形成沿湖旅游及环保产业带，“三沿”布局体现了区域生产力布局的鲜明特点。

2. 构建“1+6”城镇空间格局，整合市区空间结构

长期的分散型城市化发展，使得城镇无序密集，发展缺少协调；城镇规模偏小，资源缺少共享；城镇功能雷同，定位缺少特色。因此，为构建市区范围内城镇整体的控制和引导体系，形成以主城区为核心、外围重点城镇择优发展、城镇空间集聚、生态空间开敞的空间格局，避免各自为政，造成资源浪费和环境破坏。规划提出了1/3山林河湖、1/3农业生态、1/3城镇建设的“三个三分之一”总体用地结构以及“1+6”的市区城镇布局模式；明确“两环十二片”的生态空间建设、“三环八射”的快递交通骨架完善和“四园八区”的产业空间集聚。规划最终形成一个主城区和洛社组团、玉祁—前洲组团、胡埭—阳山组团、安镇—羊尖组团、东港—锡北（张泾）组团、鹅湖组团等城镇组团的

"1+6"城镇形态结构。城镇组团规划的形成和实施，是无锡城乡规划的创新之举，是无锡适应城镇密集地区快速城市化发展走出的一条新路子。组团规划促进了土地资源集约化使用，环境治理区域化实施，农村就业就近化，居住条件城市化，奠定了无锡市区"1+6"的空间骨架，对统筹市区城镇空间格局产生重要影响。

3. 确立"南拓北展、东联西优"思路，推进主城区空间优化

为进一步落实"做强、做大、做优、做美"中心城市的空间发展战略，《无锡市总体规划（2001—2020）》将主城区作为未来城市发展和建设的重点，重点推进"七片一带"（城中、蠡溪、东亭、太湖新城、新区、山北、锡北7个片区及"Z"字形的环太湖、五里湖的自然山水风光带）地区统筹发展，突出"南拓北展、东联西优"的发展思路。引导城市向南发展，加快产业向北转移，同时加大西部景区整合建设力度，加快东部大市场建设，做到旧城改造与新城建设统筹兼顾，城市形态拓展与功能完善相互结合，城市布局优化与产业升级联动并举。在这期间，南部加快了蠡湖新城、太湖新城和新区建设，孕育了科教园、太科园等一批功能性产业载体，加快了南部产业提升转型；北部加速惠山新城建设，东部联动东亭地区，整合锡山经济开发区，依托交通枢纽优势，建

▲ 无锡主城区

设锡东道口地区的商贸物流园区；西部优化河埒梅园地区、盛岸地区发展，保护培育了惠山、青龙山及太湖山体，初步完成了无锡山水组合最佳地区的环境综合整治，彰显了山水城市的特色。

此外，新一轮的规划对绿地系统、历史文物保护、旅游规划、市政基础设施等都有了更明确的规划和要求。该轮规划更加关注无锡在区域城镇群体中的分工，更加关注产业结构调整和人居环境的改善，而且在编制方法、内容和深度上再次实现了历史性跨越，对无锡未来的城市建设与发展产生了重要的影响。

实践证明，改革开放以来无锡制定的四次总体规划在无锡城市发展中起了重要的战略指导作用，是现代化无锡崛起的重要基石。现在，经过 30 多年的规划建设，无锡这座有着 3000 多年历史的文化古城，无论从外部形象到内涵发展都已发生巨大的变化，城市建设正从狭义的修桥铺路向更广义的城市现代化拓展演变。

三、城市空间布局与目标定位

（一）空间开发的目标定位

城市目标定位是在社会经济发展的坐标中综合确定城市坐标的过程，也是根据自身条件、竞争环境、需求趋势等及其动态变化，在全面深刻分析有关城市发展的重大影响因素及其作用机理、复合效应的基础上，确定城市发展方向及经济结构布局、基本建设规划的过程。准确的城市目标定位对于城市建设及区域经济发展有明显的促进作用。无锡在历史赋予的机遇中，追求的是始终走在长三角和全国发展的前列，打造一个独具一格、有独特影响力和竞争力的“中心城市”。目前，无锡已进入工业化后期、城市化高速发展的新阶段。工业化已成为社会结构变动的主体力量，城市化成为空间结构演化的主导力量。无锡市委、市政府对未来发展的目标、定位高度重视，从产业、区位及城市特色等方面对无锡的城市定位形成以下共识：无锡是区域性中心城市、国际先进制造业基地、现代化滨水花园城市。

1. 区域中心城市

无锡位于长三角江湖间走廊带，处于沪宁杭大三角区的中心，苏南几何中心和沪宁中心节点，为长三角经济区的核心城市，具有突出的区位优势。无锡在长三角的区域中心城市地位，具有历史积淀、现实优势与内在潜力。自改革开放以来，无锡经济持续保持强劲的增长态势，地区生产总值年均增长 15.2%，具有坚实的工业基础；早在 1983 年，十个城市组建成“上海经济区”，这被视作为长三角地区第一次经济整合的标志，无锡就位列其中。目前，在长三角区域一体化进程加速的背景下，无锡抢抓机遇，发挥区位优势，积极推进产业转型，全面提高城市核心竞争力。无论是在经济开放度还是产业结构国际化程度，在长三角都具有明显优势和显赫地位。

在长三角主要城市主要经济指标比较中，无锡仅次于上海、苏州，走在长三角地区发展的前列。2010 年，国务院《长江三角洲地区区域规划》中，首次明确将无锡与南京、苏州、杭州、宁波等大城市定位为长三角区域性中心城市。在长三角“一核九带”空间布局中，无锡处于沪宁沿线发展带、沿江发展带、沿湖发展带、沿运河发展带等四条发展带交汇处，这为无锡在做优做强先进制造业的基础上，加快战略性新兴产业集聚发展和现代服务业跨越发展提供了难得的区域发展环境。但是，区域经济一体化带来的不仅是机遇，更是挑战和竞争。如何集聚区域间各类资源、要素，创建一个竞争力和组织力卓越的中心城市，无疑是无锡城市空间发展的首要目标。因此，无锡应当迅速突破行政区划的藩篱，实现产业、城镇空间在市域范围内乃至更大范围内的整合与协调，以市域整体融合的优势促进无锡中心城市竞争力的快速提升。而且，作为真正意义上的区域中心城市，必须拥有对周边地区社会经济生活的强大辐射组织能力。首先，作为区域中心城市必须具备雄厚的产业基础。其次，拥有发达的现代物流业。经济中心城市建设区域物流中心，不是简单地建设若干个物流节点与场所，而是建设一个能使区域经济中心城市形成具有现代综合性的物流运作能力，涵盖区域生产性与消费性物流、企业物流、现代物流设施及物流经营企业组织体系的大系统，以充分发挥经济中心城市在区域中所具有的现代物流产业集中程度和效率方面的优势，并使现代物流成为经济中心城市的核心竞争力之一。最后，形成长三角区域交通枢纽地位。对此，无锡的基本策略是，大力发展具有强大区域组织功能的现代服务业和总部经济，成为一定区域内的“头脑型城市”；强化科技、物流、服务贸易、金融、信息、旅游等领域的深层次分工与合作，增强无锡的区域辐射力和城市竞争力；同时应大力发展交通和通信业，成为区域内人员、物资和信息的集散地。为此，城市中心区、区域物流基地、区域交通枢纽、区域信息港、产业集聚地园区建设都是不可或缺的，城市空间发展应做出相应安排并预留用地，为城市组织力的发挥提供策源地和承载空间。

2. 国际先进制造业城市

无锡制造业发展历史悠久、基础坚实。无锡作为民族工商业的发祥地，位居我国四大米市之首，为清朝漕粮集散之地，北依长江，南傍太湖，水路交通发达，得天独厚的自然地理环境，使之成为我国历史上一个重要而繁华的工商业城市。20 世纪初，实力雄厚的荣家资本在梅园附近新办缫丝厂、米厂、作坊等，成为民族资本的一处发祥地。20 世纪 80 年代，无锡首先倡导“苏南模式”，乡镇工业异军突起，逐步形成了以工业为主、以集体经济为主、以商品经济为主的经济格局。近十年特别是“十一五”以来，无锡探索走新型工业化道路，以转型发展为主线，制造产业体系不断完善，经济总量、技术质量、经济效益等处在全国前列水平，在全市经济社会发展中起着基石和主体作用。2011 年，无锡市 GDP6880 亿元，工业增加值 3346 亿元，占全市 GDP 的 50.3%。规模以上工业总产值占全部工业的 90%，制造业产值占规模以上工业的 98.4%。同年，无锡工业总产值在长三角地区保持第 3 位，列上海、苏州之后，在省内保持第 2 位。至 2015 年规模以上工业总产值达到 14698.76 亿元。

经过多年的经济发展和产业调整，无锡制造业逐步形成了以机械、电子信息、纺织服装、特色冶金、石化五大优势支柱产业为支撑的格局，这五大产业具有较强的历史继承性和广阔的发展潜力。

从“十一五”开始，无锡战略性新兴产业快速兴起，规模不断扩大，物联网、新能源产业等重点领域效益突出。集成电路、光伏太阳能、环保装备制造技术和产值位居全国城市首位，是全国唯一的国家传感网创新示范区并获批云计算服务创新发展试点城市。2012 年，八大战略性新兴产业中的六大新兴制造业营业收入 4652 亿元，高于规模以上工业增速 5—8 个百分点。其中物联网主营收入突破 800 亿元，增幅从上年的 16.9% 一下子跳到 64%，其他七大产业的增幅多在 20% 上下，物联网在八大战略性新兴产业中的地位进一步提升。2012—2015 年间，新兴产业总产值年均增长 15% 以上。

基于国际先进制造业基地的目标定位，以及无锡不同区域的产业基础和资源环境承载力，无锡需要明确区域开发导向，优化制造业产业布局，促进形成区域特色产业。在历史的发展进程中，无锡制造业的空间布局体现了制造业由中心区向外圈层迁移、并向园区集中的趋势。在“苏南模式”时代，以纺织、机械、冶金、化工为主的制造业主要集中在城市建成区和中心区，且具有分散、零乱无序的分布特点。随着城市化的不断发展，由于城市建成区土地的稀缺性，城市中心圈层的地价不断上涨，其后新增的制造业企业选择在郊区布局，90 年代无锡的制造业郊区化显著。在 2000 年以后，无锡提出“城市南进，产业北移”的城市建设方针，无锡建设重心逐渐向南移，制造业集聚区域也向南迁移，在中心城区范围内的机械、纺织、化工等传统企业向郊区搬迁，原有老工业区也逐渐消失。2005 年无锡提出工业“退城进园”的产业退出政策，制造业向高新园区集中。2007 年太湖水危机后，也促使政府加大了搬迁污染型企业的决心和力度，搬迁企业主要迁往无锡北部的锡山区、惠山区等远离太湖的区域。目前，无锡城市制造业的空间布局重心向高新区集聚，高新区成为无锡制造业优势产业集聚地。

3. 现代化滨水花园城市

“开窗远眺，见湖水共长天一色，远山如白云之在望，帆影幢幢，往来不绝。有山水之趣，无城市之喧，能爽人心神，益人智能……真不啻世外之桃源也！”民族工商巨子荣德生先生写于一九一二年的《无锡之将来》一文中充满憧憬，要把家乡建设成“滨水城市”。一个世纪后，无锡人用行动实现先人的梦想，无锡正致力于建设一个经济繁荣、生态良好、百姓富裕、城乡文明的“魅力之城”——现代化滨水花园城市。建设现代化滨水花园城市，无锡有很多优势。首先是地理条件的先天优势，无锡地处太湖之滨，是个依山傍水的城市，大自然赐予无锡市独特的亲水环境，也是无锡建设现代化滨水花园城市的天然条件。在市区及西南部有惠山、锡山、龙山、充山、鹿顶山、峄嶂山、马山等山体，它们围绕太湖绵延相连。市区周边水道纵横，太湖、古运河、梁溪河、新运河及与之网状相连的数百条河道构成了完善的城市水网系统。第二是经济发展的优势，无锡历史上就是工商名城，乡镇企业在全国率先异军突起，现在是工业强市，而且经过前一阵经济结构转型升级，无锡已经迈过了粗放型的发展阶段。在“十二五”期间，无锡依托工业化、城市化发展的良好基础，充分利用自然山水和历史文化资源，把培育壮大现代服务业作为经济结构调整的主攻方向，重点发展旅游休闲、物流会展、工业设计、文化创意、软件与信息服务、研发与服务外包、金融保险等现代服务业。三是人的优势。自 2007 年太湖水危机后，生态文明建设成为无锡人的共识，无锡开展了治理太湖保护水源、强力度地修复城市生态环境等一系列建设，太湖水治理取得了阶段性成果，生态无锡的美景正在变为现实。

在古代“依河而建，依水而立”的风水思想及“天人感应”、“天人合一”

思想观念支配下，无锡的早期建设者在择地建城时，就比较注重城市与自然山水环境的协调，坚持把山水作为城市构图要素，并以人的尺度塑造城市空间，追求营造城市与山水相融合的意境。60年代初，无锡提出城市向南发展，在更大的空间尺度范围内营造山水城市，把无锡建成东方日内瓦。80年代后，城市“分散组团”、“有机疏散”等规划理念的导入，为无锡城市现代化建设如何传承山、水、城相融的江南筑城传统注入了新的思维火花。90年代“三城一中心”城市空间框架结构的提出及构建，正式拉开了强调人工环境与自然环境的协调融合、追求城市与山水自然环境共生、共存和共荣的现代滨水花园城市建设的序幕。

在现代滨水花园城市的布局建设中，无锡采用了全面覆盖、重点突破的实施策略。首先是划定生态控制线和近期建设控制线，使市区范围内的土地按三个“三分之一”进行分配，即三分之一为自然山水，三分之一为城镇建设用地，三分之一为生态绿化用地（含生态农业），确保山体及生态绿化用地不被建设侵占。其次是做到城市规划和重点地区城市设计的全覆盖，把山体、河流乃至道路系统作为城市艺术骨架和风景走廊来设计，引导城市的组团发展。再次是重点抓好蠡湖新城、太湖新城的建设，以及惠山、青龙山、梁溪河、古运河的整治。确立了以太湖新城、马山国际旅游岛、古运河风光带“一城一岛一带”建

▲ 蠡湖远眺

设，作为全面提升城市宜居水平、打造现代化国际化滨水花园城市的重点内容。“一城一岛一带”中的“一城”即150平方公里的太湖新城，位于太湖东北部的半岛，南临贡湖，东临梅梁湖，北临蠡湖。太湖新城建设最为突出的是“三纵三横”的绿化景观系统。“三纵”为尚贤河湿地公园、长广溪湿地公园和蠡河景观带，“三横”为梁塘河生态景观绿地、吴都路景观带及太湖湖滨公园，为新城打造了绿色生态的优美环境。“一岛”即以湖岛山水为景观特色，以吴越文化为底蕴，以佛教文化为主题的马山岛。这里将成为一个国际化、生态化、特色化，国内一流、国际知名的旅游观光岛、度假休闲岛、文化体验岛。“一带”，是由环城古运河、南长水弄堂和北塘大运河“一环两线”组成，北接惠山古镇、南连新运河，依托古运河建成的一条风光带。

定位于“生态宜居”、致力于打造现代化滨水花园城市的无锡，在未来的城市空间布局与建设引导中，应当围绕突出滨湖、滨江、滨河、滨氿的地理优势，彰显自然山水与历史人文特色，加快城区以及江阴、宜兴现代化滨水花园城市建设，确立无锡在长三角地区乃至全国独具一格的城市形态风貌。

（二）优化和完善空间布局

按照无锡市的城市功能定位、发展目标与产业结构以及城市资源环境承载力，无锡要进一步统筹市域各类资源，大力调整产业布局，合理引导人口空间分布，完善市域城镇体系结构，进一步优化城乡区域布局，逐步形成主体功能清晰、发展导向明确、开发秩序规范、各类要素协调的空间开发格局，促进经济与人口、资源、环境协调发展。

1. 优化和完善区域空间布局

无锡市域总面积4787.61平方公里，根据2002年底土地详查数据显示，山地和丘陵为728平方公里，占总面积的15.2%；河流和湖泊1099平方公里，占总面积的22.96%；耕地1665平方公里，占总面积的34.78%，无论是市域总面积，还是可建设用地面积，在江苏省和全国同类城市中都是非常少的。土地的稀缺性更为突出。由于产业资本集聚加速，城市化进程加快以及城市做大的主观诉求，无锡城市空间拓展速度增加。城市蔓延化的空间拓展带来了棘手的问题。例如无节制的土地消耗、沉重的市政基础设施压力、严重的交通问题和生态危机等。因此，无锡综合考虑空间结构、用地模式、交通体系对城市空间拓展的影响，遵循生态优先原则，把生态环境的保护放在空间布局的首位，同时遵循适度发展的原则，采取空间分区管制与建设的方法，将市区划分为禁建区、限建区、适建区和已建区（优化发展区），引导和优化城市空间拓展。

禁建区。总面积约 695 平方公里，包括 25 米等高线以上的山体地区，太湖湖体（含蠡湖）及无锡市区主城沿湖岸段 200 米（局部 100 米）区域，航道、主要的清水通道（流向或流出太湖的主要河道）、重要湿地的主要水体及其沿岸两侧各 30—50 米的区域，铁路、高速公路和主城区通向外围的放射性快速路两侧各 15—50 米区域，市、市（县）际生态隔离区，即在无锡市与苏州市、常州市、江阴市之间的市、市（县）际生态隔离带，以及硕放机场跑道两端的部分净空区域、鸿山遗址和阖闾城遗址等重要文物的地下埋场区、地质沉降区和圩区等特殊地区。禁建区内原则上禁止任何城市建设行为，限期搬迁不符合资源环境保护要求的建筑。

限建区。总面积约 217 平方公里，包括沿湖禁建区以外至沿太湖湖岸 1 公里，主要入湖河道沿岸两侧禁建区以外 500 米以内的区域；农田、风景区的非核心区域；山体 25 米等高线以下周边区域以及规划农村居民点和农业园区等。限建区大多为资源环境重点保护地或敏感区，根据资源环境条件进一步划分控制等级，合理引导开发建设行为，城市建设用地选择尽可能避让；现有的城镇建设区，严格控制发展，严格实施相应的整治改造措施，达到相应的保护要求。

适建区。总面积约 386 平方公里，为适宜进行城镇建设的地区，范围为已建区、禁建区、限建区以外的地区。根据资源环境条件，合理确定开发模式、规模和强度，满足各类保护区的标准要求；有针对性地适当扩大建设用地供给，支持重大产业项目及配套设施建设。

已建区（优化发展区）。总面积约 324 平方公里。以旧城改造为主，调整用地功能，优化产业结构，保护人文资源，合理控制建设规模和开发强度，逐步完善开放空间系统、公共服务设施与市政基础设施，提高综合环境品质。

按照优化开发、重点开发、适度开发和禁止开发等四类主体功能区进行划分。将开发程度较高、资源环境承载能力开始减弱且建设用地比例较高的区域列为优化开发区域。以集约发展、提高发展水平为主，强化区域的服务功能，重点发展商贸物流业、旅游业、金融保险业、中介服务业、社区服务业等服务业。将资源环境承载能力较强、集聚经济和人口条件较好的区域列为重点开发区域。以加快发展、壮大产业规模为主，重点发展先进制造业和物流产业等，促进产业集群发展，完善基础设施功能，提升产业和人口的集聚水平，加快推进工业化和城市化进程。将生态环境相对脆弱、不宜大量集聚经济和人口的区域列为适度开发区域。实行保护优先、适度开发的方针，进一步提高土地集约化利用水平，因地制宜地发展资源可承载的特色产业，加强生态环境整治。将基本农田保护区、生态控制区、风景名胜区等实行强制性保护的区域列为禁止开发区域。依法实行严格的空间管制，加强生态环境建设，维护生态系统和功能的完整性。

根据“生态约束、生活集聚、功能协调、效益兼顾”的原则，有效控制城市中心区和生态保护区的人口数量，加快推进人口向新城、新市镇（卫星城）集聚，引导人口空间均衡分布，促进人口增长与经济、资源、环境相协调。引导人口空间均衡分布。引导中心城区与周边地区的人口在空间上呈均衡增长趋势，使人口在空间分布上保持协调。根据各功能区的发展定位和产业功能，结合生态保护和环境治理的要求，明确各区域的人口增长导向。将经济开发需求大，建设用地集约化程度较高，生态约束条件较少，可适当鼓励城镇人口较快增长的列为人口重点增长区。将经济开发需求较大，同时存在一定的生态保护需要，可作适当的经济开发的列为人口适度增长区，引导此类地区人口适度增长。将生态保护需求大于经济开发需求，要限制经济开发强度，对人口的增长速度要加以控制的列为人口控制增长区。将解放环路内老城区列为人口适度调减区。根据分地区的人口调控目标，修订完善相关规划，调整城市建设用地、产业用地、居住用地等用地的分类标准和控制规模，有序引导房地产开发的规模和地区分布，有序引导人口空间分布。

2. 优化和完善城市乡镇布局

按照无锡“一体两翼、七区一体”的总要求，加快区域城市化进程，优化调整城镇空间发展格局，积极发展副中心城市，规划发展一批新市镇，增强中心城市的集聚和辐射能力。

市域城镇空间结构：在城镇网络化发展的演进中，无锡市域将以太湖这一巨大的自然生态空间为核心，同时沿长江展开，形成一个特大城市、两个大城市和十二个城镇组团构成的市域城镇空间结构。全市形成以中心城区特大城市为主体，江阴（澄江）、宜兴（宜城）两个大中城市为两翼，江阴华士、宜兴官林、锡山东港、惠山洛社等十二个城镇组团为纽带的“1+2+12”三级城镇体系。十二个城镇组团为具有相对独立性又与主中心和副中心关系密切的都市功能延伸地域。彼此之间以自然山体、水系和规划生态廊道有机分隔，以“紧凑城市、开敞区域”为特征的组团式都市区结构，以景观生态的模式营建无锡市域的生态环境，主要由三个部分构成：基质（大规模面状的生态承载地域，如太湖、农田等）、廊道（带状的生态走廊，如楔入城区的山体、农田、水脉）、斑块（团块状非连片的自然地物或人工构筑物）。它们相互组合形成整体的大生态空间网架。无锡市域具体可以划分为三种不同类型的建设开敞空间地带：生态走廊型开敞空间带，以山水生态空间、自然绿色空间为主；交通走廊型开敞空间带，沿交通走廊间的空间楔入以农田为主的自然生态空间；组团—片区分隔型开敞空间带，以河道或快速交通干道绿化隔离城市组团、片区的绿色空间。

无锡市区按照“老城建新片区、城外建新城区、城郊建新市镇、郊外建新社区”的发展思路，构建一个主城区、六个新市镇和若干新型农村社区的空间布局结构。按照“适度集中集聚”的原则，统筹安排农村工业区、农业区、居住区、生态区和重大基础设施的空间布局，通过自然村的撤并，整合行政村，引导农民集中居住、产业集聚发展，建设各具地域特色的农村新社区。健全基础功能，强化产业功能，完善各项社会服务功能，不断增强集聚力和辐射力。

江阴市围绕建成现代化工业港口城市、交通枢纽城市和历史文化名城总目标，重点建设临港新城，合理布局临港产业区、现代物流区、港城配套区。推进各镇区的行政区划调整和村镇撤并工作，统筹澄东、澄西、澄南、澄东南等四大片区内各镇的功能定位和基础设施建设，突出各片区的产业集中区建设。宜兴市围绕建成生态型旅游城市、地域特色鲜明的先进制造业基地、苏浙皖交界地区的商贸流通中心、长三角地区重要的农林特产基地、辐射浙北和皖南的区域性新兴中心城市总目标，加强宜城、丁蜀中心城区建设，加快环科新城、东氿新城建设，推进官林、徐舍、张渚、和桥等新市镇建设，强化交通、流通中心功能，促进人口集聚，推进城市化进程。

市区城镇空间格局：一是“山水、绿化、城镇三三分”的安全生态格局。为充分发挥无锡得天独厚的自然山水优势，确保适宜人居的生态绿色城市目标的实现，切实维护城市生态安全，市区范围内的土地按三个“三分之一”进行分配，即三分之一为自然山水，三分之一为城镇建设用地，三分之一为生态绿化用地（含生态农业）。山水及生态绿化用地均为城镇非建设用地。

二是“1+6”的市区空间总体结构。在全面、协调、统筹城乡发展，积极推进城乡一体化进程中，市区规划形成“1+6”（一个主城区六个城镇组团）的开放型城镇空间总体结构。主城区包括崇安区、南长区、北塘区、新区、滨湖区（不含胡埭），锡山区的东亭镇、东北塘镇、鸿山镇和惠山区的堰桥镇、钱桥镇。

三是便捷的综合交通体系。以提升城市竞争力功能发展，支撑市区空间布局为目标，以需求为导向，坚持“适度超前”的交通发展政策，加强主城区与各城镇组团间的多样化快速交通联系，优化主城区城市道路路网结构，加强公共交通系统和配套停车设施建设，形成供需平衡、结构合理、体系完备、管理先进的现代化综合交通体系。在市域“环形 + 十字”高速公路网、“九横四纵”干线公路网、“两横五纵”内河干线航道网的综合交通系统的基础上，构筑由“三环十射”城市快速路系统和“环形 + 放射”城市轨道交通体系构成的市区城市交通主骨架，由京杭大运河（三级）、锡澄运河（四级）和锡溧漕河（四级）构成的内河干线航道。

四是市区中心体系建构。城市各项设施的集聚效应导致了城市功能的地域分化，形成了城市的中心区；中心区的外溢和扩散效应导致了公共服务中心体系的生成和发展。目前无锡市区城市中心区首位度很高，其他公共设施点的规模较小，城市公共活动中心体系基本可以视为呈单核结构形态。当城市规模不是特别大时，单中心的结构无疑是最有效率、最优的结构，但是随着城市规模的扩大，这种结构带来了交通量的增长和升级改造成本的增加，城市社会耗散掉的价值威胁发展带来的收益。结合无锡主城区规模的扩张和功能区划，形成“一个一级中心、四个二级中心、八个三级中心”的市区中心体系结构。

五是居住空间布局。根据城市发展方向，结合地块开发、环境整治、道路市政工程建设、公共设施建设和工业布局调整，实施“经济适用房、农民拆迁安置房和商品房协调发展，城中村和危旧房统筹改造，高档、中档与低档住宅兼顾开发”的住宅开发策略，统一规划，成片开发，总量控制，合理布局，形成由东亭住区和新区住区组成的东部住宅组群，由蠡湖新城住区、河埒住区和山北住区组成的西部住宅组群，太湖新城南部住宅组群，惠山新城北部住宅组群，以及老城区中部住宅组群构成的东、西、南、北、中五大住宅组群。外围各城镇组团结合房源需求区位和公共设施布局，集中成片，合理布局居住空间。

3. 优化和调整产业区域布局

根据无锡资源环境承载力和发展潜力，按照主体功能区划分工要求，加强区域开发导向，促进形成合理有序的空间开发格局，优化产业布局，引领区域统筹发展。

一是优化和提升产业结构。优化工业和服务业布局，引导和推动各地区差别化、集约化发展。

加快制造业优化升级。实施工业“5321”工程，提升制造业层次和增强核心竞争力。利用现代先进技术手段，做大做强电子信息、新材料、机械装备、汽车及零部件、高档纺织五大支柱产业，大力发展环保、新能源、生物医药三大先导产业。按照“集约化、特色化、高新化、信息化”的发展要求，以国家级和省级开发区为依托，调整产业布局，建设特色产业基地，引导企业加强生产技术联系，鼓励企业向产业链上下游延伸，发展与主导产业配套的相关产业，提高专业化水平产业配套能力，构建特色产业链，培育形成一批经营收入超1000亿元、超500亿元产业集群。鼓励和支持形成一批大企业大集团和一批无锡特色名优产品。

优先发展现代服务业。按照国际化、现代化、人性化要求，优先发展生产性服务业，培育发展新兴服务业，提升发展优势产业，加快服务业集聚区、功能性载体、特色街区和现代市场群建设，在高新技术产业、现代高端服务业、特色旅游业、港口经济等领域抢占制高点，努力建成区域性商贸物流中心、创意设计中心、旅游度假中心，形成苏锡常都市圈的服务业高地，提高服务业和高新技术产业的比重。

二是优化产业分地区布局。按照四类主体功能区空间布局要求，优化产业

▲ 无锡新区

分地区布局，促进形成区域特色产业。市区快速内环50平方公里范围内，主要发展现代商贸和科技研发、设计创意、商务服务等都市产业；市区快速内环与快速外环之间，主要发展现代物流业，各类专业化市场；市区快速外环以外范围内，主要发展现代制造业中电子信息、新材料、机械装备、汽车及零部件、高档纺织等支柱产业和环保、新能源、生物医药等先导产业，促进先进制造业和现代服务业“双轮齐动”、协调发展。

无锡市中心城区按照建设无锡服务业核心区的总体定位，建设文教科卫服务和金融、商务、中介服务特色街区，提升文化、教育、卫生服务功能和金融、科技、商务服务功能，提升服务业发展层次、质量和效益，形成适应人的发展和生活质量提升需求和服务周边先进制造业、现代都市农业服务要求，聚集现代商务办公区、文化旅游特色区、商住会展集聚区，形成在长三角乃至全国具有一定影响力的现代服务业核心区。同时，鼓励发展“总部经济”和“楼宇经济”等都市型工业，设立企业（集团）总部和研发中心等功能机构，形成与城市化相适应的都市工业。

无锡新区按照建设创新型国际化科技新城和建设国际制造业高地的定位，充分利用外向型经济发展的基础，以国家高新技术开发区和新加坡工业园为主要集聚地，重点发展集成电路、大型液晶、汽车零部件及总成和硬磁盘驱动器、新型电子元器件、新型数码电子、新能源、新材料、生物医药等高新技术产业；围绕“完善城市功能，优化发展环境，服务企业生产，丰富群众生活”的总体要求，构建区域性物流中心、创意研发中心和特色商贸中心，打造社区服务示范区、涉外服务集聚区和吴地文化展示区，形成特色鲜明、功能完善的现代城市服务业体系，使现代服务业与先进制造业共同成为未来发展的两个重要支撑点。

滨湖区按照建设无锡新城和重点发展现代服务业的布局定位，优化配置生产性服务业及生活性服务业两大类要素，以蠡湖新城旅游度假中心集聚区、无锡（国家）工业设计园、环湖生态休闲观光区、荣巷历史街区、河埒核心商贸区等地为载体，重点发展旅游休闲产业、科技研发产业、物流产业、房地产业、中介服务业和社区服务业等六个领域，形成以河埒核心商贸区、湖滨路酒吧街、湖滨路商业旅游街等街区为重点建设和发展的一批特色街区。以滨湖经济开发区为主要集聚地，重点发展专用机械设备制造业；蠡园经济开发区内重点发展无污染、低能耗、高科技的电子信息及软件设计业；马山地区重点发展无污染、循环型生物医药等产业。

锡山区围绕促进现代服务业与先进制造业联动发展，以机械、纺织、电子工业为基础，以锡山经济开发区和东港及红豆工业园、安镇新世纪工业园等工业集中区为主要集聚地，重点发展以高特纺织与服装、精密机械与汽车及摩托车、电子信息与新材料等为代表的先进制造业。大力发展生产服务业、繁荣提升传统服务业、积极培育新兴服务业，建设区域性生产生活资料集散中心；大力发展现代物流业、会计等商务服务业、金融业、现代科技服务业等生产服务业；积极发展生态旅游业、房地产业等新兴服务业；繁荣提升商业旺区、特色商业街和社区医疗、休闲娱乐、体育健身、购物配送、物业管理、家政服务和便民商业服务等社区服务业。

惠山区围绕服务先进制造业集聚区、科技教育先进区、现代农业示范区、和谐宜人居住区的目标要求，借助连接江阴的区位优势，利用冶金、机械、化工、纺织业和物流基础条件，抓住工业北移的机遇，以惠山经济开发区和钱桥、洛社、前洲、玉祁等工业集聚区为主要集聚地，重点发展以特色冶金及制品、机械及汽车、生物医药为代表的先进制造业。加快发展服务业，基本形成以惠山新城为中心和洛社新城为次中心的辐射型布局。依托锡澄路商业开发，建设连接主城区的现代商贸服务带；依托老集镇改造，建设各镇区域性商贸服务中心。重点发展生产性物流业、现代商贸流通业、规模型专业市场、金融保险业、信息服务业、社区服务业和房地产业。

江阴市围绕建设成为华东地区新兴的交通枢纽，沿江先进制造业基地，充满活力的现代化新港城，江苏省沿江高新技术产业带的重要组成部分和区域性的商贸物流中心和现代化工业港口城市、交通枢纽城市和山水历史文化名城的目标，充分利用 35 公里长江深水岸线、锡澄经济走廊等有利条件，抓住江苏沿江开发机遇，形成以高新技术为主导、现代高效农业为基础、先进制造业为主体、现代服务业为支撑的产业发展新格局；合理规划区域布局，形成城市综合发展、沿江港口经济、澄东工业、澄东南特色产业、澄南生态农业文化旅游五大板块特色产业。提升优势产业、促进高端发展、引导空间集聚、培育产业集群，放大交通枢纽和沿江港口优势，扩大服务业的辐射半径，大力发展现代物流业和现代服务业，增强对人流、物流、信息流的集聚力和对周边地区的辐射力。

宜兴市围绕建设经济发达、科技进步、文化繁荣、生活富裕、社会和谐的宁杭带新兴中心城市的目标，加快推进产业结构调整，增强自主创新能力，以国家环保科技园、宜兴经济开发区和工业集中区为主要集聚地，重点发展电线电缆、环保设备、化纤纺织、服装服饰、陶瓷制品、精细化工、机械制造、新型化肥等八大优势产业，积极培育新材料、新能源、环保设备等高新技术产业，实现制造业优化升级；加快发展生产性服务业，大力培育新兴服务业，逐步形成“一主一副九中心”的市内商业空间格局，大力推广连锁经营、商品配送、营销代理、电子商务等现代营销方式，鼓励城市商业向农村延伸，形成城区、社区、城镇功能互补错位发展的商业网络，完善市场体系，建成一批专业市场，打造华东建材市场集聚区，提高服务业发展整体水平，把宜兴建设成为区域性商贸中心；加快发展旅游业，全力打造“江南水城、中国陶都”旅游品牌，形成“秀山、丽水、名都、浓情、名人故里”五大主题系列和善卷、竹海、氿滨、蜀山四大旅游板块，建设长三角生态旅游目的地城市。

四、市区功能性载体开发与建设

功能性载体是城市发展的重要支撑，是区域竞争的特色优势。为提升城市的集聚力、辐射力和综合竞争力，围绕建设区域中心城市、国际先进制造业基地和现代滨水花园城市的总体目标，无锡立足自身的优势和面临的机遇及挑战，集中力量综合开发五个新城，提升改造五个片区，全面建设五个园区，推动中心城区功能提升和城郊转型发展，优化城乡空间布局，提升城市能级。

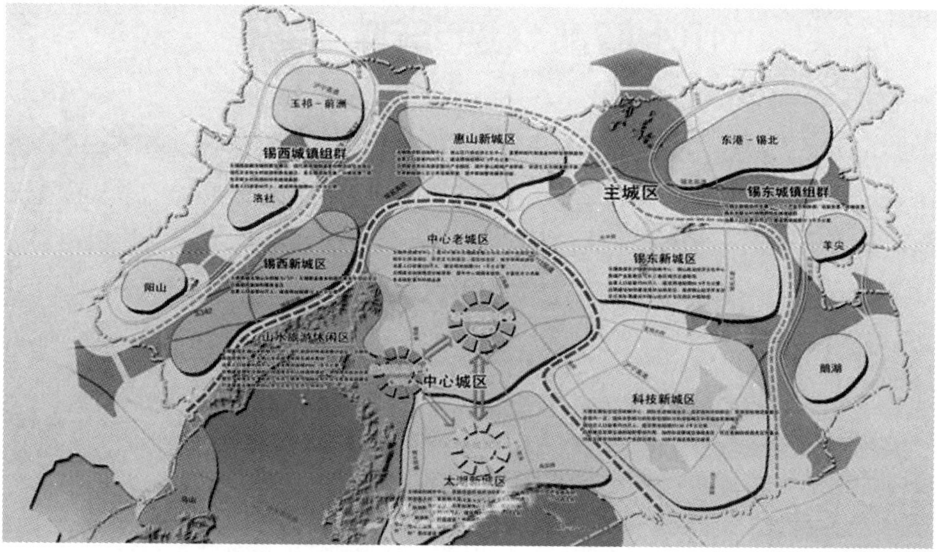

▲ 无锡“十二五”重点地区建设规划结构图

（一）综合开发五个新城

超前建设交通和市政基础设施，配套完善社会服务设施，加快安置房建设，加强环境景观建设力度，营造现代化与特色化相结合的高品质环境；大力建设功能性产业载体，培育高新技术产业和高端服务业；疏解老城人口和功能，构筑区域性城市框架，实现城市整体功能的跨越式提升。

1. 太湖新城（中心区）

位于无锡市区南部，太湖新城中部，总面积 62 平方公里。功能定位：无锡高端商务、金融机构、企业总部和专业服务的集聚区，行政商务中心、科教创意中心和休闲居住中心。建设目标：55 平方公里中心区基本完成主要干道和市政基础设施建设，完成水系整治和沿河沿路防护绿化带建设，初步形成绿地景观系统框架；2.3 平方公里核心区基本建成；建设新城主要的公共服务设施，初步形成现代化新城路网、环境框架。

2. 蠡湖新城（核心区）

位于无锡市区西南，蠡湖北侧，总面积 7 平方公里。功能定位：以休闲度假、商务会议、接待服务为主的休闲度假中心，环境优美的环湖旅游观光胜地，集旅游服务、商务、居住功能于一体的生态新城。建设目标：全面完成交通和市政基础设施建设，加快推进休闲度假带和旅游商务中心建设，有序开展住宅建设，基本建成由沿湖开放公园、湖滨居住区、旅游休闲商务区组成的生态新城。

3. 锡东新城

位于无锡市区东部，总面积 37 平方公里。功能定位：无锡东部新的增长区，城市东部现代生产服务功能的主要空间载体，具有区域功能的现代化交通枢纽。建设目标：结合高速铁路开工，加快推进车站地区的建设，完成与周边地区的干道对接，初步完成高铁地区的用地储备。

4. 临港新城

位于无锡北部，江阴市中西部，总面积约 150 平方公里。功能定位：产业集聚、特色明显的新产业区，前景广阔、辐射周边的新港区，充满活力、功能完善的新商务区，环境友好、宜工宜居的新生态区。建设目标：拉开新港城骨架，加快港口运输平台与基础服务平台建设，建成上海国际航运中心的组合港，建成新港物流园区，初步形成临港新城商务区的基本框架。

5. 环科新城

位于无锡市区西南，宜兴市中部，总面积约100平方公里。功能定位：国内领先的环保技术中心和环保产业制造基地，辐射浙北和皖南的重要地区，集研发、居住和产业等功能为一体的新城。建设目标：整合环科园，建成环保科技公共服务平台，基本完成“两园两区”（科技研发园、生物医药园、中央商务区和生活服务区）、留学人员创业园、东部居住配套区的建设，形成自然景观与城市建设协调互补的新城雏形。

（二）改造提升五个片区

加快旧城改造和城郊接合部整治，推进工业企业退城入园和现代服务业集聚发展，建成若干具有地方特色、时代特征和产业特点的现代化城市片区，改善居民生活质量，完善城区功能，提升城市形象。

1. 中心商贸商务区

位于无锡市区中心，总面积3.1平方公里。功能定位：由环城河地区和太湖广场地区构成的中心商贸商务区是无锡的商贸商务中心，城市的公共活动中心，集购物、休闲、娱乐、办公、会议、展览和文化等功能于一体的现代化中心商贸商务区。建设目标：丰富传统商业中心的服务内容，完善太湖广场城市客厅功能，形成双核联动、功能互补的城市活力中心和形象标志。

2. 崇安广益片区

位于无锡市区中部，火车站东侧，总面积4.6平方公里。功能定位：以规模型主题市场群、现代新型社区和城东娱乐休闲中心为特征的新城区。建设目标：全面完成道路、市政基础设施及以龙形绿化带为轴线的公共绿化景观建设，初步形成三大主题市场，基本完成片区建设。

3. 北塘凤翔片区

位于无锡市区中部，火车站西北，总面积4.5平方公里。功能定位：以行政商贸、文化休闲、创意产业和居住功能为主的新型城区，城市北侧的商贸次中心。建设目标：完善路网和市政基础设施，基本完成工业企业搬迁，低洼地危旧房改造到位，全面完成公共绿化景观建设，基本形成北塘区的商业行政文化中心。

4. 南长古运河片区

位于无锡市区中南部，惠山南侧，总面积4.8平方公里。功能定位：以历史街区为纽带，以文化为核心，建成融居住、休闲、商业和旅游等功能于一体的综合片区。建设目标：进行工业企业搬迁和低洼地危旧房改造，全面完成片区内基础设施建设，在古运河两侧初步形成别具风情和旅游特色的商贸片区。

5. 河埒商贸区

位于无锡市区西南，总面积 8.69 平方公里。功能定位：蠡溪地区配套服务中心，环境宜人、居住舒适、配套完善的商贸、居住和休闲区。建设目标：基本建成商贸繁荣、文化生活丰富和人居环境优美的地区。

（三）全面建设五个园区

按照专业化、国际化和产业链的要求，高起点规划、高标准建设、高强度推进，完善园区的配套承接功能和生产生活服务功能，将园区建设成为科技成果转化、科技创新研发、科技中介服务的基地和高品质、现代化、国际化的园区，提升城市产业结构和核心竞争力。

1. 无锡（太湖）国际科技园

位于无锡市区南部，京杭大运河西侧，总面积 23.16 平方公里。功能定位：以科技、研发和创意为主体功能，以高新技术产业为支撑，以生态休闲、商务服务为配套的滨水型国际化科技创新园区。建设目标：建成无锡南太湖东段岸线湿地生态区，推进“7+1”大学科技园、科技中介服务区和创意生活城建设，基本形成国际化生态园区风貌。

2. 无锡（国家）工业设计园

位于无锡市区西南，蠡湖北侧，总面积 2.9 平方公里。功能定位：以工业设计、研发和动漫等创意产业为核心，辅以居住、商务、休闲和娱乐等功能，充满活力和创造力的国际化设计创意社区。建设目标：加快“三创”载体建设，完成产业升级转型，完成工业设计公共服务平台和创意产业园建设，工业设计门类齐全，产业初具规模。

3. 太湖新城科教产业园

位于无锡市区西南，太湖新城西部，总面积 22 平方公里。功能定位：以大专院校、科研机构为依托的知识园区和高新技术园区，集教育、研发、高科技产业、居住和旅游服务于一体的生态型园区。建设目标：园区基础设施全部到位，科研教育产业初具规模，园区风貌基本形成。

4. 无锡（藕塘）职教园

位于无锡市区中西部，惠山北侧，总面积 18.59 平方公里。功能定位：集职业教育、文化、休闲和居住为一体的国内一流、具有国际水准的现代化职业教育园区。建设目标：完成园区洋溪河以南的院校入驻，在校生规模达到 6 万人，基本完成园区主次干道、市政设施、公共服务设施和主要环境景观工程建设，完成居住社区生活配套及安置房、商品房建设，洋溪河以南建成完整的校区，整个园区风貌基本形成。

5. 空港产业园

位于无锡市区中南部，新区东南部，总面积 55.88 平方公里。功能定位：以空港为依托，直接为苏锡常次级经济区产业高度化服务的产业功能枢纽地区。建设目标：完成集疏运路网建设，基本建成为空港产业配套的航空商务区和物流区，建成苏南枢纽国际机场。

第五章 经济的发展与转型

20 世纪初，民族工商人士利用上海口岸通商的便利条件，通过采用合资经营的办法，引进国外先进设备，使无锡民族工商业得到了快速发展，开启了无锡的现代化进程。改革开放三十多年，无锡现代化进程得到了快速推进，经历了乡镇企业、外向型经济和转型发展三个阶段，走出了一条具有无锡特色的现代化之路。

一、经济发展历史上的两次转型

（一）乡镇企业发展阶段（1978—1991）

20 世纪 70 年代末，无锡以党的十一届三中全会为强大动力，在中国农村特殊的历史条件下大力发展乡镇企业。经过十几年的迅猛发展，乡镇企业逐渐成长为国民经济的主要支柱和工业化、城市化和现代化的主要驱动力量。

1. 乡镇企业崛起的原因

1978—1991 年间中国乡镇企业的迅速发展有着深厚的历史基础，是诸多的历史与现实因素共同作用的结果，可以从推动力和拉动力的角度进行分析。

一是产品供需矛盾的推动力。“文化大革命”十年，城市许多工厂停产，商品生产受到制约，而消费需求非但不能停止反而更为迫切，造成市场上存在严重的供需矛盾。城市把市场让给农村，就为社队企业基础较好的无锡农村提供了良好的契机。无锡人发扬了“踏尽千山万水、说尽千言万语、吃尽千辛万苦、历尽千难万险”的“四千四万”创业精神，坚持因地取材、就地生产、市场经营，以小五金、小机械、小纺织、小化工、小建材等“五小工业”为产业主体，形成了乡镇企业星火燎原的发展之势。

二是农村剩余劳动者的推动力。70 年代，知识青年上山下乡，大批工人、知识青年、科技人员和机关干部下放农村，这一完全颠倒了经济发展过程中人口移居正常流向的运动，在为农村带来技术、管理的同时，也加剧了农村地少人多的现状，无锡地区人均不满八分地。这时农村最显著的特点是极度缺乏资金和可耕地，劳动者存在大量剩余。农村劳动力的大量剩余以及一批具有经营、管理经验的能人出现，为乡镇企业的发展提供了丰富的人力资源。

三是市场经济的拉动力。十一届三中全会以后，市场经济以一种前所未有的潜移默化的力量，冲击着农民头脑里的传统思想和价值观念。随着人们商品意识的增强，风险意识、机遇意识、竞争意识、创新意识等现代思想观念逐渐深入人心。农村经济体制的变化，特别是农村经济市场化程度的提高，为乡镇企业的发展奠定了体制基础。无锡广大农村干部群众百折不挠，大胆开拓，以强大的市场经营活力和创业致富的内在动力，排除了不同时期不同阶段路线之争、性质之争的干扰和市场约束的考验，不断创新乡镇企业发展的新优势。

四是政府政策的拉动力。在发展的初期，乡镇企业在财政、税收、金融贷款方面享受了国家一系列的扶持政策。1985 年，中共中央、国务院发布《关于

▲ 春雷造船厂

进一步活跃农村经济的十项政策》，对乡镇企业实行信贷、税收优惠，鼓励农民发展采矿和其他开发性事业。按税法规定，对新办乡镇企业定期免征所得税，期满后仍有困难的，可以继续定期减免。乡镇企业用于补助社会性开支的费用，可按利润的10%在税前列支。国家通过信贷、税收对乡镇企业的财力援助，为乡镇企业的发展提供了资金条件。

2. 乡镇企业对经济发展的带动作用

无锡的乡镇企业起步较早，发展较快。乡镇企业的发展，对于农村和整个国民经济的增长、经济结构的变革，转移农村剩余劳动力，加速农村工业化、城市化，促进农业现代化等许多方面都起着日益重要和不可替代的作用。主要表现在以下几个方面：

一是乡镇企业发展带来了无锡思想观念的大转变。党的十一届三中全会以来，乡镇企业作为社会主义市场经济的实践者，在为社会创造物质财富的同时，还以一种前所未有的潜移默化的力量，冲击着农民头脑里的传统思想和价值观念。随着人们的商品意识的增强，风险意识、机遇意识、竞争意识、创新意识等现代思想观念逐渐深入人心。最典型的是反映在用人观上，改革开放之初，乡镇企业还局限于“一方水土养一方人”，而到90年代，“引八方人才、兴一方经济”已成为一种时代风尚。

二是乡镇企业对无锡经济作出了突出贡献。1970年，全市乡（镇）村两级工业产值只有1.1亿元，1978年也只有10.96亿元，到1990年就达到250.61亿元。在全市城乡378亿元工业总产值中，乡镇工业占到66.3%。1990年初步统计：乡镇企业税收6.5亿元，占全市财政收入21.41亿元的30.35%；乡镇企业的固定资产占到全市工业固定资产的三分之一，外贸供货总额21亿元，占全市外贸供货总额45.5亿元的46.15%；乡镇企业职工105万人，占全市城乡职工总数的56.92%，农村近70%的劳动力已转到乡镇企业。乡镇企业的快速发展带动了无锡经济综合能力的提高，使无锡的地区生产总值、工业总产值、人均总产值和城镇居民的收入均得到了大幅度提高。1978年到1991年的14年间，无锡地区生产总值由24.92亿元增加到184.8亿元，增长了近6.4倍；工业总产值由49.01亿元增加到541.94亿元，增长了10倍多；人均生产总值由687元增加到4406元，增长了近6倍；城镇居民可支配收入和农民纯收入分别由340元和180元增加到2007元和1507元，经济社会发生了翻天覆地的变化。

三是乡镇企业使无锡农村的劳动力结构和产业结构都发生了重大变革。

十一届三中全会以来，围绕共同富裕的目标，无锡市乡镇企业战线的干部群众通过改革驱动、外向带动、科技拉动、人才推动等各项战略，为实现资源合理配置、产业结构更新改造和农业劳动力的非农化转移开辟了广阔的途径。无锡在全国率先创造了以工补农、以工建农的新经验，率先探索了以工建镇、以工兴镇的新路子，率先尝试了农民养老保险的新探索。从 1978 年到 1992 年间，乡镇工业利用自身的积累和利润，共用于补贴农民收入分配达到 20 多亿元，反哺农业投资达到 12.8 亿元，用于小城镇建设投资达 22 亿多元，缩小了城乡差别、工农差别和内部的地区差别。农民纯收入和城市居民可支配收入比例由 1978 年的 0.53∶1 变为 1991 年的 0.75∶1。农村非农就业人口占全部农村就业人口 67% 以上，乡镇工业产值占农村经济比重达到了 60% 左右，走出一条利用农村经济内部力量加速工业化、城镇化的路子，创造了“经济运行市场调节为主、所有制结构以公有经济为主、产业结构以工业为主、坚持共同致富”这“三为主一共同”的“苏南模式”。

3. 乡镇企业的改制与市场主体地位的确立

20 世纪 90 年代初，随着市场经济的发展，无锡乡镇原来的灵活优势不再明显，增长速度趋缓。1992 年后，无锡乡镇企业开始第一次改制，即股份合作制改革。这次改革，明确了产权和投资的多元化，个人通过股份可以享受到分红。但是股份制改革注定是一种过渡形式，因为这一改革显然是不彻底的，吃股份的大锅饭，造就了另一种形式的平均主义。1997 年后，产权模糊的乡镇企业加快了向现代企业制度的过渡，开始了第二次改制。这次的改革成效显著，一大批乡镇企业开始做大做强，造就了华西村集团、红豆集团、阳光集团、远东集团等一大批具有广泛知名度的大企业集团。

无锡市乡镇企业还积极探索经营管理体制改革，实施简政放权，扩大企业经营管理自主权。变计划指令生产为按市场调节生产，变以产定销为以销定产，使乡镇企业突破了计划经济体制束缚。大胆尝试厂长承包责任制、资产经营责任制、风险抵押承包责任制等多种改革实践，机床、锅炉、一棉等六家大型国有企业在全省先行实施了公开选聘厂长、承包经营责任制的改革，成为国务院确定的六个企业承包责任制试点城市之一。这时的乡镇企业开始大规模转为私营企业，至此，无锡乡镇企业的含义发生根本性变化，它不再仅仅指集体性经济，而是包括了设在乡镇农村的各类企业，包括个体私营企业。“乡镇企业”这一名词在媒体上出现的频率越来越少，无锡市的乡镇企业局，同时挂牌中小企业局，对外联络以中小企业局为主。

（二）外向型经济发展阶段（1992—2007）

进入90年代，尤其是1992年邓小平同志南方谈话以后，无锡的开放型经济进入了一个迅猛发展的新阶段。市委、市政府明确提出了以开放带动加快无锡经济国际化、现代化进程的重大战略决策，要求全市城乡都要加速向外向型经济的转变，与国际经济接轨。依托前期工业化的物质基础和长三角对外开放的历史机遇，无锡紧扣改革开放主线，突出加快发展主题，科学把握阶段性的重大机遇和战略切点，通过加速发展外向型经济，形成改革推动发展、发展促进改革的互动格局。

1. 发展外向型经济的优势

无锡地处苏南黄金地带，傍依太湖，东部毗邻苏州、上海，西接常州、南京，交通便利，在高新技术和外贸投资集聚的长三角地区具有一定的地缘优势。无锡作为中国传统工业强市，工业基础雄厚，尤其是在改革开放后，以苏锡常为代表的“苏南模式”崛起，乡镇企业林立，工业发展领先全国并吸引了大量外来劳动力，使得无锡具备了参与国际分工的要素禀赋；无锡市多年来大力发展第三产业，服务业得到了长足发展，由此催生出的服务外包产业正逐渐成为无锡外向型经济的一个重要增长点，由于起步较早，战略正确，无锡市已成为全国服务外包行业最具竞争力和影响力的城市之一，初具规模优势，这对无锡经济发展是一笔不可多得的财富。

2. 外向型经济的贡献

一是有利于弥补建设资金不足，提供固定资产投资资金来源。资金短缺是长期制约无锡经济增长的一个主要因素，进入90年代，无锡利用外资得到了长足的发展，外资占全社会投资的比重迅速提高。外资的大规模投入，有效地缓解了建设资金紧张的矛盾，带动了大量国内配套资金的运转，活跃了整个国民经济链条，也成为经济增长的一个诱因。“九五”期间，全市共批准利用外资项目1408个，协议注册外资64.67亿美元，实际利用外资53.43亿美元，比“八五”的28.79亿美元增加24.64亿美元。“九五”期间，累计完成进出口总额204.82亿美元，年均增长29.7%；其中出口125.34亿美元，年均增长22.0%。“九五”期间，批准境外投资项目16个，协议投资金额1415万美元，对外投资形成良好起步。“十五”期间，累计分别完成协议注册外资和到位注册外资

▲ 海力士意法半导体项目

252.6 亿美元和 99.0 亿美元，比“九五”分别增长近 3 倍和 1 倍；五年引进超亿美元项目 48 个，海力士意法半导体项目为全省最大外资项目。

二是有利于打造国际制造业基地，促进产业结构升级。多年来，无锡市抓住国际国内经济形势转好和国际产业转移的有利时机，积极引进外资、技术和管理经验，发展出口加工业，外商投资工业企业在全市工业中的地位不断上升。无锡国家高新技术产业开发区、宜兴环保科技工业园、无锡太湖国家旅游度假区等开发区相继建立。特别是无锡新加坡工业园的建立，开了无锡成片开发建设高科技工业园的先河，实现了无锡市利用外资从单个项目引进到成片开发的转变，由“筑巢引凤”到“引凤孵化”的转变，在全市起到了良好的示范和推广作用。投资开发区的项目质量得到提升，也从过去的以中小企业为主、港澳台合资项目为主、劳动密集型项目为主，转变为以国有大中型企业为主、国际大公司大财团投资为主、项目独资为主；出现高新项目增多、超千万美元大项目增多、三资企业增多的良好态势。2006 年，开发区以全市 3 %的土地面积，创造了全市 1/3 的 GDP，1/3 的财政收入，1/3 的就业岗位。

三是有利于引进先进技术，吸收先进的企业管理经验。30 多年来，外商直接投资带来了一批先进实用的技术，填补了许多产品的技术空白，使许多行业的大批产品更新换代，推动了一批新兴产业的发展，促进产业结构的调整和优化。纺织业曾经是支撑无锡工业基础的重要产业之一，有过骄人的业绩，但是，改革开放初期，纺织行业由于设备陈旧、技术落后、产品老化等问题，逐步进入了低谷。为了摆脱困境，行业主管部门和企业选择了吸引外资、合资合作经营的道路。日本东亚纺织株式会社、香港黄浦江纺织以及日本日绵东韩株式会社等跨国公司带来了新技术、新工艺，产品在国际国内市场颇受欢迎。而现代管理思想与方法，是人类文明的结晶，是全人类共同的精神财富。吸收外资，不仅引进大量的资金、技术和产品，同时也引进了国外先进的生产管理、质量管理、销售及售后服务管理、人才管理、财务管理等一系列管理经验，使原有企业的管理水平和劳动生产率大幅度提高，增强了企业竞争能力。外商投资企业还造就了一大批具有现代意识的新型管理人才。中方管理人员和技术人员通过出国培训、国内传授、咨询等方式，身体力行地学习国外企业的先进管理方法，参与管理与经营，成为新型的企业管理专家。这些人员的流动使国际管理经验在国内迅速传播，促进了全社会整体素质的提高。

3. 出口导向型经济增长面临挑战

2008 年金融危机之后，开放型经济作为经济增长的推动力正在逐步衰减，外部市场的剧烈变化造成外需面临着很大的不确定性，大进大出为基础特征的出口导向型经济增长处于转变的重要历史关口。

首先，外贸依存度过高导致潜在经济风险巨大。改革开放以来，无锡的外贸依存度持续上升，过高的外贸依存度，将使经济发展主要受制于国际市场。一旦国外经济形势恶化，外部需求萎缩，将直接产生灾难性后果。

其次，从出口导向模式中能够分享的全球化红利越来越少。多年来，无锡是一个两头在外的加工工业城市，但由于普遍存在加工度低、初级产品多、附加值不高，增加值率低等问题，出口产品在全球产业分工中仍处于低端，对产业升级、国民福利的贡献相对有限。

最后，世界贸易保护主义抬头导致对外贸易摩擦增多。20 世纪 90 年代中期以来，中国面临的对外贸易摩擦呈愈演愈烈之势。针对中国的非贸易壁垒也呈多发趋势，技术壁垒、知识产权问题、环境保护问题、劳工权益问题、食品安全问题、产品质量问题，等等，都成了贸易摩擦的新形式，使对外贸易处在极大的不确定当中。因此，在对外分工总体上由扩大出口、引进外资为主转向全面融入国际分工体系的新阶段，迫切需要把更高水平“引进来”与更大步伐“走出去”紧密结合起来，加快提升参与经济全球化的能力与水平，提升开放型经济的质量和效益。

二、城市经济进入新的转型期

面对国际金融危机冲击，无锡开始进入经济转型升级的攻坚阶段，大力推进经济发展方式的转变，把科技和人才作为加快结构调整的主要抓手，大力引进创新资源，加快人才集聚，努力走出一条创新驱动、内生增长的发展道路。

（一）经济发展处在工业化后期

国际经济发展一般规律显示经济发展进程：由农业经济时代→工业经济时代→服务业经济时代→知识经济时代逐步演进。判断经济发展的核心标准是产业经济在国民经济发展中作用和地位变化，研判无锡经济发展特别是近三十多年经济发展状况，符合工业化国家经济发展的一般规律。

1. 人均 GDP 水平快速提升，进入了发达经济阶段

人均 GDP 是衡量工业化促进经济发展的重要指标。2011 年全市地区生产总值达到 6880.15 亿元，同比增长 11.6%。而引人注意的是，2011 年无锡人均 GDP 跃居全省第一，全市人均 GDP 突破 10 万元大关，达到 10.74 万元，成为省内率先冲破 10 万元大关的城市，跃居全省第一，甚至也远远高于全省、全国平均水平。按照 2011 年汇率计算，当年无锡市人均 GDP 达到 1.7 万美元。根据国际货币基金组织（IMF）2011 年 4 月公布的 2010 世界各国及地区人均 GDP 排名情况看，无锡市人均 GDP 水平相当于 2010 年世界第 40 位左右，与沙特水平相当。而世界平均水平为 9227 美元，无锡市相当于 2010 年世界平均水平的 1.8 倍。无锡从此开始处在钱纳里多国增长模型的工业化后期（详见表 5–1）。

表 5–1　　无锡市国内生产总值及人均 GDP

指标	单位	1990	1995	2000	2005	2008	2011
GDP	亿元	160	761	1200	2805	4419	6880
人均 GDP	元	3865	17751	27653	50958	73053	107400
	美元	466	2139	3332	6314	10689	16771

资料来源：《无锡统计年鉴》。

2. 三次产业结构波浪式变动，地区生产总值结构优化

按照库兹涅茨模式、钱纳里—埃尔金顿—西姆斯的模式，当非农业产值比重超过 80% 时工业化进入中期的第二阶段；当非农业产值比重上升到 90% 以上时工业化处于后期或基本实现的阶段。无锡全市地区生产总值构成的变动，呈现第一产业比重在低位微降，第二产业比重由 1981 年峰值渐呈波浪式下降态势，第三产业比重总体呈现波浪式上升态势。2000 年以来，第二产业与第三产业的比重呈现波浪式互动格局；从非农产业增加值水平分析，2010 年，全市非农产业增加值占 GDP 的 98.6%。无锡工业比重与服务业比重的此消彼长的现象，凸显出工业化后期的特征（详见图 5-1）。

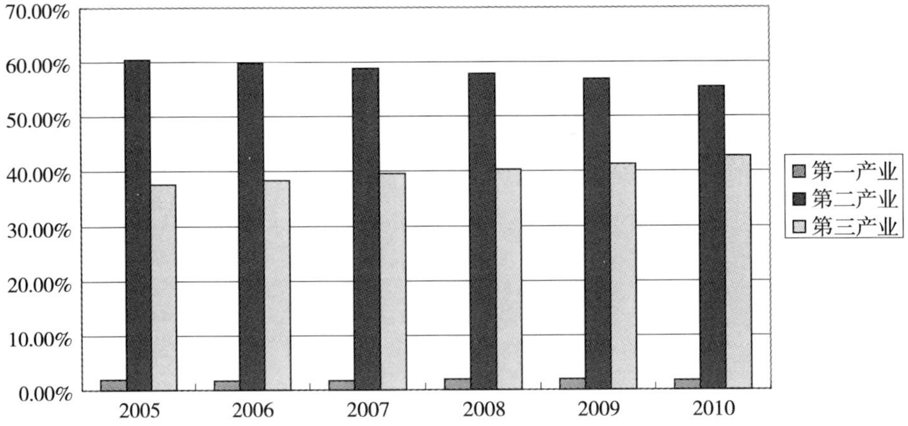

图 5-1　无锡市三次产业增加值比重变化图

资料来源：根据《无锡统计年鉴》(2011) 整理。

3. 非农产业从业人员增加，从业人员结构优化

钱纳里模式认为，当非农产业就业比重上升到 76%，农业就业比重下降到 24% 时，工业化处于后期阶段。无锡全市三次产业从业人员结构的变动，呈现第一产业人员比重逐年下降，第二产业人员比重波浪式下降，第三产业人员比重稳步上升；2008 年非农产业从业比重为 92.7%，无锡的从业比重及变化趋势，凸显出工业化后期的特征（详见图 5-2）。

4. 轻重工业结构加速调整，重工业化纵深发展

霍夫曼定理揭示随着工业化水平提升，消费资料工业和生产资料工业的净产值之比值（霍夫曼系数）逐步下降，并将工业化分为四个阶段（详见表 5-2）。

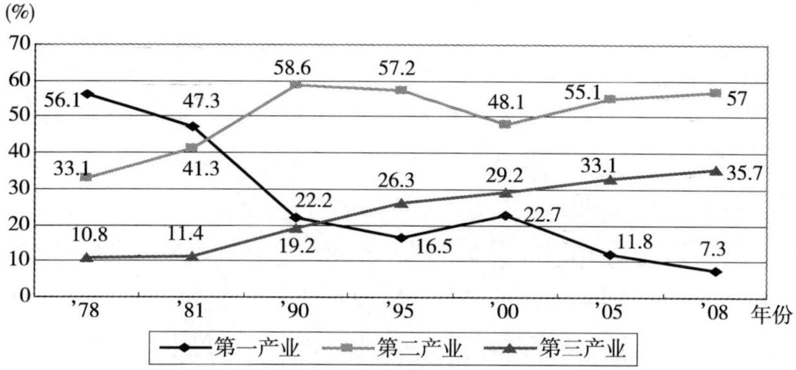

图 5-2　无锡市从业人员就业比重结构图

资料来源：《无锡统计年鉴》(1979—2009)。

无锡工业霍夫曼系数的变化，由＞5 逐步降至＜1，2008 年达到 0.3，显示出工业化后期重工业化和高加工度化特征（详见图 5-3）。

表 5-2　　　　霍夫曼系数及工业化阶段划分

工业化阶段	第一阶段	第二阶段	第三阶段	第四阶段
霍夫曼系数	5（±1）	2.5（±1）	1（±0.5）	1 以下

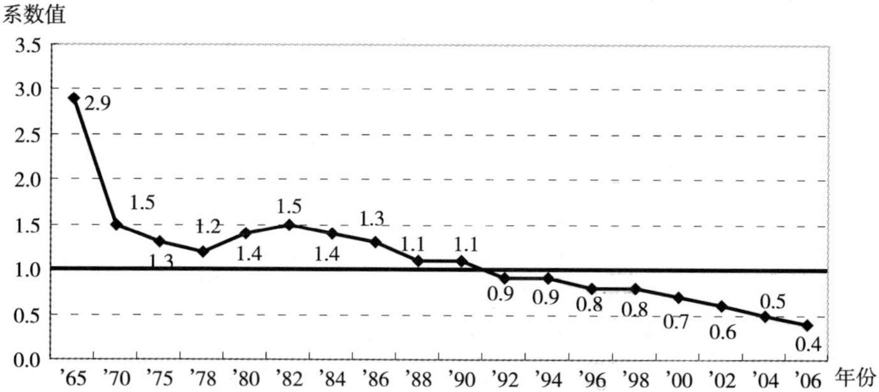

图 5-3　无锡工业霍夫曼系数变化图

资料来源：《无锡统计年鉴》(2001—2009)。

5. 工业内部结构升级，呈现出高加工度态势

重工业化进程一般按高加工度化→技术知识密集化的演进，即由原材料工

业为重心阶段，向加工制造工业为重心的“高加工度化”升级。2000 年以来，无锡高新技术产业占规模以上工业的比重虽然每年提高 2 个百分点，但是由冶金工业拉动的原料工业占重工业比重增加；电子信息产业等加工工业比重下降，高加工度系数有所降低，表明工业发展对原料工业的依赖度依然较大，深加工、精加工和高附加值的高新技术产业的主体地位尚不稳固。

以上分析表明，无锡经济发展已进入工业化后期，但是以高新技术产业为主的高加工度化、知识密集化等工业化后期诸多任务还没有完成，工业经济仍将起着主体和带动作用，然而服务业将加速增长，第三产业逐步将成为主导产业之一，占据重要地位。

（二）工业化发展过程中存在问题

无锡工业化，经历了工业化初期、工业化中期的轻工重工业并举发展期后，处在工业化后期的高加工度发展期。工业正向集群化、高端化发展，服务业特别是现代服务业加速发展，服务经济比重持续增加，农业产业化程度逐步提高。然而，由于无锡经济发展的基础较弱，城市工业化和农村工业化的并进，也付出了高昂的资源、环境等成本，经济发展与人口、资源和环境的矛盾不断增加，诸多深层次矛盾客观存在，突出表现在以下几个方面：

1. 产业结构不尽合理，结构调整难度增大

工业比重大，但资本密集向技术密集型进而向高新技术产业升级的支撑力不足。服务业内部以商贸业为主，市场咨询、金融保险和技术服务等生产服务业发展滞后，比重较小，与生产服务需求不相适应。

2. 产业布局不尽合理，集中集约水平不高

市区与江阴、宜兴三大区域之间，以及三大区域中城区与乡镇之间经济发展仍不平衡。特别是生产要素不断向中心城市集中，宜兴和江阴部分乡村仍然发展滞后。部分地区传统产业为主，主导产业特色不突出，产业布局不合理、企业布局分散且集约利用土地水平不高，大企业与小企业之间的分工与协作联系较弱。

3. 资源能源消耗较高，生态环境约束增加

与经济发展相关的耕地、水和能源等重要资源的约束增加，有限的土地资源与产业用地、城市用地需求的矛盾突出；原材料、煤电等生产要素主要依靠外地供给；脆弱的生态系统与经济发展需求之间矛盾突出，水环境等环境容量

难以持续容忍污染的排放。

4. 自主创新能力较弱，产业技术水平不够高

产品和技术装备水平不够高，技术依赖国外过多，关键技术自给率较低，技术先进的设备主要依赖进口；专利申请数和专利批准数虽然逐年增加，仍低于美国、日本和韩国 3% 左右的水平，工业技术仍然处在引进与应用为主阶段，技术创新能力制约着产业升级。

5. 经济环境不确定因素增多，国际竞争压力与风险增加

跨国公司产业转移溢出的有限技术，提高了制造能力；而多数外商投资企业采用加工贸易方式，使得各地区对外贸易依存度增加，并产生了产业升级路径的外部依赖和偏差，影响着综合竞争力提升。

因此，无锡经济发展面临着提升自主技术创新能力，化解资源与环境约束，调整产业结构，发展先进制造业和现代服务业，增强城市化功能等诸多需要，特别是转换经济发展方式等已成为亟待研究解决的问题。

（三）经济转型的重要性和必要性

1. 转型升级是无锡经济发展的必然选择

无锡曾经敏锐地抓住过两次重大历史性发展机遇，以实体经济的转型升级为突破口，创造了辉煌的发展成就。第一次，以党的十一届三中全会召开为标志，我国计划经济体制进入变革时期，无锡抓住机遇大力发展乡镇企业和集体所有制经济，加快了农村工业化，实现了经济社会发展的腾飞，创造了举世瞩目的“苏南模式”。第二次，以浦东开发开放为标志，我国改革开放由特区试点、沿海开放向长江三角洲和长江沿岸地区推进，无锡抓住机遇大力发展开放型经济和民营经济，加速先进制造业基地和城市化建设，实现了经济社会发展的又一次腾飞，进一步丰富了“苏南模式”的内涵。

随着经济发展达到一定规模和水平后，原来的发展模式所释放的增长能量已接近极限，无锡经济社会发展已经到了转型的临界点和关键时期，进一步解放思想，以新的发展理念谋发展，加快推进新一轮实体经济转型升级步伐，加快科学发展、和谐发展、可持续发展是无锡经济发展的必然选择。

2. 转型升级是应对困难和挑战、增强竞争力的必然要求

从区域发展态势看，实体经济的优势是城市的优势所在。近年来，以上海为龙头的长三角区域一体化深入发展，原有的地缘经济格局正在加速分化中重

▲ 集聚创业创新人才的 530 大厦

新洗牌、重新结构。无锡传统的比较优势趋于弱化，新的竞争优势尚未确立，而周边各城市都在抢抓机遇加速发展，新的竞争优势、竞争特色正在形成。从 2012 年开始，无锡规模工业增速回落，当年就落后于全国平均增速（15.7%）1.7 个百分点，落后于东部地区平均增速（14.9%）0.9 个百分点，在总量前 10 位城市中增速较慢，形势紧迫。从城市竞争的格局来看，实体经济的竞争力就是城市的竞争力。全国 46 个城市 30 强企业的平均主营业务收入为 76 亿元，企业平均规模最大的城市是深圳，平均主营业务收入达 293.8 亿元，其次是苏州的 224.8 亿元、武汉的 172.7 亿元。无锡市 30 强企业的平均主营收入为 130.3 亿元，列第 9 位。从单个的企业来看，无锡的龙头企业规模偏小。这说明，经济转型升级是无锡发展的必由之路。

全球性金融危机爆发以后，国务院相继发布了工业转型升级规划、现代农业发展规划和质量发展纲要等重要蓝图，国务院强调要求加快转变经济发展方式，积极推进经济结构调整，深化重点领域改革，特别要促进产业转型升级，不断增强发展后劲和市场竞争力，传递出中央加快打牢实体经济基础的强烈信息。无锡顺应新形势，加快推进经济发展方式转变和经济结构调整，坚持稳中求进、好中求快，坚持实体经济转型升级，把人才和资金更多投向实体经济，制定和实施更加有利的政策措施，努力打造出无锡新一轮发展的实力与优势。

三、经济转型的战略重点

2008年以后的几年里，无锡坚持好字优先、又好又快发展的鲜明导向，以宏观调控为重要契机，以科技创新为主要驱动，以节能减排为倒逼机制，以体制完善为根本保障，着力推动增长动力从投资驱动为主向创新驱动为主转变，要素支撑由物质资源为主向脑力资源为主转变，坚持走优化发展、精明增长之路，大幅度提高科技进步对经济发展的贡献率，大幅度提高服务业在地区经济中的比重，加快实现产业由量到质、由低到高、由大到强的历史性跨越，促进产业结构整体升级。到2015年，全市完成规模以上工业总产值14698.8亿元，其中，高新技术产业产值占比达41.5%。

（一）大力推进服务业超越发展

以高端化为导向，重点发展现代物流、金融服务、工业设计、软件及服务外包等生产性服务业，努力提升发展传统商贸、休闲旅游、房地产业等传统服务业。

1. 优先发展生产性服务业

生产服务业是为生产者提供中间服务的产业，是从原先作为企业内部的研发、设计、会计、营销、咨询等服务职能部门分离出来的，本质上而言，生产服务业是社会专业化分工的结果。通过为企业提供差异化的专业性服务，一方面能使企业以较低的成本把非核心业务、不具备比较优势的业务外包出去，专注于发展自身具有核心竞争力的主营业务，从而把企业做大做强。另一方面也能不断提高自身的服务水平，进而推动制造企业将更多业务进行外包化，从而进一步促进生产服务业的发展。

——加快服务外包发展。服务外包是生产经营者将服务需求以商业形式发包给本企业以外的服务提供商的经济活动，其中非股权参与的业务流程外包形式尤其引人注目，项目外包已广泛应用于产品制造、IT服务、金融、会计等多个领域。无锡发展服务外包以服务外包园区建设为载体，突出发展软件研发外包、生物医药研发外包、专业检测外包等行业，以此提升服务外包的层级。

——大力发展软件产业。软件产业是企业实现信息化的主要载体，主要生产提供制造业企业所需的信息运行和管理产品。无锡已形成了一定的产业规模，并有了相当的市场著名度，但与上海、大连等国内软件产业先进省市相比，还

▲ 无锡(国家)软件园

有着不小的差距。无锡充分发挥现有产品、品牌和市场优势的基础，着眼于提升整个软件产业的技术水平，积极支持软件企业开发市场规模大、技术含量高、核心竞争力强的系统软件和支持软件。大力鼓励软件企业运用合资合作、购买兼并等多种方式在嵌入式软件开发、行业应用软件开发与技术服务支持等领域取得突破。加快形成更加有利于软件产业发展的投融资、税收、人才培养、收入分配等政策支持体系，努力把无锡建设成为全国重要的软件产业基地。

——加快发展工业设计产业。工业设计产业主要为客户提供从产品概念设计到市场导入的全面解决方案，是提升制造业核心竞争力的重要手段。无锡利用国家工业设计园这一基础，重点发展技术与产品研发、汽车、轻工产品、模具、精密零部件、包装设计等，努力做到"三个加快"：加快培养工业设计产业的核心力，逐步形成以工业设计园和企业内设计部门为主体、个体工业设计师为补充的工业设计产业组织体系；加快提升工业设计产业的技术水平，充分利用现代信息技术，大力推行计算机辅助设计、多媒体综合设计、电脑仿真设计、虚拟设计、网络设计和远程设计等，实现设计方式和手段的现代化；加快形成工业设计产业发展的支撑体系，包括人才支撑、政策支撑和服务平台建设等，努力成为国内重要的工业设计研发创新中心、孵化培育中心、技术交流中心、成果转化中心。

——加快拓展金融服务业。主动参与经济金融全球化进程和金融业国际分工，加快太湖新城金融集聚区建设，大力吸引境内外银行、证券、信托、期货、私募股权、投资咨询等各类金融机构在锡设立分支机构，形成金融机构集聚效应。拓宽直接融资渠道，鼓励企业上市，设立创业投资基金。创新金融服务，拓宽中间业务，发展农村金融，组建金融投资公司并逐渐发展成金融控股集团，形成较为完善的金融市场体系。

——加快发展现代物流。充分利用地处长三角几何中心的地理优势，通过加快发展口岸保税、空运水运、城乡配送、多式联运、互联网店物流及制造企业物流配套等新型业态，提高第三方物流层次。同时加大对大明、高新、太运、兴旺等大型龙头物流企业的改造，使传统物流企业的服务功能有新的提高。需要指出的是，现代物流业的发展需要有新的理念，通过着力打造西站物流园区、空港产业临空物流区、江阴港口物流园区、宜兴长三角金属物流园区等现代物流园区，以形成信息、交易、配送及各项配套服务齐全的物流综合体。

2. 提升发展生活性服务业

加速传统商贸业改造升级。运用现代商品流通模式、营销交易方式和管理技术促进传统商贸服务业转型升级，重点提升机电、五金、有色金属、农资农产品等市场能级和规模，积极培育现代商贸大企业大集团，优化市场集群整体架构和空间布局。

——加快振兴旅游业。重点打造以“古运河”为轴线的古运河旅游文化产业集聚区，以阖闾古城为核心的吴文化旅游休闲产业集聚区，以工商业博物馆为核心的民族工商业文化旅游精品。全面提升惠山、马山、灵山等三大自然山水品牌景区。培育开发观光旅游、特色生态旅游、商务会展旅游、水上旅游等，突出中心城区旅游功能，全面建设“最适宜旅游休闲度假”的“国际化旅游休闲目的地城市”。

——稳定发展房地产业。加强宏观引导，适度调节市场供求，优化房地产供应结构，加快普通商品房建设。加大保障性住房建设力度，大力发展房地产租赁市场，完善廉租住房制度，整顿和规范市场秩序。加强房地产市场监管分析，保持房地产市场健康稳定发展。

（二）大力推进新兴战略产业加速发展

根据自身条件，以新兴产业为龙头，努力促进和扶持一批高附加值、高成长性产业发展。加大了对相关新兴产业扶持力度：

——物联网产业。加快提升物联网企业发展水平，重点发展龙头骨干企业、培育创新型中小企业，提升自主创新能力，突破物联网关键核心技术，着力构建技术标准体系，提高创新示范区在技术标准领域的主导权。

——新材料产业。以特色产业基地为载体，重点发展新一代信息功能材料、高性能金属材料、新型化工材料、高分子复合材料等，大力发展节能环保、循环高效、资源可再生利用的新型材料，实现产品结构向特种材料、新型材料方向转变，努力建成国内具有专业特色的新材料产业基地。

——环保产业。加强环保产业技术研发和政策扶持，重点建设宜兴环科新城等环保产业基地，建成国内领先的环保产业技术中心和制造基地。

——新能源产业。紧跟国际潮流，积极研发和引进新能源技术，开发新能源产品，支持骨干龙头企业加快发展，促进太阳能光伏、生物质能、风能等新型能源产业跨越发展，建成一批集研发、生产、经营于一体的新能源产业基地。充分利用国家和省对风电产业的鼓励政策，高起点打造风电设备制造业，建成省内风电设备制造业重要基地。

——生物医药产业。加大生物医药产业研发投入力度，重点发展生物制药、医疗器械、现代中药、生物医药研发服务外包等产业，加快推进以新区、惠山生命科技园和马山为主的“药谷”的建设，将无锡建成长三角地区重要的生物及医药产业制造基地和科技成果产业化基地。

（三）全力发展高新技术产业

1. 完善与高新技术产业有关的法律、政策

实践证明，对于政府来说，最能有效地推动高新技术产业发展的，是以高新技术发展及其产业化为目标，营造一个有利于高新技术产业发展的法律环境。从发展角度考虑，无锡着手制订和完善促进高技术产业发展的全面性的条例，克服由于经常修改而造成政策不够稳定的缺陷，也在一定程度上提升了有关高新技术产业政策的法律效力。

2. 完善高新技术产业的创新体系

坚定不移实施科教兴市、人才强市、质量与知识产权立市战略，加大企业自主创新力度，努力把无锡建设成创新型领军城市和科技创新创业家的摇篮。

一是建立有效的科技投入机制。高投入是高新技术的基本特征和重要条

件，要通过积极探索财政投入的方式和建立创新引导基金等，建立有良好回报的科技投入机制，克服企业创新初期资金、设施、设备等瓶颈制约。依托国家和省重点实验室、工程中心、研究院所和跨国公司研发机构，形成与重点高新技术产业发展相配套的研发支撑体系。充分发挥重点学科、重点产业化基地等对重点高新技术产业发展的学科和人才支撑作用，通过有效的产学研合作，实现企业高新技术源由外生性为主向内生性为主的转变。

二是培育为科技型中小企业服务的创新体系。长期以来，制造企业加工深度低，广种薄收是无锡制造业的软肋，必须提高加工深度，精耕细作，深耕产业链，从产业链的低端逐步向产业链的中高端攀升，不断提高产业附加价值。为此，无锡引导企业尤其是科技型中小型企业经营从“两头在外”的“橄榄型”向“两头在内”的“哑铃型”转变，促进价值链向“微笑曲线”两头攀升。选择一批中小企业和民营科技企业作为样本企业，重点跟踪、支持和服务；每年推进一批民营企业科技项目产业化；加大对市场前景好、技术能级高、人力资源丰富、管理到位的样本企业的政策支持；研究推动民营中小企业技术水平和能级提高的政策措施，支持微、特、精、专民营科技企业发展。发现和支持一批使用新技术、引领市场、成长性强的企业快速壮大。通过建立各种科技创新平台，使企业不仅敢于创新，而且有能力创新。

三是形成规范的风险投资体系。坚持“政府引导、多元化投入、市场化运行、企业化管理”的原则，充分发挥市场机制的作用，进一步扩大科技风险投资规模，到 2010 年，市级科技风险投资总资本达到 4 亿元。鼓励国内外金融机构、投资公司和其他经济组织及个人建立风险投资机构。

3. 加强四大特色科技园区建设

通过解决各类园区发展空间、管理体制、外引与内生等问题，充分发挥园区集聚作用，使高新园区不仅成为产业发展的主要载体，而且成为新技术成果及产业化的发展平台。

——国家集成电路设计产业化基地。立足无锡、面向长三角，力求辐射全国，构建以 58 所为核心，面向设计企业提供晶圆及成品电路测试服务的集成电路测试中心。通过国家 863 项目的支持，进一步整合 IC 测试资源，强化与内地和香港地区主要测试机构的联系，形成配置合理、功能齐全、服务完善的 IC 测试服务网络。以测试中心为特色，构建以设计为龙头、以制造为基础、产业链不断延伸的集成电路产业格局。

——无锡软件科技园。以市场为导向，在无锡软件园内建立软件产品检测服务中心，为软件企业的软件产品登记测试、鉴定及验收测试、软件项目监理、技术培训提供全方位的咨询服务。引导软件企业以应用软件为突破口，建成以系统集成、金融、邮电通信、教育和办公自动化等领域的软件产品为主要发展方向的国内重要软件生产基地，促进软件产业的发展。

▲ 无锡（国家）工业设计园

——无锡大学科技园。充分发挥江南大学的学科优势，建设微生物菌种服务中心，利用生物技术研发新型酶、菌、天然生物保鲜等高新技术产品，并努力实现产业化；形成以生物工程及天然活性物质提取加工、生物酶、绿色食品添加剂为主，以设计创新、食品工程、清洁环保为辅的产业化示范区；建立工业用、食品用、水处理用的生物技术产品库，满足多行业和多领域的使用要求，促进生物技术产业的发展，努力将无锡大学科技园建设成为集创新与辐射于一体的国家级大学科技园。

——工业设计科技园。以支持中小型企业信息化工程为目标，加快以原型技术为核心的现代先进制造技术的应用，为工业产品设计开发人员提供产品创新设计服务共享系统，从而提高产品设计质量与产品开发的一次成功率，降低设计成本，最大限度地降低设计制造风险，并以最短的周期完成设计开发工作，提高企业对市场需求的响应速度。同时，加强信息、人才、技术、资金交流，充分发挥国家工业设计生产力促进中心作用，形成具有市场竞争力的工业设计产业，逐步使工业设计成为展示无锡城市形象的一张名片。

（四）积极发展现代农业

用现代物质条件装备农业，用现代科学技术改造农业，用现代产业体系提升农业，用现代经营方式推进农业，用现代发展理念引领农业，用培养新型农民发展农业，开创现代农业发展新局面。

1. 坚持体制机制创新，着力建设现代农业开发试验区

加大财政扶持力度，集聚资金、项目、科技、人才等要素，大力推进现代农业开发试验区建设。进一步加快科教兴农步伐，加大资源节约型技术和农业信息化技术的推广力度，力争在先进性、关键性、适应性技术上有突破，提高科技对农业生产的贡献率。充分发挥资源效能，大力开拓农业的产品供给、就业增收、生态保护、观光休闲、文化传承等多元功能，进一步发展现代农业的生产、生活、生态功能。锡山区现代农业开发试验区红豆杉高科技产业园利用3000亩红豆杉核心区，建设相思文化景观、垂钓中心、现代化会议中心和康复疗养中心，逐步形成寓红豆杉保护开发、紫杉醇加工提炼、生物制药、康复疗养、生态旅游为一体的高科技产业示范基地，其中紫杉醇提炼完全达产后可实现年销售收入50亿元，利润30%以上。

2. 坚持特色化培育，着力打造品牌优势

一是根据自然资源特点，综合考虑产业基础、区位优势和市场条件等因素，加大优、新、特、稀品种以及与之相配套的高效高产技术的引进推广力度，加快特色产业发展和特色产品开发。形成以太湖水稻示范园、鹅湖现代渔业示范园、绿羊花卉苗木园、斗山农业生态园等园区为核心的特色产业集聚带。

二是注重特色品牌建设，大力实施农产品品牌战略，依托农业龙头企业等市场主体，着力打造富有区域特色的名特优农产品品牌，如“太湖明珠”牌大米、“蓉湖”牌乳品、“港下”牌香樟、“甘露”牌青鱼、“久绿”牌蔬菜、“太湖翠竹”茶叶、“东湖塘”牌西瓜等名牌农产品，力争早日形成一批国际品牌，推动农产品国际竞争力的提高。

三是发展合作经济组织。以特色农产品的产销为纽带，通过劳动联合、资本联合等多种形式，大力引导龙头企业、专业大户、经纪人兴办专业合作社、专业协会等各种合作经济组织，提高产、加、销的组织化程度。

3. 坚持产业融合发展，提升农业现代化水平

一是以农业工业化发展为重点。实现农业与工业的融合，用工业化的理念和方法发展农业，实施优质、特色、转化、加工为一体的农业工业化发展模式。优质就是发展优质农业和精细农业，实行“优种优品优价”的集约发展；特色就是根据无锡农业生态类型的多样性，发展有特色、品牌的农产品和产业经济；

转化是指将种植业优质化同养殖业规模化相结合，将低质的植物蛋白转化为高结构的动物蛋白；加工是根据消费者的多样性需求，将自然原态的农产品通过加工形成品种多样、花色多样、功能多样的农业制成品，进而形成无锡现代化的食品工业体系。

二是完善服务业支撑体系。在市场竞争日趋激烈的背景下，农业产业的发展最终要依赖于其市场竞争力的提高。而要提高农业综合效益和竞争力，离不开服务业尤其是现代服务业的发展，无锡从延长农业产业链和拓展农业发展空间的角度来完善服务业支撑体系。着手发展各类农业专业合作组织，通过它来为农业发展提供生产资料供应、市场信息、产品销售、贮藏运输等方面的服务，并在条件成熟的情况下还可利用它发展金融保险、风险投资等为农业发展提供资金支持。注重利用农业科研院所和在无锡设立的国家淡水养殖研究中心、江南大学食品学院等科研机构的力量，为农业转型、产业提升提供智力和技术支持。

三是深化体制改革，进一步改善产业融合的发展环境。由于农业与其他产业的融合发展涉及投融资体制、技术开发、土地有偿使用和农村生态环境改善等各个方面的问题，进一步深化农村体制改革，可以为农业与其他产业融合发展提供良好的外部环境。一是切实转变政府职能，放松经济性管制，增强服务意识，提高办事效率；二是以项目为抓手，积极探索土地流转制度，在坚持依法、自愿、有偿的原则下，通过合作制和公司制等形式对一些致富农民的项目给予政策上的大力扶持；三是加强诚信建设，培育良好的信用环境和市场秩序，保护农产品知名品牌，为产业融合提供良好的市场环境。

现代农业是全市经济的重要部分，无锡的产业结构虽然不断调整，但农业的发展始终得到应有的重视。2015 年，全市粮食总产量 72.3 万吨，蔬菜总产量 158.3 万吨，禽蛋总产量 2.8 万吨，渔业产品产量 12.5 万吨。第一产业增加值 137.7 亿元。

第六章 城市建设与发展

作为吴文化的发源地、中国民族工商业的发源地和中国乡镇工业的发祥地，无锡城市化建设是无锡现代化建设的一个缩影。从20世纪50年代初的城市建设起步阶段，到80年代城市建设的快速扩张，到进入新世纪以来的城市建设品质大提升，无锡的城市建设历经了大半个世纪的探索与创新，城市空间形态发生了前所未有的巨变，城市功能品质有了历史性的跃升，无锡由沪宁城镇聚合轴上的一个中等城市裂变为长三角区域性中心城市。无锡市先后入选全国环保模范城市、国家卫生城市、国家园林城市、国家历史文化名城、国家生态建设示范城市、国际花园城市、中国十大最具幸福感城市，获得中国人居环境奖，在2012年中国宜居城市竞争力排名中，位居内地宜居城市榜首。

一、城市建设成就与存在问题

建国之初，无锡城市一片凋敝，许多公共基础设施在战争中破坏殆尽，为适应社会经济迅速恢复发展的需要，50年代初开始了城市的恢复性建设。改革开放后，随着经济社会的蓬勃发展，无锡城市建设也渐趋活跃，进入扩张期。经过50年的城市建设与开拓，无锡的城市面貌发生了翻天覆地的变化。

（一）城市化建设的起步期（1949—1978）

1949年无锡刚解放时，房屋破旧不堪，道路稀少狭窄，交通拥挤混乱，经济凋敝。当时城内最大的马路新生路，仅宽 4—6 米，长 1400 多米，是全城唯一的南北通衢。水、电、邮电通信、公共交通等基础设施极其落后。1949 年 6 月，无锡市政府设置无锡市建设局，成立市清洁大队（后称市清洁管理所）、市养路队（即市政工程建设总公司前身），负责市区城市建设、道路养护、清管和培育城市绿化苗木。1949—1952 年的国家经济恢复时期，通过编制市政建设计划，合理安排城市建设资金，确定"发展城市，服务工农"的建设方针，城市建设循序前进。四年中，全市基本建设总投资为 1519 万元，城市建设资金总额为 463 万元，约占基建总投资的 30.5%，用于拆除旧城，改建马路（后称解放路），兴建吴桥东路、无锡市公共体育场、苏南行署招待所、市人民大会堂、苏南人民银行、劳动人民住宅和工人住宅等。1953—1957 年，全市基本建设总投资为 5623 万元，城市建设投资为 1653 万元，约占基建总投资的 29%。1958—1962 年中，全市基建总投资为 2.68 亿元，但城市建设投资仅 563 万元，只占基建总投资的 2.1%，造成城市建设与基本建设比例严重失调，全市基建总投资大部分用于大炼钢铁，城市基础设施建设由于资金有限，大多停建。在接下来的 3 年中，城市建设在"充分利用，解决急需，加强维护，提高质量"的方针下，提出"休养生息"，市政建设以改善路面质量为主，公用事业以扩充公交车辆、新建停车场、发展三轮车为主。十年"文化大革命"中，由于动乱引起机构瘫痪，加上城建资金被挪用等，城市建设无大的新建项目，城市基础设施利用过度，改造和新建不足，市政、公用设施一度失修失养，城市建设基本处于停顿状态。

可以看出，这段时期由于受国家控制城市发展的政策影响，再加上人们对城市功能理解片面，认为抓城市建设就是抓工业建设，无锡城市建设基本局限于恢复性建设及零打碎敲的旧城改造，基础设施建设较为滞后，生活设施用地比例偏低，住房严重缺乏，城市化进程缓慢，制约了城市功能的发育完善。这一时期无锡城市化建设特点主要有：一是市区人口增长缓慢。市区人口由 1952 年的 48.79 万人增加到了 1978 年的 66.51 万人，平均年增长率为 1.02%。城市化水平自 1949 年开始不断上升，至 1957 年到达高峰，随后急剧下降，1970 年到达最低点并开始缓慢上升。二是建成区面积增长缓慢。由 1949 年的 11 平方公里增加到 1978 年的 35 平方公里，平均年增长率为 8.4%。三是城市功能由单一趋向多元。从 1953 年提出的轻工业的风景都市转向 1959

年提出的以纺织、轻化工、机械制造业为主的综合性工业和风景游览城市以及交通运输中心。四是城市功能较为混杂。城市内的居住、工业和商业等功能基本上混杂在一起，没有形成明确有序的专门功能区，城市形态结构上也基本保持纺锤形。

（二）无锡城市化建设的扩张期（1979—2000）

80 年代后，无锡城市建设发展观念出现了较大的转变，城市建设有了新的发展。从“六五”时期开始，无锡城市建设在突出旧城改造的同时，开始开辟建设新的片区中心，并以道路基础设施的建设带动城市的综合开发，改善城市环境，完善城市的整体功能。“七五”期间湖滨路和苏锡路的建设，加强了市区与中桥新区和金城湾开发区的连接，推进了这两个新的城市片区的开发建设。从 80 年代起，无锡城市道路基础设施和住宅建设有了长足发展。到 1985 年底，市区共建有道路 715 条，总长 399 公里，道路面积达 225.6 万平方米，城市交通路网形成了一定的体系。住宅建设更是突飞猛进。从 1979 年至 1985 年，市区建成新村 50 个，竣工住宅面积 351 万平方米，相当于前 29 年新建住宅的 2.5 倍。

尽管 80 年代无锡城市改造开发步伐加快，城市综合开发建设的水平有了较大的提升，但与长期以来工业建设投入的偏重相比，无锡城市建设的“缺口”尚未回补，城市基础设施历史“欠账”尚未还清，城市建设总体上仍滞后于经济发展。从城市基础设施建设投资来看，无锡市区 1977—1991 年间，全市基本建设总投资为 2.59 亿元，城市建设投资亦增到 3367 万元，约占基建总投资的 13%。

自 1992 年开始，加大改革力度，城市建设突破旧模式，开辟新思路。为满足经济发展和人民群众生活的需要，无锡的城市改造建设更是以空前的规模和速度进行。这一时期城市改造建设的内容主要集中在三个方面：一是城市基础设施现代化建设；在此期间，新建了干道 100 多条，先后完成较大的项目有春申路、学前东路、金匮西路、县前街、北塘大街、运河东路、永乐路等。修建桥梁 60 多座，如开发区高架路、槐古大桥、广南立交、宝界二桥、风雷立交桥、扩建北栅口立交桥、吴桥等，基本建成了三纵三横两环加 15 条射线的城市道路网络框架。“九五”期间，随着沪宁高速公路、江阴长江大桥、锡澄高速公路建成，以及城市路网与高速公路的全部接通，一个贯穿南北、连接东西的对外大通道已形成。二是房地产开发及其拉动下的低洼地区和危旧房改造；拆除旧房共 222.95 万平方米，投资新村配套 4.19 亿元。三是城市环境工程建设的全面展开。先后完成惊奇世界、太空城、三国城、水浒城、中日梅观赏园、凤鸣谷百鸟园、灵山胜境、城中公园改造二期工程、解放环路环境工程等，被评为全国造林绿化“十佳城市”。此外，全面启动无锡市太湖水污染防治工作，相继建成马山污水处理厂、大浮污水处理工程等。

这一时期无锡城市化建设特点主要有：一是市区人口增长较快。市区人口由 1979 年的 75.09 万人增长到 2000 年的 112.99 万人，年增长率为 1.64%，是无锡城市化建设起步期人口增长率的 1.6 倍；二是建成区面积增长较快。由 1979 年的 35 平方公里增长到 2000 年的 101.5 平方公里，年增长率为 9%，是无锡城市化建设起步期建成区面积增长率的 1.1 倍；三是城市功能由多元趋向全面。由“轻重兼备，技术先进，以高精尖产品为主的，适应四个现代化需要的社会主义工业城市和风景旅游区”到江苏省重要经济中心城市、著名的风景旅游区，再到重要的经济中心城市、区域的交通枢纽和著名的风景旅游区，城市的功能日益全面；四是城市功能由混杂趋向专业。随着 1983 年市管县体制的确立，无锡现有的行政区域范围得以确定，随着乡镇企业的发展和开发园区的建设，城市内的功能区开始向专业化方向发展，工业区、旅游区和居住区等有了大致的

▲ 无锡人民医院

区分：1984—1991年，城市向东、西北和西南方向扩展，大量的林地、水面转化为风景旅游度假区，1991—1998年，城市主要向东、东南和南面扩展，利用大量农用地建成大面积的开发区和新区，城市形态结构逐步由星楔状向团块状演变。

经过50年的更新改造和开拓建设，无锡的城市面貌发生了翻天覆地的变化。城市发展空间进一步拓展，城市管理水平进一步提高，城市综合竞争力进一步加强。但是，纵观无锡自身的建设历程，无锡的城市建设还存在一系列的矛盾和问题，主要体现在以下几方面：

一是城市规划引领不够，城市建设品质水平不高。城市规划规范和指导着城市发展方向，定位城市的性质、风格、功能和布局，可以说规划是城市建设的基石。全市的城市规划总体上来说是比较好的，但在实践中还存在着一些不足。

规划空间布局显得不尽合理。随着城市中心的转移、扩大，城市空间快速拓展，但空间拓展过分注重速度，商业、文化、社区管理等公共配套不完善，城市服务功能薄弱，城市"摊大饼"无序扩张现象依然存在，产业布局混乱亟待改变。

规划未能全面展示无锡的特色。无锡是个集山水城林为一体的特色城市，山水城林应成为城市规划的重要元素，在这方面特色不明显。

规划执行力度不够，导致盲目性建设和重复性建设。如中心城区某些质量尚好、建成不足10年的高层建筑，在新一轮城市布局调整过程中被拆除；房地产开发地块与规划道路的用地范围存在重合，无疑增加了道路建设拆迁难度和政府投资成本；某些道路竣工通车不过五六年时间，便发现道路通行能力已不适应机动车辆激增的需求，不得不再次进行改拓建。

二是城市建设以粗放式发展模式为主。城市化是当今世界最重要的经济、社会现象，城市化进程中人口的密集、产业的集聚和城市规模的扩大给城市生态环境带来一系列的负面影响，无锡亦然。从建设内容来看，无锡依然处在偿还历史欠账的基础性建设项目上，对塑造城市特色、优化城市环境的建设投入较少。从城建投资来看，无锡城建以政府直接投资为主，基础设施建设向民间开放不够，市场化程度不高。且筹资渠道单一，以财政资金为主，投融资平台未构建，缺乏内在投资控制机制和资金滚动发展机制。这种城建模式与上海、广州等城市相比，城市建设良性互动、开发互补等仍有差距。从建设方式来看，粗放式的现场管理使得城市建设对市民的影响、对社会的干扰仍相对明显，在大规模的城市建设中，无锡市空气扬尘仍显偏高，空气质量较差，影响着无锡城市建设的可持续发展。

三是城市个性彰显不够。城市的个性特色是城市的灵魂、城市的品位。无锡的山水资源、人文资源都非常丰富，完全可以建成一座独具特色和魅力的城市。未来无锡的城市建设与发展，一方面，要在提升现代化、国际化水平上下功夫，另一方面，也要在挖掘、弘扬、利用丰富的山水资源和人文资源上下功夫，突出引山入城，形成城融入山、山融入城的城市形态，突出做足水的文章，充分体现水的灵秀和活力，突出保护、开发和利用好历史文化遗存，凸显城市文化的品牌价值，提升城市的文化品位。

二、新世纪以来城市建设的跨越

进入新世纪，无锡城市功能进一步拓展，由江苏省确定的特大城市进一步提升到“五城五中心”，再到“四个无锡”、“三地三中心”、国际化现代化滨水花园城市，围绕城市的功能定位，无锡全面启动实施了三轮以基础设施、城市文化特色彰显、人居环境改善、生态环境整治为重点的城市建设。三轮城市建设行动纲要的顺利实施，使得城市建设取得了裂变式发展，城市现代化建设实现了前所未有的大发展、大跨越、大提升。从 2000 年至 2013 年，无锡城市建成区面积由 102 平方公里扩展至 325.10 平方公里，城市道路长度由 1192 公里增加至 3358 公里，城市污水处理率由 42.5% 提升至 96.12%，建成区绿化覆盖率由 36% 提高到 42.78%，全市城镇化率由 53.6% 增长到 80.2%。

（一）第一轮城市建设以“大变样”为特点

2002—2004 年无锡启动第一轮城市建设。全面实施《城市建设三年行动纲要》，主题为“爱我无锡，美化家园”。目标“一年一个样、三年大变样”。这一轮城市建设坚持以科学的发展观为指导，以拓展骨架、完善路网、整治环境、建设新城为重点，坚持“集中投入、集中建设、集中见效”的原则，不断加快基础设施建设，改善生态环境质量，优化城市综合功能。第一轮城市建设使无锡城市面貌发生了巨大变化，环境质量得到了新的改善，与国内先进城市的差距正在缩小。城市建设凸显以下四个特点：

1. 城市规划布局日趋合理

进一步突出规划在城市建设中的龙头作用，城市总体规划、分区规划、控制性详细规划、各类专项规划、重点地区重点工程建设规划、近期建设规划等各类规划编制齐头并进，规划的覆盖面不断扩大，规划编制的广度、深度不断强化。按照城市总体规划所确定的“南拓北展、东联西优”的发展策略，南部精心塑造蠡湖新城、太湖新城，以挖掘自然和历史文化内涵、发掘湖滨山水城市特色为抓手，强化旅游、行政、科研、文化、商务、生活居住等功能建设，扩大高新技术产业群，形成新的主要城市发展区；北部开展惠山新城建设，以优化产业布局、整合产业优势为切入点，加快现代制造业、基础产业、现代物流业、配套服务业的集聚和发展，建设重要的经济功能区；东部改造东亭老城区，西部加强老城改造力度，加快危旧房和低洼地区改造，加大环境工程建设力度，大力发展区域现代旅游、职业教育和现代服务业。

2. 城市交通体系日趋完善

道路建设以拓宽主干道、疏通卡口、打通出入口、加密城市路网、完善路网结构为目标，建成了一批重要主次干道，基本形成新老相接、内外相连、环形加放射的城市路网体系。3 年中市区改拓建、新建太湖大道、解放环路等 52 条道路，新建蓉湖大桥、蠡湖大桥、金城大桥等 106 座桥梁，建成道路长度 118 公里，面积 383 万平方米。人均道路面积从 2001 年底的 16.7 平方米提高到 20.1 平方米。城市路网布局、结构趋向合理、完善，现代化城市的道路骨架初步形成，公用事业实现快速发展，三年共增辟公交路线 28 条，在线运行车辆达 1707 标台；为“南进北伸、东整西优”的城市发展战略的实施奠定了基础。

对外交通建设迈上新的台阶，锡宜高速公路、宁杭高速公路宜兴段、沿江高速公路江阴段相继建成通车，境内高速公路总里程 220 公里，密度居省内第一。环太湖公路实现了全线贯通，沪宁高速公路、312 国道改拓建工程顺利推进；新长铁路建成投运；无锡机场开通复航。无锡市综合交通体系日趋完善，区域性交通枢纽的地位日益凸显。

3. 生态环境质量日趋好转

以治污增绿为重点的水环境整治和绿化景观建设取得重要突破，顺利建成国家园林城市和国家环保模范城市，并成功举办了全国重点流域水污染防治工作现场会。大力实施蠡湖水环境综合整治工程，退渔还湖和生态清淤工程取得阶段性成果，蠡湖面积由 6.4 平方公里扩大为 8.6 平方公里。市区共建成污水处理厂14座，铺设污水管网300多公里，城市污水处理率达到65%。大气治理取得重要进展，市区空气达到和优于二级的天数达全年总天数的80%以上。“绿色无锡”建设成效显著，“沿湖、沿河、沿路”绿化和街头绿地等城市增绿均绿建设持续推进，先后建成太湖广场、火车站广场、江尖公园、蠡湖公园等环境景观工程，太湖花卉园、新洲生态园、龙寺生态园等绿色景区，蠡湖、梅梁湖环湖风光带初步形成。全市城市绿地总面积达到13041公顷，绿化覆盖率37%，人均公共绿地达到7平方米。

4. 城市综合功能日趋完备

全力推进城市公共设施建设。市体育中心体育馆投入使用，市医疗中心建设工程启动，大学园区建设取得阶段性成果，江南大学新校区北片区投入使用。进一步加大以低洼危旧房改造为重点的老城改造力度。改建完成南禅寺文化商城，崇安寺地区实施改造。老城改造过程中住宅建设和房屋拆迁协调推进，3年市区共拆除房屋建筑面积1456万平方米，竣工商品房865万平方米，经济适用房85万平方米，拆迁安置房935万平方米，其中主城区252万平方米。中心城市初步形成了以商贸、人居、工业、体育、休闲、旅游等不同特色的功能分区。加快建设水利防洪保安工程，提高城市防洪标准，提升生活、生产水源供给能力。加强对区域内供水、排水、污水处理的统一规划、建设和管理，建设

▲ 污水处理厂

引水工程和供水管网，保证水的长期、稳定、充足供给。扩大建设城乡污水处理能力，切实减少入河和入湖污水总量。加强供气、供电和供热设施建设，完成天然气管网建设，加快发展天然气用户，建立应急调峰气源。加强电厂、热电厂和城乡电网建设，提高供气、供电和供热能力。

5. 城建投融资体系逐步建立

按照经营城市的总体思路，改革城建投融资体制，改革城市土地供应机制，进一步开放投融资领域，突破城市建设资金单纯依靠政府财政拨款和银行贷款的传统思维，发挥市场机制，扩大社会投融资，创新城市建设融资的新方式，并针对不同的建设项目，创新融资思路，通过财政投入、银行贷款、向上争取、BT、代建等多种方法拓展融资途径。通过融资、使用、偿还机制的逐步建立和完善，确保了大规模城建资金的投入。2002 年起，每年无锡城建投入资金超过 100 亿元，逐步形成政府主导、投资主体多层次、多元化、多渠道的城建投融资体系。

第一轮城市建设实施三年，无锡全面推进城市现代化建设步伐，取得了“一年一个样，三年大变样”的巨大成就。城市规划更加科学合理，城市骨架全面拓展，拉开了建设特大城市的框架，初步形成了不同特色的功能分区；城市交通体系日趋完善，基本形成新老相接、内外相连、环形加放射的城市路网体系，城市基础设施逐步完备；生态环境质量明显改善，水环境治理和绿化景观建设取得重要突破。但同时无锡城市建设滞后于经济发展水平的问题依然存在，一是城市功能布局的调整优化尚未完成，中心城区开发强度过大，副中心培育不快，组团建设刚刚起步，产业布局特别是工业布局调整任务艰巨；二是道路等基础设施分布不均衡，整体协调性不够，部分地区基础设施承载能力较弱；三是城市功能发育上不完善，公共设施仍然偏少、配套不够，服务业特别是现代服务业发展相对滞后，城市综合功能较弱；四是环境容量依然紧张，部分环境质量指标不容乐观，环境工程受益面还不普遍；五是城市规划、建设管理的精细度不高、前瞻性不强，在今后的城市建设中需要进一步强调以人为本，在满足城市经济功能的同时，更多地考虑市民生活需要，使更多市民享受到城市建设与发展的成果和实惠。

（二）第二轮城市建设以“大跨越”为特点

2005—2007 年，无锡启动第二轮城市建设。实施新的《城市建设三年行动纲要》，主题为“打造山水名城，共建美好家园”。突出以品质为先和以人为本的理念，注重城乡统筹发展、产业结构布局的调整，精心雕琢城市个性，全力打造山水名城，实现城市建设的“大跨越”。

此轮城市建设具体围绕五大目标任务展开：

一是围绕城市建设用地结构的优化，推进了蠡湖新城、太湖新城、惠山新城等重点发展地区和城市中心区、东亭地区和河埒地区重点改善地区的建设，引导老城区工业项目“退城入园”，加快城区产业布局的调整。

二是围绕城市综合交通网络的完善，加快以城市道路为重点的基础设施建设，拓展城区出入口交通瓶颈，提高市区道路网的整体性、系统性。3 年中，市区更新、拓建 53 条主干道，城市道路建设总里程 140 公里，新、拓建金城立交、金石路跨线桥等 150 座桥涵，建成无锡第一条水下隧道——蠡湖隧道，全面完成 356 条背街小巷整治任务，25 公里长、围合 50 平方公里的市区快速路网系统基本构成，大城市骨架基本拉开。市域高等级公路网初步成型，国省干线改造和航道整治工程全面推进，高速公路密度居全省前列，等级航道密度达到省内先进水平，区域性交通枢纽地位进一步巩固和提升。

三是围绕城市环境品质的改善，加强以水环境治理为重点的城市环境综合整治和绿化建设，实施以古运河、梁溪河为重点的城区河道和小河浜的环境整治，增加公共绿地面积，提高城市绿化覆盖率，加快“绿色无锡”建设。3 年累计新增绿地 2077 万平方米，全市森林覆盖率达到 20.5%。大气环境和噪声污染得到改善，全市空气良好天数占比达到 93%。

四是围绕市民大众居住水平的提高，加快推进商品房、经济适用房、拆迁安置房等各类住宅的开发建设，解决好不同收入家庭和拆迁户的安居问题。

五是围绕城市服务功能的完善，加快科、教、文、卫等社会服务性公共设施的建设和布局调整，提升城市现代化服务功能，满足经济社会发展和人民生活水平提高的需要。市疾控中心、急救中心建成投入使用，推进市博物馆、科技馆、革命陈列馆“三馆合建”工程，组建博物院。仙蠡桥、江尖水利枢纽等防洪调水工程正式投用，长江引水工程全面启动。

这三年的城市建设在整体推进中实现了两个重点突破：

首先是彰显山水名城个性特色。做到“靓山、亲水、扬名、筑城”四位一体，协调推进、全面展示区域城市的功能形态。靓山，重点是建设好锡山、惠山和十八湾地区。亲水，重点是整治好长广溪、古运河、梁溪河。扬名，重点是发掘历史文化底蕴，弘扬吴文化的城市特色。筑城，重点是建设蠡湖新城、太湖新城科教文化中心、太湖广场地段及老城周边地区。围绕“靓山、亲水、扬名、筑城”的总体要求，此轮城市建设精心组织实施中心城区九大工程：

一是水：重点加快太湖和城区河道治理，使太湖更加清澈，内河形成景观。

二是房：重点加快拆迁安置房和老新村整治，使安置房惠居民，老新村换新颜。

三是路：重点加快内环和对外快速道路建设，使内环快速路绕城区，对外快速道路连八方。

四是山：重点加快惠山、青龙山和峄嶂山综合整治，使惠山、峄嶂山更秀美，青龙山大变样。

五是湾：重点加快十八湾和金城湾景观改造，使十八湾更靓丽，金城湾展新姿。

六是城：重点加快太湖广场地区和蠡湖新城建设，太湖广场建成市民活动中心，蠡湖新城建成旅游度假中心。

▲ 安居房小区

七是文：重点加快惠山古镇和清名桥历史文化街区保护性修复，使惠山古镇街区恢复历史风貌，清名桥街区成为古运河旅游精品。

八是科教：重点加快太湖新城科教园和藕塘职教园建设，使科教园基本建成，职教园形成规模。

九是港：重点加快无锡机场和无锡港口扩建工程建设，使无锡机场开辟国际航线，无锡港口成为内河国际集装箱枢纽港。

其次是突出抓好“三港三网”建设。即重点抓好空港、水港、信息港和电网、路网、林网的建设，形成中心城七区一体、全市一体两翼格局。

一是加快“三网”建设。加快推进城市快速道路网、干线公路网、干线航道网等网络性工程建设，建成结构合理的城乡道路交通网络。按照“一环八射”的总体格局，形成城市快速内环、放射性对外连接通道，适时建设由金桥路和北外环路构成的城市外围辅环。形成层次分明、功能合理的现代化市域公路网，形成市县快捷、县乡畅达、乡乡通达，城市联系紧密、对外联系便捷的快速高效的公路交通体系，提高市域公路交通的网络化程度。形成以四级及以上高等级航道为主干，五、六级航道为基础的干支相通、层次分明、通江入湖、连城达港的市域航道网络，提高干线航道的技术等级，适应水运交通的快速发展要求。

二是加快“三线”建设。加快推进“高速公路线”、“城市轨道交通线”、“沪宁城际铁路线”（无锡段）等骨架型工程建设，进一步提高通行能力。建设以锡通、锡澄、常宜高速公路“三纵”，以宁太、沪宁、锡宜、锡昆、跨太湖、宁杭、环太湖高速公路“七横”为主骨架的市域高速公路网，加强环网连通，构筑绕城高速公路环线。以沪宁城际铁路建设为契机，启动建设“城市轨道交通线”。配合建设“城际铁路线”（无锡段），完善路网结构系统，缓解主次干道的交通压力，改善居民出行条件。加快“城市公交优先”体系建设，进一步完善公共交通设施，确保城市道路安全、畅通。

三是加快“三港”建设。即加快推进空港、水港和信息港等枢纽型工程建设，提升综合功能和服务水平，强化中心城市的集聚和辐射能力。把无锡机场建成苏南地区一类航空口岸和苏南地区重要的区域性枢纽机场，提高机场的吞吐能力和通关能力。把无锡港建成年货物吞吐量超亿吨的上海国际航运中心的组合港；将江阴港建成区域性国际物流中心、长江货物重要中转基地和上海国际航运中心集装箱支线港；把下甸桥二类口岸建成上海港的喂给港和内河枢纽口岸港；把宜兴港二类口岸建成无锡市西南片区辐射皖浙的重要水陆口岸。把信息港升级为区域公共信息资源、政府信息资源和城市基础空间信息资源开发利用和交换共享的平台，建设一批富有特色和影响力的专业网站和门户网站。

经过历时 3 年的第二轮城市建设，无锡城市发展环境进一步优化，城市骨架进一步拓展，功能日趋完善，环境美化，无锡城发生了 3000 多年建城史、58 年建市史上的一次巨大变迁。两轮城市建设提升了城市规划建设的理念，确定了“五个中心、五个名城”的城市发展定位，形成了一套较为完善的规划体系，奠定了“七区一体，一体两翼”的区域城市化格局，城乡规划实现全覆盖。两轮建设还在完善城市功能上取得重大突破，一批功能性载体先后建成，城市发展逐步实现了内涵式跨越，特别是全面建成小康社会，提供了有力的支撑和基础条件；拓展了城市骨架，完善了基础设施，基本形成了内联外通的道路交通体系，提升了城市功能；美化了城市景观，营造了适宜人居、投资创业的环境；城建成果惠及全体市民，方便了百姓的出行、生活和工作。为无锡深入推进现代化、城市化，创建国家生态园林城市、国家生态城市群创造了有利条件。

（三）第三轮城市建设以“大提升”为特点

2008—2010 年，无锡在第一轮三年建设取得夯实基础、追赶先进“大变样”，第二轮取得拓展骨架、赶超先进“大跨越”成就的基础上，根据无锡“十一五”经济社会发展规划和城乡建设规划，制定《创建生态城市营造和谐家园——2008 年至 2010 年无锡城市建设行动纲要》，实施第三轮城市建设。第三轮城市建设着力于调结构、优功能、提形象、保生态，在优化区域格局、优化城市功能、优化产业布局、优化人居环境、优化社会设施五个方面下功夫，把无锡建成国家生态园林城市、国家生态城市和全国最佳人居环境城市，全面展现山水名城的个性特色，彰显区域城市的功能形态。

此轮城市建设围绕以下几个重点展开：

1. 加快太湖新城开发，奠定湖滨城市发展格局

按照“城市南进”发展战略，围绕打造现代化滨水花园城市的发展目标，按照规划先导、路网先建、环境先治、安置先行的原则，加大太湖新城建设推进力度，基本完成 55 平方公里中心区主干道和市政基础设施建设，完成水系统整治和沿河沿路防护绿带建设，初步形成绿地景观系统框架；基本建成 2.3 平方公里核心区；建设新城主要的公共服务设施，初步形成现代化新城路网、环境框架。重点推进金匮公园、尚贤河湿地公园、沿太湖湿地等环境工程，启动建设会展中心等重大功能性公共设施，推进一批住宅、商务地块开发项目。

2. 加快重点片区建设，提升中心城市集聚辐射能力

着眼产业布局优化和城市功能提升，推进蠡湖新城、锡东新城、临港新城和环科新城建设，完善配套服务设施，加大环境景观建设力度，大力建设功能性产业载体。加快实施中心商贸商务区、崇安广益片区、北塘凤翔片区、南长古运河片区和河埒商贸片区改造建设，推进企业退城入园和现代服务业集聚发展，建成具有地方特色和产业特点的现代化城市片区。全面建成无锡（太湖）国际科技园、无锡（国家）工业设计园、太湖新城科教产业园、无锡（藕塘）职教园和空港产业园，完善园区的配套承接功能和生产生活服务功能，建设成为高品质、现代化、国际化园区。

3. 加快生态环境建设，提升城市可持续发展能力

按照太湖保护区建设规划，加强对禁建区、限建区、适建区和已建区的管制，合理控制城市建设规模和开发强度，修复城市生态环境。加快推进太湖生态环境修复工程，完成水源地清淤工程，启动建设贡湖大溪港口、梅梁湖亮河湾、十八湾湿地等沿湖生态修复工程，综合治理望虞河、大溪港等 11 条入湖河道，确保沿湖 200 米范围内全面建成生态湖滨带。严格建设项目管理，在太湖一级保护区和饮用水源区内，禁止新设排污口，已有的排污口逐年减少。大力推进中心城区增绿工程，通过截污、清淤、驳岸治理、沿岸绿化等综合措施整治 111 条河道，进一步改善水环境；结合地块改造和道路、景观工程，建设环城河公园、植物园、锡惠广场绿地等一批城市公园和街头绿地。完成惠山青龙山森林公园、马山景区、大浮地区环境整治，建设雪浪山、十八湾和九龙湾森林公园，提升整体环境形象。加大大气环境治理力度，全面实施国家三阶段机动车尾气排放标准和建筑、道路施工地封闭式管理，扩大烟尘控制区覆盖范围。加快城市清洁能源区建设，天然气管网覆盖范围内限制燃油锅炉发展，强制淘汰燃煤锅炉。

4. 加快社会公共服务设施建设，改善城市人居环境

加快推进供水、污水、燃气、环卫、供电、供热等市政公用设施建设，加快推进水利、防空、防震等公共安全设施建设，重点实施运西防洪工程、走马塘拓浚工程等水利枢纽工程和市人防工程，保障城市安全。推进文教卫体等社会服务设施建设，建设太湖文化艺术中心、市民活动中心等，完善一批区级体育馆，健全社区公共卫生服务网络。推进安居工程，进一步完善中心城区危旧房地块改造，积极推进老新村整治，加大经济适用房、廉租房、定销商品房、征地拆迁安置建设力度，解决低收入住房困难家庭及拆迁安置住房需求。大力推进教育、科研等公共服务设施建设，积极发展高等职业教育，加强中高职之间的衔接和沟通，加强校企合作，加强在职人员包括外来务工人员的职业教育和培训。大力建设公共科技平台。重点建设大型科学仪器设备、科技文献资源、科技数据、网络科技环境服务四大科技资源共享服务平台，形成无锡国际科技信息中心和无锡科技公共服务平台门户网站两大载体。新建、整合组建 IC 设计中心、软件开发测评中心、制造业研究中心、数字信息研究中心、生物医药研究中心等产业共性创新平台，重点建设集成电路、工业设计等公共技术平台，建成一批国内、省内有权威的技术标准及测试基地。

5. 加快综合交通体系建设，提高交通枢纽集散能力

加快推进苏南国际航空港、京沪高速铁路无锡站、城际铁路无锡站建设，构建城市“高速铁路、城际轨道、区域航空”新的对外窗口，实现铁路、空港与市内交通的紧密衔接，进一步提升交通枢纽功能地位。完成锡张、锡昆高速、北中路等高速公路和等级公路建设 166 公里，全面建成市区高速公路网，逐步

▲ 快速交通内环

完善等级公路系统。围绕“建设东西通道、连接新老城区、形成快速路网”目标，推进城市道桥建设，基本形成以快速路和城市干路为骨架，稠密支路为集散支撑的道路网络。加快“一环八射”快速路建设，形成“环”在城区、“射”达城郊的15分钟城市快速交通体系。完善地面常规公共交通系统，启动城市交通轨道建设，逐步形成以轨道交通为主体的公共交通系统。

三、城市建设的探索与发展前景

（一）新世纪以来城市现代化建设的探索

在新时期的三轮城市现代化战略引领下，无锡的城市建设由过去的老城改造、综合开发转向骨架拓展、环境整治、功能完善、特色塑造的一体化发展，无锡城市化水平大幅提升，城市个性进一步凸显，城市形象进一步提升，无锡作为区域性中心城市的格局基本奠定。

1. 拓展城市形态

从城市结构形态看，无锡城市形态历经了由改革开放前的单中心的纺锤形态，到20世纪八九十年代“三城一中心”（城中城、城外城、山水城和中心商务区）的组团发展雏形的嬗变过程。进入新世纪，随着锡山市撤市改区、融入都市后，无锡市区面积扩展至1622平方公里，城市建设的拓展空间开始打开。随后展开的新一轮高强度、大规模、持续性的城市现代化建设，使得中心城市沿着“南拓北展、东整西优”的建设方向，不断向外拓展城市骨架。主城区“七片一带”功能分区以及市区“1＋6”城镇组团建设的展开，进一步推进了中心城市由传统的单中心建设向多中心组团发展转变。在城市组团发展的过程中，无锡完成了由中等城市向区域现代化大城市的跨越、蜕变。

2. 提升城市环境

随着无锡城市建设规模不断扩大、土地开发强度逐步加大以及人口数量的持续增加，城市生态环境的压力也越来越大，改善城市环境成为城市可持续发展和现代化建设的迫切任务。2001年开始，在过去环境治理的基础上，无锡大力实施城市环境工程，逐步修复城市生态环境，扩大城市环境容量，营建动态平衡的城市生态环境。此后，以“治水、增绿”为重点的城市环境综合整治持续推进，城市环境质量趋于好转。经过10多年的不懈努力，无锡城市污水处理日渐完善，污水管网覆盖面逐年扩大，雨水、污水实现分流，污水处理能力扩容提升，城市污水处理率稳步攀升至84.83%。梅梁湖、蠡湖、梁溪河、古运河以及小河浜整治渐次展开，以蠡湖地区为代表的水环境整治成效初显，被建设部授予“中国人居环境奖”。新建工程雨水利用开始启动，水资源循环利用由试点探索逐步向面上铺开。绿色无锡建设向纵深推进，沿山、沿路、沿河绿化全面展开，“点、线、面、环、楔”相结合的城市绿地系统更趋完善。城市园林绿地面积由1978年的247公顷扩展到15176公顷，人均占有公共绿地面积由4平方米增加到11.93平方米，建成区绿化覆盖率由11%提高到42.2%。2003年和2004年，无锡市顺利通过国家园林城市和国家环保模范城市的考核验收。

3. 完善城市功能

在过去以生产为中心的城市建设思想支配下，无锡城市建设很长时间都是围绕工业生产展开的，城市综合服务功能相对不足。随着20世纪90年代城市产业结构调整的展开，以及随后经济增长方式转变的加快，无锡城市建设在突出道路基础设施建设的同时，开始加强公共服务设施等载体建设，增强城市在区域经济社会发展中的集聚和辐射功能。新世纪以来，市体育中心、医疗中心等大型公共服务设施先后建成投运，博物院、妇女儿童活动中心、青少年活动中心、广电传媒中心等服务设施快速建设，社会服务设施日臻完善。与此同时，旧城改造与新城建设协同并进，城市功能分区建设渐入佳境。老城区在完成崇安寺、南禅寺地区成片改造后，又启动了古运河、广益、凤翔、河埒等重点片区改造，在更大尺度上实现老城的转型发展。高起点规划的太湖新城、蠡湖新城、锡东新城、惠山新城加快建设，成为产业结构升级和承接产业转移的重要载体。与市民日常生活紧密相关的住宅及公用设施建设同步跟进，城市人居环境稳步提升。城市低洼地区危旧房改造不断提速，各类住宅建设齐头并进，基本形成了由商品房、经济适用房、拆迁安置房、廉租房等构成的分层住房保障体系。城市供水、供气能力大幅攀升，自来水普及率达99.3%，城市气化率达98%。无锡城市综合服务功能显著增强，在2008年福布斯“中国大陆最佳商业城市排行榜”上，无锡市高居第3位。

4. 彰显城市特色

在区域城市化和城市现代化建设竞相发展的背景下，无锡围绕“五大名城”、“五大中心”的目标定位，依托丰富的山水资源、雄厚的工商基础和良好区位优势，全面优化城市系统结构，激发城市活力，打造城市品牌。在新一轮城市建设中，本着“打太湖牌，唱运河歌，建山水城”的建设理念，大力实施

▲ 生态蠡湖风光

城市南进战略，加快城市向南发展，引导产业向北转移，同时加快西部山水景区和东部大市场建设，塑造“西景东市”城市新格局。老城更新的系统性增强，中心城区工业布局调整、名人故居及历史街区修复、环境综合整治有机结合，城区形态改造与功能提升在更新发展中实现了统一。高起点规划、整体性推进的城市现代化建设，在强化城市的经济中心、交通枢纽和风景旅游等职能的同时，还导入了生态城市的新理念，挖掘了城市的历史文化资源，形成了城市现代化建设与生态型山水城市风貌塑造交相辉映的新画卷，实现了中心城市“大而强”、“优而美”的协调统一。

（二）城市现代化建设的基本经验

新一轮的无锡城市现代化建设，顺应了区域城市化发展的趋势，做到了高起点规划、高水平建设与高效能管理的有机统一。

1. 坚持以规划为先导，提高城市建设品质

随着规划法的颁布实施，城市规划对城市建设的调控功能逐步强化，并成为城市建设的龙头。无锡在新一轮城市建设启动之前，就以城市总体规划的修编为契机，带动分区规划、控制性详规、近期建设规划及各类专项规划的编制，形成了层次清晰的规划体系，基本扭转了长期以来城市规划滞后建设的状况，为城市建设品质的提升提供了有力支撑。如无锡城投公司投资开发城北城南两大商城——火车站站前商贸城和招商城，由于规划清晰、布局合理、具有前瞻性成为城区规划布局中的一大亮点。参照国际第三代步行街标准建成的站前步行街，前不久已被国家商业网点办列为首批“全国试点示范项目”，产生了良好的经济社会效益。规划新建的无锡招商城，成为城东南将崛起的商城群的核心区，成为集商贸、休闲、购物、旅游于一体的城南水街，与穿城而过的古运河整治工程相呼应，并策应实施城区南进北伸的方略。两大商城的开发，对于提高城区经济中第三产业比重，整合“散、乱、低”的商贸资源、提升城市整体品位发挥了重要作用。

2. 突出城市建设重点，增强城市建设的系统性

在科学规划的引领下，无锡坚持以道路基础设施建设和环境综合整治为重点，协调推进旧城改造与新城建设，实现城市形态建设与功能开发的耦合发展。在 20 世纪后期“拓骨架、打基础、治环境、建中心”的城市建设方针基础上，新世纪的无锡城市建设继续坚持“拓展骨架、建设新城、完善功能、整治环境”的城建方向，在道路基础设施建设先行的同时，有重点、分阶段地展开环境建设和生态修复、完善城市公共服务型设施、推进城市片区改造和新城建设，进一步提高了城市建设的整体性和系统性。

3. 坚持拆迁安置先行，营造和谐稳定的城市建设环境

拆迁安置是城市更新发展的前提，也是城市现代化建设和谐发展的基础。在新一轮城市建设启动之初，无锡就以市场经济条件下拆迁安置政策的修改完善为切入点，制定系统配套的拆迁安置政策体系，构筑“依法拆迁、规范操作”的政策平台，维护好拆迁当事人的合法权益。同时改变过去建设项目前期拆迁启动后才建设安置房的做法，结合城市建设计划，超前建设各类拆迁安置房，形成以安置房建设促进房屋拆迁、以房屋拆迁保证城市建设的工作新机制，最大限度地减少了城市化发展中的拆迁安置矛盾。

4. 坚持城市建设与社会转型发展联动，扩大城市建设的发展效应

在逐步偿还城市建设历史欠账，实现城市建设由滞后经济发展转向引领社会转型发展的过程中，无锡城市功能分区建设与产业布局调整相结合，城市环境整治、城市功能完善与高新技术产业和高端服务业发展相协调，呈现了城市现代化建设与新型工业化发展互动并进的良好态势。此外，无锡中心城市的现代化建设还与社会主义现代化新农村建设相互呼应，开辟了城乡建设统筹发展

的新路径，夯实了“七区一体”、“一体两翼”的区域城市化发展基础。

（三）城市现代化建设的前景分析

经过改革开放30年特别是进入新世纪以来10多年的持续性、大力度建设，无锡城市现代化建设逐步由过去的拓展骨架、开发建设转向优化功能、提升内涵。在此基础上，必须沿着“调整结构、优化功能、提升形象、保护生态”的路子，坚持“先规划后建设、先环境后开发、先地下后地上、先储备后出让”的原则，进一步提高城市现代化建设的科学性、整体性、系统性，全面推进城市能级、品质、功能的“大提升”，努力实现城市基础设施现代化、城市功能品质现代化和人居环境现代化。

1. 加快重点地区建设，提升中心城市功能

集中力量加快建设新城、重点片区和重点园区，推动中心城区功能提升和城郊转型发展，提升城市综合竞争力。一是根据不同的功能定位，加快太湖新城、蠡湖新城和锡东新城的综合开发。新城的开发建设，要坚持交通和市政基础设施的超前建设，同时统筹协调好功能性产业载体与社会服务设施的建设，为高新技术产业和高端服务业的发展创造良好的环境。二是围绕建设现代化城市片区的目标，加快中心商贸商务区、崇安广益片区、北塘凤翔片区、南长古运河片区、河埒商贸区的改造提升。城市重点片区的改造提升与工业企业的“退城入园”、环境整治相结合，推进现代服务业的集聚发展，改善居民生活环境。三是按照提升城市产业结构的要求，全面建设无锡（太湖）国际科技园、无锡（国家）工业设计园、太湖新城科教产业园、无锡（藕塘）职教园、空港产业园。高起点规划、高标准建设5大园区，协调好园区的配套承接功能和生产生活服务功能，为城市核心竞争力的提升打造强有力的载体高地。

2. 构筑生态安全屏障，保障城市可持续发展

一个城市有没有价值、有没有竞争力，不仅要看经济发展，更要看重环境和生态。城市生态保护水平的成效，是衡量现代城市管理的重要标准，也是城市形象建设的重要内容。无锡在城市规划、区域经济布局和产业结构调整等重大决策中，要始终把环境保护作为所有规划的龙头，优先考虑污染物排放总量与环境容量的关系，从源头上预防环境污染与生态破坏。按照太湖保护区建设规划，加强对禁建区、限建区、适建区和已建区的管制，合理控制城市建设规模和开发强度，修复城市生态环境。一是加强太湖生态环境修复。通过水源地

清淤、修复沿湖湿地、治理入湖河道等措施，修复和重建沿湖自然生态系统，确保太湖水质明显好转。二是加强中心城区治水增绿。通过截污、清淤、驳岸治理、沿岸绿化等综合措施整治河道，实现水清、岸绿、景美、河畅。同时结合地块改造和道路、景观工程，建设公园和街头绿地，增加城市公共绿地面积。三是加强生态林网建设。以“绿色无锡”建设为导向，大力推进沿河清水生态林、沿路景观防护林和沿山休闲公园林的建设，构筑沿河、沿路、沿山城市生态林网，增强城市绿化的生态效应和景观效应，改善城市生态环境。

3. 完善综合交通体系，强化交通枢纽功能

围绕区域性交通枢纽的建设，加强市内交通与铁路、机场的沟通衔接，打造便捷高效的现代化综合交通体系，充分发挥城市的比较优势。一是大力发展对外交通。加快推进“一港两铁”（空港、城铁、高铁）建设，完善高速公路和等级公路网，营建水陆空“三位一体”的对外交通网络体系。二是完善城市道路系统。加快城市快速路和主次干道建设，打通交通瓶颈，形成以快速路和城市干路为骨架、支路为支撑的道路网络系统。三是完善地面常规公共交通系统，抓紧启动城市轨道交通建设，逐步形成以轨道交通为主体的公共交通系统。四是遵循动、静态交通设施建设并重的原则，加强场站建设，改善静态交通条件。

4. 健全城市配套设施，改善城市人居环境

现代化城市建设的一个重要目标就是要为提高城市人民生活水平和生活质量服务，为居民提供良好的工作环境和生活环境。因此，在城市建设中，要坚持以人为本的思想，从人民群众的整体利益出发，最大限度满足人民群众对城市基础设施、服务设施和环境质量不断提高的要求。加强与市民群众日常生活

▲ 太湖新城

密切相关的住宅及各类服务设施建设，提升城市人居环境整体水平。一是调整住房供应结构，合理引导商品房建设，超前建设拆迁安置等保障房，加快中心城区危旧房改造，形成以普通商品房和政策性、保障性商品房为主的多层次住房供应体系。二是调整优化文化、教育、体育、医疗卫生设施的布局结构，优化整合社会公共设施资源，健全城市公共服务设施体系，全面增强城市综合服务功能。三是完善给水、污水、电力、燃气、热力、环卫、消防等各类配套设施，构筑与现代化城市相匹配的市政基础设施体系，保障城市的高效运行。

5. 挖掘和保护历史文化资源，提升城市人文内涵

文化是一个城市的“精气神”，是城市的灵魂。没有文化的浸润，城市就活不起来，就不可能形成个性、形成特色，也不可能形成诱人的魅力。作为具有 3000 年历史的文化名城，无锡必须更加注重发挥历史文化优势，以提升城市文化品质为抓手，加大对历史文化资源的挖掘和保护，进一步增强城市综合竞争力，树立城市发展中的文化自信。无锡人文底蕴深厚，泰伯庙、东林书院、惠山古镇、寄畅园、薛福成故居等都是我们城市文化的象征和资本。我们必须继承和发扬这些优秀文化传统，把文化发展作为提高城市品质的核心内容，形成个性鲜明的城市品牌。要充分认识到科学的开发利用也是一种积极的保护形式，通过积极的保护，延续城市古旧建筑的某些记忆，注入新的功能，使其焕发出独特的魅力，是对无锡这座历史古城最好的尊重。对老城中带有历史感的古旧建筑，在充分保留其外形的前提下加以利用，对内在功能加以改造和填充，从而保护城市发展中的文化形态。对于清名桥、荡口古镇、荣巷、小娄巷等历史遗存，通过规划，加强对历史特色街区的整体保护，将建筑和文化统筹考虑，以整体风格的保护、内在文化的充实，挖掘特殊的城市空间价值，梳理独特的城市肌理，保护传统的街巷网络和民居院落。

第七章 城市治理体系的构建

随着城市化进程加速以及经济社会发展水平日益提高，无锡市民在享受城市发展带来的各种成果的同时，也被城市化带来的诸多问题所困扰，这对城市社会治理提出了新的要求，无锡的城市社会治理在新的城市社会问题的推动下，不断进行新的探索和创新，展现出一系列的新的建设亮点。

一、城市管理的成就与问题

改革开放以来，无锡城市管理不断加强，并取得了长足进步，市容环境秩序得到优化，长效管理措施得到落实，有效促进了经济社会发展，为广大市民群众营造了一个良好的生产生活环境。随着城市现代化进程加速和城市空间的不断拓展，无锡在城市管理体制和机制上进行了一系列的创新和探索，在取得阶段性效果的同时，也产生了一些难点问题。

（一）城市管理取得的成就

1. 较大幅度整合了区级行政区划

以市县行政区划调整为契机，撤县设区后，为适应中心城区面积成倍扩大，城市管理从以城市核心区管理为主走向城郊一体化管理的新变化和新要求，市政府依法对区一级行政区划进行调整，把原锡山市域划分为锡山和惠山两个区，马山和郊区合并为滨湖区，相应扩大崇安、南长、北塘和新区的管辖地域。整合以后，区级政府管辖的行政地域、人口规模、经济总量都有所优化，城管工作为了适应变化了的外部环境，采取了相应措施，推动管理重心下移，初步形成了“两级政府、三级管理”、“条块结合、以块为主”的城市管理网络。

2. 设立了专司城市管理职能的行政机构

作为政府组成机构的市、区城市管理局，是政府专司城市管理职责的职能部门，城管局又挂城市管理行政执法局牌子，设数百人的监察队伍，具体履行各项城市市容和环境卫生管理的行政执法和监督管理工作。2007 年，为加强对城市管理工作的组织领导。市委、市政府研究决定，成立市城市管理委员会，统筹协调无锡市城市管理工作的开展。城管委具体负责对城市管理重大工作的协调和牵头落实，通过定期召开联席会议的形式，经常性地研究解决城市管理中出现的重大问题和矛盾，制定改革和加强城市管理与城管行政执法工作的具体实施方案，各城区也建立相应的城市管理协调机构，负责本地区城市管理方面重大工作的协调与落实。各级各部门按照市委、市政府的部署，把城市管理工作列入议事日程，摆上重要位置。市、区财政保证城管工作的经费投入，切实消除“以罚代管”现象。

3. 颁布实施了若干城市管理的地方性法规

依法行政、依法管理工作有所加强。出台了诸如《无锡市城市市容和环境卫生管理条例》《无锡市拆除违法建筑实施办法》《无锡市城市建筑物和构筑物外立面保持整洁管理规定》等一批地方性法规，以及政府职能部门依据法规公布的“办法”、“通告”、“意见”，城市管理地方立法体系框架正在逐步完善，并进一步探索条块结合、综合执法、下放管理权限等新的城市管理办法。

4. 摸索一套整体推进的城管工作方法

以创建国家环保模范城市、全国文明城市和国家园林城市为抓手，围绕市容市貌、城市三乱、拆违拆临、绿化美化亮化、道路交通整治等开展有重点的集中专项整治，开展达标创优、检查评比，再逐步扩大地域范围、提出新的达标目标，把城市管理不断推向深入。在广泛调查研究的基础上，提出了“爱我无锡、美化家园，城市管理三年目标实施意见”，抓住重点，专项整治，以点带面，制订了一套比较科学的城市综合管理办法来推进城市管理工作。

5. 提高了市民参与和社会化、市场化程度

长期以来由政府包办城市管理和工程作业的单向封闭型城市管理模式已经突

破，一方面，对城市总体规划、三年行动纲要等城建和城管法规和市民公约、市民守则，通过公开展示，各种媒体报道等多种形式，广泛向市民宣传，征求意见，城市管理的群众基础更加扎实；另一方面，一批全民型的市政、环卫、保洁机构通过转制由事业转变为自主经营、自负盈亏的企业，民营的保洁公司、物业公司、广告公司、市政公司参与市场竞争，共同把城市管理作业推向市场，一种以政府主导和市场参与、公平竞争为特色的双向互动型城市管理格局正在形成。

（二）城市管理优化面临的主要问题

由于传统城市管理模式和思维的惯性作用，城管工作仍然面临不少问题，在加快经济发展和城市建设的同时，城管工作相对滞后和与城市大环境不相适应的矛盾仍然比较突出，与建设高水平全面小康社会的目标相比，以市民群众的满意度来衡量，无锡市的城市管理工作还有很多不尽如人意之处。城市管理工作面广量大，系统性强，情况繁杂，容易出现反复。

1. 与城市经济发展水平不相适应

作为我国经济总量超千亿元的大市，都市气息不浓，城市管理的组织水平不高，对经济发展反作用力不大。这种不适应主要是城市建设相对落后造成的，但从管理角度看，"重建设轻管理"，"重经济管理轻城市管理的"观念依然存在。随着经济全球化和旅游产业的不断发展，城市参与国际交流的机会更多，来锡访问、工作、旅游、参观交流、经商的人士将与日俱增，常年流动人口都有数十万人之多，且呈快速上升趋势。而城市管理距离能够为城市吞吐吸纳、市容市貌、环境卫生、交通管理等方面提供的优质高效服务尚有不少差距。

2. 与现代化大城市的形象不相适应

经过"两个三年"城市建设行动计划的实施，无锡市城市框架基本拉开，基础设施日臻完善，城市现代化、农村城市化和城乡一体化格局基本形成，城乡面貌发生了巨大的变化。但城市建设上去了，城市管理却没有同步跟上，建设成效因管理水平跟不上而打了折扣，影响了城市竞争力的发挥。主要反映在两方面，一是新建项目的管理工作跟不上，部分广场、绿地，公建工程管理不善；二是加快城市建设使城市日常维护保养工作量大增，城管工作疲于应付，往往力不从心，重点整治时有回潮。

3. 与市民的期望和要求不相适应

步入小康迈向初步富裕型的市民对城市管理工作各方面都提出了新要求，

一方面对城市建设和管理工作的关注和参与积极性大大提高，另一方面，对生活环境改善不断有新的呼声，小区环境、市容市貌、出行交通等方面，与人民群众的期望和要求存在反差。市容环境问题是市民群众反映最为强烈的问题之一,一些显见性违法违章如占道设摊、违法建设、非法设置户外广告、野蛮施工等现象依然存在，需要下大力气予以整治。

4. 与先进城市相比有较大差距

无论与国内城市管理先进城市相比较，还是与长三角沪、宁、杭、甬及青岛、珠海、深圳等兄弟城市对比，无锡市城管水平和质量都需要进一步提高。

（三）城市管理优化面临的难点

一是在观念与方法上重建轻管，重经济轻管理的思想根深蒂固，不可能在短期内根本消除。在方法上，城市管理是一门综合性很强的科学，探索一套与现代化城市管理相适应的科学的城管综合整治办法有一个过程。由于观念和方法的滞后，城管决策的人为性、随机性会继续不自觉引发与现代城市管理不相容的事件。市民素质也有待不断提高。

二是在体制上现有城市政府的机构设置在条块之间、部门之间缺乏紧密协作，主动协调、主动服务的问题仍未完全解决。另一方面，社会化、市场化的城市管理运营机制有待不断完善，服务性产业刚刚起步，有待于培育和发展。

三是在法制建设上存在有法不依、执法不严与无法可依、法制不全等问题。从城管工作现状看，有法不依、执法不严的情况更加突出。城市管理执法的随意性、管理权力下放、以奖代拨的经费管理办法，刺激了基层政府对局部利益的追求，如果没有相应的法规约束，也会带来新的问题，引发新的矛盾。

四是在管理手段上以传统管理手段为主，管理效率低、成本高。以后要注重管理效率，降低管理成本。

二、城市管理优化升级的对策

为了把城市管理工作各项目标真正落到实处，有必要在总体构思和政策设计层面上进一步理清思路，解决好开创城管工作新局面必须解决的一些基础性问题。针对城市管理中存在的薄弱环节和改革完善城市管理的工作重点，需要从以下方面着手城市管理优化升级的举措：

1. 根据现代化大城市的特点，城管工作应突出重点，分类指导

区划调整后，市区一千多平方公里已初步形成了中心城区、城乡接合部和远郊区三个明显不同的圈层，各圈层的建设基础和功能各不相同，人口构成、产业结构也有很大不同，不同圈层对城市管理的要求也应有所差别，确定的目标和考核内容应采取不同的办法。应根据不同功能区的特点，抓住主要矛盾，提出不同目标要求，明确重点，区别对待，分类管理，分类指导。“净化、美化、亮化”目标和各项工程的主要工作应在中心建成区，而镇、村城管工作的重点、“三化”的内涵，与中心城区（都市圈层）应有很大差别。同时要进一步提高管理水平，结合网格化管理，在重点地区和重点部位实行执法人员定点负责与执法车辆巡查相结合的执法模式，变粗放、低效管理为精细、高效管理，变突击、运动式管理为经常性、持续性管理，变事后被动管理为事前主动预防管理，实现城管执法在时间、地域、责任上的全覆盖、精细化和无缝隙衔接，做到文明执法和严格执法相统一，努力创建和谐的城市环境。

2. 改革城市行政管理体制，理顺综合管理与专业管理关系

城市管理采取综合管理办法好，还是专业管理办法灵，各执一词，难以统一。其实，综合管理、专业管理作为城市管理的两种不同方式都是必要的，在城市管理的不同领域、不同层面具有不同的管理效果和作用。事实上，任何一个政府职能机构不可能包罗城市管理的全部工作，受人们掌握知识领域有限的约束，执法者也不可能全能，有些城市管理工作的专业性、政策性很强，即使经过培训也难综合。但是，现有以“条”为基础的城市行政体制专业管理过多、过细，“条”与“条”之间协调性比较差，致使城市管理工作既有“齐抓共管”，又有无人问津。因此，加强综合管理，打破部门分割是必要的。

3. 扶持发展城市服务产业，夯实城市管理市场运作基础

改革开放后，在计划经济时代形成的政府垄断城市管理模式正在被打破。由于服务于城市管理的市政、环卫、绿化、路灯、供排水等行业都是隶属于不同政府部门的全民事业单位，城市管理由政府垄断走向市场运作缺乏基础，市场基础不扎实，市区政府都要维护部门利益，因此，仍然摆脱不了政府垄断，也增加了管理重心下移的难度。因此，一要加快城管系统事业单位的改制转制，促进政企分开、政事分开，只有脱了钩，各级政府才能更好发挥其引导、协助、组织、服务功能，把该管的事管好。二要积极发展壮大多元投资主体的市政、保洁、绿化、废旧物资回收等专业性城市服务产业，政府通过市场运作，把具

体的管理作业委托、授权、承包给各类服务企业经营。譬如道路、广场管理和维护，如果市场化运作可以大大提高管理效率、节省管理费用、降低管理成本，那么政府就摆脱了管不了、管不好的两难局面。

4. 依法治市，依法行政，加快城市管理的法治建设步伐

实行城市管理的法治化，不仅是现代城市管理的基本手段，而且也是实行文明管理的基本标志。“强化考核激励机制”,“层层签订目标责任书、责任到边、考核到底”，“以奖代拨”等管理办法来推动城管工作，在一定时期内会有积极效果，但以行政考核为主要手段的管理办法必然渗进大量人为因素，以奖代拨，把考绩与管理经费挂钩，进一步强化了政府行政行为的权力，如果没有相应的组织措施和法制保障，很容易产生考核走过场的形式主义和各种行政腐败行为。法治化管理是克服城市管理执法随意性的重要手段，是加强社会主义精神文明建设的重要体现，也是城市管理走向市场化的重要条件。只有政府带头依法行政、城管监察队伍树立文明执法的良好形象，在制止各类违纪违法事件时既认真执法，又善于疏导，才能从根本上解决问题，共同创造一个文明的依法治市的大环境，形成城市管理工作的强大合力。

5. 强化全民参与，建立社会与政府之间的双向互动机制

要切实提高全体市民的城市管理参与意识。市民群众是城市的主体，只有充分调动市民参与城市管理的积极性和创造性，才能使城市管理工作真正产生长远效果。一方面，要在抓好市民素质教育方面坚持不懈、狠下功夫，积极引导广大市民养成参与城市管理的自觉意识，依靠全市人民的智慧来综合管理城市，变政府部门单一行动为整个社会共同参与。另一方面，要坚持把城市管理工作的着眼点放在为市民群众办好事和实事上，以市民群众的呼声和诉求作为城市管理工作的第一信号，从市民最关心的热点难点问题抓起，让市民群众成为城市管理的主人和受益的主体，从而主动关心城市管理，积极参与城市管理，为城市管理工作尽责出力。

三、社会治理的深化与提升

城市社会治理是政府及其他公共管理主体对城市社会领域和社会事务的共同管理，它包括人口、公共安全、社会福利和社会保障、文化教育、医疗卫生等内容。随着无锡经济社会的快速发展，传统意义上的以市政管理为主要内容的城市管理已经难以满足城市化快速发展的需要，城市管理的内容和范围也在不断扩展，涉及经济、政治、文化、社会建设等多个方面，城市社会治理实践在城市发展中的作用愈加突出。

（一）创建和谐社会的努力

十六大以来，为深入贯彻落实科学发展观，全面落实“一当好、三争创”奋斗目标，推动和谐社会构建，争创全国文明城市，根据中央文明委关于深入开展和谐创建活动的要求，无锡结合自身实际制定了《2007—2010年无锡市和谐创建行动纲要》，为创建和谐城市社会提供了指导。

1. 进一步提升市民思想道德素质

以“弘扬城市精神、养成文明行为、培育诚信意识、普及礼仪知识”为主要内容，以党政机关干部、青少年、新市民为教育重点对象，深入推进市民文明素质教育“尚德工程”。不断深化“帮困助弱万人行”、“市民道德巡访”、“市民文明交通工程”、“文明与旅游同行”、“拥抱孤残儿童过新年”、精神文明“十佳”新人新事评选等群众性道德实践品牌活动，引导市民从小事小节做起，规范自身言行，提升道德修养。坚持用马克思主义中国化的最新成果武装党员干部、教育人民，广泛开展以“八荣八耻”为主要内容的社会主义荣辱观宣传教育，培育中国特色社会主义共同理想，用民族精神和时代精神凝聚力量、激发活力。以建设“诚信无锡”为主题，开展舆论宣传、职业道德教育和信用知识普及活动，使诚信观念、守信意识、信用道德深入人心，大力倡导守信为荣、

◀ 未成年人思想道德教育活动

失信为耻的风尚，提高市民的诚信法制观念。建立政府部门重大事项社会公开承诺制和承诺监督机制，促进政府公开、公平、公正地行使社会治理职能。在先进思想文化导向和引领作用的充分发挥下，社会主义核心价值取向牢固确立起来，基本形成了爱国、敬业、诚信、友善的道德规范。市民对公民道德基本规范、社会主义荣辱观主要内容及市民文明公约的知晓率在 90% 以上，对见义勇为行为的支持率超过 90%。

2. 进一步形成社会文明道德风尚

广泛运用知识竞赛、市民讲坛、网上访谈、读书演讲等形式，以基层党校、社区市民学校、单位员工学校为主阵地，组织开展“尚德务实、和谐奋进”无锡城市精神宣传展示活动，精心举办学习创新节，广泛开展创建学习型、创新型组织活动，大力弘扬创新文化，进一步在全社会营造“尊重劳动、尊重知识、尊重人才、尊重创造”的浓厚氛围，使一切有利于科学发展、和谐发展的创新热情得到鼓励，创业活动得到支持，创造才能得到发挥，创优成果得到褒奖。坚持典型引路，围绕和谐创建实践，及时挖掘和培育一批典型，加大媒体宣传力度，总结推广经验，发挥示范带动作用，促进和谐创建活动的深入有效开展。通过弘扬社会主义核心价值观和“尚德务实、和谐奋进”的无锡城市精神，市民对核心价值观和无锡城市精神的知晓率达 95% 以上，对本市重大典型的知晓率达 90% 以上，注册志愿者人数占城市人口数量的 8% 以上，知荣辱、讲正气、促和谐的社会风尚进一步形成，公民、企业、各种组织的社会责任意识明显增强。

3. 进一步营造良好的社会文化氛围

健全基层公共文化服务体系，加快基层文化阵地建设，区级文化馆面积不低于 4000 平方米，图书馆面积不低于 2500 平方米；每个镇（街道）文化站总面积不低于 2000 平方米，每个社区（村）文化活动室面积不低于 200 平方米。加大对农村基层宣传文化阵地的支持力度，切实抓好广播电视户户通工程、文化信息资源共享工程、农村电影放映工程、农家书屋工程等，维护和实现好农民群众的文化权益。规范文化市场管理，加大“扫黄打非”的力度，加大对书店、网吧、电子游艺厅等文化娱乐场所的监管力度；积极实施“名地、名街、名居、名遗”文化遗产保护工程，后顺利跨入了国家历史文化名城行列。

4. 进一步优化健康向上的人文环境

坚持正确舆论导向，宣传先进典型，弘扬社会正气，表达社情民意，化解社会矛盾；组织引导各类新闻单位进一步加大公益广告创作生产和刊播的力度，公益性广告宣传的数量不低于广告总量的3%；着力抓好互联网站等新兴媒体，确保其成为弘扬先进文化的阵地。切实优化人文环境，使相互关爱、服务社会的氛围日益浓厚，人文关怀和心理疏导全面普及，尊老爱幼、扶贫济困、礼让宽容的人际关系进一步形成，群众诉求表达、权益保障、矛盾调处和利益协调机制进一步健全，公共服务体系、社会保障体系基本实现全覆盖，资源节约型、环境友好型城市建设全面推进，民主法治建设有力推进、社会治安稳定有序，群众的安全感、幸福感和满意度位于全省乃至全国前列，人际关系、社会关系、人与自然的关系得到进一步融洽。

5. 进一步拓展各类创建活动成效

通过上述一系列创建活动，进一步健全完善了创建领导体制和工作机制，使市民群众更广泛、更自觉地参与创建活动，70%的城区建成市级文明城区，70%以上的社区建成区级以上文明社区，建成30个市级以上文明行业。同时，环境卫生、城市管理和社会治安等方面创建工作取得明显成效，市民对社会治安的满意率保持在93%以上，平安创建工作进入全国先进行列，全面达到《全国文明城市测评体系》的各项标准。为后来入选全国文明城市奠定了扎实的基础。

（二）加强城市社会治理的着力点

随着城市化进程的加快和群众物质文化诉求的不断提升，无锡在城市社会治理中，面临着许多矛盾和新问题。有的是在长期发展中积累下来的，有的是在现实发展中形成的。加强和创新城市社会治理，必须把破解这些矛盾和问题作为重要突破口，从以下几个方面着力解决：

1. 维护群众利益，构建和谐关系

促进党群关系、干群关系的和谐。深化党的先进性教育活动，扎实开展“学习型、创新型、服务型”党组织创建活动，动员和组织广大党员做促进社会和谐的表率。坚持市、市（县）区两级党员领导干部基层联系点制度和群众接待日制度，畅通与市民群众的沟通渠道，积极为群众排忧解难。妥善处理社会矛盾，进一步完善科学有效的利益协调机制、诉求表达机制、矛盾调处机制、权益保障机制，矛盾纠纷调处率和调处成功率分别达到98%和85%以上。促进劳动关系的和谐。围绕实现“充分就业”目标，完善就业援助、技能培训和创业帮扶机制，切实解决好城镇失业人员、被征地农民和农村富余劳动力、进城务工人员的就业安置工作。大力开展再就业援助行动，通过开设就业知识培训班、建立创业培训基地、举办大型免费招聘会等形式，帮助失业人员实现再就业。开展“春风行动”，为进城求职的农村劳动力免费提供就业信息和职业介绍服务；全市各类已建工会企业的工资集体协商建制率达到100%，在岗职工平均工资年均增长9%—12%。广泛开展“和谐劳动关系企业”创建活动，全市和谐劳动关系企业创建活动覆盖面达90%以上。促进社会群体关系的和谐。着眼不同社会群体的实际需要，切实解决民生问题，确保实现全面小康社会建设成果的共建共享。注重提高农民生活水平。积极贯彻“工业反哺农业，城市支持农村”的方针，以农村基本现代化建设八项重点工作为抓手，推动城市基础设施向农村延伸、城市公共服务向农村覆盖、城市现代文明向农村辐射，着力改善农村生产条件和农民生活水平。注重关爱新市民。积极开展“扶残、助残”活动，“慈善一日捐”、“关爱生命、人道万人捐”红十字宣传月等活动，倡导“助人为乐、奉献社会”的新风尚。促进人与自然关系的和谐。以促进人与自然和谐发展为目标，按照建设资源节约型、环境友好型社会的要求，加强生态文明宣传教育，大力开展绿色社区、绿色学校、绿色宾馆、绿色家庭等创建活动。深入开展“全民节约、共同行动”，广泛开展创建节约型企业、机关、单位活动，增强全民节约意识，推进节能、节水、节地、节材和资源综合利用、循环利用。增强公民植绿、爱绿、护绿的意识，持续开展全民义务植树日和创建园林式单位、园林式居住区活动，全市森林覆盖率、建城区绿化覆盖率和人均公

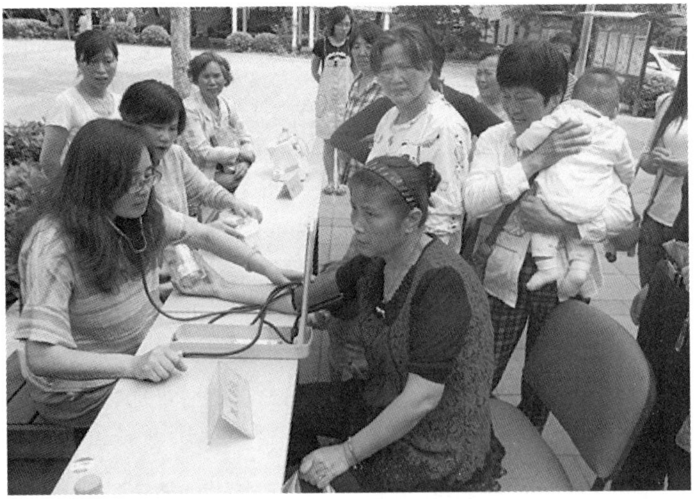

◀志愿者服务进社区

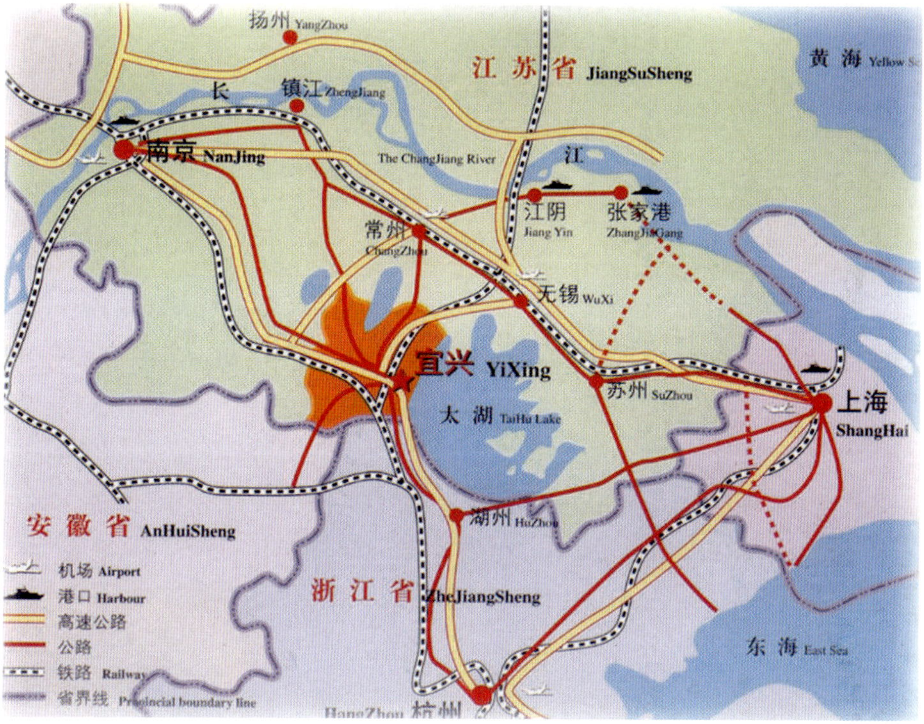

无锡，长三角中心城市之一

中央商务区

专业市场：招商城

上图　中国乡镇企业博物馆一角
下图　无锡大剧院

上图　双水源供水

下图　垃圾集约化收集处理

上图　灵山梵宫
下图　清名桥历史文化街区

乡镇企业，中国农民的伟大创举

长广溪湿地

十里梁溪风光带

太湖风光

无锡职教园

共绿地面积分别达到24%、45%和15平方米以上。

2. 加强外来人口的管理与服务

无锡继“2004CCTV城市中国系列活动”中被评为“中国最具经济活力城市”，并获得了“流动人口满意奖”后，又在2006年国内众多媒体针对农民工进城务工环境展开的一系列调查中，被评为“中国最受农民工欢迎的十大城市”之一。与中国所有在改革开放中迅速崛起的地区一样，无锡经济不断发展的过程，同时也是大量外来农村人口涌入的过程。1985年无锡外来人口是18万；1995年是36万。2001年是73万，2004年达到169万。2007年底，无锡登记在册的外来人口已有228万。2011年以后，无锡市外来人口总数超过290万人。

外来人员在无锡地位的提高和变化，与无锡经济发展密不可分。1993年经市人大批准颁布《无锡市暂住人口管理条例》。2001年开始对流动人口使用“新市民”的称呼，取代“外来人口”的叫法，管理机构的名称，也由原先的无锡市流动人口管理办公室改成了现在的无锡市流动人口管理服务办公室，并提出了“服务与管理并重，打击与保护并举”的理念。自2002年以来，无锡把加强和改进外来人口服务和管理作为强化人口管理、推进社会治理的重中之重，作为促进社会经济发展、维护社会稳定、构建和谐社会的重要抓手。坚持以提升外来人口整体素质为重点，以“新市民安居乐业工程”为载体，创新举措，全市将外来人口服务管理纳入社会治安综合治理，形成了“三级管理、四级网络、党政领导、公安指导、部门协作、齐抓共管”的综合管理格局。无锡现已将外来人口纳入全市公共服务和社会治理体系统筹考虑，以“融入组织、融入社区、融入服务、融入管理”的四融入，在居住、教育、卫生、劳保等领域提供广覆盖的服务，依法保护了外来人口的合法权益，让他们切实共享改革发展的成果，成为真正意义上的“新无锡人”。近年来，无锡坚持公平公正、权利与义务对等的原则，确保外来人口在劳动就业、社会保障、子女教育、居住条件、计划生育、公共卫生、法律援助等方面享有均等化服务，具体主要进行了以下探索：

全面推行居住证制度。按照“市规划指导、区协调监督、街道（镇）组织落实、社区（村）综合服务”的要求，创新对本市户籍人口和外来流动人口的服务管理工作，全面推行居住证制度，加快户籍管理向登记管理转变。借鉴外地居住证制度，在统一城乡户口登记的基础上，逐步建立居住证制度，淡化户籍概念，消除城乡分割，把所有外来人口统一纳入居住证制度管理，持居住证的新市民，统一作为本市常住人口，逐步享受本市常住人口待遇，彻底消除对外来人口的歧视。积极落实“一证二合同三承诺”制度，着力解决流动人口最关心、最现实的利益问题。

大力加强外来人口集中居住区的规划、建设和管理。做好外来人口集中居住区规划建设管理工作，是营造良好投资发展、创业环境的必然要求，是提高新市民文明素养、强化城市管理、创建文明卫生城市的必然要求，也是维护社会治安稳定、构建和谐社会的必然要求。无锡按照“规划合理化、用地合法化、投资多元化、建设标准化、管理社区化、服务人性化”的要求，大力加强集中居住区的规划、建设、管理。一是建造一批规划合理、设施完善、有一定规模的外来人口集中居住区，使全市外来人口“两集中”率提高并维持在60%左右。二是将外来人口集中居住区逐步纳入社区，实行社区化管理，使集中居住区成为安全文明、环境优美、秩序良好的居住区。三是完善外来人口集中居住区的各种配套设施，为外来人口提供人性化的服务，使集中居住区成为为外来人口提供亲情服务的重要窗口。

积极解决外来务工人员子女入学问题。为了解决外来务工人员子女的入学需求，无锡市坚持“以流入地政府负责为主、以公办学校接纳为主”原则，采取有力措施统筹安排，形成公办为主、民办补充，就近公办学校、定点公办学校以及民办学校相结合的有序接纳格局。通过不断优化外来务工人员子女就学管理，确保符合条件的外来人员子女应收尽收。同时，各地努力拓展外来务工人员教育服务范围，在解决好义务教育就学问题的同时，将外来务工人员教育服务向两端延伸，全市幼儿园全面向外来务工人员子女开放，高中阶段学校招生实行外地学生与本地学生“同分录取、同等收费”政策，有效满足了部分外地学生在锡接受幼儿教育和高中阶段教育的需求。截至2011年底，无锡市外来人口义务教育适龄入学儿童少年达16万人，占全市义务教育阶段学生总数的37%。

全面推行《无锡市流动人口计划生育免费服务证》制度。树立以人为本、优质服务的理念，以《免费服务证》为载体，积极为外来流动人口提供政策服务、知识服务和技术服务。各地以外来流动人口的居住点、工作点和经营点为抓手，对外来流动人口计划生育基本情况、婚育证明的查验、计划生育实施合同的签订等情况进行清理，完善信息动态管理制度。并突出服务重点，优化服务阵地，推广应用无锡市流动人口计划生育服务系统，为外来流动人口提供更好的服务平台。

积极开展“四融入”活动，加强新时期流动人口社会化管理。开展“四融入”

活动的根本目的是把流动人口全面融入当地政治、经济、文化和社会建设发展事业，切实做到公平对待、依法保护、服务至上。主要内容是融入组织、融入社区（村）、融入服务、融入管理。融入组织，就是按照社会化管理的要求，充分发挥组织、宣传、民政等部门和工会、共青团、妇联等团体的工作职能和优势，通过组织找流动人口和流动人口找组织“双找”活动，把流动人口中的党（团）员、务工人员、妇女纳入到社区（村）党团、工会、妇联等组织，同时加强对流动人口中优秀分子的教育培养，把符合条件的及时吸纳到党（团）组织中来；融入社区，就是实行流动人口与户籍人口同宣传、同教育、同服务、同管理，利用街道文化站、社区文化活动中心、社区广场文艺等设施，组织流动人口开展丰富多彩和健康有益的文化、体育、科普、教育、娱乐等活动，为流动人口生活、就业创造良好的环境和条件；融入服务，就是把流动人口纳入当地公共服务和社会保障体系，逐步扩大他们的政治知情权、参与权和监督权，实行同工同酬、应保尽保等，享受当地居民同等的社会政治和福利待遇，增强他们的认同感和归属感；融入管理，就是把流动人口居住区（点）和租住在出租户中的流动人口纳入社区（村）管理，在加强流动人口落脚点治安管控的同时，积极引导流动人口反哺第二故乡建设，有组织地参与社区（村）管理，义务参加治安巡逻等平安创建活动。通过开展“四融入”活动，使流动人口服务管理工作做到了体制健全、工作规范，统筹发展、有序流动，优化教育、提升素质，完善服务、依法管理。

3. 广泛开展和谐社区（家庭）创建活动

以社区建设为着力点，完善社会发展基层组织，提高市民自我管理、自我服务水平，丰富人民文化生活，提高社会文明程度。

一是健全基层管理机制，完善居（村）民自治。加强居（村）委会规范化建设，理顺居（村）委会与各种社区组织的关系，探索建立居（村）民区党组织领导，居（村）委会、社区工作者组织实施，各类社区组织和社区群众广泛参与的居民区管理新框架。深化完善社区（村镇）成员代表会议制度，完善居民民主决策和社区（村镇）利益协调机制，提高社区（村镇）民主自治水平。提高社区（村镇）居（村）民公众参与水平和自我教育、自我服务、自我管理能力。加强社区（村镇）居（村）民民主监督，积极推行社区（村镇）事务公开办事制度，建立对社区（村镇）党组织成员、居委会成员工作的监督和民主评议制度。

二是加强基层公共服务，不断提高居（村）民生活质量。发挥社区和村镇等基层组织服务群众、便民利民的综合功能，加强促进就业、帮困救助、人口管理等职能。充分发挥市场机制在社区（村镇）服务中的作用，逐步实现投资主体多元化、服务对象公众化、运行机制市场化、服务方式多样化、服务队伍专业化，引导营利性社区（村镇）服务向产业化、网络化和市场化发展。大力推进电子社区建设，建立和完善公共信息化服务；推进专业社工制度建设，深入开展义工和志愿服务活动，逐步建立专职和兼职相结合、专业服务和志愿服务相结合的社区服务工作者队伍；建立社区（村镇）就业促进体系，完善创业扶持机制，加快开发社区公益性岗位；积极培育发展社区（村镇）中介服务机构和民间公益性服务组织。

三是完善各类社区服务功能，促进社区和谐。建设“睦邻中心”，全面落实社区（村镇）必要的日常生活服务设施、社会福利设施、社区卫生服务设施、文化活动设施、体育（健身康体）服务设施、社区事务受理服务设施等基本公共服务设施。新建小区公共设施按照规划要求、配套标准、建设程序和资源节约要求同步配套建设；已建小区采用挖潜、调整、共享、新增等方式，实现资源整合和优化配置。加强社区（村镇）思想文化阵地建设，不断完善公益性群众文化体育设施。加快学校、企事业单位文化体育设施向社区居民开放的进程，提高文化体育设施的综合利用率，实现资源共享。进一步增强街道文化体育活动功能和社区文体指导员制度，逐步建立社区文化体育的组织网络。

四是扎实开展社区（村镇）教育，不断提高市民素养。加强社区（村镇）干部队伍建设，通过教育、培训，切实提高社区（村镇）工作者社会治理和社区（村镇）服务的能力和水平。充分整合和利用各类社区（村镇）教育资源，建立和完善市（县）区、街道（镇）、社区三级社区教育网络，重点抓好职业技能培训，转岗、下岗失业人员再就业培训，农村转移劳动力（被征地人员）培训，以及思想道德、民主法制、科学文化知识等方面的教育培训，尤其要重视加强未成年人的思想道德教育，为青少年健康成长创造良好环境。

4. 加强危机管理，提升城市安全水平

城市管理只有不断创新发展，才会充满活力和魅力，才能在日益激烈的城市竞争中彰显核心竞争力。在城市建设与管理的关系上，管理是建设的延续，没有有效的管理措施和手段，再好的硬件设施也会杂乱无章，难以形成良好的城市形象。没有充分的机制保障和专业的应对措施，再好的城市形象也可能因意外事件而毁于一旦。随着各种城市矛盾的不断产生和发展，矛盾的动态平衡不断地被打破，因此城市病也在不断地发生和变化，城市危机的防治是永无止境的。由于城市是一个复杂的系统，而复杂系统既具有可预测、可控制的方面，又具有不可预测、不可控制的方面，这种两重性决定了城市危机管理不能头痛医头、脚痛医脚，必须以防为主。对照国内国外城市危机的几大表现形式和近几年无锡城市现代化建设中不同程度地暴露出的一些苗头或问题，主要采取了以下举措加强城市危机管理，提升城市安全水平。

一是推进社会矛盾排查化解。建立“多行业、多系统、多层次”的不稳定因素信息收集、研判、预警体系，努力把矛盾纠纷化解在萌芽状态。积极推进社会风险评估机制和“大调解”工作体系建设，建立公调对接、诉调对接、检调对接、访调对接等多元化矛盾纠纷解决长效机制，构建覆盖社会各行业的矛盾纠纷调解工作网络，最大限度化解和减少社会矛盾。进一步发挥“12348”法律援助中心职能作用。建立健全信访调解工作责任制，有效规范信访工作秩序，努力维护群众合法信访权益，提高社会矛盾纠纷的调处率和调处成功率。

二是健全完善社会治安防控体系。建立完善以公安指挥中心为龙头，以专业化打防控力量为骨干，以群防群治力量为补充，全方位、全天候、立体化的社会治安防控网络。健全严打长效工作机制，始终把打击的锋芒对准以命案打头的严重暴力犯罪、以黑恶势力打头的有组织犯罪和以“两抢”打头的侵财犯罪，严厉打击犯罪、震慑犯罪、惩治犯罪，确保人民群众对社会治安的满意率保持在 90% 以上。

◀ 治安巡逻

三是加强应急处置能力建设。建立健全常态化、精细化的公共安全监管机制，扎实推进社会消防安全“防火墙”工程，健全完善交通安全源头分级管理机制和严重交通违法行为长效治理措施，建立完善大型活动安全风险等级评估管理制度，积极探索运用行政监管与行业协会自律约束相结合的特种行业管理新方法，进一步提升公共安全监管水平。加大公共安全投入，加强应急处突专业力量建设，及时高效地处置各类突发公共安全事件。提高社会治安综合治理能力，强化对重点行业和领域的安全监管，加强气象灾害、地质灾害等自然灾害的监测预报，使亿元 GDP 生产安全事故死亡率降至 0.08%。

通过全面深入推进系列平安建设，无锡社会不稳定因素排查化解机制逐步健全，社会治安防控体系建设初见成效，公共安全管理水平明显提升，人民群众对社会治安的满意率稳步提升。2011 年无锡市 9 个市（县）区、83 个镇（街道）全部跨入省、市安全县（市、区）、安全镇（街道）行列，96% 的村（社区）、95% 的小区、企业、学校、医院等基层单位达到了平安建设标准。全市所有镇（街道）全部建成技防镇（街道），并建成技防村 796 个、技防小区 673 个、技防单位 10908 家、技防一条街 84 条，金融营业网点的电视监控、防盗报警、紧急报警系统安装率达 100%，在农村居民家庭和沿街商户推广安装简易单体报警器 38 万余户（处），人民群众的安全感和满意率达 98.3%。社会持续保持平安稳定。此后几年，平安创建的各项指标稳中有进，社会持续保持平安稳定。

2015 年，无锡市被评为全国文明城市。

第八章 社会事业的发展

无锡在坚持以经济建设为中心的同时，坚持促进社会全面进步，加大社会事业投入，提高社会保障水平，强化社会管理，社会发展领域得到全面协调发展，总体水平处于省内前列。随着投入强度的不断提高，义务教育体系、公共卫生服务体系、民政服务体系、人力资源与社会保障体系、公共体育服务体系等社会公共服务体系更加健全，服务不断完善。

一、教育事业的发展

教育是经济社会发展的基础性、全局性、先导性战略工程。改革开放以来，尤其是2006年无锡市委、市政府作出加快建设教育强市、率先基本实现教育现代化的决定以来，全社会关心支持教育，广大教育工作者奋发努力，无锡市教育改革和发展取得了显著成就。基础教育优质均衡水平不断提高，职业教育基础能力进一步增强，高等教育实现从精英化到普及化的历史跨越，社会教育持续健康发展，各级各类学校办学条件显著改善，办学水平和教育质量不断提升，教育体制机制改革不断深化，教育各项发展指标水平位于全省、全国前列，服务发展能力不断增强，人民群众对教育的满意度逐年提升，为经济社会发展提供了有力的人才支撑和智力支持，为保障和改善民生作出了重要贡献。

基本形成惠及全民的公平教育。坚持教育的公益性和普惠性，保障市民依法享有接受良好教育的机会，全面建成城乡一体的公共教育服务体系，基本实现公共教育服务均等化。努力办好每一所学校，教好每一个学生，不让一个学生因家庭经济困难而失学。外来务工人员子女平等接受义务教育、残疾儿童少年平等接受基础教育得到良好保障。

提供了更为丰富的优质教育。各级各类教育协调发展，教育质量整体提升，教育现代化水平、人才培养水平明显提高。教师队伍整体素质增强，学校基础设施、教育技术装备特别是信息化程度达到发达国家平均水平，优质教育资源总量扩大，优质数字化教育资源实现校校共享。职业教育与普通教育互通，学校教育与社会教育衔接，形成开放灵活、选择多样的人才培养"立交桥"。素质教育水平显著提高。

建成体系完备的终身教育。学历教育与非学历教育协调发展，职业教育与普通教育相互沟通，职前教育与职后教育相互衔接。现代国民教育体系更加完善，终身教育体系全面建成，继续教育参与率大幅提高，促进了全体市民学有所教、学有优教、学有所成、学有所用。

建成更具活力的体制机制。坚持改革创新、对外开放，遵循教育规律，不断增强教育内在发展活力。加大了教育管理体制、办学体制和投入机制改革力度，推进现代学校制度建设，推进教育国际化，形成政府依法管理、学校自主办学，公办教育和民办教育共同发展，全方位、多层次、宽领域对外开放的教育发展格局。

提供更有成效的社会服务。各级各类教育布局结构进一步优化，与人口总量结构变化相协调，与经济发展方式转变、产业结构调整要求相适应，人才培养基本满足现代化建设需要，教育对经济社会发展的贡献度大幅提升，人民群众对教育的满意度明显提高，社会关注的教育热点问题得到较好解决。

（一）高水平发展的基础教育

无锡高标准普及学前教育。突出学前教育的公益性、普惠性导向，坚持"政府主导、社会参与、城乡一体、规范有序"的原则，充分调动各方面力量发展学前教育。强化政府职责，将学前教育纳入经济社会发展和教育事业发展总体布局，已逐步实现就近入园。

建立健全了学前教育办园标准和管理规范，严格执行幼儿园准入制度，完善幼儿园收费管理办法。全面落实乡镇（街道）中心幼儿园和小学附设幼儿园独立的差额拨款事业法人地位。严格执行幼儿教师资格标准，依法落实幼儿教师地位和待遇。加强农村幼儿园建设，到2012年，每个乡镇（街道）至少建成一所达省优标准的公办中心幼儿园，村级幼儿园90%建成市优质幼儿园。

义务教育高位均衡发展。立足教育公平，推动了市（县）区范围内义务教育学校在办学条件、师资队伍、管理水平和教育质量等方面的优质均衡。做到了学校之间在场地、教学用房、设施设备、校园环境等方面的基本均衡，确保每所学校生均占地、建筑面积全部达省合格学校和国家校舍安全工程标准，每所学校都具有良好的育人环境；凡新建学校，无论公办、民办，都达到或超过省合格学校和国家校舍安全工程标准，确保生均办学条件达标。2012年，全市义务教育现代化学校实现全覆盖，在义务教育现代化学校就读学生比例达100%。完善了扶困助学长效机制，确保没有一个学生因家庭经济困难而失学。全市义务教育基本形成布局合理、管理规范、保障有力、办学条件和教育质量省内领先的良好格局。

普通高中教育优质特色发展。全面落实“市级统一管理，市、县（市、区）分级保障，学校自主发展”的高中教育管理体制，全面实施高中质量提升和特色建设工程，促进了普通高中内涵发展和创新发展。

努力实践教育家办学，不断更新教育理念，高度重视学校内涵建设，着力提高学校管理水平，充分发挥现有优势，打造学校优质品牌。坚持特色发展，增强普通高中自主发展能力，立足传统文化、地域特点、学生发展要求与教学现状，形成具有独特文化和教学特色的普通高中。推进了学校办学模式、育人方式多样化、个性化，注重培养学生自主学习、自强自立、创新精神和适应社会的能力。

特殊教育提升发展。加强了特殊教育学校建设，合理调整优化学校布局，改善了特殊教育办学条件，使每所特殊教育学校都达到现代化办学标准，确保残疾儿童少年接受优质教育的机会和条件。健全了特殊教育保障机制，提高了特殊教育生均公用经费标准。加大了对家庭经济困难残疾学生的资助力度，率先实施残疾儿童少年15年免费教育。支持各级各类学校接受残疾人入学，完善随班就读保障体系。结合特殊教育和残疾学生特点，努力走内涵发展的道路，提高残疾学生的综合素质。

（二）优化发展职业教育与高等教育

发展职业教育被放在更加突出的位置，已经逐步实行中等职业教育免费制

▲ 江南大学

度。逐步提高了技能型人才的社会地位和待遇，营造出了尊重劳动、重视技能、重视高技能人才的社会风尚。围绕职业教育管理体制、“双师型”教师队伍建设和校企合作，认真实施职业教育综合改革。加强了示范性职业院校建设，到2012年，县级职教中心全部达到省级示范性中等职业学校标准，公办中等职业学校全部达到国家级重点中等职业学校标准。坚持产教结合、工学结合，职业教育与生产实践、社会服务和技术推广紧密结合，切实增强了学生的综合职业能力。职业院校学生实训实习定点企业制度，校企紧密合作长效机制不断完善。

江南大学人才培养、科技创新和社会服务的能力水平不断提升，已经成为国内较为知名、若干强势学科有较大国际影响、特色鲜明的较高水平大学。东南大学无锡分校发展加快，依托东南大学的学科、科研优势，以传感网、集成电路专业为重点，办学规模不断扩大。

（三）推进终身教育与素质教育

坚持政府主导、统筹规划，整合各种教育资源，提供广覆盖、多类型、多层次、开放便捷的教育与培训，满足了社会需求，促进了人的个性发展和全面发展。依托学校、科研院所和企业施教机构，建设继续教育基地。开展形式多样的继续教育和职业技能培训，鼓励人们多形式、多渠道参与终身学习，使学习与创新逐步成为经济社会发展的重要理念和公民普遍的生活方式。

重视发挥学校教育对培养学生树立终身学习理念，形成终身学习能力的重要作用。积极发展继续教育。重点发展非学历继续教育，适应发展方式转变，开展大规模知识更新和技能提升培训，大幅度提高继续教育参与率。支持用人单位为从业人员提供教育培训，党政机关、企事业单位逐步实行在职人员带薪学习制度。广泛开展了社区教育、农村成人教育以及老年教育。积极发展社会培训。支持社会力量举办各类非学历教育培训机构。社会教育培训机构审批、评估和资质认证依法规范，监管体系健全，社会培训品牌不断涌现。

中小学课程改革不断深化，积极开展研究性学习、社区服务和社会实践。课堂教学机制不断创新，“关注和聚焦课堂”，“有效教与学”创新实践积极推进，教学科研加强，改进教学方式，倡导启发式、探究式、讨论式、参与式教学，不但激发学生的好奇心和求知欲，培养学生的兴趣爱好，引导学生主动参与、积极思考、大胆质疑，学生的学习能力得到增强。学校体育、卫生、美育教育加强，体育、音乐、美术教师配齐，规定课程开足开好，深入开展“学生阳光体育”运动和丰富多彩的文化艺术活动，保证学生每天 1 小时体育锻炼时间。学生体质健康监测和公告制度建立健全。

人才培养观念更新，人才培养方法创新，注重学思结合，注重知行统一，注重因材施教，注重科学评价，着力培养学生的科学精神、创新精神和社会实践能力。关注学生的特点和个性差异，发展每个学生的优势潜能，推行分层教学、走班制、学分制、导师制等教学管理制度，为学生提供了更多的学习选择机会和自由发展空间。改进优异学生培养方式，在跳级、转学、转换专业以及选修高一学段课程等方面给予支持和指导。实践教学加强，实践课程和活动课程得到开发，科技实践、社会实践等培养环节得到完善。到 2012 年，一批综合性、有特色的素质教育基地，县（市、区）青少年校外活动中心已经建设完成。坚持以学生终身发展为基点，以全体学生为评价对象，以完成国家规定教育内容、达成国家规定培养目标为评价标准改进教育评价制度，以合格率、完成率和学生综合素质为主要指标，初步建立了以素质教育为导向的教育教学评价体系。

（四）加强教育国际化与信息化

教育国际化是世界发展的潮流，是教育现代化的必然要求和重要标志，也是培养国际化人才的必然选择。无锡已经进一步扩大教育开放，开展了全方位、多层次、宽领域的教育国际交流与合作，引进海外智力和优质教育资源的力度不断加大，教育质量和学生素质得到提高，优秀人才的国际竞争力、市民的国际交往能力和无锡教育的国际影响力不断提升，教育国际化继续走在全省全国前列。

坚持把国际化素质作为人才培养的重要内容。双语教育实验深化，双语教学课程比例加大，师生在教学科研和对外交流中的外语运用能力提高。不断坚持科学规划、质量优先、服务第一的原则，从区域开放发展全局出发，完善相关政策措施，进一步强化了国际学校建设，涉外教育水平得到了不断提升。

在教育信息化方面，中小学 100% 接入城域网，90% 以上实现“班班通”，50% 以上建成数字化校园。“物联网”、“云计算”、“三网融合”等一系列新技术被应用到无锡教育信息化建设中并取得了突破性进展。无锡已经成为江苏省感知教育实验示范区，并率先成为全省范围内唯一的国家首批区域教育信息化综合试点城市。

无锡教育公共服务平台由公共服务教育、三网融合运行、云计算教育数据中心、教育信息共享、教育呼叫服务保障等五大工程组成，集资讯中心、资源中心、管理中心、学习中心、个人中心、活动中心、惠民中心、服务中心八大中心于一身，为师生提供了智慧型的学习模式。云计算的教育数字资源中，开设了《空中幼儿园》《感知课堂》《名师讲坛》《荧屏党校》《空中电大课堂》等栏目，围绕学前教育、基础教育、继续教育等不同人群的教育需求，提供了丰富便捷的教育服务；不只是学生、家长、教师，而是每个市民全是学习空间“人人通”的受益者，探索出了一条社会教育的新道路。

全媒体的无锡教育公共服务平台，集互联网、数字电视、电信 IPTV、手机电视等多种载体，让“人人皆学、处处能学、时时可学”成为可能。而这种突破时空的限制，以开放的教育形式，多终端的学习方式为特点的“人人通”模式为建设无锡开放大学，搭建现代化的终身教育体系提供了强有力的支撑。

二、卫生事业的发展

卫生事业是社会稳定发展的基石之一，无锡市的卫生事业在坚实的基础之上，通过全市卫生工作者的共同努力，按照保基本、强基层、建机制的要求，完善政策措施，优化体制机制，强化能力提升，建设协调发展的医疗保健服务体系、公共卫生服务体系、食品安全综合协调体系、卫生监督执法体系、卫生信息化体系和医疗保障体系，努力推进城乡卫生一体化、公共卫生服务均等化和卫生信息化，居民健康、卫生服务、医疗保障等指标居全省领先水平，基本实现了卫生现代化，事业发展呈现持续、稳定、健康发展的良好势头。

无锡卫生事业已经全面建成结构合理、功能齐全、运行高效的卫生服务三大体系、三大网络和一大机制。

（一）三大体系

按照国际化、现代化要求，建立了结构合理、功能齐全、运行高效的医疗保健服务、疾病预防控制、卫生监督执法新体系，确保为群众提供优质的基本医疗和公共卫生服务。

建成了层次分明、专科齐全、布局合理、运行高效的金字塔形医疗保健服务新体系。第一层次为立足无锡、面向苏南、省内领先、国内一流的现代化综合性医院；第二层次为一批省内领先的特色医院和区域性综合性医院，与第一层次互为补充；第三层次为具有预防、保健、健康教育、计划生育技术指导、医疗和康复六位一体功能的社区卫生服务机构，以及提供基本医疗服务的企业和社会医疗机构，与第一、第二层次构成双向转诊的两级医疗保健服务机制。

建成了层次清晰、机构健全、职责分明、城乡联动的疾病预防控制新体系。第一层次为现代化的市疾病预防控制中心和市传染病医院；第二层次为市（县）、区疾病预防控制中心和传染病医院（病区）；第三层次为基层社区卫生服务机构。

建成了职责明确、行为规范、执法有力、保障到位的卫生监督执法新体系。第一层次为适应全市经济社会发展、与人民群众健康需求相协调的现代化的市卫生监督所；第二层次为独立设置、规范运行的市（县）、区卫生监督所，加强街道、乡镇等基层卫生监督网络建设，作为市（县）、区卫生监督所的派出机构。逐步创造条件，实现卫生监督执法的一体化管理。

（二）三大网络

1. 院前医疗救治网络

基本建成了布局合理、管理规范、装备精良、覆盖城乡、反应快捷，与我市经济社会发展水平相适应、符合人民群众健康需求的院前医疗救治网络。

应急救治网络健全。市急救中心为全市院前急救工作指挥中心和全市应急救治工作的指挥中心，负责统一调度指挥全市院前急救工作。对全市急救工作进行统一规划、调度和指挥。根据城市规划和人口分布情况，按标准在城区设置急救站，并在市急救中心的领导下负责本辖区的急救工作。江阴、宜兴市分别设立急救分中心，负责本地区急救工作，接受市急救中心的辐射和指导，纳入全市急救网络。

急救机构建设规范。以“省内领先，全国一流”为目标，按照《江苏省基本现代化急救中心的建设标准》，分层次建立了院前急救机构，做到规划统一、布局合理、标识鲜明、流程规范。第一层为市急救中心，第二层为市（县）急救分中心、城区急救站，第三层为乡镇急救（点）。同时，加强医院急诊科和急救专科的建设。全市二级以上医院均设立急诊科，按规定配备急救人员、急救设备和急救药品，急诊科人员相对固定。一级医院（卫生院）设立急诊室，综合性医院加强重症监护、中毒急诊等应急专科建设。

应急网络反应灵敏。以快捷、可靠、高效为要求，全市建立以市急救中心为枢纽，横向与应急部门联动、纵向与各级医院联网，以有线、无线通信为载体，以视频监控和电脑技术为管理手段，形成全市统一的应急救治网络，确保急救反应时间控制在 8—10 分钟以内。

应急救治能力增强。将全市各级各类医疗机构急救车辆统一纳入全市应急救治网络，统一指挥调度。通过加快发展，增强院前急救应对突发公共卫生事件应急处置能力，全面提高急救工作对全市经济社会发展的保障能力。

2. 城乡社区卫生服务网络

坚持政府主导、社会参与、预防为主、综合服务的原则，整合卫生资源，建立健全了社区卫生服务网络，实现社区卫生服务站、街道卫生所、乡镇卫生院的有机整合。城区以街道为单位，每个街道设置 1 个社区卫生服务中心，服务人口 3 万—5 万人，社区卫生服务中心以街道为单位的覆盖率达到 100%；社区卫生服务中心难以覆盖的，设立社区卫生服务站作为补充，服务人口 3000—5000 人。农村地区确保每个建制乡镇有一所政府举办的社区卫生服务中心，原则上每个行政村设立一个社区卫生服务站，服务人口 3000—5000 人。现有乡镇卫生院（室）逐步转型为社区卫生服务机构，卫生院已全建制改制的乡镇另建社区卫生服务网络，负责提供六位一体的社区卫生服务。农村社区卫生服务机构普及率达到 100%。

3. 卫生信息管理网络

按照“标准统一、一网多用、资源共享、应用主导、安全经济、高效便捷”的原则，建立起了与卫生发展相适应的卫生信息管理网络，推进信息技术在医疗服务、预防保健、社区卫生、农村卫生、卫生监督、科研教育等卫生领域的广泛应用，以信息化带动卫生事业发展，实现预防保健、医疗服务和卫生管理的一体化。综合运用计算机技术、网络技术和通信技术，构建起了覆盖全市各级卫生行政部门及疾病预防控制中心、卫生监督所等各级各类医疗卫生机构的高效、快速、通畅的卫生信息网络，开发建设预防保健信息、卫生执法监督、医疗服务信息、社区卫生服务、电子政务信息、应急指挥和决策信息等子系统。建设架构在互联网基础上的连接各级卫生行政部门、医疗卫生机构的广域网，形成了统一的卫生信息发布平台，集成优化卫生网站资源，向社会、政府、卫生机构多向提供信息咨询、信息查询、网上申报、网上办公等服务。

（三）一大机制

全面构建起突发公共卫生事件应急机制。建成结构完善、功能齐全、反应敏捷、联动高效、保障有力的全市突发公共卫生事件应急网络处置系统。突发公共卫生事件应急机制包括日常运行机制和应急处置机制两部分。各级医疗卫

▲ 市疾病预防控制中心

生机构设置监测哨点，按计划开展疾病监测、卫生检测检验等工作，运用各类疾病的监测报告数据，对疫情发生趋势及其他突发公共卫生事件进行预测、预报、预警。全市建立医院用血互联网络，建立血液远程信息管理系统。卫生部门负责突发公共卫生事件的专家评估、流行病学调查、传染源隔离、紧急医疗救援、现场处置、监督控制、监测检验、卫生防护、信息汇总上报等。其他有关部门按各自职责，参与事件调查，承担相应的管理和保障等工作。

通过以上举措，卫生事业取得长足发展：

一是居民健康水平显著提高。截至 2012 年末，全市居民平均期望寿命提高到 81.47 岁，孕产妇死亡率为 4.91/10 万，婴儿死亡率和 5 岁以下儿童死亡率分别为 3.19‰和 4.57‰，居民健康状况达到发达国家和国内先进城市的平均水平。

二是政府财政投入大幅增加，卫生事业跨越式发展。“十二五”中期，市委、市政府实施卫生发展战略，政府对医疗卫生的投入大幅度增加，两年累计投入 64.9 亿元，其中 2012 年卫生事业费就达到 34.16 亿元。基建项目全面实施。政府投资的建设项目 69 项，根据实际需要调整项目 4 个，新增项目 10 个。资源要素持续增加。全市拥有卫生机构 1951 家，其中医院 113 家，社区卫生服务中心（站）373 家，乡镇卫生院（村卫生室）422 家，实现了社区和人群全覆盖。全市床位总数达到 30453 张，其中，医院床位增长 28.9%。按常住人口计算，每千人口床位数 4.54 张。全市拥有卫生工作人员 42812 人，其中执业（助理）医师 13092 人，注册护士 14873 人，医护比 1：1.14。按常住人口计算，每千人口拥有执业（助理）医师数增加到 2.03 人。全市卫生系统固定资产总额达到 102.09 亿元，其中，医疗卫生设备总额 35.82 亿元，乙类以上大型医用设备 88 台（套），投入总额 6.29 亿元。多元化办医体系初步形成。全市社会办医疗机构达 868 个，占全市总数 44.49%；其中社会办医院 33 个，占全市医院总量的 29.2%；医院床位 1786 张，占总量的 6.98%；拥有卫生工作人员 4821 人，占总量的 11.26%。社会办医已成为我市卫生资源的重要补充力量。

三是公共卫生服务体系得到完善，促进公共卫生服务均等化。巩固疾病预防控制体系建设，提高防控水平。加强慢性病防治网络和能力建设，完善社区慢性病综合防治管理体系，推进社区慢性病综合防治工作。实施辖区精神病人建档管理和重性精神病人规范管理，成立市民心理健康学校并开展心理干预工作，将碘盐监测纳入基本公共卫生服务项目；加强传染病防治，全市报告甲乙类传染病发病率为 117.72/10 万，继续控制在较低水平。制订实施《无锡市艾滋病防治行动计划（2012—2015年）》，新增锡山、惠山、新区生态湿地钉螺监测点30个，环太湖生态湿地钉螺监测点实现城区全覆盖，开展血清学查病22217人，完成血防查螺3326.5万平方米，未发现阳性钉螺。加强职业卫生技术服务机构管理，督促职业健康检查、职业病诊断和技术服务等工作的规范开展。加强生活饮用水水质监测，出厂水监测合格率100%，末梢水监测合格率为98.81%。

加强妇幼保健体系建设，保障妇幼安康。以全面推动一体化发展为目标，完善妇幼保健网络体系建设，优化资源配置，全市59家社区卫生服务中心建成现代化妇儿保门诊，86家托幼机构建成“托幼机构卫生站”。有效实施妇女免费“两癌”检查，农村孕产妇住院分娩补助，妇女免费增补叶酸预防神经管畸形，预防艾滋病、梅毒和乙肝母婴传播等重大妇幼卫生项目。全市孕产妇死亡率为4.91/10万，婴儿死亡率为3.19‰，出生缺陷发生率为4.94‰，免费婚检率为94.77%，孕产妇保健管理率98.3%，儿童保健管理率98.6%。

规范卫生监督体系建设，强化执法效能。各级卫生监督机构全部通过江苏省卫生监督体系建设达标（示范）以及卫生监督综合管理信息系统示范验收。全面开展卫生监督协管服务。深化实施“放心餐桌”、“放心餐具”专项行动及各类食品安全专项治理，查处违法案件，完成重大活动保障。餐饮食品安全监督量化分级管理率超96%，其中学校食堂量化分级管理率达100%，在全省领先。在省内率先开展餐饮具集中消毒单位量化分级管理工作。推进公共场所卫生监督量化分级管理，做好相关公共场所控烟监督检查工作。加强医疗服务监督，加强职业卫生、放射卫生、传染病防治监督和健康相关产品的卫生监管工作。

以社区卫生服务中心为平台，落实基本公共卫生服务。强化社区卫生服务机构基本公共卫生服务职能，成为实现公共卫生服务均等化的重要平台。公共卫生专业机构加强对社区卫生服务机构的指导，以家庭健康医生为抓手，以网格化分片包干的形式落实服务项目，扩大基本公共卫生服务覆盖面。完善社区卫生服务中心、站一体化管理，促进公共卫生服务项目的实施。全面落实国家基本公共卫生服务项目，加大经费投入，至2012年末，全市人均（常住人口）基本公共卫生服务项目经费达到34元。全市完成健康档案544.2万份，建档率达到84.7%，动态管理率达到84%。儿童免疫规划疫苗及时接种率、孕产妇保健管理率、儿童保健管理率稳定在98%以上，35岁以上门诊病人首诊测血压率、传染病及时报告率达到100%。对高血压、糖尿病等慢性病患者中65岁以上老年人实施动态健康管理，45万高血压病人、13万糖尿病病人纳入规范管理；对1.43万重性精神病人实行动态管理。

从2011年10月，无锡市启动实施家庭医生责任制度，建立了以家庭成员为健康管理对象、以家庭医生为直接管理责任人、以片区责任团队为综合服务单位的健康管理签约服务模式，同时注重结合实际调整和改进社区卫生人力资源、信息系统、医保、考核机制等。目前，全市共有6100多名社区卫生专业技术人员（其中全科医生岗位人员1725名）承担家庭医生职责，由全科医生、社区护理、公共卫生人员以社居委（行政村）为单位组建健康管理服务团队850多个，参与团队服务全科医生、公卫医生、社区护士3263名，社区覆盖率达到100%。社区卫生“六位一体”服务功能进一步发挥，社区居民对社区卫生服务的认同感逐步提升。

三、体育事业的发展

无锡市体育事业发展水平已经达到群众体育活跃、竞技体育领先、体育产业发达、体育设施先进的要求，基本建成江苏省体育强市。

（一）群众体育

实施了“八个一工程”建设，完善四个网络，建成具有无锡特色的全民健身服务体系。一是完善全民健身设施网络。加大了对各级各类体育设施的建设投入，提高了全民健身工程（点）的规模和档次。二是完善了群众体育组织网络。发展各种体育单项协会、群众性体育俱乐部、体育类民办非企业组织等各级各类群众性体育组织，不断扩大其数量，形成网络体系，同时，加强了指导、考核和管理，不断提高社会体育组织的运作水平，充分发挥其服务群众的作用；加强了社会体育指导员的培训，不断提高其数量和水平。三是完善国民体质监测网络，健全国民体质监测评价和研究体系。推进了对市民群众的体质监测工作，使我市达到《中国成年人体质测定标准》合格标准的人数逐年增加，成年人体质测试合格率超过全省平均值。四是完善体育活动网络。不断开展全民健身节（周）活动和“每天运动半小时”系列活动，积极创建具有无锡特色的高水平的群众体育活动品牌，推动全民健身的普及与发展，开展全民健身活动。唱响“幸福进万家，体育健万民”主题，举办了元旦健身长跑、全民健身节、全民健身广场系列等规模大、影响广的群众活动，老年、社会体育指导员健身气功和阳光伙伴等展示活动，不断创新活动形式，丰富活动内涵、提升活动品质、扩大活动影响。发展自行车、羽毛球、乒乓球、篮球、游泳、健身气功、舞龙、轮滑等群众基础好的体育活动，开展了假日体育、广场体育、休闲体育、旅游体育、生态体育等活动，在条件成熟的地区举办了篮球、乒乓球、羽毛球项目的群众性体育联赛。开展体育进社区、体育下乡活动，占领基层业余文化生活阵地。加强职工体育工作，落实机关、企业事业单位工间（前）操制度，开展符合职工身心特点和职业特点的健身活动和体育竞赛。深入开展了“亿万青少年学生阳光体育运动”，确保每年举办一次学校运动会和青少年学生“每天锻炼一小时”。对残疾人、老年人及进城务工人员的体育工作关心、重视、支持。

完善了“环太湖体育圈”无锡段的体育硬件设施，把体育设施建设与园林建设、重点旅游区建设及交通基础设施建设有机结合。积极探索体育与教育、文化、旅游、休闲等结合的综合开发，大力组织开展环太湖的群众性体育活动，形成以群众体育为特色的“环太湖体育圈”的新亮点。

夯实学校体育基础。继续在各级各类学校施行《青少年健康锻炼标准》，施行面保持在 100%，学生达标率保持在 97% 以上，优秀率达到 20% 以上。各市（县）区办好一批有特色的青少年体育俱乐部，成为本地区青少年体育活动的示范基地。

大力发展城市社区体育和农村乡镇体育。城市中有 80% 以上的街道达到江苏省城市体育先进社区，25% 以上的街道达到全国城市体育先进社区。农村中有 30% 乡镇进入全国、省级“亿万农民健身活动”先进行列。

努力加强职工体育。各级体育行政部门指导、协调、督促有关方面抓好职工体育。在企事业单位大力推广普及新广播操，积极探索多种所有制条件下开展职工体育的新途径，组织协调企业广泛开展了各种体育竞赛和健身活动，使更多的企、事业单位职工加入到体育锻炼队伍。

（二）竞技体育

培养造就了一批优秀体育后备人才，全面提高了竞技运动成绩。以做强优势项目、培育潜优势项目、做精传统项目、夯实基础项目为基本原则，业余训练规模控制在 18 个左右主打项目，全市长期参加业余训练的人数保持在 3000

人以上，长年有效训练人数保持在1000人以上。各市（县）、区分别建立一所业余体校或单项青少年训练基地。创办了10个以上国家级体育后备人才培养基地和省高水平训练基地。加大对体育科研的投入，不断提高体育科研水平和科学训练水平。通过建立和优化运动员选拔、训练、比赛、输送安置方面的人才管理机制，形成了良性的体育人才培养体系，每年为省优秀运动队和解放军体工队培养、输送20名以上优秀体育后备人才。我市输送运动员的数量和质量名列江苏省前茅。加强了对教练员的培养和教育，教练员中接受过高等教育的比例达到90%以上。

加强基层业余训练网络建设，积极扶持学校业余体育训练工作。建设了60所市级体育传统项目学校，省级体育传统项目学校有10所以上。

（三）体育产业

充分利用体育系统的场馆条件，初步培育起了结构合理、运作规范、繁荣有序的体育市场，提高了体育产业收益在全市经济领域中所占份额。体育产业管理体制和运行机制不断改革创新，加强了无锡体育产业发展的政策研究和宏观指导，布局产业结构，大力发展了体育健身娱乐、体育竞赛表演、体育技能培训、体育中介服务和体育彩票销售等体育产业市场。

▲ 环太湖马拉松赛

以体为本，以副助体，开展多种经营，实现体育场馆的市场化运作和企业化管理。全市各体育场馆举办（承办）各类大型比赛和活动能力不断提高，多次承办了亚洲和世界级高水平单项比赛，培育并形成了多项在国内外有一定影响的品牌赛事。

坚持政府办与社会办体育产业相结合的原则，提倡并鼓励集体、个人及社会各界兴办体育产业，逐步过渡到政府投入为辅，社会、个人投入为主，形成了以体育主体产业为基础，多种所有制并存、多业并举、共同发展体育产业的新格局。

培育和发展了一批有较高素质的体育专业经纪人队伍和体育服务企业，激活和繁荣体育市场。全市体育专业经纪人和体育经纪公司快速增长。建立了一批为体育产业服务的会展、文艺表演、广告制作、门票销售和物业管理公司。

扎实稳妥推进了体育彩票管理体制和运行机制的改革，探索了一批体育彩票发行和销售的新途径和新方法，加强规范化管理，提高体育彩票的公信力和销售额度，确保了体育彩票销售额在全省名列前茅。

（四）体育设施

根据无锡城市总体规划和体育发展功能布局要求，基本构建以“一圈”（环太湖体育圈）、“三中心”（市体育中心、体育公园、太湖新城奥体中心）、“九辅”［2市（县）7区体育场馆］、“多点”（乡镇和街道体育活动中心）和社会体育经营场所为补充的体育设施网络体系。新建的经营性体育设施建设项目与群众运动健身需求以及全市体育设施建设规划和体育发展功能布局相适应。

坚持公共体育资源社会共享。落实《无锡市关于学校体育场地向社会开放实施意见》，健全教育、体育、公安、学校和社会联动机制，保证学校体育场地科学、安全、有序开放。设立学校体育设施开放专项经费，用于设施的维护、器材的更新、管理人员的补助以及为向公众开放体育设施的学校办理有关责任保险。坚持试点先行、稳步推进原则，加强试点经验总结和推广，形成了无偿开放与有偿开放相结合、学校与街道社区共管、市场化运作、青少年体育俱乐部等各具特色的开放管理模式，具备条件的学校体育场地全面向社会开放。加强体育设施的管理和维护。公共体育设施建设和器材配备严格执行国家和行业标准，对破损的器材及时进行维修，对损坏严重或超过使用年限的严格实行报废。坚持“属地管理”原则，落实管理目标责任制，吸纳社会力量参与管理。

成立了专、兼职管理人员和志愿者队伍，建立巡查、报告、维修、奖励等制度，负责本辖区全民健身设施的日常管理，确保基层体育设施完好率达 95% 以上。

（五）体育对外交流

无锡体育事业树立起了开放的视野和眼光，开展全方位、多层次、宽领域的体育交流与合作，加强了体育对外宣传，发挥体育在展示城市形象、传播文化和增进友谊等方面的作用，全面提高体育社会影响力。

加强体育宣传。坚持“贴近实际、贴近生活、贴近群众”的宣传原则，创新宣传的内容、形式和手段，不断增强全社会体育权利、终生锻炼和低碳生活理念，扩大体育消费在拉动经济增长中的作用。宣传体育独特功能和综合价值，将体育的多元价值渗透到教育、文化、卫生、旅游等社会事业领域，延伸到经济社会发展的方方面面。深入挖掘、整理和推广舞龙、舞狮、龙舟等传统体育项目，提升无锡体育文化品质。定期发布无锡体育白皮书，提高体育的社会影响力。

扩大体育交流。坚持走出去和引进来相结合，认真学习先进国家和发达地区体育发展好的经验和做法，创新体育发展的理念和模式。充分发挥体育在对外交流方面的独特作用，积极组队参加国际和全国的比赛和活动，增进与友好地区和城市的友谊。定期举办国际体育论坛及高层次的体育国际交流活动，发挥无锡籍体育名人的明星效应，提升无锡体育在国际上的知名度，全面提升何振梁与奥林匹克陈列馆功能。

深化体育合作。积极开展长江三角洲地区的体育合作与交流，建立了与苏北以及西部等部分省区间长期稳定的合作关系，充分利用他们雄厚的运动人才资源，联合培养竞技体育人才，促进优势互补，互利共享。加强与国际体育组织和上级体育部门的沟通和联系，积极引进高水平体育赛事、大型活动和体育项目，为体育发展服务。加强高层次体育人才的交流，推进重点项目的实质性合作，积极筹备市外籍人运动会，为外国友人安居创业营造良好人文环境。

四、民政事业的发展

无锡市的民政事业以“抢占幸福民生制高点、打造现代民政新高地”为导向，强化政策创制、全力构建困难群众发展型保障机制；扩大社会参与、加快发展适度普惠型福利体系；深化社区扁平化管理、激发基层组织建设新活力；促进融合式发展、实现优抚安置双拥工作新提升，进一步稳固民政在社会保障中的保底功能，突出民政在社会福利中的主体功能，夯实民政在社会管理中的基础功能，强化民政在社会服务中的支撑功能，增强民政在军民融合式发展中的支持功能，为幸福无锡和率先基本实现现代化建设创造和谐有序的社会环境。

（一）推进救助体系建设，“保民生”职能进一步强化

按照统筹城乡经济社会发展要求，着力于覆盖城乡的社会救助体系更趋完善。城乡低保实现并轨。城乡最低生活保障在实现应保尽保、分类施保、动态管理、落实增长机制的基础上，于2010年率先在全省实现了低保标准的同域对接、城乡并轨，继续按照城镇居民人均可支配收入20%的指标落实低保标准增长机制。医疗救助统筹发展。按照“扩面、提标、并轨”的要求，着力完善城乡医疗救助制度。全市城乡实施了无起付、分病种按比例救助，对门诊患者按标准给予全额救助，对住院患者根据不同病种、不同标准按个人自负部分的85%给予救助。临救机制城乡一体。按市本级每人1元、区每人3元标准落实“两级配资机制”，2012年，各级财政共支出临救资金3489万元，对因重病、大病和遭受突发性意外，造成难以维持生活的家庭落实市、区“两级救助机制”。此外，为提升居民在应对自然灾害中的防灾减灾能力，2012年建立起自然灾害保险制度，按市区户籍人口每人每年1元标准，从福彩公益金中出资239万元，为市区所有户籍居民购买自然灾害保险。

（二）推进社会福利事业，“谋福利”水平进一步提高

出台《关于加快我市社会福利事业发展的意见》及配套政策文件，形成了较为完善的政策体系。推进机构建设。通过项目推介、结对挂钩、慈善冠名等新形式，强力推进养老服务机构建设，每千名老人拥有机构养老床位数在省内处于领先水平；全市已建立居家养老机构达980多家，基本实现城市社区全覆盖，农村社区60%。拓展为老服务。加大了《无锡市为特定老年人家庭购买居家养老信息服务办法》推广、宣传力度，政府购买信息服务的老年人家庭近4万户；实施“尊老金”扩面，对80周岁以上老年人发放尊老金。保障特殊对象权益。新建市儿童福利院并投入使用，认真落实城镇三无、农村五保对象供养政策，城市三无、农村五保、孤残儿童等对象的供养标准不断提高，并建立标

准增长机制。加大慈善宣传。积极打造慈善城市品牌，组织参加首次中国公益慈善成果交流展示会和“第二届中国城市公益慈善指数”发布会，综合慈善指数位列全国第三，荣获“中国城市公益慈善指数 7 星级奖”。

（三）加强社会管理创新，“促和谐”功能进一步增强

结合“全国社区管理和服务创新实验区”的实施，制定出台了《关于深化社区扁平化管理提升社区建设水平的意见》，形成扁平化管理的常态机制。社区平台建设不断推进。城市社区事务工作站、农村社区服务中心基本实现全覆盖，“一委一居一站一办”的管理架构基本形成，全面推进基层社会管理的体制转型、功能转型和工作转型。社区信息平台不断完善。完成了“市社区行政事务平台”一期、二期项目，在此基础上，进一步推进部门信息整合，着力拓展社区政务、居务、服务等建设内容，形成“无锡市社区管理服务综合信息平台”。积极开发电子地理信息系统，在新区太湖花园第二社区完成了社区三维 GIS 管理试点。社工队伍建设不断加强。通过实施居站分设，推动社区工作者的年轻化、专业化和职业化；加强对城乡社区工作者的培训，实施了社工“提质增能”工程，开展了在岗社工人员、骨干社工的专题培训。社会组织加快发展。培育发展社区社会组织，鼓励社会组织参与社区服务和社会公共事务，做大做强服务品牌，

▲ 慈善捐款

更好地满足社区群众需求。从福彩公益金安排资金，围绕“扶老、助残、救孤、济困”宗旨，面向以社区社会组织为主的社会机构或个人，组织项目征集、项目评估和项目实施。全市建立社会组织孵化基地近20家，社会组织总数（含备案）达7300多家。和谐社区建设有序推进。全市“和谐示范社区”、“和谐示范村”创建率分别达90%、80%以上；城市、农村省级和谐社区建设达标率分别达80%、75%以上。

（四）加强优抚双拥工作，“维稳定”作用进一步体现

双拥工作拓展思路，全市双拥模范城创建已经实现“六连冠”。加快优抚工作城乡统筹步伐，重点优抚对象各类抚恤补助优待标准实现城乡一体。落实自然增长机制，大幅度提高抚恤优待补助水平，优抚对象医疗保障水平同样得到较大提高。安置工作更加规范合理，出台《市政府办公室关于建立完善退役士兵自主就业经济补助机制和自谋职业政策的通知》，再次提高退役士兵自主就业一次性经济补助金，并建立自然增长机制，退役士兵安置率保持100%，自谋职业率达99%以上；积极稳妥推进军休干部住房制度改革。进一步加强革命烈士褒扬工作，根据部、省要求，向中央上报零散烈士墓搬迁932个，原地维修710个，零散烈士纪念设施5个，申报补助资金820多万元。

（五）加强社会事务管理，“优服务”水平进一步提升

适应城市化快速推进需要，圆满完成撤镇设街和部分镇撤并工作，优化调整了镇（街）村规模和布局，合理配置资源。全面实施地名公共服务工程，数字地名建设向纵深发展，《无锡市地名管理条例》制订出台。婚姻登记全面实现市（县）区集中办理，加强了机构建设和人员配备，依法规范登记得到有效落实，并在全市探索建立了离婚登记调节机制。积极建立惠山、青龙山殡葬整治长效管理机制，制定《无锡市殡葬设施布局规划》，殡葬设施科学合理的布局正逐步形成。建立了适度普惠惠民殡葬政策。制定出台《无锡市市区居民丧葬免费政策实施办法》，实施了9类对象4种丧葬服务的免费政策，2011年末又出台《无锡市市区殡葬基本服务项目免费办法》，政策惠及全市不享受丧葬补贴的户籍居民。积极开展依法救助、人性化救助，搭建救助工作平台，完善救助管理服务网络，充分发挥民政牵头，公安、城管等部门协调参与和“市、区、街道、社区”四级通力配合的联动机制作用，加大对流浪乞讨人员的救助力度。

此外，在社工队伍建设方面，从考试培训着手，始终将全国职业水平考试工作视为培养社工人才和从业人员职业化转型的重要途径，通过抓好考前培训和实务技能培训，探索培训模式，优化教育培训资源，不断提高我市社会工作人才的专业素质。从深化试点着手，逐步探索建立符合无锡市情的社会工作发展模式。一是崇安社会工作试点，初步形成“政府强势推动、社区承载服务”的社工发展模式，率先试水以政府购买服务项目的形式在社会救助、老年人服务、社区矫正、综合治理等重点服务领域为弱势群体和特殊群体提供社工服务，较好地实现了社会工作与社区扁平化工作的有机融合，为无锡社会工作的本土化探索提供了思路与方向。二是福利中心社会工作试点，初步形成“三工”联动的社工发展模式。社会福利中心采取专业社工带动取证兼职社工、义工积极参与的工作格局，在老年人和孤残儿童领域积极拓展社工专业服务项目，已初见成效。三是锡山社会工作试点，初步形成“校地合作、孵化机构”的社工发展模式。积极探索以政府购买服务项目的“校地合作”运作方式，聘请督导，引进专才，为需要群体提供专业化的服务，并借助项目的拓展延伸培育成立了乐助社工事务所，逐步实现政府职能和角色的转变。

五、人力资源与社会保障的发展

人力资源与社会保障事业是社会稳定的基石，人民群众的充分就业是提高居民群众收入的前提条件，社会保障则是社会的稳定器，对保证人民群众的生活水平有无法替代的作用。无锡市的人力资源与社会保障事业经过多年的发展，已经成为保证无锡市社会发展的不可或缺的环节，为无锡市现代化建设提供了重要支撑。

（一）就业规模进一步扩大，就业结构得到改善

实施积极的就业政策，将就业增长和控制失业纳入政府宏观调控目标，无锡市先后出台了一系列涉及小额信贷、税费减免、社会保险补贴、岗位补贴、免费职业介绍与培训等促进就业再就业的优惠政策，以鼓励下岗失业人员自主创业，鼓励企业吸纳就业，开发公益性岗位安置就业困难人员，鼓励大中型国有企业分流安置富余人员为主要内容，形成了一整套具有无锡特色的就业政策体系，就业再就业工作取得重大进展，实现了促进就业和经济增长的良性互动。

积极创新就业机制，扶持非全日制、临时性、季节性、小时工等弹性就业，并通过劳务派遣、非正规劳动组织等形式，为灵活就业提供服务，灵活就业人数逐年增加。以市场为导向的就业机制不断完善，劳动者自主就业、市场调节就业、政府促进就业的机制基本形成，就业服务体系基本建立，实现了市、市（县）和区、街道（乡镇）、社区四级就业服务机构信息系统的联网。以公共职介机构为主导的各类职介机构迅速发展，市场在劳动力资源配置、劳动力价格形成和劳动力流动等方面的基础性作用日益突出。城乡统筹就业工作取得重要进展，加快建立了城乡统一的就业管理服务制度，农村劳动力的就业政策和服务环境显著改善。

（二）人才工作不断加强，职业培训事业快速发展

坚持以高层次人才和高技能人才引育为核心，大力创新人才工作政策措施，先后制定实施了“530”计划、“后530”计划、“泛530”计划、“无锡千人计划”以及“高技能人才三年行动计划”和“5+1”职业培训行动计划等。以提升劳动者职业技能为重点，建立健全了面向城乡全体劳动者的职业培训和技能人才培养体系。加强了人才载体建设，积极营造集聚海内外优秀人才的良好环境。我市人才数量持续增加，成为推动我市产业转型升级的重要力量。

进一步健全了职业技能教育培训体系，创新了职业技能鉴定模式，加快了高素质劳动者和技能型人才培养，取得了职业培训事业较快发展。形成了一支培养能力强，多层次、有特色的技工学校队伍。职业技能鉴定拓展创新，进一步完善了职业资格证书制度，创新了高级技师社会化鉴定模式，扩大了职业技能鉴定覆盖范围，10万多人取得了国家职业资格证书。技能型人才结构明显改善，加大了高技能人才培养力度，高技能人才总量扩大到了3.6万，初、中、高级技能等级构成比例已经优化到33∶55∶12。

（三）社会保险覆盖范围进一步扩大，保障水平进一步提高

社会保险扩面工作取得重大进展，覆盖范围扩大到城乡各类用人单位，参保对象覆盖到了全体劳动者。形成了养老、失业、医疗、工伤、生育五保合一，征缴基数统一、征缴方式统一、征缴管理统一的单位申报、社保经办机构审核、地税部门征收的社会保险基金筹措机制，初步实现了退休人员的社会化管理和服务，基本形成了与社会主义市场经济相适应的社会保险体系。社保基金支撑

能力明显提高，抗风险能力明显增强，走上了良性运行的轨道。基本养老保险在覆盖城镇各类企业及其从业人员的基础上，参保范围拓展到乡镇范围各类企业，参保对象扩大到灵活从业人群。启动实施了新的农村养老保险体系建设规划，初步搭建了递进式、多层次的农村养老保险体系框架。医疗保险在省内率先解决了困难企业职工、退休人员和灵活就业人员的医疗保障，实现了农村大病合作医疗向城镇基本医疗保险的平稳过渡和衔接。失业保险较好地保障了失业人员的基本生活，率先全面实现了下岗职工基本生活保障与失业保险的并轨。在城镇各类企业中全面实施了工伤和生育保险统筹。

仅以2012年为例，全市企业职工基本养老保险在职参保人数219.61万人，享受养老保险待遇的离退休人员56.9万人。全市企业职工基本养老保险基金总收入182.21亿元，总支出127.94亿元，基金累计结余291.66亿元。全市企业退休人员养老金足额发放率和社会化发放率继续保持100%。2012年末，全市事业单位养老保险参保人数4.40万人，享受事业单位养老保险待遇的离退休人员2.73万人。全市事业单位养老保险基金征缴总收入10.85亿元，总支出12.80亿元，累计结余4.91亿元。2012年末，全市居民养老保险参保缴费人数33.45万人，领取居民养老保险待遇人数39.98万人，享受被征地农民社会保障43.83万人，覆盖率100%。全市居民养老保险基金总收入22.52亿元，总支出20.21亿元，年末累计结余12.97亿元。

全市企业职工基本医疗保险参保人数273.39万人，其中，在职职工211.42万人，离退休人员61.97万人。全市企业职工基本医疗保险基金总收入75.35亿元，总支出56.76亿元，医疗保险统筹基金累计结余70.60亿元，个人账户累计结余34.19亿元。全市城乡居民基本医疗保险参保人数129.60万人。全市城乡居民基本医疗保险基金总收入10.24亿元（其中，政府资助7.33亿元），总支出11.07亿元，累计结余2.92亿元。

全市参加失业保险人数178.56万人，年末在领失业保险金人数3.34万人，失业保险金人均水平777元/月。全年失业保险基金总收入19.11亿元；总支出6.88亿元，全市失业保险基金累计结余42.94亿元。2012年末，全市参加工伤保险人数185.57万人。全年工伤保险基金总收入7.55亿元，总支出5.66亿元，基金累计结余6.73亿元，其中储备金5566万元。全市参加生育保险人数163.68万人。生育保险基金总收入4.57亿元，基金总支出3.43亿元，年末基金累计结余7.56亿元。

（四）劳动关系协调机制初步建立，劳动关系逐步理顺

劳动关系三方协调机制基本形成，推进集体合同的工作力度不断加大，加强对劳动合同签订、履行、终止或解除各环节的管理，促进了劳动合同履行质量的不断提高，劳动合同签订率逐年提升。积极指导用人单位运用劳动合同和集体合同手段，依法做好职工分流安置工作，基本理顺了国企改革、改制中各类人员的劳动关系，保持了劳动关系的稳定。进一步完善政府对企业工资分配的宏观调控机制，引导企业建立工资正常增长机制。

（五）工资宏观调控体系进一步完善，企业分配制度改革不断深入

初步构建了以企业工资指导线制度、劳动力市场工资指导价位制度、企业人工成本预警预报制度为主要内容的企业工资宏观调控体系；规范企业工资支付行为的法制框架基本形成；改进和完善了企业工资宏观调控办法，实行了所有内资企业都能适用的工资总额与经济效益挂钩办法。积极推行以岗位工资为主的企业分配制度改革，以按劳分配为主体、多种分配方式并存的企业内部工资分配制度初步建立；完善了国有企业经营者年薪考核办法。探索建立市场经济条件下企业工资增长的决定机制，大力推行企业工资集体协商。加快了工资保障制度建设，建立健全了企业欠薪保障制度，加大了对克扣和拖欠职工工资，特别是无故拖欠进城务工人员工资行为的监督执法力度。积极实施《无锡市企业工资集体协商条例》，不断提高工资集体协商覆盖范围。全市建制企业工资集体协商覆盖率达 95% 以上。

（六）劳动保障法制建设取得新的进展，行政执法监督逐步规范

劳动保障监察工作全面走上规范，市、县、区、镇劳动保障监察网络初步形成，劳动保障监察执法力度进一步加强。规模以上企业劳动合同签订率达 98% 以上，事业单位聘用合同签订率达 99% 以上，有力地维护了职工的合法权益，促进了劳动保障事业的全面发展。

不断深化劳动争议仲裁体制改革，加强仲裁员队伍建设，实行了兼职仲裁员制度，建立了一支素质较高的仲裁员队伍，不断完善、规范办案流程，提高办案质量，有效地维护了劳动关系的和谐稳定。全市劳动人事争议仲裁机构和各类调解组织积极处理各类劳动争议案件仲裁案件结案率达 99%。

（七）加强劳动保障能力建设，构建劳动保障网络体系

以建立健全与社会经济发展水平相适应的社会保障体系为目标，按照强化服务功能、下移工作重心、推进社区功能建设的思路，积极探索适应市场经济环境的属地化管理工作机制，在搭建信息化网络平台、启动“金保”工程的基础上，将社保登记、申报、缴费等各环节的管理服务工作逐步向社区延伸，积极推进企业退休人员社会化管理服务进程，不断完善社区在提供保障供养、服务解难、精神慰藉等各方面的功能。

推进社会事业发展是科学发展的题中应有之义，2012—2015 年，社会事业发展速度更快，全市加快构建民生六大体系，即终身教育体系、就业服务体系、社会保障体系、基本医疗体系、住房保障体系、养老服务体系建设，取得了令人瞩目的成就。仅以养老床位数为例，每千名老人拥有机构养老床位数就由 2012 年的 30.7 张增加到 2015 年的 40 张。

第九章 城市文化建设

无锡拥有三千多年的悠久历史，在长期的发展中形成了富有个性的吴地传统文化与近现代工商文化。随着时代的不断进步，无锡的城市文化不断增添新的内容，更加焕发出夺目的光彩。

一、吴文化对城市文化建设的价值

吴文化是中国文化的重要组成部分。多年来，在国内外学界和社会各有关方面的普遍重视和合力推动下，吴文化的研究广泛推进，吴文化的历史资源得到深入发掘，吴文化的精神不断得到彰显和弘扬，对传承发展中华优秀文化，推进吴地文明发展，产生了重要而深远的影响。无锡作为吴文化的主要发祥地，深化对吴文化的研究，进一步传承和发展好吴文化，对于建设文明无锡，打造文化名城，推进率先基本实现现代化尤为重要。

（一）吴文化在吴地数千年发展进程中不断提升发展

吴文化源远流长，在数千年的历史进程中，伴随着吴地政治、经济的发展，以及不断吸收、融合外来文化的积极因素，吴文化在传承和交流中不断升华和发展。按照当时吴文化在中华文化中地位、作用的升降，以及中国社会的变更而区分，吴文化的发展至少经历了整合期、辉煌期、新生期三个重要历史阶段。

从整合期看，“吴文化”产生于商朝末期泰伯奔吴、定居无锡梅里（今无锡梅村）以后。据考古发现，至少在一万余年前，此地就出现了最早的先民，创造出了灿烂的三山古文化以及马家浜文化、良渚文化，与古巴蜀文化等共同构建成灿烂的长江文明。据《史记》和《世本》等古籍记载，商朝末年，周太王的长子泰伯和次子仲雍为避王位，南奔荆蛮。他们定居在无锡梅里，创建了江南第一古国——勾吴国；在梅里建造了吴国都城（泰伯城）；开凿了中国第一条运河——伯渎港；目前，在无锡鸿山、梅村还有泰伯墓、泰伯庙等遗址；2004年，在梅村附近考古发现了鸿山吴越贵族墓大型遗址，成为当年中国十大考古发现之一等。这些都印证了无锡是吴文化的发源地。泰伯南来，带来了中原地区的先进农业技术和手工业技术，使黄河流域文明与此地土著长江中下游文明第一次交融，推进了本地区的发展，逐步提升和改良了土著的文化，形成了后世公认的“吴文化”，由此，也确立了无锡的吴文化发源地地位。在这一时期，吴越两国的争霸进一步促进了两地文化整合的速度和深度，经过这一时期的整合，吴越文化最终完全融合。从商朝末期中原文化与长三角地区土著文化的融合而形成吴文化，到吴越两地文化的整合融合，以及战国时期吴文化与荆楚文化等频繁的交流整合，使吴文化既具有兼容并蓄的特性，又包孕着吴越的本质。这种文化的整合，直到六朝前期才真正结束。

从辉煌期看，经过永嘉之乱、安史之乱、靖康之乱三次大规模的政治变乱，随着人口、技术、资源大规模南迁，包括政治中心的南移，加速了长三角地区的发展。六朝以来，吴文化由粗犷转而精雅，由重武转而崇文，吴文化从内容到形式都发生了极大的转变，文化心理和文化审美都产生了突变。隋朝大运河的开凿和太湖水利的治理，大大促进了吴地经济的发展。安史之乱以后，南方的经济开始超越北方。靖康之乱后宋室的南渡，是吴文化历史上又一件大事。这一时期，吴文化的轴心随势转移，从东晋和南朝的金陵到南宋的临安、明朝的苏州、清朝中期之前

▲ 吴歌

的扬州（包括鸦片战争以来的上海），中华文化的中心、中国的经济中心始终在长三角区域以内。吴文化不仅影响了当时整个中华文化的状况和发展，也直接影响到近现代中国的走向和发展。

从吴文化新生期看，中国社会进入近现代以来，迭经战乱，文化饱受摧残。但西学东渐，中西文化交接已经成为历史潮流，上海以其独特的历史性的优势脱颖而出，吴文化的文化轴心遂从原来的扬州、苏州转移到上海，吴文化的状态、内涵与实质，发生了很大变化，此时期的吴文化更加注重通过改造和创新来吸纳外来文化，文化的主动性更强大。这时的吴文化具有贯通中西、与时俱进的特性，是一种开放、活跃的文化形态，成为引领中国近现代文化新潮的先进文化，吴文化也逐步实现了由传统的“农业经济文化”向近现代的“工业经济文化”转型。

（二）吴文化的主要内涵和基本特征

吴文化的形成与发展经过了一个长期的历史过程，它是在不断吸取、融摄外来文化的过程中创造、提炼与发展的，并不断地向更高层次的文化形态前进。在这一过程中，吴文化具有了其他区域文化的许多优秀品质，同时又保留了自身浓郁的地域特色。吴文化的精髓和基本特征主要表现在五个方面。

1. 柔中带韧的文化品格

认真考察吴文化演变发展过程，柔中带韧、刚柔相济是吴文化的首要特征。远古的吴地居民崇尚武勇，自南北朝以来，在文化的滋润之下，此地民风渐趋柔和。在吴人的处事方式、行为准则中，明显发现其“柔”的一面。但在这种儒雅的外表之下，隐含着更深沉更强烈的“韧”和“刚”的文化性格，并通过睿智与胆识、气魄的结合而表现出来。这里诞生过范仲淹、顾炎武等许多以天下为已任的志士，以及明末反抗阉党的耿介知识分子。无锡人秦邦宪、常州人瞿秋白等，是中国共产党的早期领导人，投身于民族的独立和解放事业，这些都由知识分子敢为天下先的“刚”的性格所催生。南宋末年文天祥领导的江南抗元斗争，以及现代史上的淞沪抗战等，都表现了江南人在民族危亡之际坚贞的民族气节和英雄气概。改革开放初期，无锡农民大力发展乡镇企业，培育出了“四千四万”的精神，改变了农村的面貌。这是吴地人民“刚”和“韧”的性格的鲜明写照。

2. 开放进取的文化意识

自泰伯、仲雍建立勾吴国起，即教导吴人向中原文化学习。吴国的祖先不拘泥传统、灵活善变的精神为他们的后裔所继承。他们对外来文明表现出包容的开放胸襟。在古代一个相当漫长的时期，吴文化与中原文化的互动，从明代中叶开始与海外文化的互动，都体现出了吴文化开放进取的意识。也因吴文化的融合、改革、开拓、开放性，在中国改革开放时期，上海、苏州、无锡、杭州等地区，在国际合作中更加容易主动融入，也成为中国经济发展最活跃的区域之一。长江三角洲地区已成为当今吸收外商投资最大的区域。

3. 尚德重教的文化理念

吴人历来重视教育。吴地经济繁荣、地理优越、社会安定，为人才的成长提供了良好的物质基础。据统计，当代无锡籍两院院士近 80 名，在全国同类城市中名列前茅，可以说是人文荟萃。崇文重教的传统不仅使苏南人才辈出、劳动力素质相对较高，也使尊重知识、尊重人才蔚然成风。值得注意的是，江南人重商观念的形成，是建立在商人本身具有较高的文化素养，及其对文化投入产生了巨大社会效益的基础之上。国学大师钱穆曾这样描述 20 世纪上半叶的无锡工商巨子："凡属无锡人，在上海设厂，经营获利，必在本乡设立一私立学校，以助地方教育之发展。"江南大学便是由当年荣家兴办，至今仍然得到他们资助。吴文化中尚文重教的传统，为其在当今社会竞争中处于领先优势奠定了扎实的人才基础。

4. 务实功利的文化观念

由于在历史上吴地长期远离政治中心，吴人的世界观趋于现实，价值取向比较功利，重实际，讲实用，务实效，形成了经世致用的思想。早在春秋时期，江南地区贸易就比较活跃。明清时期工商业比较发达。19 世纪中期，无锡已是全国"四大米市"之一，也是闻名遐迩的"丝市"、"布码头"，这与尊工尊商分不开。也正因此，江南成为我国资本主义最早萌芽的地方，也诞生了我国最早的近代工业。20 世纪二三十年代，无锡出现了以荣宗敬、荣德生为代表的一批民族工商业者，推动了中国近代化的进程。吴地人民比较尊重平等，人际关系比较温和，一般比较崇尚礼仪，这为在市场经济条件下的社会经济发展提供了良好的人文环境。直到现代，吴人务实功利的文化观念使苏南成为中国改革开放的排头兵，并率先走上了市场化的道路。

5. 精巧雅致的文化特性

由于我国南方与北方的自然环境差别很大，尤其太湖流域，水乡泽国，这里有十分明显的水乡风貌，在审美方面，这里的人感情细腻，偏爱淡雅、玲珑、舒缓和清丽秀美，与吴地山温水软和地少人众的现状有直接关系。以后随着文化的整合，中原文化中上层社会的生活习气，加深了吴地吴人精巧细腻的特性。吴地的刺绣、雕刻、烹饪、建筑、盆栽，还有书画、篆刻、曲艺、戏剧等，举凡物质生活和精神生活诸领域全方位地显露出水的灵气。相对于中国最早开放的以岭南文化为核心的珠江三角洲，以吴文化为底蕴的长三角区域在精密制造、IT 高科技等领域更显露出特有的长处，这与吴文化中讲究精致、重视管理的传统有直接关联。

（三）吴文化对无锡发展的重要作用

数千年来特别是近代以来，无锡作为吴文化的发祥地，深领吴文化风气之先。在这块热土上，勤劳、智慧、勇敢的无锡人民，秉承先民遗风，创造了无锡近代以来灿烂的文明。

几千年来，吴文化始终处于中华文化的主流地位，无锡在吴文化区域中也始终保持着生产力和文化的先进性。尤其是中国社会进入近现代以来，无锡人民始终秉承了先民开拓、创新、务实、重文、尚德等品格和精神，开启了吴地文明发展的新篇章。19 世纪末 20 世纪初，无锡人民敏锐地抓住了上海的开埠和成为远东经济中心的历史性机遇，在积极参与上海的开发和建设中不断发展壮大自身，无锡在近现代的地位迅速凸显和提升，一度被称为“小上海”，造就了无锡在中国近现代史上独特的地位。

在经济领域，无锡秉承吴地先民重实际、讲实用、求实效、经世致用的传统观念，使无锡的工商业空前活跃。无锡人依托上海港口，率先引进西方科技，展开了兴办实业的先声，并对苏州、常州、南通等地区产生深刻影响，无锡成为中国民族工业的发祥地，在全国率先跨入了工业文明的门槛。早在无锡诞生第一个工业企业之前，清末无锡人祝大椿就因在上海创办实业，而被历史学家范文澜确定为“中国民族工商业第一人”。无锡地区从 1895 年创办第一家工业企业业勤纱厂开始，无锡人创办的实业更如雨后春笋，生生不息。无锡因此而产生了荣、杨、唐、薛等以实业闻名的大家族，他们还将实业开办到上海、天津等地，积极参与了当地的开发和发展事业。当时，仅荣氏集团的面粉产量就占全国的 20%，荣氏集团纺织厂的布机产量占全国的 29%。毛泽东同志曾说：“荣家是中国民族资本家的首户”。以棉纱著称的杨家甚至成为当时沟通华北实业集团和江浙实业集团的纽带。到 1937 年抗战前夕，无锡已经跻身中国“六大工业都市”行列，无锡的工业产值位居全国第三，工人总数仅次于上海。无锡成为中国自给自足的自然经济最早解体，城乡资本主义市场经济最早发展的地区之一。

在文化领域，无锡人传承吴地先民崇文重教的遗风，积极兴办教育，学习先进技术，出现了诸多开创性成果，各类人才辈出。这一时期，无锡出现了全国最早的国学高等教育机构——无锡国专；编辑出版了我国最早的白话报纸之一《无锡白话报》；无锡人在国人中第一个掌握了铜版印刷技术，打破了日本人在中国对此项技术的垄断；无锡人制造出我国第一台蒸汽机，修造出我国第一艘机动轮船“黄鹄”号；无锡人在上海创办了我国第一所培养科学技术人才的学校——格致书院；无锡人制造和推广了我国最早的无线电技术……特别是这一时期无锡人才辈出，涌现出了外交家薛福成、许珏，经济学家陈翰笙、薛暮桥、孙冶芳，政治家秦邦宪、陆定一，国学家钱基博、钱穆，科学家徐寿、华蘅芳，教育家顾毓琇、侯鸿鉴，文学家钱锺书、杨绛，音乐家华彦钧、刘天华，画家徐悲鸿、钱松嵒，等等，他们几乎涵盖了文化的所有领域，无一不是当时各个专业门类中闻名全国的一流人物。诸多开创性成果和各类人才集结式喷涌现象，体现了无锡近现代“百年繁华”的鼎盛气象。

在社会领域，无锡人继承吴地先民开放进取、开拓创新的文化理念，城市呈现出现代化发展的自觉意识。1905 年沪宁铁路开通之前，无锡的部分精英阶层已经参与了洋务运动、戊戌变法运动，接受了宪政运动乃至民族革命的启蒙。到 1905 年前后，无锡开始焕发出惊人的活力。无锡当时的社会事业蒸蒸日上，许多方面都开全国风气之先。如无锡早于清廷废止科举之前 7 年创办新式学堂；无锡诞生了号称“华夏第一公园”的公花园；无锡创办了中国第一批公共图书馆之一的无锡县立图书馆；无锡女学教育的兴盛，等等。无锡从公共事业和教育等许多方面都体现了走向现代文明的自觉与敏锐，为开启民智，提高城乡文明程度，优化民生，激发区域活力作出了贡献，最终奠定了无锡这个城市在当时的影响和日后的地位。无锡在进入近现代社会以来的历程中，创造的“百年繁华”，是吴文化发展到近现代以后的一种历史必然，是无锡得天独厚的吴文化资源所演绎的历史成果。

在当代，特别是改革开放以来，拥有务实进取、开放开拓历史人文积淀的无锡，在由传统农业文明向工商文明转轨、由传统计划经济向市场经济转变的进程中，继承弘扬吴文化优秀传统，并不断创新发展，使吴文化成为当代无锡经济社会发展的精神源泉。20世纪80年代，无锡农民摒弃旧有的农村经济发展模式，发扬“四千四万”的精神，大力发展乡镇企业，使无锡成为中国乡镇工业的发祥地，创造出了闻名中外的“苏南模式”，走出了一条全新的农村工业化、现代化道路。20世纪90年代，无锡人民抓住对外开放的机遇，以工业园区建设为主要载体，大力引进外资、发展对外贸易，城市面貌日新月异。经济综合实力多年来一直位居全国大中城市前列，无锡在新的历史时期又抓住了发展机遇，成为中国最富有生机和活力的城市之一。

（四）传承发展吴文化，推进文化无锡建设

文化是一个城市的命脉，是经济社会发展赖以维系的根基。无锡在长期的发展中，继承并发展了富有个性的吴文化，吴文化也已成为无锡经济社会持续发展的人文动力。

1. 挖掘保护吴文化资源，不断丰富无锡历史文化内涵

吴文化给无锡留下了十分丰富的文化资源。无锡名胜、古迹众多。这些独特的资源，为建设文化大市奠定了坚实的基础。多年来，无锡加大政府投入，多元筹措资金，积极推进吴文化资源的保护工作。无锡市委、市政府成立了吴文化研究保护委员会，加强领导，整合力量，全力推进吴文化的研究和保护。

无锡城市历经上千年历史，至今保留着龟背形平面格局，地址始终未迁，城名一贯至今，成为古城文脉延伸的特征符号。无锡县城建在惠山东麓，古江南运河西岸。唐宋以来，城址向古运河东岸扩展一倍，形成了以古运河为中轴线的“龟背状”和“一弓九箭”的城市空间布局并保留至今。城区历史街区众多，现存荣巷、惠山、清名桥沿河、小娄巷等四大历史街区，保护面积52.24公顷，为全省第二位。城内还保存有日晖巷、蔡家弄、淘沙巷等江南街坊，城郊有荡口、严家桥、黄土塘、玉祁、礼舍、周新镇等古镇。街区、古镇保持着历史建筑风貌和原生态社会环境。无锡各级文物保护单位总数达342处，位居全国前列。市区有全国重点文物保护单位11处，省级文物保护单位39处，市级文物保护单位136处，文物遗迹控制单位86处，大型地下文物埋藏区5处，工业遗产保护名录首期公布20处。国保总数居全国大中城市第15位，各级文保总数均居全省第三位。地下遗址和不可移地文物主要集中在市区和城郊，全市各级文物保护单位完好率达70%。无锡是非物质文化遗产较为丰富的城市，江南无锡人杰地灵，也孕育了世代传承的非物质文明，其代表作有惠山泥人、江南丝

竹、蓝印花布、锡剧、竹编竹刻、顾绣锡绣、吴歌等。无锡在抓好不可移动文物保护的同时，十分重视非物质文化遗产保护，建立了惠山泥人博物馆、无锡民间艺术博物馆、锡剧博物馆、蓝印花布博物馆、阿炳艺术纪念馆。无锡惠山手捏泥人等3项已列入国家首批非物质文化遗产保护名录，锡剧、锡绣、道教音乐等10项已列入江苏省非物质文化遗产保护名录。无锡历代贤能辈出，灿若群星，成为中国名人之乡。在政治、经济、教育、科技、文化等各个领域，都有无锡名人的星光在闪亮。令人称奇的是，就一个领域而言，代表人物不是一两个，而是群体崛起、高峰并列，各自都有骄人的业绩和贡献。无锡现保存完好的名人故居53座，修缮开放的就有薛福成故居、钱锺书故居、顾毓琇故居、唐文治故居、钱松喦故居、秦邦宪故居、王昆仑故居、华蘅芳故居、姚桐斌故居、阿炳故居等16座。

改革开放以来，无锡经济迅猛发展，城市化快速推进，经济综合实力一直稳居全国大中城市前十位。如何保护好城市历史文化遗产、彰显城市历史文化特色、避免出现“千城一面”现象，是人们面临的共同问题。市政府对于在城市建设中保护好历史文化遗产的认识越来越深刻，越来越强烈，努力以一种“文化的自觉”去看待这座城市，谨记先贤的功德、解读古人的智慧、感悟文化的美丽、赓续历史的文脉、彰显城市的个性。全市上下在城市文化遗产保护上的共识进一步加强，城市文化遗产保护的力度进一步加大。市政府以“发掘精华资源，凸显无锡人文，营造文化氛围，提高城市品位”为主线，以“护其貌、显其颜、铸其魂、扬其韵”为方针，无锡市城市文化遗产保护工作取得显著成绩。

2006年12月30日，无锡市政府正式提出申请，江苏省人民政府于2007年2月8日向国务院呈报《关于申报无锡市为国家历史文化名城》的请示。2007年6月28日，建设部、国家文物局组织无锡市申报国家历史文化名城专家论证会，专家组一致通过无锡为国家历史文化名城。2007年9月15日，国务院将江苏省无锡市公布为国家历史文化名城。

2. 塑造当代无锡精神

吴文化作为中华优秀文化重要组成部分，她既蕴涵着中华文化的历史内涵，体现了中华文化的许多共同的精神特质，也具有与自身地理环境相融合的区域文化色彩，有着独特而又丰富的文化内涵，吴文化对中华文化的发展，对无锡经济社会的发展，发挥了重大的作用，做出了重要的贡献。无锡继承吴文化的精髓，结合时代发展要求，不断丰富新的时代内涵，提炼出“尚德、务实、和谐、奋进”的无锡城市精神，赋予无锡这座古城新的动力源泉。无锡这一融合了历史精华与现代气质的城市精神，符合社会发展的根本方向，体现了时代精神。

无锡创造了灿烂的农耕文明，靠的就是筚路蓝缕、开拓创业、自强奋斗的吴文化的深厚底蕴；无锡近代在缺少官办资本投入的条件下，创造了近代民族工商业的辉煌，靠的就是务实重工、尚德诚信的工商文化精神；改革开放以来无锡创造了“苏南模式”的辉煌，靠的是“四千四万”的文化精神。重视文化，铸造文化，发展文化，依靠文化，这是无锡城市发展的巨大财富。

3. 打造无锡城市品牌

吴文化是无锡的宝贵文化资源，是无锡人民的一笔不可多得的文化遗产和精神财富。无锡在城市发展中，一直在努力实践、大力发展吴文化，以城市的环境、资源、历史、文化、经济和人文为依托，发挥无锡市历史悠久、人文荟萃的优势，展示城市的历史文化底蕴和独特的发展个性，打造无锡城市品牌，全面提升城市综合竞争力。一是以源远流长的工商文化资源为依托，发挥无锡市经济发达、创造力强的优势，打造工商名城品牌，塑造国内外具有较强活力和竞争力的经济名城形象；二是以无锡市国家级工业设计园区为依托，发挥无锡市工业设计创意建设的先发优势，打造设计名城品牌，塑造国内一流的设计创意中心形象；三是以无锡市得天独厚的自然资源为依托，发挥无锡市名湖、名河、名山、名泉、名人、名景闻名中外的优势，打造山水名城品牌，塑造和谐宜人的现代生态城市形象；四是以丰富的旅游资源为依托，发挥无锡市休闲服务业的优势，打造休闲名城品牌，塑造国内外著名旅游休闲胜地形象；五是以吴文化发祥地为依托，发挥无锡历史悠久、人文荟萃的优势，打造文化名城品牌，塑造国家历史文化名城形象。使吴文化成为彰显城市个性，展示城市形象，提升城市影响力和竞争力的重要载体。

4. 开发利用吴文化资源，大力发展文化旅游产业

吴文化作为一种独特的文化资源，她的存在呈现出多层面：首先是以一种已经物化了的形态存在于我们的面前，如古运河、古典园林、古迹遗存等；第二种存在形态是没有物化为固定物质的文化，如风俗习惯、技艺操作、艺术表演。第三个层面是一类无形的、以精神和意识的形态存在的文化资源，需借助于语言文字才能为人所接受，如历史故事、人物传说、民间神话等，这三个层面都有极高的开发利用价值。将吴文化视为一个大系统，依托无锡的名人文化、乡镇企业文化、运河文化、园林文化和太湖山水文化资源，积极发展有无锡地方特色和竞争优势的文化旅游产业，如旅游休闲产业、相关旅游纪念品和艺术产品设计及制造、现代型农业旅游项目、会展博览产业等等，形成以吴文化为内涵、江南水乡为特色、传统与现代相结合，集观光、休闲、度假和娱乐为一体的文化旅游产业体系，努力把无锡建设成为国内旅游者必选、国际旅游者热选的世界级旅游目的地之一。

5. 加强文化交流与合作，不断拓展吴文化的影响力和辐射力

从古至今，吴文化就是对外交流的名片。无锡以吴文化为载体，通过加强与国内外的文化交流，有力地促进了无锡同国内外城市的经济、文化交流与合作。以吴文化为载体，加强政府公关和国际合作，积极参与国内外文化交流活动。积极申办国内、国际知名的展览会、节庆活动等，积极引进和承办具有国际知名度的会议、论坛、高层研讨会。依托无锡深厚的历史人文底蕴，举办具有地方特色的节庆和会展文化活动，现在，无锡每年一届的太湖博览会和吴文化节等一系列文化活动，都是无锡文化对外开放和交流的重要载体。通过多种形式的文化交流和合作，不断增强“文化无锡”的凝聚力、影响力和辐射力。同时，积极学习借鉴国内外先进文化，以海纳百川的胸怀，积极吸收先进、科学、有益的东西，在广泛的文化交流和合作中实现文化的融合和创新，努力将文化创造作为城市魅力和活力的源泉，为推动无锡经济社会发展不断跃上新台阶作出贡献。

▲ 吴文化节开幕式演出

二、古运河与惠山祠堂群的文化价值

无锡的古运河与惠山祠堂群是两个极其重要的历史文化遗存，是无锡城市珍贵的历史财富。

（一）古运河

京杭大运河是古代中国人民创造的伟大水利工程，它与万里长城齐名。作为当今世界上开凿最早、里程最长的人工运河，它是中国古代重要的“漕运通道”和经济命脉，是中华民族南北文化交流的通道，是一条历史之河、文化之河，更是一条鲜活的、流动的、发展的文化经济黄金水道。

大运河所蕴含的历史文化价值不可复制、不可再生。大运河无锡段西接常州，起于五牧，东至苏州，止于北望曹河泾，全长 40.8 公里，虽然只占 1794 公里京杭大运河的短短一程，却聚集了极为丰富且珍贵的历史遗存和人文景观，有些甚至是运河上仅存的历史风貌。无锡段古运河有几个值得一提的“最”：一是古运河无锡段为最早开凿的运河。公元前 1122 年开凿的伯渎港比京杭大运河早了 600 多年，是中国乃至世界上最早的人工运河。二是无锡为古运河唯一穿城而过的城市，留下了浓郁的、独具个性和魅力的市井文化。三是最具原生态文化风貌。跨塘桥至清名桥间鳞次栉比地排列着江南传统建筑，尽显枕河人家的原汁原味，形成了“水弄堂”的绝佳风光，被称为古运河的“绝版”。四是文物古迹最为密集。沿线有“国保”6 处、“省保”24 处、“市保”35 处，为数众多的古河、古井、古宅、古窑，清帝康熙、乾隆驻足处黄埠墩，中国四大米市之首的三里桥米市，建于公元 547 年的江南名刹南禅寺，建于明代的运河石拱桥清名桥等，文化遗产之多、质量之高，是古运河两岸城市中屈指可数的。更难能可贵的是，无锡市人大 1983 年就通过了《古运河保护规划决议》，1995 年古运河又成为省级历史文化保护区，避免了与众多沿运城市文化遗存全军覆没的同样结局，留下了古运河文化的最后绝版。

大运河是一部活态文化。“长城是凝固的历史，运河是流动的文化。”大运河自春秋开凿至今，经历了 2000 余年的历史。运河路线随着历代京都的改变和黄河的改道，曾几经变迁，却一直是中国东部沟通内河、联系海港的南北水运交通干线，贯通海河、黄河、淮河、长江、钱塘江五大水系，兼有灌溉、防洪、排涝之利，对历代的政治、经济、军事和文化发展曾起了重要作用。纵贯南北绵延千里的大运河，构成了独特的自然风情、人文景观和民俗民风，形成了特殊的运河沿岸文化。在中华民族的发展史上，大运河为发展南北交通，沟通南北之间经济、文化等方面的联系做出了巨大的贡献。运河历经2000多年的沧桑，像时代的记录者，见证了过去的绚烂与平淡，也经历了繁华与衰落。古运河是无锡人民的母亲河、生命之河，它见证了无锡经济、文化的沧桑巨变。运河水滋养了无锡人民，无锡的先民们“傍河而居”，沿岸逐渐成为人口稠密的集镇和江南望县，将罹患水害的荒蛮之地，变成了五谷丰登、水沃鱼肥的鱼米之乡，创造了灿烂的吴文化。隋唐以来，由于运河的贯通，无锡“商旅往来，船乘不绝”，无锡市场逐渐繁荣。明清年间，无锡成为饮誉大江南北的米、布、丝、钱四大码头，成为四通八达的内河航运中心，成为著名的风景旅游胜地。至20世纪30年代，随着上海的开埠，无锡凭借古运河这条黄金水道而成为我国民族工业的发祥地，造就了百年繁华。及至20世纪80年代，由于吴文化、工商业的基因，又成为我国现代乡镇工业的重要发源地。时至今日，虽经千百年历史沧桑和社会演变，大运河仍然集航运、灌溉、防洪等功能于一体，发挥着积极的作用。京杭大运河依然是南北重要物资运输和长三角经济的水上重要通道，有10万多艘船舶长年在运河上航行，年运输量相当于3条京沪铁路。大运河千年流淌，奔流不息，它是研究中国古代政治、经济、文化、社会等方面的绝好实物资料，也是今天城市发展的记录者和书写者。

运河文化是城市精神、城市文化的深厚根基。无锡段运河是大运河最精彩的一段，是无锡地域文化中极其珍贵的历史瑰宝，是无锡城市精神的标志性载体。无锡是一座依水而建、以水而名、因水而兴的城市，运河文化的传承给了城市发展以深厚的底蕴和独特的品质。运河奔流不息、始终向前的品质也是无锡人和谐奋进的强音。恢复和保护运河良好的生态环境和人文风貌是运河自身健康发展的需要，更是城市和谐发展的呼唤。和谐的城市应该是一个生态平衡发展的城市、人与自然相谐共生的城市、现代文明与传统文化传承融合的城市。和谐新城应该是既具现代生活气息、又富历史纵深感和文化厚重感的人居乐园。一座城市有了历史，才更显底蕴。那些古寺古庙、古桥古驿、古窑古树是历史赋予我们这座城市的宝贵财富，各历史阶段的风貌人情又积淀成我们这座城市独有的特色，历史文化街区和独特性建筑成为城市的显著标志。只有将城市建设构想深植于自己城市的传统文化、历史文脉和自然环境中，才能避免走入千城一面的趋同困境。

充分利用大运河所蕴含的丰富历史人文价值开发旅游资源，有利于提高后人对民族文化的认知。京杭大运河文化遗存众多，沿岸风光无限，景观独具魅力，旅游资源十分丰富。无锡古运河历史文化街区是一个浓缩的“运河活态博物馆”，蕴含着丰富的工商业文明、运河文化要素，对其资源的开发利用，可以为国内外旅客提供传统无锡工商业文化和市井民俗风情的“绝版”运河风情体验，对运河文化的传扬和继承起到积极的作用。依托古运河地区旧时民族工商业发达而遗留下来的大量工业遗产与遗迹，恢复、保护工业遗址与厂房，适当还原老工厂的旧貌，建设以展示民族工商业为主的工业遗产带，可以展现无锡民族工商业的发展历程，加深游客对无锡民族工商文化的了解。以复原、搭建沿河的古戏台、书场为基础，重造无锡“戏码头”，并发展戏装制作业，可以展现古书场的繁盛景象。选取一两个规模较大的古窑进行“活化”，建造古窑遗址公园，可以展现无锡古运河一带曾经盛行的烧砖业。以民族工商业文化、水弄堂文化和古建筑景观文化为依托，重现“脚下青石路，头顶一线天”的“水弄堂”奇特格局，展现无锡城市人文精华和城市历史发展风采。通过运河码头体验游，深入体验民家食宿、日常习俗等运河人家风情，参与民间节事、婚嫁习俗等民风民俗以及运河艺人、收藏家、老人等主要产品提供者的民间艺术体验，感受运河水镇风光、文化遗址风光和文博艺术文化。通过对“传统作坊”、老字号、古宅等的场景复原，“博物展馆”的建设，进行人文历史的展示陈列，都可以使人们更直接地去触摸可听、可感、可见的生动运河文化。通过这种动态的、文化的、开放式的展示，将古运河历史文化街区的所有建筑、水体空间和人物活动，以最自然、和谐的方式展现在人们面前，让人们通过亲身体验去触摸千年历史文脉，可以更好地达到对古运河和古建筑文化遗产进行整体保护、传播的目的。

（二）惠山祠堂群

无锡惠山古镇，占地不足 0.3 平方公里的土地上集中排列着 80 个姓氏的 118 座祠堂，以其数量最多，密集度最高，姓氏最多，类型最丰富、形态最多样，保存最完好，构成了国内外绝无仅有的独特的“祠堂群”景观。祠堂，也称“祠庙”、“家庙”，是后世祭拜神灵、先贤，族人祭祀祖先的处所，是先民精神和英灵栖息的殿堂，祠堂在传统文化中有着祖先崇拜、宗法伦理、修谱议事、礼法教育等方面的普泛性意义和功能。祠堂文化是中华宗族文化、纲常文化的集中体现，也是中华传统文化的重要组成部分。

惠山古镇祠堂群历史溯源深厚。吴地历史上的重大变迁和文化轨迹，都可以从惠山祠堂中寻到端倪。以历史文献为据，惠山祠堂群落的形成始于唐，兴盛于明清，延续至近现代，时间跨度长达1200余年，其间历经时代更迭、风雨沧桑，堪称映现无锡历史文化变迁的“活化石”。

按照周代《礼记》规定，只有帝王、诸侯、大夫才能自设宗庙祭祖，直到明朝，朝廷才开始允许民间百姓“联宗”立“家庙”。明代以前，惠山祠堂多为“公祠”，明代以后，由于民间宗祠的大量修建，惠山祠堂开始形成群落。起初，百姓的私家祠堂多建于家族的聚居地或其附近，由于无锡老城面积狭小，邑内外的名门望族纷纷到西城门外的风水宝地惠山之麓建祠立庙，惠山祠堂第一轮建筑热潮由此兴起，其中代表要属寄畅园。寄畅园本为明代兵部尚书秦金衣锦还乡后修建的别墅，他死后，别墅曾被子孙各房分占。后秦氏家族为宗族利益达成共识，将这背山环水的别墅改立为家祠。寄畅园依山傍水，水榭楼台，景色清雅宜人，是惠山最为著名的园林祠。寄畅园周围密布着大大小小几十个祠堂，较为完整保存下来的还有十几座，如陆羽祠、尤袤祠、顾宪成祠、邵文庄祠等。它们多为当时逐渐由农村迁入无锡县城内的望族兴修的私家祠堂，尚带有农耕文化的鲜明印记，如秦氏、邵氏等实力殷厚的私家祠堂内还设有私塾书院，用以教养家族子弟，发挥着祠堂除祭祀外的另一个重要功能——助学育才，印证着吴地传统“耕读传家”文化的深厚传统。无锡明代文化名人浦长源曾以“出郭楼台三四里，游人不得见山容”之句形容当时惠山脚下祠堂林立的胜景。

惠山祠堂群的形成还与无锡明清以来地方经济的快速崛起有直接关联，特别是与近现代民族工商业的快速发展有着密切关系。无锡是民族工商文化的重要发祥地，惠山祠堂群落的集聚还归因于吴地较早萌芽并迅速发展的工商经济，从祠堂祀主看，有不少属于近现代在工商实业方面卓有成就且积极回报桑梓的人物。无锡自然地理条件优越，京杭大运河穿城而过，水运交通十分便利，民风务实而灵动，深得工商经济之要领，至清代已是闻名全国的四大码头。与无锡北门有名的米、布等商品集散中心的北塘大街、三里桥遥相呼应，紧邻京杭运河的惠山一带形成了大米、丝绸、布匹的交易市场及其与之配套的钱庄、货栈，四方商贾云集于此，经济贸易十分繁荣。以徽商为代表的一批外地客商聚集在惠山寺门前的秦园街、香塍街、绣嶂街等几条街道上搭铺做生意，其中有些商人被惠山的好风水所吸引，决定在此卜宅而居，设立祖祠。由于山麓可建祠堂之地多为本地人所购置，这些人家便选择在店铺之后，沿惠山脚下一条被称为惠山浜的小河边修筑祠堂。于是，在惠山浜的一些地带形成了有着浓郁徽派风格的祠堂泾。在今天称之为上河塘、下河塘的地方，逐渐建成了100多处祠堂，其中包括徽商建造的朱熹祠堂，大多为清代到民国时期建造。据统计，本地人加上外来定居的徽商，清代惠山古镇所建祠堂达70余座，堪称惠山祠堂修建的鼎盛时期。

时间跨入20世纪，无锡迎来了民族工商业发展的一个黄金期，惠山古镇也随之迎来了祠堂兴建的又一轮热潮。根据可靠史料，19世纪末至20世纪20年代，无锡已形成了一个以薛、杨、荣、周、唐程、唐蔡等六大资本集团为代表的庞大工商实业家群体，开办的工厂数量及产值接近甚至超过上海、天津、广州、武汉等省会城市。从事纺织、建筑、面粉等行业的杨氏、荣氏、钱氏等工商名家，为方便聚集四方商贾，开始在惠山增建了一批行业会馆性质的祠堂，俗称行业祠、会馆祠，其中尤以杨藕芳祠最具代表性。1895年，参与过洋务运动的官僚杨宗濂、杨宗翰兄弟因上海机器织布局火灾而黯然离开官场，返回故里后，二人创办了无锡首家近代企业——业勤纱厂，这也是中国历史上第一家民营大型机器化生产的工厂，生产经营模式已初具现代企业性质。杨家作为当地望族，在惠山河塘原先已有一座中式祠堂“留耕草堂”，为典型的江南园林模式。1912年杨家又在留耕草堂斜对面河岸建造了一座中西合璧的建筑——杨藕

▲ 业勤纱厂旧址

◀ 惠山祠堂群

芳祠，鲜明体现出祀主的洋务思想取向，和西洋文化不断融入传统文化的时代特征和地域特征。这些行业祠、会馆祠不仅使惠山祠堂的数量有了进一步增加，而且还丰富了惠山祠堂的种类和样态。

惠山祠堂群，历史跨度悠长，文化内涵丰厚。祀主所涉纵向时间跨度长达三千多年，最早可追溯至商末周初的吴太伯，最晚则为民国年间的工商大户杨氏、张氏、唐氏等家族宗祠、祖庙和行会祠堂。从构建时间看，从唐代以来迄今也已有一千多年的历史。

惠山古镇的118座祠堂，涉及姓氏80个，所涉祀主多达180余位，其中有先秦时期开辟吴地的先贤泰伯；有各朝各代宰相级人物，如战国时期的黄歇（春申君），五代十国吴越王钱镠，唐代宰相李绅、陆贽，宋代王旦、范仲淹、司马光、李纲，清代的嵇曾筠、嵇璜、李鸿章等；著名文人、理学家有周敦颐、张载、朱熹等；著名书画家有倪瓒、王绂等。这些祀主不是受人敬仰的先贤廉官，就是造福一方的忠臣义士、乡贤俊杰，或是声名远播的文化名流，还有创立近代民族工商业的时代先驱，以及各姓氏宗族的开派始祖和代表人物。还有一些祠堂所祭祀的是民间崇尚的贞节烈女，如华贞节祠、唐张贞节祠、诸贞节祠等，虽然所祀主人姓名不全，但却可见民间对这类人物的敬重。从上述这些祠堂中，可以清楚地看到无锡历代先民的精神崇尚、道德取向、宗教信仰，宗族制度，以及与之相应的生活方式和民俗风情。

从祠堂的设立者看，惠山祠堂可以分钦定官设、民间立祠两大类，即所谓“公祠”和“私祠”。公祠是指“钦定官设的祠堂”，即由官方出资所立祠堂，主要祭祀的对象一是神灵，二是为国家、地方做出重要贡献的“立德立功立言”

的先贤。私祠则是“民间联宗立庙所建之祠”，即由家族后人所建祠堂。私祠则可分为奉祀家族始迁祖的“宗祠”，以及奉祀各类专门人物的“专祠”。其中也不乏公私兼顾的双重身份的祠堂，如华孝子祠、至德祠等就兼具公祠和宗祠的身份。

根据祠堂功能和用途，大致可以将118座祠堂划分为10种：

一是神祠：东岳庙（黄飞虎、惠山行宫），庙祠：泰伯殿（泰伯）、茶神（陆羽）、梦神（于谦）、土神（王越祖）、水神（王其勤）、战神（张巡）、虫神（刘琦）；二是先贤祠：尊贤祠［祀陆羽、华宝、湛挺（湛茂）、邵宝、秦观、尤袤、倪瓒、王绂等十二贤人］，乡贤祠（祀顾可久）；三是墓祠类：单贞女祠、邹氏家祠；四是寺院祠类：惠山寺、昭忠寺；五是忠孝节义祠类：忠烈祠（昭忠祠）、报忠祠、孝子祠（华孝子祠）、节妇祠（节孝祠）、义士祠（张义士祠）、中节祠；六是宗祠：钱武肃王祠、过郡马祠、蒋家祠、苏家祠等；七是专祠类：王文正公祠；八是书院祠类：二泉书院；九是园林祠类：寄畅园秦氏双孝祠、李公祠、潜庐（留耕草堂）等；十是行会祠类：会馆祠（如徽国文公祠），行业祠（如鲁班殿、张中丞祠）。

惠山祠堂有着丰厚的文化内涵和价值。惠山祠堂从唐宋延至近代，所祀人物除了本地历史文化名人，还有近半数的祠堂所祀为外籍人物，大多为其后裔迁锡后所建，在文化精神上不仅集中体现了尊贤尚德的民族文化传统，也是吴地族群文化、民俗文化的集中反映。

祠堂，是中华尊贤敬祖文化传统的体现，惠山祠堂文化在总体上与中华民族的这一传统保持着高度的一致性。尊贤尚德是中华民族的悠久的文化传统，但是，从不同侧面和角度审视之，则会发现其不同之处。在充分展示了尊贤敬祖精神的基础上，惠山祠堂文化有着自己的鲜明特色，可以归纳为六个“最”：祠堂数量最多、排布密集度最高、涉及历代人物姓氏及名人最多、历史沿革最久、建筑形态最为丰富、集存最完整。

祠堂的诞生与特色虽然以家族为单位，但凸显出来的却是尊贤礼士、崇文重教、忠孝仁德的道德理念。吴地有着悠久的尊贤尚德传统，从远古时期泰伯奔吴、三让天下的“谦让”、“至德”精神，到延陵季子“后三让”及其“季子挂剑”的诚信精神；从历朝历代清正廉明、执政为民的好官，到不同时代高风亮节、成就卓著名满天下的高士名人；从忠孝爱国、诗书礼家的名门望族，到近现代民族工商实业家的杰出代表，乃至恪守妇道的贞节女性，都是民间百姓尊重敬仰的人物。其祀主中，有爱民如子、清正廉明、实心任事的好官，如海瑞、邵宝、李金镛、于谦等；有忠义报国、舍生取义的忠臣名将，如李纲、岳飞、杨邦义；有以道德文章、优秀人品著称于世的仁者名士，如朱熹、司马光；有心怀天下、刚正不阿，为民请命的知识分子，如顾宪成、高攀龙、顾可久、黄斗南、张柬之；有文坛星宿、名满天下的文人，如苏轼、周敦颐；有琴棋书画享誉艺林的高士，如倪瓒、王绂；也有敬老爱幼、忠孝仁义礼家的普通平民，如华宝，因为道德品行高尚而成为家族后人敬慕的先祖，并成为后人效仿的楷模。

祠堂祭祀的祀主，虽然时代、身份、地位、影响各不相同，但是从文化的取向看，却有着惊人的一致性，都反映出尊贤尚德、忠孝正直的道德风尚，表现出中华民族尊贤尚德文化的向心力、凝聚力。

惠山古镇的祠堂建筑，折射出浓郁的吴地文化特色、厚重的历史积淀和深邃的文化底蕴，是研究和发掘吴文化的宝库，也是研究传统建筑文化最好的实体依据。无锡作为近代以来工商业十分发达的城市，“水巷曲弄、粉墙黛瓦”的传统街区格局中烙印着农工商贸的综合印记：北塘运河两岸米码头、布码头因河成市，街道沿河分布，民居枕河而建，甚至祠堂群建筑也与水紧紧相依，充分体现出江南水文化的特点。惠山古镇的亭、台、楼、阁、寺、园、桥、榭，以及戏台、古树名木等一起构成了祠堂群的总体建筑形貌。走进古镇，如同步入一条历史的时光隧道，历时一千二百多年的建筑，遥远、陌生而又熟稔地展现在你的面前，让人在接受传统文化熏陶的同时，也真实领略到传统建筑艺术的魅力。

虽然这些祠堂是在一千多年中陆续完成的，但是建筑之间却有着惊人的和谐性，其空间肌理与秩序搭配非常合理，各种祠堂都能依据不同地形条件，因地制宜、合理布局，巧妙地处理地形地貌、借山借水借景，让建筑与环境巧妙融为一体，体现了天人合一的艺术追求。游人在这里，移步换景，可以感受到十分多元的空间意象。同时，院落空间布局形式、祠堂型制十分多样，建筑装饰别具特色。祠堂建筑的装饰上，也充分体现出向善、崇德、敬祖、忠孝的文化取向，富于教化意义。

2012 年 11 月，在北京召开的中国世界遗产会议上，国家文物局公布无锡惠山祠堂群文化景观成功入选《中国世界文化遗产预备名单》。一直以来，无锡都把惠山祠堂群的申遗工作摆在与大运河申遗同等重要的位置。早在十几年前，无锡就启动了惠山古镇保护规划；十多年间，一座座祠堂得到修复，祠堂内蕴得以外显。

从 118 处祠堂到太湖、运河两水所夹中的“大惠山”概念，无锡在推进惠山祠堂群申遗的过程中，逐步更新着自己的保护观念，为申遗增加了获胜筹码。目前的惠山祠堂群项目已经打破了传统意义上的惠山古镇及其祠堂群的概念，而是将惠山园林、森林公园等周边的山水环境一并划归在内，这是无锡对文化遗产保护从点、线到面的系统提升。惠山祠堂群之所以能够一次申报就顺利入围《预备名单》，原因就在于无锡对祠堂群主题的充分研究和祠堂背后带有中国特色的宗族文化。宗族是中国社会的基本结构，宗族文化是中国成为四大文明古国的典型代表，中国的宗族文化绵延几千年，这是西方世界所没有的，也是无锡惠山祠堂群申报世界文化遗产的重要支撑点。但入围只是开始，怎样让世界读懂我们的宗族文化以及如何去构造这一主题是无锡今后的工作。

作为申报世界遗产的一个重要条件就是这一遗产至今仍能发挥作用，而不是一潭死水。在惠山这片土地上，每天都有成千上万的人来这里晨练，每逢节假日都有慕名而来的中外游客流连于这里的园林之间，清明时节，来此烧香祭祖的人更是络绎不绝。惠山祠堂群的规模数量、文化内涵及其丰度广度在全国乃至世界都有重要价值，它体现了无锡人的生活方式，直到现在它仍在发挥着作用。

三、文化事业的发展

2000 年以后，无锡市先后推出一系列文化事业发展规划。无锡市委、市政府多次召开了全市文化工作会议，出台了一系列文化发展规划纲要，制定了一系列支持文化事业和产业发展的经济政策，建立了市领导挂钩推动项目建设的制度，首创了用项目化、工程化的办法推进文化重点工程建设，以前所未有的力度推进无锡的文化发展。市委、市政府不仅对公共文化服务体系建设提出了更高更具体的要求，并且提供了更加具有刚性的政策保障。同时，建立基层文化建设的考核制度，纳入市委、市政府目标任务考核体系，列入地方政府任期目标和对地区党政领导年度考核内容。各市（县）、区党委政府也逐步制定完善发展规划，推进市和市（县）、区两级公共文化服务体系建设。

（一）公共文化基础设施体系不断完善

改革开放后，特别是2006年以来，无锡市及市（县）区两级财政用于文化事业的总投入不断加大。市区先后建成了市图书馆新馆、文化馆新馆、南禅寺书城、大世界影城，市博物馆新馆、科技馆、革命陈列馆和中国民族工商业博物馆、锡剧博物馆、无锡大剧院等一批文化设施和场所，社会力量投入文化事业的氛围也日益浓厚。基层文化设施日益完善，全市拥有各类文化馆、文化活动中心、图书馆（室）、博物馆、陈列馆500多个，形成了覆盖面广、功能较为完善的公共文化基础设施体系。92%以上的乡镇、街道文化站达到等级站标准。全市9个县级以上图书馆均被评定为部颁三级以上图书馆，其中一级馆3个，建成“农家书屋”30多个。市区各镇、街道、社区等相继建成了各具特色的文化基础设施，为发展公共文化服务体系提供了良好的硬件和载体，一个多层次、全覆盖、设施较为完善的市（县）区、乡镇（街道）、村（社区）公共文化基础设施网络正在逐步形成。2015年之前，全市9个市（县）区全部被省评为群众文化先进县（市、区）。

（二）高雅艺术与群众文化比翼齐飞

近年来，无锡市加强城市文化活动载体建设，不断创新艺术创作机制，创作了一批融思想性、艺术性、观赏性于一体的精品力作，文艺创作生产水平处于全国同类城市领先地位，一批作品先后荣获全国“五个一工程”奖、国家舞台艺术精品工程十大精品剧目、文化部文华大奖、全国舞剧比赛“荷花奖”等国家级奖项。这些精品力作不仅具有相当高的艺术水准，还通过积极走向市场获得广泛的社会影响，全市各级各类文艺团体年均演出2500场次以上，舞剧《红河谷》《阿炳》等以低票价走进高校，新版锡剧《珍珠塔》《青蛇》以及市滑稽剧团根据不同需要和演出场所采用不同版本，走进剧院、走进学校、走进乡村，受到普遍欢迎。来自基层、服务基层的群众文艺作品不仅深受群众欢迎，还先后有200多部（件）在全国“群星奖”、“蒲公英奖”和省“五星工程奖”等各类群众文化艺术比赛和会演中获奖。小戏《鸡笼风波》、摄影《非洲野生动物》等作品先后获群众文化政府最高奖文化部“群星奖”金奖，女声小合唱《竹乡谣》获得国家级音乐专业大奖金钟奖。民族舞剧《阿炳》《红河谷》、广播剧《圣旅》和无锡市作者创作的歌曲《宇宙的种子》先后荣膺“五个一工程”奖；

◀ 锡剧

锡剧《江南雨》获中国戏剧节优秀剧目奖；电影《百年毓琇》获华表奖提名；文化散文《湮没的辉煌》获首届鲁迅文学奖；一批音乐、舞蹈、小戏、摄影等作品获省级、国家级奖项或参加全国大展；无锡市连续五届获得江苏省“五个一工程”组织工作奖。

（三）挖掘文化底蕴彰显城市特色

以“显吴地文化之蕴，扬山水名城之名”为主题，大力开发彰显吴文化、工商文化等特色文化资源和文化品牌。

一是推进历史文化遗产的保护、开发和利用。以成为国家级历史文化名城为契机，无锡实施了“1234”文化遗产保护工程，即围绕一条古运河，全面保护沿河传统民居和工业遗产；建设鸿山遗址、阖闾城遗址两大遗址公园；构筑泰伯渎、泰伯墓、泰伯庙三大历史人文景观；修缮清名桥、惠山、荣巷、小娄巷四大历史街区。由此，无锡全市“国保”数达到18处，“省保”数达到70处，“市保”数达到300处，历史街区、古村镇达到10处，各类博物馆、纪念馆、名人故居等开放单位数达到100座，各级文保单位完好率达到100%，历史街区、古镇村完成率达到95%以上。国家级非物质文化遗产数达到6个，省级的达到10个。手捏泥人、紫砂陶艺、梁祝传说被列入国家公布的首批非物质文化遗产保护目录，吴歌、道教音乐、锡剧、竹刻、三凤桥酱排骨烹制等10项被省文化厅公布为首批省级非物质文化遗产代表作。加大了历史人文景观免费开放

◀ 惠山泥人

的力度。组织出版了《无锡文化丛书》等，梳理城市文脉，提炼城市精华。传播历史印记，弘扬民族文化，提高了群众的文化品位。

二是举办大型节庆文化活动。先后承办了中国合唱节、全国舞蹈比赛、中国金鸡百花电影节、太湖国际民乐展、“中国曲艺荟萃”展演等全国和国际性重大节庆活动，精心策划组织了太湖博览会，创办了吴文化节等展示无锡形象的重大节庆活动，千人二胡齐奏、狂欢大巡游、泰伯祭祀典礼等给无锡市民营造了浓厚的节日气氛，留下了难忘的印象。

三是打造基层文化活动品牌。市区的“激情周末”广场文艺演出、“广电文化周”、锡山甘露民俗文化节、惠山区阳山桃花节、滨湖区的“太湖山水文化节”在全市、全省乃至全国都有一定的知名度和美誉度。

四是形成了特色文化品牌。全市拥有特色文化团队 887 个，文化开放户 20 个，有 8 个乡镇被命名为“江苏省民间艺术之乡”。经过几年的努力，基层文化正朝着“一地一品”、“一乡一样”、“一户一种”的方向深入发展，形成了一批特色文化典型。以锡柴、山禾等为代表的企业文化，以阳山、甘露、荡口等为代表的农村文化，以江南大学、无锡高等师范学校为代表的校园文化，以雪浪、洛社等为代表的特色文化家庭，以南长区清扬街道、北塘区南尖居委、新区太湖花园社区等为代表的社区文化等，成为全市基层文化的亮点。

（四）推进体制改革，推进公共文化服务体系完善

2005 年 12 月无锡市文化艺术管理中心的挂牌成立，无锡市文化体制改革进行了新的探索，意在为实现政事分开、管办分离奠定基础，市文化艺术管理中心成为全市公共文化产品与服务的主要组织者、生产者、提供者。把人才作

为公共文化服务体系建设的关键所在，不断提高公共文化干部与专业人员的总体素质。建立了社区群众业余文化活动辅导员登记制度，在册的社区文化辅导员达 1700 多名。同时，积极采取措施，解决基层文化工作人员的实际问题，稳定文化干部队伍。通过制定政策，健全文化人才引进机制，加强培训，提高基层文化从业人员素质，正在逐步改变基层文化从业人员老化、学历偏低、结构不合理的状况，为公共文化服务事业的发展提供人才优势和智力支持。

四、城市文化产业发展

文化无锡的建设，是无锡市建设“魅力无锡”的重要一环。在建设文化无锡的过程中，大力发展文化产业，发挥好文化产业的推动作用，有着非常重要的意义。

在无锡市发展文化产业的进程中，不断进行新的实践，也在不断积累着经验。多年来无锡文化产业增加值年均增速一直保持在 30% 左右，高于全市 GDP 增速、高于全市第三产业增加值的增速。以新闻出版、广播影视、文化艺术为主的传统意义上的文化产业，保持相对稳定，增加值占比稳定在三分之一左右；以网络、旅游、休闲娱乐、经纪代理、广告会展等新兴文化服务业为主的文化产业发展迅速，增加值占比持续增长，明显快于传统文化产业；以文化用品、设备及相关文化产品生产和销售为主的文化产业，实现增加值绝对数持续增加，但占比有所下降。这反映了新兴媒体、在线娱乐、数字电视电影、文化装备制造等高科技文化业态已成为无锡市文化产业重要增长点。

（一）推动旅游文化产业发展

按照“打好太湖牌，唱好运河歌，拉好二泉曲，弘扬吴文化”的思路，无锡市以列入国家历史文化名城为契机，以吴文化为主线，以古运河、江南水乡为背景，以名人、名居、名迹、名园和古河、古街、古巷、古寺为主要内容，充分挖掘无锡历史文化内涵，积极培育一批具有无锡鲜明特色和个性的文化旅游“经典之作”、“精品之作”。开发和完善了鼋头渚、三国城、灵山圣境、梅园、江阴长江大桥等一批具有较强竞争力的旅游景区和项目，修复和扩建了寄畅园、薛福成故居、东林书院、二泉书院、徐霞客故居、泰伯庙等一大批人文古迹，拥有 5 个 4A 级旅游景区，形成了 18 个年接待量在 10 万人次以上的景区和景点。

（二）推动传媒出版产业发展

无锡市通过组建广电集团、报业集团，建设无锡书城和南禅寺文化书城，以此为龙头，带动传媒出版业的发展。1999 年 6 月 9 日无锡广电集团揭牌，全国首家广电集团在无锡正式成立。2004 年，国家广电总局同意无锡广电集团作为集团化改革的试点单位，与中办发〔2001〕17 号文件下发后成立的广电集团同等对待。无锡广电集团成立后，一直能够按照中央和总局关于文化体制改革的精神，积极推进广播电视改革发展，特别是在市场化、产业化运作上进行了有益的尝试。投巨资于重点题材创作生产，打响品牌栏目；策划举办重大活动，扩展与市场的互动；发展和利用现有广电设施，创办无锡音乐厅和无锡美术展馆，实施市场化运作、产业化经营，扩展广电文化功能。无锡广电还投入 3.4 亿元用于线路改造、技术转换和机顶盒的推广等，积极推动数字化电视的普及。2003 年 11 月 28 日经中共无锡市委批准，无锡日报报业集团正式成立。报业集团由《无锡日报》《华东信息日报》《江南晚报》《华东旅游报》《江南保健报》《江阴日报》《宜兴日报》和《城市党报研究》杂志、无锡新传媒网站等 7 报 1 刊 1 网站整合而成。成立后的无锡日报报业集团极大地推动了无锡的传媒出版业发展。

（三）推动民营文化产业发展

民营文化产业的迅速发展，是无锡市文化产业发展的一个新的亮点。政府在加大对文化投入的同时，注重改革投入机制，积极运用市场运作规律，以政府投入带动对文化的多元投入。由于在文化设施建设、节庆活动、影视创作、广告策划等方面吸引了大量的社会投资，无锡市的民营文化产业迅速壮大。仅北塘区内就有 7 家民营影视文化传媒企业，如盛唐影视文化传播有限公司、现代影视作品有限公司、江苏时代东华影视文化有限公司等。无锡盛唐影视文化传播有限公司成立以来，已运作了电视连续剧《壮志雄心》《出水芙蓉》等；现代影视作品有限公司也出品了《永乐风云》《大脚马皇后》等电视剧，在全国享有一定的知名度。

（四）推动文化创意产业发展

2005 年 4 月 23 日，太湖新城内首个以高科技研发、软件开发、工业产品造型设计等为核心的高新技术产业集聚地——太湖创意产业中心揭牌，日本

▲ 无锡（国家）数字电影产业园

OBC 软件公司、上海晟峰软件公司、杭州恒生电子集团等成为第一批入驻企业。这一成果，标志着无锡的创意产业发展，进入了真正的高速增长期。无锡打造创意产业的外部条件已经成熟。较高的经济发展水平、迫切的产业升级需要、环境立市的发展理念，初步构筑了创意产业诞生的平台。随着相关资源在滨湖新城的重新整合，滨湖区域发展创意产业的优势正日益凸显。无锡市强大的设计力量也使发展创意产业有了重要支撑。多年以来，无锡市的服装、包装和集成电路一直有很好的产业基础，这为发展服装设计、包装设计和集成电路设计创造了有利条件。江南大学设计水平全国领先，每年向社会输出的设计人才约 500 人，江南大学迁入滨湖新城，更为该区域发展工业设计产业加重了砝码。借助与日韩企业良好的合作关系，无锡市正全力发展以数字内容为代表的创意产业，以此赢得新经济的竞争优势，目前无锡市正通过日韩外资力量，发展游戏软件和数字内容软件，大力提升 IC 设计水平。2005 年 9 月，由民间资本投入修复的北仓门生活艺术中心全面投入运营，这一从几近废弃拆除的命运中“重生”的老建筑作为创意产业在无锡的标志性展示，在无锡文化界引起很大的震动。2012 年建成开园的无锡（国家）数字电影产业园，被简称为“华莱坞”，分别与美国罗利公司、好莱坞视觉特效公司 D2 签署了项目合作协议。

（五）推动文化娱乐产业发展

以市区的影剧院、图书音像、大众娱乐、艺术团体及体育中心为主，通过举办重大文化节庆活动，引进高品位和高质量的影片，邀请国内外明星演出等，积极培育和拓展文化消费市场，并向各区、镇延伸，发展各级文化市场。全市拥有大众娱乐场所 2600 多家，从业人员 20000 余人。

（六）推动文化演艺产业发展

戏剧、歌舞、文学、书画等取得前所未有的丰硕成果，在全省乃至全国都有一定影响。新版锡剧《珍珠塔》《二泉映月》焕发了锡剧艺术的青春，舞剧《阿炳》获全国“五个一工程”奖和文华大奖。梅花奖、群星奖等奖项也一一落户无锡，给无锡城市增添了辉煌。从舞剧《阿炳》经费拨款改投资，到新片《珍珠塔》经费拨款改股份制经营，各项改革都取得成功，做到艺术生产既出精品又出商品，既得大奖又占市场，达到两个效益的最大化。

（七）推动节庆会展产业发展

近年来，无锡市把发展节庆会展文化产业作为拉动文化消费的一个重要途径，举办了多次大型文化节庆和会展活动。2000 年的“六艺节”（无锡分会场）、广告节、工业设计周等，2001 年的全国舞蹈比赛、体育健身旅游展示大会等，2002 年的第六届中国合唱节、“江南民乐节”暨“七夕相会无锡”海峡两岸联谊联播活动、第十一届“金鸡百花电影节”等，特别是连续多届成功举办的中国无锡太湖博览会以及吴文化节，突出反映了无锡在节庆会展业取得的巨大进步。可以看到，每个节庆会展都为无锡文化市场注入新的活力，大大拉动文化消费市场，也是产业运作的成功实践。

近几年，特别是 2012—2015 年的三年间，文化事业和文化产业取得了长足发展。上海国际文化艺术节无锡分会场等活动产生很大影响，涌现了大型舞剧《英雄玛纳斯》《丹顶鹤》等文艺精品，各类文化创意园区稳步发展，文化产业融合发展的水平进一步提升，文化与金融、文化与科技、文化与旅游的融合不断深化，新老媒体融合步伐加快，文化产业实现新的飞跃，至 2015 年底全市有 5 家文化企业在新三板挂牌。

第十章 生态城市建设

一、生态环境脆弱与建设两型社会的努力

（一）生态环境脆弱带来的挑战

太湖美，美就美在太湖水。无锡是一个山美水美的湖滨城市，理所当然应该是一个生态资源丰富、生态环境良好、令人向往的地方。然而，太湖不仅仅是养育太湖流域各城市的母亲湖，也是检验太湖流域各城市生态环境承载能力的试金石。2007 年，太湖蓝藻的大规模爆发，不仅使无锡市区的供水受到严重影响，也发出了太湖流域生态危机的强烈信号。经历了各个历史时期的发展，无锡已形成经济结构以工业为主、工业结构以重化工业为主的产业现状，这把无锡的资源环境压力推向了极限。主要表现在三个方面。

一是能源消耗高。2006 年无锡全社会综合能源消耗量达到 2865.4 万吨标准煤，是 2001 年的 2.49 倍。2006 年，无锡市万元 GDP 能耗 0.886 吨标准煤，高于国内深圳、广州、北京、上海等先进地区，是同期世界平均水平的 1.6 倍，是美国等发达国家的 2.3 倍。工业作为无锡市主要用能行业，2006 年万元增加值能耗 1.333 吨标准煤，其中规模以上工业万元增加值能耗 1.173 吨标准煤。在工业内部，黑色金属冶炼及压延加工业、化学原料及化学制品制造业、非金属矿物制品业、化学纤维制造业等高耗能行业能源消费量占规模以上工业能源消费量的 47.85%，而其工业增加值仅占规模以上工业增加值的 30.46%；其万元增

加值能耗 1.84 吨标准煤，是全市万元 GDP 能耗的 2.08 倍。

二是开发强度大。2006 年，无锡市域土地的开发强度在全省是最高的，已达到 25.56%，而全省的平均开发强度只有 18.35%。2004 年无锡有 145.37 千公顷（约 218 万亩）耕地，按户籍人口 458 万计算，人均耕地 0.48 亩，按常住人口计算仅 0.37 亩，远低于世界人均耕地 5.5 亩的水平，甚至低于 0.8 亩的国际警戒线。从上一轮土地规划开始的 1997 年到 2004 年，无锡的地区生产总值从 870 亿元增长到 2350 亿元，增长了 1480 亿元，同期无锡的耕地减少了 34 万亩，其中 53% 是工业用地，也就是说地区生产总值每增长 1 亿元，就要消耗耕地 223 亩。

三是环境污染重。“十五”期间，无锡市工业废水排放总量、工业废气排放总量、工业固体废物产生量分别增长了 1.8 倍、3.4 倍和 2.3 倍，五年平均增幅为 12.9%、27.9% 和 18.6%，明显高于同期经济增长速度。2006 年，无锡市工业废水排放总量达 53751 万吨，工业废气排放总量达 2678 亿标立方米，工业固体废物产生量达 773 万吨。据测算，无锡每生产 1 亿元的工业增加值需要排放 31.57 万吨废水，排放 1.66 亿标立方米工业废气，产生 0.37 万吨工业固体废物，这些指标均大大高于发达国家标准。从主要污染物指标看，2006 年无锡市化学需氧量排放 8.5 万吨，超过环境容量 60%；二氧化硫排放 14.8 万吨，超过环境容量 1 倍多。

2007 年太湖蓝藻大规模爆发之后，太湖流域各城市特别是无锡市采取了强有力的举措，很快化解了城市供水危机，并以前所未有的力度加强环境治理。但生态修复是一项长期艰巨的任务，无锡城市发展的目标与脆弱的生态环境之间仍然存在着三大突出矛盾。

一是经济总量和环境容量的矛盾突出。高速的经济增长、快速的城市化进程，给无锡的城乡生态环境带来巨大挑战，与此同时，区域有限的环境容量也将为经济社会的快速发展带来显著制约。

二是生活质量与环境质量的矛盾突出。随着全社会环境意识的不断提高，城乡居民对于影响生活质量的环境因素也越来越关注。虽然近年来全市环境质量显著改善，但区域水环境质量以及城市噪音、大气等环境质量状况仍然不容乐观，常常成为社会舆论关注的热点和焦点。

三是减排任务与排污总量的矛盾突出。无锡市不仅要实现 COD、二氧化硫在现有水平再减排的目标，而且要新增氨氮、总磷和氮氧化物三个减排指标，但以污水处理厂提标改造和电厂脱硫设施改造为主要手段的减排空间已经很小，调整产业结构和采用绿色生活方式将成为主要的减排途径，减排难度之大显而易见。

因此，无锡的生态城市建设仍有很多的制约因素。

一是产业结构调整面临较大压力。无锡三次产业结构中，第三产业占比与发达国家的第三产业占比 70% 左右的平均水平相比明显偏低。服务业结构中，餐饮、商贸等传统产业占比较大，金融、现代物流、科技服务等现代服务业占比偏低。第二产业中高耗能产业比重偏高，高新技术产业比重偏低，与先进国家的标准相比差距较大。

二是资源能源持续发展压力加大。无锡进入新世纪后，资源能源消耗仍然较大，支撑持续发展能力受限。土地利用方式较为粗放，2001—2012 年固定资产投资年均增速高达 23%，同时新占耕地总量接近 35 万亩，2009 年，无锡市万元 GDP 能耗为 0.756 吨标准煤。虽然“十一五”时期无锡市万元 GDP 能耗以每年 4%—5% 的速度下降，但此后全市能源消耗总量仍以 5% 左右的增幅保持增长。

三是环境制约瓶颈依然存在。虽然“十一五”和“十二五”时期无锡大力实施减排措施，取得了明显成效，但主要污染物 COD 和 SO_2 排放量仍然超过环境容量的承载能力。虽然每万元 COD 和 SO_2 排放量分别是江苏省平均水平的 60% 和 50%，但单位面积 COD 和 SO_2 是全省平均水平的 1.5 倍和 1.9 倍。空气质量虽然不断改善，但氮氧化物和颗粒悬浮物仍是影响空气质量进一步提升的关键因素。太湖水质和城区河道水质总体上仍处于低标准，水功能区水质达标率仍不理想。

四是科技创新潜力仍显不足。无锡经济快速增长主要是依靠大量投入资金和劳动力取得，科技进步贡献率仅 55% 左右，而发达国家 20 世纪 80 年代科技进步贡献率就已普遍上升到 60%—80%。2010 年我市 R&D 占 GDP 比重仅为 2.5%，比同期深圳的 3.64% 相差 1.14 个百分点，而发达国家普遍在 3% 以上。2010 年无锡专利申请量达 32690 件，而 2009 年深圳市专利申请量就达 42279 件，目前科技创新的要素和成果和深圳相比，仍有很大差距。至 2014 年，全市 R&D 经费支出 224 亿元，占 GDP 比重为 2.73%，虽位列全省第二，但和先进地区相比仍有较大差距。

（二）建设“两型社会”，探讨可持续发展之路

1. 建设环境友好型社会，提升城市美誉度

生态城市与两型社会的建设千头万绪，涉及自然环境、生产力、经济体制和政府管理体制诸多方面，急需寻找一个突破口来大力推进，在短期内取得明显成效。对地处太湖之滨的无锡而言，2007 年夏季的蓝藻危机给了整个无锡市“危”与“机”。

“危”与“机”并存，机遇往往来自于危险之中，蕴藏于危机之中。所谓“背水一战”、“置之死地而后生”，蓝藻危机本身也给与无锡这个城市一个巨大的机遇。建设滨水花园城市，离不开良好的生态环境，必须站在建设生态文明的高度，来认识和把握经济发展、城市发展和环境的关系，加强生态文明建设。无锡临江环湖，依山傍水，生态承载力相对薄弱，只相当于江苏全省水平的 65%，生态需求却高出 40%。目前无锡单位面积污染负荷处于严重的超负荷状态。无锡水资源总量较大，但人均水资源量少于全国和江苏省人均水平，且水资源分布不均，主要水系的水环境达标率不高。水质性缺水、水环境恶化，已经成为影响无锡生态环境质量的首要因素。基于无锡市所面临的挑战，应把加强生态文明建设作为最重要的战略举措，以科学和理性的态度处理好发展和环境的关系，把环境保护放到经济社会发展的先导位置。更加突出环保优先、优化人居环境，着力加强生态保护和重建。形势逼迫无锡必须以实施太湖综合治理为契机，确保生态的根本改善，推动生态文明建设，坚持将生态文明建设贯穿到经济社会发展的全方位、全过程。

▲ 种植水生植物净化太湖水

加强环境整治，以水环境为重点，切实保护和建设山水资源、生态系统，突破末端治理型的环保模式，全面确立主动、事前、预防、积极的环保格局，突出重点控制、过程控制、全程控制，真正构建环保先导发展的成效机制，使生态环境质量持续改善，生态文明程度显著提高，争取建成全国最佳人居环境城市、国家生态园林城市和国家生态城市。

具体而言，在水环境治理上，要严格执行太湖地区城镇污水处理厂及重点工业行业主要水污染物排放新标准，确保实现太湖治理规划确定的污水治理目标。要以太湖水污染防治、饮用水水源地保护和城乡河道综合整治为重点，加强水资源保护和水环境治理，使太湖和城市河道水质持续改善。启动区域长江引水工程，引长江水入太湖，改善区域水环境；实施对蠡湖、梅梁湖、长广溪和古运河的生态清淤和环境治理；加快工业园区环境基础设施建设，工业废水集中处理，达标排放；强化污水截流工作，在太湖一级保护区和饮用水源区内，彻底禁止排污，逐渐封闭城区和城镇河道生活污水入河入湖排污口。同时加强大气环境治理和生态绿化建设，提高森林覆盖率和城市绿化覆盖率。

2. 建设资源节约型社会，推动经济发展方式根本性转变

无锡地处长江三角洲腹地，在改革开放以来 30 多年高速发展的背景下，无论是土地资源、水资源还是矿产资源，相对于经济发展而言都非常匮乏。要坚持可持续发展，很重要的方面就是在资源的节约利用上。要坚持资源开发与节约并重，围绕经济增长方式的根本性转变，以提高资源利用效率为核心，以节地、节能、节水、节材、资源综合利用和发展循环经济为重点，加快形成节约型的增长方式和消费模式，建设资源节约型国民经济体系和资源节约型社会。

首先，要充分重视保护和节约资源。以提高资源的利用效率为核心，把土地资源和水资源的保护利用作为重点，增强资源对经济社会发展的支撑和保障能力，全面实现资源持续利用。具体来说，就是要节约集约使用土地——实行严格的耕地保护制度，全面落实保护耕地的各项措施，确保基本农田总量不减少、质量不下降、用途不改变；把节约利用土地和社会主义新农村建设结合起来，加快推进农村工业向工业园区集中，农业生产向规模经营和农业园区集中，农民居住向城镇和新型社区集中，实现土地的集约高效利用；加大对土地资源的开发、整理和复垦，近几年无锡地区在宕口复绿等方面成绩突出，计划把已关闭的矿山全部实现复垦复绿和综合利用。加强水资源的综合利用——积极探索水资源与水环境区域相统一的管理体制，建立一体化的资源利用和调控系统；

不仅要加强对水源的自动监控，建立饮用水安全预警系统，而且要积极开展节水技术和产品研发，加快供水管网改造，降低管网漏失率。

其次，要高效利用能源，坚持“政府引导、市场运作、社会参与”的原则，完善政府调控手段，加快建设能源节约和高效使用的体制机制，形成有利于节约能源的市场环境和长效机制。具体来说，就是要贯彻国务院的“节能减排”要求，提高节能降耗水平——把节能减排作为调整经济结构、转变发展方式的突破口和重点抓手，综合运用经济、法律和必要的行政手段，突出重点、强力推进，动员全社会力量，扎实做好节能降耗和污染减排工作，确保完成节能减排的阶段性约束性指标。严格实施高耗能企业和项目的准入制度，强制淘汰能耗高、物耗大、污染重的落后工艺和设备。广泛开展节能宣传，全面培育居民节约使用能源意识，鼓励推广使用高效节能产品。大力推进节能型住宅和公共建筑建设，鼓励使用节能型交通工具。要改善能源结构——提高电力消费在终端能源中的比重，不断提高电气化程度。进一步调整无锡的电源结构布局，推动电源结构由单一煤电向煤电、抽水蓄能和可再生能源发电并举的方向发展。加快建设天然气发电项目、抽水蓄能电站。鼓励利用垃圾发电，严格限制常规小火电的发展。推进生活垃圾和污泥资源化利用，有效利用再生能源。

最后，大力发展循环经济，坚持走新型工业化道路，构建有利于节约资源、保护环境的生产方式和消费方式。全面推行清洁生产——加快形成“低消耗、低排放、高效率”的生产模式，实现产品生命周期全过程的资源利用和生态影响最小化。依法加大强制清洁生产审核实施力度，着力在纺织、化工、冶金等行业推行清洁生产审核。加快生态园区建设，促进产业园区的生态化转向，实现资源在不同企业间和不同产业间的充分利用。按照循环生产模式逐步改造主要工业园区，实现园区内部物质闭路循环和能量多级利用，使园区内部资源得到最佳配置，废弃物得到有效利用，环境污染减少到最低水平。各类农业园区建立以二次资源的再利用和再循环为主要内容的循环机制。健全循环经济发展的激励机制——完善自然资源价格形成机制，实行居民生活用水阶梯式计量水价制度，科学利用水价、电价、地价、污染物排放或废弃收费等价格杠杆，推动循环经济发展。加快研究制定促进节能、节水、节地、节材的鼓励政策，对绿色产品的生产和资源综合利用给予优惠政策。制定促进循环经济发展的鼓励政策，推动绿色产品生产，引导资源综合利用。

3. 重点加强对太湖的治理

太湖水危机爆发后，无锡市按照国家治太总体方案，围绕国务院常务会议提出太湖流域治理目标，组织全市上下开展治太保源“6699 行动”和环保优先“八大行动”，齐心协力，真抓实干，全力以赴，太湖治理取得了明显的阶段性成效。

确保供水安全，保障民生大计。大力加强水源地取水口保护，运用软隔和导流工程严密保护取水头部。完成水源地取水口延伸工程，取水口向湖心延伸 3000 米，取水口水质全面提升。开辟长江第二水源地，着力构筑双水源供水格局，二期工程投运后日供水能力达到 80 万吨。在净水厂前端建设预处理设施，对自来水原水进行预处理，减轻后续处理压力，在末端建设深度处理工程，实施自来水深度处理。加强日常监测预警，由环保、水利、公用事业、卫生、气象等部门组成太湖水质监测预警中心，应用卫星遥测、自动监测、人工巡测等手段，对太湖水质、蓝藻情况、水源地水质、自来水厂水质以及自来水末梢水质进行检测，实行自来水厂出厂水质 24 小时监测，做到 20 分钟检查一次嗅味、1 小时检测一次水质，坚持日测日报，保障饮用水安全。

推进控源截污，实现源头控制。从无锡治理太湖的经验和教训来看，治污的前提是截住污水，关键是达标排放，必须实现堵截、处理、排放的全过程管理。一是全面堵截。在 2007 年完成了沿湖 37 个排污口封堵任务的基础上，两年中强制封堵了 48 条主要入湖河道沿岸 339 个排污口，市区 4568 家单位实施截污。二是接管纳污。全面实施污水管网建设和接管工程。将全市划定为 4172 块区域，全面推行“片长负责制”主管网与支管网建设工程。2007 年以来，先后投入 38.75 亿元用于污水管网建设，建成污水管网 3410 公里，全市污水管网总长度达到 6178 公里，市区城市生活污水集中处理率提高到 85%。三是达标排放。加快推进污水处理厂提标改造。全面推进六大行业提标减排，全市印染、化工等行业执行国家和江苏省太湖地区水污染物排放新标准。2008 年全市完成新建扩建污水厂项目 12 个，68 座污水处理厂处理能力达 150 万吨 / 日，并全面完成了一级 A 提标改造。

加强综合整治，扩增环境容量。加快入湖河道整治工程。对全市 815 条河流实施全覆盖的“河长制”和“片长制”管理，沟通水系，拓浚河道，整修河岸，清除淤泥，建设景观带。组织水源地清淤工程，组织实施贡湖和梅梁湖生态清淤，工程量超过 300 万立方米。开展蓝藻打捞工程。坚持机械打捞与人工打捞相结合，新研制、购置88艘蓝藻作业处理船。组建专业打捞队47支，对打捞人员实行统一着装、统一保险、统一培训。以2008年为例，就出动打捞船4.8万余次，运输船3374次，人员19万余人次，打捞蓝藻50余万吨。实施调水引流工程，2008年常熟枢纽累计引长江水进入望虞河43亿立方米，其中入太湖19亿立方米，梅梁湖泵站累计调水19亿立方米。

强化生态修复，营造宜居城市。全面实施太湖保护区建设，对沿太湖纵深5公里、入湖主要河道上溯10公里及其两侧纵深各1公里范围内经济社会发展布局纳入一级保护区严格进行优化调整，建设循环经济带，促进地区经济社会和环境协调发展。贡湖湾湿地等六大湿地工程，面积达1万亩。开展沿太湖200米范围内生态防护林和入湖河道生态绿地建设，完成造林1万亩。全面取消水源保护区范围和环太湖1公里核心区的畜禽养殖，全面清除太湖贡湖水域80平方公里范围内定置渔具及水上餐厅。实施净水渔业工程，2008年在太湖生态保护区放流大规格鱼种90吨，小规格鱼种150万尾，贝类1170吨，以后每年都开展了这项工作。全市182个自然村完成分散村庄生活污水点源治理工程。新建规模养殖业沼气工程40个，建成蓝藻后处理发电项目1个。时至2012年全市就已建成环保模范城市群，实现省级环境优美乡镇全覆盖，国家级环境优美乡镇达到26个。创建生态村250个，占全市总数的31%。至2015年，太湖水质总体稳定，控源截污成效明显，沿湖生态持续改善。

突出结构调整，缓解环境压力。太湖水污染，问题在水里，根子在岸上。无锡加快发展理念转变，实行扶优限劣的产业导向，有效促进产业结构提升，实现污染物排放和能耗双下降。一方面，坚持调高、调轻、调绿、调优的发展路径，推动以信息技术、液晶制造、生物医药等为先导的高新技术产业集群发展，加快软件及服务外包、休闲旅游、动漫创意、现代传媒等现代产业发展。大力发展循环经济。在全市9个工业园区、57家工业企业开展省、市级循环经济试点，实施节能和循环项目85个。全市900多家企业完成清洁生产审核，600多家企业通过ISO14000环境管理体系认证。另一方面，坚决淘汰落后产能，加强“五小”和“三高两低”企业整治，全市已累计关停“五小”及“三高两低”生产企业1500多家。同时，加快现代农业建设，减少化肥农药用量，控制畜禽养殖规模，有效减少农业面源污染。

创优体制机制，推行环境补偿。牢固树立“环境是最奇缺的资源、生态是最宝贵的财富”理念，充分发挥法律、经济、市场等手段在环境保护工作中的重要作用，促使环保工作法制化、科学化、市场化。一是创新执法形式。相继出台《无锡市饮用水水源保护办法》《无锡市水环境保护条例》。在全省率先建立环保法庭，先后有 8 人因治太不力或违法排污受到组织和司法处理。二是完善投融资体制。每年财政新增财力的 20% 专项用于太湖治理和环境保护，积极开辟和疏通利用国债资金、开发性贷款以及国际金融组织和外国政府贷款等融资渠道，鼓励社会资本投资经营环保基础设施，逐步推行环保设施市场化运营。近年来，市政府深化环境价格改革，调整了自来水水价，污水处理费也有了较大提高。三是推进环境资源体制改革。全市确定的 32 个河道断面已开展区域补偿试点，正式实行资金补偿并制订《无锡市主要水污染物排放指标有偿使用收费管理实施办法》等政策。

狠抓监测督查，实施铁腕治污。加强太湖水质监测预警工程，由环保、水利、公用事业、卫生、气象等部门组成太湖水质监测预警中心。全市 7 个污染源监控中心已全部建成。已建成 58 个水质自动监测站，在太湖布设 21 个蓝藻巡视点，沿岸建设了 13 个蓝藻分布视屏监视系统，配备了太湖水环境应急监测船，同时利用环境卫星加强遥感监测，建立起陆地、水面、空中多方位监测系统。以超前预警和及时发现有效防范湖泛，做到第一时间发现，第一时间处置。

太湖治理工作虽然取得了一定成效，但任务仍十分艰巨，特别是水体氮、磷指标仍然偏高，区域内河道水质波动较大，对蓝藻水华暴发和大面积“湖泛”的形成机理还缺乏深入了解，“藻型生境”条件尚未根本改变。这些问题都需要在今后的工作中重点予以研究解决。

二、建设滨湖山水城市的实践

（一）滨湖山水城市规划建设思想的嬗变

无锡地处太湖之滨，具有良好的山水自然环境。在市区及西南部有惠山、锡山、龙山、充山、鹿顶山、峄嶂山、马山等山体，它们围绕太湖绵延相连。市区周边水道纵横，太湖、古运河、梁溪河、新运河及与之网状相连的数百条河道构成了完善的城市水网系统。在古代“依河而建，依水而立”的风水思想及“天人感应”、“天人合一”思想观念支配下，无锡的早期建设者在择地建城时，就比较注重城市与自然山水环境的协调，坚持把山、水作为城市构图要素，并以人的尺度塑造城市空间，追求营造城市与山水相融合的城市意境。历史上的无锡，曾形成过包山（金匮山）、临湖（芙蓉湖）、运河穿城而过的独特的城市形态。民国初期，无锡旧城厢内外尚有外城河、里城河 50 多条河流，河上以石拱桥为主，两岸多为低层数、坡屋顶、粉墙黛瓦的民居，一派“小桥流水人家”景象，保持了典型的江南水乡城市特色。

20 世纪二三十年代后特别是解放后，随着城市工业的发展及陆上道路建设的盛行，无锡市区大量的河道被填埋，城市的尺度空间边界被打破，历经千百年形成的水乡城市的传统风貌特色逐渐消失。1950 年 3 月至次年 3 月，全长 5600 米的城墙全部被拆除，拓建成 16—24 米宽的环城路，有形的城市空间边界不复存在。比拆城筑路对无锡古城传统山水格局破坏更激烈的是填河拆桥筑路。解放后无锡先后出现了三次大规模的填河拆桥筑路高潮。第一次填河拆桥筑路的高潮出现在 1950—1960 年。当时为发展陆上交通、清除河道污染及处理垃圾弃土，政府决定填河拆桥筑路，掀起了填河筑路的狂潮。这一阶段，玉带河、三箭河、六箭河、弓河、五箭河、北里城河、前西溪、后西溪、西河头、胡桥河、七箭河、八箭河、東带河、县下塘、锦树里河、城中直河等十余条河道先后被填塞，随后建起了石皮路、新开河路、崇宁路、东河头巷、西河头路、连元街、田基浜、人民中路、学前街、中山二路等一批道路。此后，在六七十年代又出现了两次填河筑路的高潮。1983 年无锡市人大常委会通过决议规定：自 1983 年起，未经无锡市人民政府批准，一般不再填塞河浜。据统计，自 20 世纪 50 年代至 80 年代，无锡城厢全填或半填河浜 50 多条，拆除旧桥 76 座。此外，无锡郊区自 1952 年至 1982 年也填塞河浜、池塘七八十条。三次大规模的填河拆桥筑路，在拓宽道路，奠定无锡城区交通路网格局基础的同时，也极大地破坏了水乡城市风貌。尤为可惜的是，老城内独特的“一弓九箭”河道组合形态完全湮没。在城区大规模填河筑路的同时，城外水域也被无情地吞噬。最为极端的事例是围湖造田。从 1969 年冬起，市、县、区、乡各级组织相接组织了围垦太湖、五里湖的大会战，作为太湖内湖的五里湖自然形态被人为地挤压，湖面由原先的 9.5 平方公里缩小到 5.8 平方公里。解放后无锡高强度的旧城改造，一方面提高了城市现代化水平，另一方面也进一步改变了老城的传统风貌。到了八九十年代，无锡古城的整体格局和风貌已不复存在，仅保存了一些能体现传统历史风貌的街区，如惠山横直街、南长街水弄堂、荣巷古镇等。

在无锡古城保护与旧城改造建设的碰撞中，以大拆大建为表现形式的现代城市建设无疑占据了上风，但这并没有消解有识之士对滨湖山水城市建设的探索追求。早在60年代初，无锡市政府主要领导就曾提出城市向南发展，在更大的空间尺度范围内营造滨湖山水城市，把无锡建成东方日内瓦。80年代后，城市“分散组团”、“有机疏散”等规划理念的导入，为无锡城市现代化建设如何传承山、水、城相融的江南筑城传统注入了新的思维火花，现代化进程中滨湖山水城市建设的新路径逐渐清晰。90年代“三城一中心”城市空间框架结构的提出及构建，正式拉开了现代滨湖山水城市建设的序幕。新时期无锡滨湖山水城市的规划建设与基于风水思想的古代滨湖山水城市营建，既有内涵上的相似，也有形态上的区分。从内涵上看，两者都强调人工环境与自然环境的协调融合，追求城市与山水自然环境的共生、共存和共荣，实现山水林城和谐共处。从形态上看，现代滨湖山水城市没有古城那样泾渭分明的城墙边界，也不拘泥于吉祥富贵等象征意义的建筑艺术表现手法，而是从整个市区的空间尺度内实现城市的多中心组团发展，其外部边界是动态的、也是有弹性的，城市建筑体量比较大，风格也较为混杂。

现代滨湖山水城市作为一种巨型的空间开放系统，需兼顾到现代城市多种功能培育与山水城组合形态塑造的有机统一，其规划建设极为复杂，大体可细分为三个层面的规划建设。一是在宏观尺度上，以自然的山、水、河、湖、林、田等为依托，把城市分隔围合成若干相对独立的组团，各组团相对集中发展，并以干道相连结，形成组团分明、多中心并举的开敞型布局形态。二是在中观尺度上，规划设计好城市的重点地区和主要景观地段，着重利用和保护好沿河、沿湖、沿山地带。三是在微观尺度上，规划建设好每一项设施、每一幢建筑和每个建筑群，使其体量、造型、色彩等与周围环境相协调。

在现代滨湖山水城市的建设实践中，无锡采用了全面覆盖、重点突破的实施策略。首先是划定生态控制线和近期建设控制线，使市区范围内的土地按三个“三分之一”进行分配，即三分之一为自然山水，三分之一为城镇建设用地，三分之一为生态绿化用地（含生态农业），确保山体及生态绿化用地不被建设侵占。其次是做到城市规划和重点地区城市设计的全覆盖，把山体、河流乃至道路系统作为城市艺术骨架和风景走廊来设计，引导城市的组团发展。再次是重点抓好蠡湖新城、太湖新城的建设，以及惠山、青龙山、梁溪河、古运河的整治，推进城市建设朝着“打太湖牌、唱运河歌、建山水城”的道路一步步挺进。蠡湖新城、太湖新城从建设之初，就突出了水环境治理和绿色环境建设的生态理念，着力营造天蓝、地绿、水清、林秀的优美环境，塑造滨湖山水城市特色

▲ 城市鸥鹭

片区。不论是蠡湖新城的建设，还是太湖新城的启动，都先行实施道路建设，治理好水环境，做好沿湖绿化景观，然后进行功能开发，着力塑造显山、露水、透绿、出新的湖滨城市形象。从城市中观尺度看，蠡湖新城、太湖新城作为滨湖山水城市的缩影，有可能率先在一个片区内形成现代滨湖山水城市的风貌。

无锡古代滨湖山水城市特色的形成，历经了千百年的历史积淀，现代滨湖山水城市的建设也绝非一蹴而就、朝夕可成。好在打造“山水名城”目标的提出，以及城市建设中生态文化意识的觉醒，使现代滨湖山水城市建设由已规划理念开始转为建设实践。

（二）无锡建设滨湖山水城市的实践与特征

新的世纪，可持续发展理念和科学发展观深入城市发展的各个领域，城市的综合竞争力也突出体现在城市环境和城市特色等方面。无锡作为太湖流域依湖最近的城市，太湖成为环境建设的源头和亮点，城市的特色也突出体现在自然山水之中，城市发展与生态保护成为城市规划与建设的内在要求，建设滨湖山水城市则是城市规划建设的重要目标。

无锡建设滨湖山水城市有着良好的基础条件。

1. 自然条件独特

无锡濒临太湖，市中心离湖约 10 公里；京杭大运河纵贯市区腹部，市区内与运河网状相连的大小河道有数百条之多，构成了典型而独特的江南水乡城市。在无锡市区及西南部，有惠山、锡山、龙山、充山、鹿顶山、峄嶂山、马山等，它们与太湖绵延相连，形成山中有湖、湖中显山、山立城中的滨湖山水城市形态。这些山体海拔大都在 100—350 米之间，葱茏郁秀，风光旖旎。无锡不仅有山有水，而且山、水、城之间有着良好的自然组合，城市镶嵌于和谐的山水关系之间。惠山坐北（西北）望湖，迎纳季风，增加雨量，阻挡寒流，形成相对稳定的良好小气候，为植被、农作物及人的活动提供了良好的生态环境。古运河、新运河、梁溪河等自然和人工河道从城区穿过，不仅本身构成城市的独特风景，而且成为组合山水、风景入城的联系纽带。

2. 人文条件优越

无锡历史悠久，人杰地灵，经济繁荣，在文化上也充分展示了瑰丽的特色。宋代无锡创建县学，并创办东林书院。明代末年因东林党事件，使无锡东林书院名闻遐迩。近代无锡又开西学风气之光。在中国古代十大画家中，东晋顾恺之、元代倪瓒和明代王绂都是无锡人。在文学领域，出现了唐代诗人李绅，南宋四大中兴诗人之一的尤袤，明代文学家邵宝、清代诗人严绳孙、词人顾贞观，戏剧作家杨潮观，而孙洙选编的《唐诗三百首》，成为广泛流传的启蒙读物。徐寿、华蘅芳、薛福成等，分别是我国清季杰出的化学家、数学家、思想家和外交家。20 世纪初在实业救国的主张影响下，无锡涌现了大批民族工商业家，其中有“丝茧大王”薛南溟、薛寿萱父子，“面粉、棉纱大王”荣宗敬、荣德生兄弟以及“电气大王”祝大椿，“养蜂大王”华绎之，“桐油大王”沈瑞洲等。在艺术领域，民间音乐家华彦钧（瞎子阿炳）以一曲《二泉映月》，勾起了多少人对无锡的神往。文坛泰斗、著名学者钱锺书，则以他的学术巨著《管锥编》《谈艺录》和长篇小说《围城》等著作闻名全世界。

3. 建设滨湖山水城市的战略决策与规划

2001 年 9 月，无锡市第十次党代会提出了近期要创建国家环保模范城市，远期要建设生态滨湖山水城市的奋斗目标。市委、市政府对实施这一决策作了重要部署，提出城市建设“打太湖牌，唱运河歌，建山水城”的战略和把建设蠡湖新城作为发展无锡生态滨湖山水城市特色的重要工作步骤。于是，一个坚持以人为本科学发展观，以环境建设促经济发展，以经济发展促山水生态城市建设的主旋律开始奏响。

一是构筑“三带一区”、“两环十二片”生态环境体系。生态环境是一个区域自然条件的总和，是滨湖山水城市建设与发展的基础。无锡在市域城镇体系规划和城市总体规划中，结合都市圈城镇发展要求、自然山水形态及大型基础设施布局的特点，确定了多层次、多功能、网络化的绿化系统布局结构，生态绿化系统对山水资源起到了有效的保护作用。市域生态绿化系统构筑以“三带一区”为主体的多层次、多功能、网络化的布局结构。太湖山水生态保护带——沿太湖规划200米宽的生态林带，生态林带外围划定1公里的控制范围；沿江生态防护带——划定沿江纵深1公里为控制范围；沪宁交通走廊生态防护带——由沪宁高速公路、沪宁高速铁路、沪宁铁路、京杭大运河沿线防护林带，组成都市圈中部重要的生态廊道；宜溧金丘陵山地生态保护区——外围划定1公里的控制范围。无锡市区构筑两个生态隔离环和十二个生态片。两个生态隔离环指市区外围的市际生态隔离环（苏锡、锡常、锡澄）和主城区与外围城镇组团之间的生态隔离环；十二个生态片指斗山片、吼山片、鸿山片、锡澄运河片、京杭运河片、阳山片、梁塘河片、北兴塘河片、锡惠片、马山片、大浮片及十八湾片。

二是加强风景名胜区保护规划。风景名胜区是滨湖山水城市建设的重点和亮点。无锡在1994年编制的锡惠、蠡湖、梅梁湖、马山四个国家级景区总体规划的基础上，为适应新的形势和发展要求，2004年组织开展了景区总体规划的修编。由江苏省规划设计研究院编制的梅梁湖景区总体规划（修编）、华南理工大学编制的马山景区总体规划（修编）以及市规划设计院编制的锡惠景区总体规划（修编）完成了最终成果。此次景区总体规划修编要求对各景区的资源情况重新进行评价，结合新的发展要求，进行用地规划布局，并对景点开发、游览设施配置、植被保护及基础设施配套等进行统一规划。在初步编制了惠山森林公园生态保护总体规划（含青龙山、舜柯山等山体），委托进行了控制性、修建性详规编制等工作的基础上，针对惠山森林公园进一步加强对山体的详细设计，完成惠山森林公园生态保护总体规划和有关专项技术设计，将其建设成为集登高、游览、锻炼、教育、活动为一体的综合性公园。

三是强化沿山沿河沿湖“三沿”地区规划控制。水系是风景区乃至整个滨湖山水城市的空间轴线和景观纽带。无锡市区总面积中，山地面积66.6平方公里，占4.1%；水域面积510.44平方公里，占31.47%。按照城市总体规划的要求，充分发掘和利用无锡市环境资源优势，有效地改善城市生态环境质量，突出无锡的山水特色，提升城市形象品位，其关键所在，是规划建设好沿湖、沿河、沿山“三沿”地区。沿湖地区生态环境规划建设的重点是：蠡湖新城旅游度假中心，结合无锡的人文历史，凭借山水自然景观，创造“新蠡湖十八景”和大型沿湖开敞公共绿地；太湖新城科教文化中心，调整结构，优化功能，美化环境，启动建设长广溪生态湿地公园、梁塘河湿地公园和南太湖湖滨景观带等，公共绿地达600公顷；渔港地区，沿湖控制100—150米宽向公众开敞的公共游览区；十里湖湾地区，以生态、健康、时尚为规划设计理念，集中体现山水风景，拓展沿湖生态和体育健身的开敞性旅游活动场所。沿河地区的重点是：新运河两侧地区，以“都市意象、景观轴线、生态廊道、滨水风情”为规划设计理念，塑造沿河湿地休闲、开敞空间景观的亲水环境景观；古运河两侧地区，规划建设蓉湖大桥公园现代化的生态型半岛、刀剪厂绿地等现代性、生态性和文化性环境工程；梁溪河两侧地区，形成特色景观轴和滨水生态绿轴。沿山地区的重点是：惠山森林公园地区，扩大生态绿地，使惠山山体绿化景观向城市空间敞开；大浮地区（大浮山水城旅游度假区），以湖光山色和港湾半岛为环境特色，建成综合性旅游产业聚落与生态保存区域；马山地区，以大片生态绿地、林地为背景，形成山风情旅游与生态景观保护区。

四是突出“山、水、湾”重点亮点工程。市委、市政府制定的《打造山水名城，共建美好家园（2005—2007）》三年城市建设发展行动纲要将“山、水、湾”列为“九大工程”中的重点和亮点。三年内规划建设长广溪湿地公园、梁塘河湿地公园、北兴塘河湿地公园、梅园透绿工程、惠山森林公园石门下入口绿地、沿钱荣路透绿工程等一大批城市生态绿地项目；同时，大力整治河道，完成106条河道的综合整治。此外，城市公园建设也依据山水特征，形成具有自身特色的绿地环境建设的重点工程。在自然资源较好的地方，布置由大型中心绿地、生产绿地和防护绿地组成的城市内部大面积绿地片区，使多个绿色的核心集聚区均匀分布，形成连续性的公共开敞空间，综合公园、社区公园与带状公园等均匀分布。

滨湖山水城市的建设不仅是关于山水美学、城市景观和园林绿化的问题，更是涉及生态保护、文化传承、经济持续发展、自然资源有效利用以及城镇群体合理布局等一系列的综合性问题。

随着经济的发展，人口的增长，无锡在向现代化、国际化、多元化、宜居化迈进的同时，如何正确处理城市发展与环境保护之间的关系，成为贯穿于滨湖山水城市建设的中心问题。滨湖山水城市的核心精神是建设最适宜人居住的城市，这不但是无锡深厚的文化积淀使然，也是一个城市的建设走可持续发展道路的必然。无锡的滨湖山水城市建设经历了10多年的决策、规划、建设、反思、创新等种种的探索与实践，逐步形成了符合时代发展要求和具有无锡发展特色的滨湖山水城市创建之路。

首先，滨湖山水城市是一个全方位开放的生态系统。滨湖山水城市的建设并不是孤立的。以滨湖山水城市为目标的无锡，在生态上并不是一个全封闭的系统，其生态要素和组织结构的空间范畴远远超过无锡市的行政辖区。无锡与周边地区同属一个生态分区，拥有同一个水系，各城市区间的生态环境息息相关。建设滨湖山水城市不光是无锡的理想，更是长江三角洲城市群和苏、锡、常都市圈之间，各自提高综合竞争力的必然结果。从城市定位来看，近年来无锡已逐步发展成为长江三角洲城市群的核心城市，区域性中心城市的地位日显突出。随着全球经济一体化和信息化进程的发展，国际化大都市的势头也将日渐明显。在这种情况下，无锡的滨湖山水城市规划发展构想如果能与上海、南京、苏州、常州等城市协调发展，特别是在区域间的城市群生态环境、区域性自然环境以及流域规划、资源开发、产业分工、大型基础设施建设等方面加强沟通、协调发展，可实现良性互动，保持可持续发展。

其次，滨湖山水城市以“山、城、水”为基本格局。一直以来，“小桥流水人家”不仅深涵着浓厚的无锡社会人情风俗，城市布局与山形水势也配合得十分和谐，有山有水的城市格局造就了无锡历史的隽美与壮观。然而，中心城区内小山小水的自然格局已远远不能满足当前城市空间拓展和区域性生态环境保护的需要。优化区域发展格局已成为推进城乡发展的首要途径。按照“更新中心城、拓展新城、建设新市镇”的思路，以及“内涵提升发展与外延拓展发展相结合”的战略，无锡未来城市空间重点向南拓展，滨湖区将成为无锡建设山水城、生态城的标志性区域。依托环太湖山水资源，保护生态环境，规划建设太湖新城，未来无锡将形成以“山、城、水”为基本格局，以靓山、亲水、扬名、筑城为重点，既能保护自然资源又能凸显城市特色的山水生态型湖湾城市。

再次，滨湖山水城市最直观的表现是亲近自然。不同的时期、不同的研究领域对滨湖山水城市有不同诠释，然而亲近自然一直是专家、学者乃至普通市民的共识。亲近自然是滨湖山水城市最直观也是最人性化的体现。滨湖山水城市建设必须秉持以人为本的理念，创造一个最适宜人工作、居住、休闲的家园。

在这方面，无锡具有得天独厚的优势。无锡自古以来就以“山水名郡”饮誉天下，具有山、城、水融于一体的独特自然风貌。无锡在城市工程建设中围绕建设最适宜居住和创业的生态型滨湖山水城市，坚持亲近自然的城市工程建设原则，突出无锡融山、水、城于一体的自然景观特点，重点建设太湖、梅梁湖、蠡湖风光带和惠山、青龙山、马山风景区；坚持方便市民的城市工程建设原则，合理规划，多点布局，在商业中心区、居民社区等市民活动频繁的地方，建设小广场、小游园、小绿地，为居民提供休闲、健身、交流的平台；坚持扩容提质的城市工程建设原则，加大了基础设施建设的力度，完善城市功能，提升城市品位。露山见绿和亲水近湖是无锡建设滨湖山水城市的重要手法，在近水近山处不宜建高楼遮挡，通过对景和借景拉近与山水的视线距离；在新旧城市的轴线上宜安排有节奏多层次的合围空间，山的四周宜依山营建公园，还其自然本色。

最后，滨湖山水城市的深刻内涵是文化的传承。滨湖山水城市必须包含“山水文化”的内涵。我国城市把山水作为空间要素，山水与城市浑然一体，蔚为特色，形成这些特点的背景是中国传统的“天人合一”的哲学观，并与重视山水构图和城市选址布局的“风水学说”等理论有关。美国著名城市建筑家刘易斯·芒福德说：“城市是文化的容器”。长江、运河、太湖这三大萦绕贯穿的水系文明，千百年来哺育滋养着这座清新秀丽的江南古城，是标志着无锡地理人文遗存和民族地域文化身份的重要遗产。人们正是借助水的精神秉性和所蕴含的水生活、水景观、水经济、水文化、水艺术、水生态等，来解读无锡这座充满历史人文传统的滨湖山水城市。无锡的滨湖山水城市建设只有把千百年来传承的山水文化和江南文化相结合，才能形成具有无锡特色的滨湖山水城市氛围。在大区域范围内，以山体和水体作为载体，酿造山水诗情画意和清秀、含蓄的氛围；在小区域范围内，通过营造特色广场、街坊、街道，形成具有诸如水弄堂等江南特色的风貌。通过滨湖山水城市的山水、园林、建筑等物质空间，承载艺术、文学、民俗等非物质文化遗产，从而实现文化的传承与城市品质的提升。

三、滨湖山水城市的示范工程——蠡湖新城

蠡湖新城作为无锡滨湖山水城市建设的先导区和示范区，在规划建设中重

点突出蠡湖山水文化特征，将文化的物质表现形态根植于建设工程中，是蠡湖乃至无锡滨湖山水城市建设的有效实践。

蠡湖新城建设突出蠡湖水环境综合整治这个核心任务，治水阶段性成效显著，初步积累的“综合治水、科学治水”经验对推进治太具有积极的借鉴意义。

（一）把蠡湖水环境的整治作为贯穿新城建设的主线

水是山水名城的命脉。蠡湖新城建设的一个很大特点，也是她之所以成功靓丽的奠基之笔，就是在新城项目开发建设之前先行着手综合治理蠡湖，给蠡湖新城建设写下了“未见其‘人’，先闻其‘声’；未见其‘形’，先悟其‘魂’”的妙笔。这个“声”、这个“魂”就是综合治水。

众所周知，蠡湖地区是无锡市得天独厚的风水宝地，蠡湖是太湖伸向无锡的内湖（蠡湖历史上又名五里湖）。这一地区，山环水绕，山水层叠，山明水秀，历史人文底蕴丰厚。太湖有“包孕吴越”的气势壮观，蠡湖有范蠡、西施相偕泛舟和隐居养鱼著书（《养鱼经》）的悠悠史典。然而由于历史的局限，自20世纪70年代以来，由于大规模围湖造田、筑塘养鱼，加上沿岸不适当的开发、腹地众多入湖河流的泄污，蠡湖一度成为太湖水污染的重灾区，水质常年处于劣五类，生态环境急剧恶化，成为无锡人挥之不去的伤痛。

水污染原因的复杂性，带来了治水工作的艰巨性、反复性和长期性，水环境治理不是一个单项工程，而是一个复杂的系统工程。2002年起，无锡市委、市政府坚持“综合治水、科学治水”的原则，学习国内外淡水湖泊治理的成功经验，把蠡湖综合整治作为太湖梅梁湖水环境综合整治的一期工程率先实施。按照“清淤、截污、调水、修复生态”的思路，全面实施生态清淤、污水截流、退渔还湖、动力换水、生态修复、湖岸整治和环湖林带建设等六大工程，六大工程或先或后，或视机同时互动，务求工程的单项效果和综合效果，较好地促进了水质的改善。

经过多年的综合治理，沿岸向蠡湖直排污水的零星企业和居民点消失了，沉积了数十年的重污染淤泥层清除了，从腹地直流入湖的污水被截住了，蠡湖水面面积由原来的6.4平方公里扩大为9.1平方公里，沿岸建起了305.5万平方米的生态公园和防护林带，列入国家“十五”重大科技项目的太湖水污染控制与水体修复技术及工程，也在蠡湖顺利实施。目前西蠡湖区域内水生植被的覆盖率恢复到30%以上，湖水能见度从20厘米升至80厘米，生态系统的净化能力和稳定性得到了一定提高。蠡湖水体高锰酸盐指数和总磷指数全部年份均达到Ⅳ类水质标准，总氮和富营养化指数总体呈下降趋势，水环境状况得到明显改善，通过“科学治水、综合治水”，蠡湖水经受了2007年夏天太湖蓝藻暴发的考验，蠡湖综合整治得到国务院领导的充分肯定，并提出推广“蠡湖经验”，作为综合整治太湖的有效方法。

坚持“高标准定位、高水平设计、高质量实施”的原则，规划、设计、实施同步研究、统一考虑，强调“开发建设项目高门槛进入，市民和游客入园无门槛进入”的新理念，加强规划建设执行力，为滨湖山水城市建设作了富有成效的探索。

一是严格规划的事前、事中、事后全过程管理，确保规划的严肃和有效实施。无锡市蠡湖地区规划建设领导小组办公室（简称“蠡湖办”）一成立，即在编制蠡湖地区概念规划及蠡湖开放公园专项规划的同时，先要求市有关部门冻结土地已批但尚未开工建设的工程，暂停办理规划范围内土地和房产转让手续，同时高标准确定规划范围内新建项目的准入门槛，确保高水平的规划能真正落实到位。在招标选择高水准的国内外设计公司编制规划的同时，重新审定这一地区原锡山市和郊区、山水城旅游度假区等早先批建的项目，全面梳理蠡湖周边的已批未建工程，在确保全长38公里的沿湖岸线空间全部向市民和游客开放，不留个人和单位私有空间等规划条件的前提下，调整审批原有项目方案。2002年12月10日，蠡湖办成立之后12天就在工作会议上要求市国土部门暂停办理蠡湖地区20平方公里范围内经营性建设项目供地和土地使用权转让、出租、抵押等手续，要求市房管部门暂停办理房屋权属转移、变更、抵押等手续，以确保蠡湖地区建设规划的全面有效和科学有序实施。对新城内的地块开发，先行设置准入高门槛，要求拟参与竞标的开发商，先编制开发建设方案，方案经市政府组织专家评审，符合蠡湖地区概念规划理念和功能要求的，方有资格参加土地竞拍获得开发建设权，以确保蠡湖新城建设的品位、水平、质量。

二是坚持优先构建山水城市骨架，道路、基础设施和两侧河道绿化同步实施。把道路作为新城交通骨架、基础设施载体的同时，更把道路作为新城的艺术骨架及绿色景观廊道。蠡湖新城路网由环湖路、鸿桥路、隐秀路3条环线路和望山路、望湖路、望桥路3条放射道路组成，把这些主要道路作为新城的艺术骨架精心打造，把蠡湖周边的自然山水作为道路的借景和对景，与此同时高品位配置道路两侧不小于20米宽的绿化带，把无锡过去惯有的沿路破墙开

▲ 蠡湖新城

店的习惯势力禁绝于未萌之中，使道路堪以成为具有山水城市特色的艺术廊道，所有管线基础设施随路同步埋设；结合路网建设，调整理顺区域内“两纵两横”的河网水系，把蠡湖水引入新城内部，形成新城内一河一路的江南水乡特色。

三是坚持环境友好，在综合治水基础上精心建设宜游、宜憩、宜康体的开敞生态公园。在综合治水的同时，坚持蠡湖沿湖岸线全部开放，不给任何单位或个人留私有领地，把原先被不同程度占用、分割、封闭的湖岸线，全线贯通并优化、美化，还岸于湖，还湖于民，造福于民。对于像威尼斯花园、太湖山庄等占用湖岸线先期建成的高档住宅小区，在湖岸整治过程中，采取适当的工程措施新筑湖岸线向公共开放；对于在蠡湖新城启动建设前土地已批但尚未开工建设的山水湖滨、湖玺山庄等规划同意保留的沿湖住宅区，蠡湖办要求投资开发商把沿湖土地让出作为公共开放岸线，并按统一规划负责投资建设。经由这些措施，确保把蠡湖沿湖 38 公里、宽 80—250 米的岸线，真正建成由市民和游客享用的城市客厅，全天候免费开放的公园。

好的规划和设计，还得靠高质量的实施来体现。为确保建设的质量和品位，借鉴国外工程建设“谁设计，谁监理”的管理模式，聘请设计单位易道公司的高级景观设计师对工程实施严格监理，确保规划理念和设计意图在建设中得以实施和体现。为使工程建设少留遗憾，经得起历史的检验，经得起今人后人的评点，蠡湖办定期召开项目现场会，对施工质量进行评点，凡是达不到质量标准的坚决返工重做。每做完一项工程立即进行认真总结反思，对不足之处加以整改。蠡湖办还多方听取市民和游客的意见，积极采纳合理意见，让建设的过程成为不断完善的过程，确保蠡湖新城建设的高品位。

（二）坚持“把文化融入新城”的理念，践行文化自觉

挖掘、光大、传承蠡湖的历史文化，促进生态建设与文化传承的有机统一，把文化根植于蠡湖新城建设的过程之中，为无锡山水名城建设探索新路子。

一是在总体文化策划的指导下，精心设计实施每项工程。9.1 平方公里的蠡湖被蠡湖大桥、宝界桥、犊山大坝自然地划分为四块湖面——金城湾、东蠡湖、西蠡湖、管社山东湖区，根据四块湖面的不同山水组合和拥有的人文资源精心设计建设，力求自然景观与人文景观达到最佳结合。金城湾，是著名东林党人高攀龙贬官隐居读书的所在地，在此建设以弘扬高攀龙“忧国、实学、亲民”高风亮节为主题的文化景观水居苑和高攀龙纪念馆；东蠡湖，以蠡园为依托，建设以春秋战国时期范蠡西施隐居于此为主题的文化景观西施庄，在蠡湖公园建设展列古贤今人太湖诗画书法作品的碑廊——水镜廊和展陈祖籍无锡的国际水彩画大师程及作品的美术馆；西蠡湖，建设以范蠡开创的渔文化和工商文化为主题的文化景观渔父岛、蠡堤、西堤，建设以纪念无锡邑内治水先贤张渤为主题的、集生态水利人文为一体的渤公岛；管社山东湖区建设以祖籍于此的明末义士杨紫渊及后裔杨味云、杨苓莞等历史人物爱国主义事迹为主题的历史生态景观。

此外，在蠡湖整治建设过程中，创造性的实施了一系列保绿、护绿、增绿的做法，优先保留原有树木，如对环湖路和金石路拓宽改造时，以保留、保护路两边浓荫蔽日的香樟树和水杉林为前提，改变过去道路中分带宽度全线统一的传统做法，反复调整道路设计，因地制宜确定道路及中分带宽度；充分利用退渔还湖前湖底土方资源，在西蠡湖堆建鸥鹭岛、渔父岛、渤公岛、蠡堤、西堤，在东蠡湖建造西施庄等来增加蠡湖空间景观层次，进一步构建蠡湖近、中、远空间景观；把自然山水作为蠡湖新城内主要道路的借景和对景，改造蠡湖与长广溪交界处的原石塘桥为融观景、景观、文化为一体的石塘廊桥。所有这些做法，都是传统山水园林造园文化在蠡湖新城建设中的继承和发扬。

二是放宽视野，弘扬太湖—蠡湖文化。9.1 平方公里的蠡湖仅是三万六千顷浩瀚太湖的一泓，规划建设的 20 平方公里蠡湖地区只是无锡地区小小的一

隅，蠡湖地区的经济社会形态和文化形态的成长演变沧桑只是太湖无锡地区、吴文化地区长河中的一滴水。基于此，在制作打造特色文化载体和文化产品的时候，延展深拓、寻根问祖，把“蠡湖文化”涵属于、包容于太湖文化、吴地文化。例如，精心建设和布展的蠡湖展示馆，放眼太湖—蠡湖，因此展示馆虽以“蠡湖”冠名，就内容的广度和承载的历史纵深度看，实质是“太湖—蠡湖展示馆”。再如，蠡湖办与无锡太湖文化研究会联袂组织力量编纂五集《无锡蠡湖地区文化丛书》，涵盖的内容也不全是蠡湖地区的，包含有太湖无锡地区的。又如，在蠡湖公园内建设的水镜廊，长280余米，在其一侧墙壁上嵌列大理石壁雕太湖山水诗画作品28幅，书法作品24幅，无锡出土吴文化文物壁雕复制品12件，诗画书法作者是魏晋以来的古贤今人，主题是吟咏包括蠡湖在内的太湖山水。

三是导入CIS形象系统。设计寓山水、生态、湖滨城为一体的蠡湖新城城标，在蠡湖新城范围内设立标识体系，在沿路建筑小品、指示牌、公交站台、围栏等处设置新城标志，增强新城的文化个性识别氛围。

四是坚持以人为本，把群众利益放在首位。重视协调平衡各方利益，让“三失”农民及广大人民群众充分享受生态改善的综合效益，为建设新城打牢基础，做到发展为了人民、发展依靠人民、发展成果由人民共享。在市委、市政府的正确领导下，无锡市蠡湖地区规划建设领导小组及其办公室，在蠡湖新城建设的每个阶段、各个重要工作环节都始终坚持以人为本，切实把群众利益放在首位，广泛发动群众、依靠群众，妥善处理好关系群众切身利益的事情，保障蠡湖新城的和谐建设。

蠡湖新城建设启动之初，蠡湖办努力宣传市委、市政府决策。蠡湖新城建设的出发点落脚点是推进蠡湖水环境综合整治，扮靓蠡湖，全线开放蠡湖公共空间，还湖于民，推进无锡山水城市建设，提高城市综合竞争力。蠡湖水环境治理先于蠡湖新城建设，赢得了全市人民特别是蠡湖地区居民的理解和支持。

随着退渔还湖、道路基础设施建设、环境整治等工程渐次展开，征地拆迁必不可免。做好征地拆迁等前期工作是各项工程实施的前提，蠡湖办及时会同市有关部门和滨湖区有关单位，依据市政府出台的有关无锡市征地拆迁安置补偿文件精神，草拟蠡湖地区征地拆迁补偿办法，先后八易其稿，由市政府审定发文施行，切实维护保障被拆迁渔民、村民和集体经济利益，尽可能减少矛盾，平衡各方利益，确保征地拆迁顺利推进。

一是从实际出发，制订拆迁补偿政策。农村的实际情况是，一个行政村往往被不同路、河分隔成几个自然村，同一个行政村居民分布在不同的地块。全然按照无锡当时的征地拆迁政策，就会造成同一个行政村居民由于拆迁工程性质和拆迁时序不同而享受政策不同，人为的给拆迁工作带来难度。有鉴于此，在制订蠡湖新城拆迁政策时，规定无论何时拆迁，不论是道路拆迁、环境（绿化）拆迁还是地块开发拆迁，对蠡湖新城内失地农民的征地拆迁安置补偿都按同一政策标准执行，这就避免了因地块位置不同和拆迁时间不同而执行不同政策和补偿标准所必然导致的矛盾。

二是精心规划建设农民安置房工程。做到在安置房小区选址、建设标准和户型结构等问题上让被拆迁农民满意。按照布局合理、交通方便、设施配套、户型舒适实用、环境优美的原则，规划在蠡湖新城就近建设拆迁安置住宅小区。

三是多措并举，解决失地失企农民的后顾之忧。除搞好拆迁安置补偿外，还把农民全部纳入社保，新城内新建的管理服务行业优先安排失地农民就业，农民享受与市民同等的就业待遇，被征用土地的 5% 留给所在镇（街道）作为解决历史遗留问题和农民增收的留用地等措施，使被拆迁农民不仅没有因为征地拆迁而影响安居乐业，恰恰相反，由于拆迁带来优先享受城市化进程成果的机遇，加快了由农民向市民转化的进程。

无锡蠡湖新城建设的阶段性成果，赢得多方褒奖和殊荣。先后获得 2004 年无锡市腾飞奖，2005 年第 23 届国际滨水中心环境景观设计最高奖，2006 年国际地产协会卓越成就奖，2006 年建设部人居环境范例奖和 2007 年加拿大景观建筑协会的最高荣誉——国家奖。2006 年 9 月，联合国环境规划署在蠡湖展示馆举办亚太地区未来领导人培训班，把蠡湖作为联合国生态示范区和环境可持续发展教育基地。联合国环境规划署亚太地区代表史仁达先生高度评价蠡湖生态建设：“蠡湖新城的规划和设计充分体现了人与自然的和谐。毫无疑问，蠡湖新城的成功案例可以作为发展中国家学习的典范”。

第十一章 城乡一体化发展

城市现代化、城乡区域一体化是现代化建设的重要内容。2015 年无锡的城市化率为 75%，高于全国和全省平均水平，呈现有效破解“三农”发展难题并取得显著成效的良好态势。但是必须看到，无锡城乡方面在不少领域还存在一定差距，城乡一体化工作推进中还有不少制约因素。要改变城乡二元现状，推进城乡一体化、区域一体化，一个切实可行的创新思路是：依托城镇网络推进城乡区域一体化。通过依托城镇网络，把城市和农村两个生产基地、两个市场、两个资源有机结合起来，统一调整城乡产业结构，合理整合城乡资源，促进城乡协调分工，增强城镇对农村的带动和农村对城市的促进作用，形成城乡互动，融合发展的局面。

一、城乡关系发展演变历程

新中国成立之后，无锡城乡关系随着国家社会经济结构的不断调整、发生着明显的、跳跃性变化。具体来讲，大体经历着四个较为明显的演变过程。

（一）1949—1957 年建国初期的城乡关系

新中国成立初期，党和国家领导人试图改变近代中国形成的城乡之间对立分裂的关系，营造一种新的城乡关系。建国前夕，毛泽东同志就强调：“城乡必须兼顾，必须使城市工作和乡村工作，使工人和农民，使工业和农业紧密联系起来，决不可以丢掉乡村仅顾城市。如果这样的话，那是完全错误的。”建国后，周恩来指出“在中国，城乡关系是一种重要的关系，城市和乡村，工业和农业都是辩证的两方面，决不能取消或忽略任何一方面。”

在这种思想的指导下，中央政府采取了土地改革、提高农产品价格、加快工业化和城市化步伐、完善基础设施建设等一系列措施，加强城乡经济联系，缩小城乡之间的差距。在解放初期改变了几千年来城市全面控制农村的局面，旧中国的城乡关系逐步向社会主义城乡关系转变，并呈现出崭新的面貌。这一时期城乡关系是开放的，城乡之间的生产要素流动是比较自由的，而且呈现出城乡对流的状态。无锡城市化水平自 1949 年开始不断上升，至 1957 年到达高峰，城市建成区面积迅速扩大到 16 平方公里，相较 1949 年增长了 36%。城市功能也不断提升，由比较单一的经济功能和行政功能向多功能提升。

（二）1958—1978 年人民公社时期的城乡关系

新中国成立后的第一个五年计划“一五计划”，加速了工业化的进程，开始推行重工业化的发展战略。选择重工业化的发展战略，产生了两个矛盾，一是重工业的资本密集型特征与当时资本稀缺状况的矛盾，二是重工业发展要求很强的资源动员能力与当时要素市场十分不发达状况的矛盾。为了解决在资本稀缺的资源要素禀赋下发展重工业，需要压低投入成本（包括劳动力成本以及食品成本）。因此，政府垄断了农产品的流通，实行压低收购和销售农产品的政策。在这种统购统销的政策下，为了防止农业中生产要素的流失，又实行了农业生产的集体化，形成了人民公社。而对于最为活跃的生产要素——劳动力，则通过户籍制度进一步限制其流动。因此，统购统销、人民公社和户籍制度成了计划经济时期农业经济制度安排的三驾马车。之后，随着劳动就业制度、社会保障制度、住宅制度、教育制度等一系列与户籍制度、粮食制度、人民公社制度相匹配的制度的建立和完善，最终形成了城乡二元社会结构、使城乡隔绝状态得以制度化和固化。

我国的城乡二元社会结构虽然与建国初期重工业化战略的选择相关联，但却不是工业化进程的必然产物，而是一系列阻碍农村劳动力流动的制度安排共同发生作用的结果。这种制度化的城乡隔绝关系虽然在一定程度上有利于资本积累，促进了我国工业化的发展，但是更多的表现为一种负功能，制约着中国社会经济发展。这一时期无锡城区人口增长缓慢，城市建成区面积增长不大，城市专业功能区发展缓慢，在长三角区域中地位有所回落。但总体上看，无锡城市化水平有所提高，为今后城市化的发展打下了基础。

（三）1979—1999年改革时期的城乡关系

20世纪70年代末，“文化大革命”结束之后，全社会形成了寻求变革突破旧体制的环境。首先是乡镇企业的发展推动了生产要素在城镇的积聚。十一届三中全会后，受上海的辐射，无锡的社队工业通过引进上海的人才，吸收乡镇政府、个人的投资，乡镇企业在地理位置较好、交通较为便利的小城镇周围得以发展壮大，农村剩余劳动力向乡镇企业的转移产生了大量“通勤工人”，乡镇企业和劳动力的集聚推动了城镇化的形成。其次，改革开放为城镇城市化提供了巨大的空间。1979年后，无锡陆续被定为承包试点城市、物质体制综合改革试点城市、金融改革试点城市，1985年被定为沿海开放城市，使无锡的改革主体更是从农村转变为城市，直接推动了城市的发展。随着改革开放的深入，外资大量进入中国市场，为了吸引国外资金、技术和人才，无锡开始建设开发园区，1993年，无锡国家高新技术产业开发区和无锡新加坡工业园相继成立，到1994年已有国家开发区2个，外向型经济的迅速发展为农村大量剩余劳动力提供了就业机会，同时也促进了城市基础设施的完善、公共设施的配套以及人流、物流、资金流、信息流等生产要素的集聚，提供了城镇城市化发展的巨大空间。再次，政府人口和行政区划调整等政策的制定调控有力地推动了城镇化的进程。农村剩余劳动力逐步在乡镇企业就业时，国家适时出台的人口政策推动了城乡人口转移，加快了城市化的步伐，1984年公安部出台《关于农民进入集镇落户问题的通知》和外来人口登记制度。根据“离土不离乡，进厂不进城”的精神，中央出台了鼓励农民自带口粮，将乡镇企业集中起来建立小城镇的政策，进一步推动了异地城镇化；行政区划调整也成为促进城市化发展的重要因素。1983年，无锡市完成市管县、撤公社建乡的行政改革；1986年国务院公布新的设县级市标准，江阴、宜兴、锡山分别在1987年、1988年和1995年撤县建市；撤乡建镇也同时展开，更是有力推动了无锡城市化进程。

这一时期，无锡的城市化取得突破性进展，无论是从人口还是从建成区面积来看，都有较大增长。同时，城市的功能日益全面。

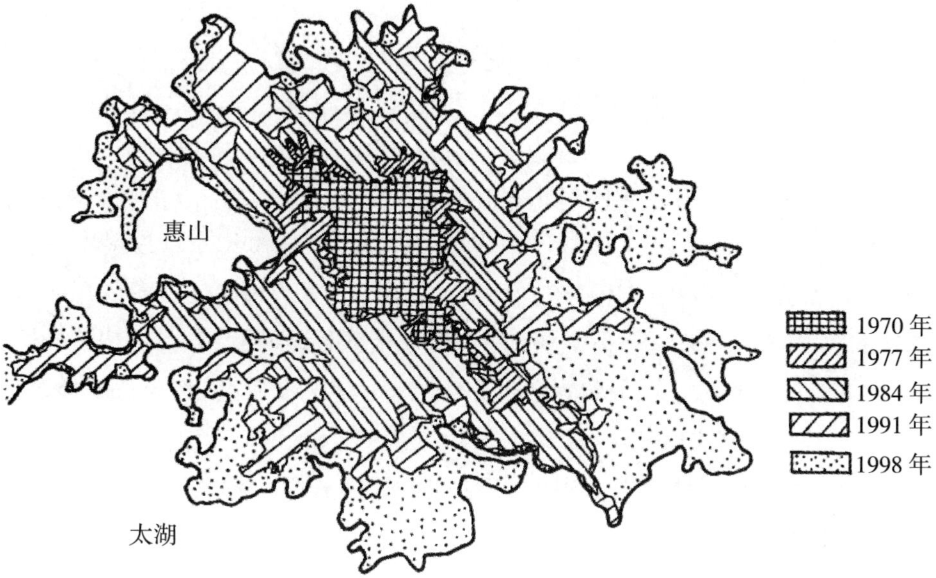

▲ 无锡城市扩展方向图

（四）2000—2012 年的城乡关系

这一时期，推动无锡城市化的动力主要是工业化中后期产业结构演进型动力和政府主导的城市化战略的政策调控力两个方面。一方面，工业化进程中产业结构的演进，特别是无锡第三产业的快速发展和传统工业结构的调整，给无锡城市化以后续动力。第三产业由 2000 年占地区 GDP 总值的 37.4% 提高到 2008 年的 41%；“三谷三基地”等高新技术产业发展壮大，促进了无锡大城市服务职能的增强及城市产业结构技术含量、层次化水平的提高，资金、技术、人才等生产要素进一步向城市集聚；“城市南下，产业北上”战略的实施使城市空间布局日趋合理，城市专业功能用地的增加有效拓展了城市。另一方面，政府针对长期影响无锡城市化进程的行政区划、户籍制度、城市建设投融资体制等方面加大改革力度，注重生态环境保护和城市管理体系的建立健全，将城市化作为重大战略加以实施。一是加大行政区划调整力度。2000 年，无锡将锡山市撤市设立锡山、惠山二区，撤镇设街道，截止到 2008 年底，全市共辖街道 40 个、镇 41 个。二是加强城乡统筹一体化发展。太湖、蠡湖、锡东、临港、环科等五大新城加快推进建设，规划形成“九横四纵”的干线公路网络、“五横二纵”的轨道网络和“两横五纵”的内河干线航道网络加速了城乡间融合。三是落实户籍政策。加快地方城镇户口、小城镇户籍改革试点和“三投靠”等政策的实施，加速了农村剩余劳动力向城市的转移。

这一时期，无锡将城市化作为城市发展的四大战略之一，深刻把握新型城市化的内涵，注重产业结构调整的功能布局规划，加强生态文明建设，统筹城乡一体化、城镇组团化，一个城市空间结构集聚，城市功能优化的特大城市日渐成型。一级中心城市——无锡市中心城区、二级中心城市——江阴和宜兴和三级卫星城镇——洛社、玉祁等三级空间集聚结构呈现梯次发展的良好格局，基本形成了“七区一体，一体两翼”区域城市化。无锡城区人口开始快速增长，建成区面积急剧扩大，城市功能全面发展，城市专业功能区充分发展成形，在长三角区域的地位稳固中保持上升态势。从城市功能的提升来看，由江苏省确定的特大城市进一步提升到“五城五中心”，城市的功能日益全面，无锡的新型城市化取得飞速进展。

二、城乡区域一体化发展现状

顺应城乡关系发展规律，主动适应农业现代化、农村城市化、农民市民化加快发展的新形势、新任务，致力于以城乡一体化的发展战略有效破解“三农”发展难题，无锡在推进城乡区域一体化上取得了新突破，主要呈现在以下五个方面：

（一）以规划一体化为突破口，引导城乡区域空间有序融合

一是统筹锡澄、锡宜区域整体协调发展。构筑无锡主中心、江阴和宜兴副中心“一体两翼”空间结构。加快锡澄产业布局、基础设施和服务功能对接，打造纵深辐射、江海联动的枢纽港城，实现“优化提升”。宜兴市依托交通区位与产业集聚优势，加快对接无锡及周边城市，打造宁杭城市带上重要的中心节点城市，实现“做大做强”。

二是完善城乡规划体系，提升城乡空间布局融合。编制完成了城乡融合、相互衔接、全覆盖的农村镇村布局总体规划、12 个新市镇的城市设计及重点地区控制性详细规划、50 个新型农村社区集群和 351 个居住点的建设整治规划，形成了覆盖全市城乡区域范围的“新城—新市镇—新型农村社区”的三级城镇空间布局结构。

▲ 华西村

以东港—锡北新市镇为例，通过规划，这里原来分散的“村村冒烟”的工业企业被集中到工业园区，众多生活在宅基地上的农民则被集中安置到城镇。农民的集中居住又带动了新市镇商贸服务业的发展，同时商贸服务业的发展也能更好地服务周边广大乡村。城乡空间布局上的融合，还提升了基础设施与公共服务的均衡化水平，形成了新的公共服务圈、文化生活圈，乡与城的联系也因此变得更加紧密。此外，随着产业的集聚，东港—锡北产业板块也逐步成形，以前是乡镇的单个产业单个企业与城市发生联系，现在则以板块的名义与城市形成互动，集聚效益和规模效益得到充分发挥，其产业层次在接受城市辐射的同时亦获得了跃升。

三是调整镇村行政区划，合理布局镇村规模。加大镇村撤并和撤镇建街、撤村建居工作力度，加快农村村落管理向城市社区管理转变。2009 年全市对城市建成区和规划建成区内的 7 个建制镇组织实施了撤镇设街的工作。宜兴市、新区、滨湖区、江阴市、惠山区先后分别对 139 个行政村（其中 3000 人以下的行政村有 97 个）进行了区划调整，共减少行政村 79 个。通过镇村行政区划的调整优化，目前全市涉农市、区内现有行政镇 34 个，街道 49 个；行政村 710 个，其中 116 个村居合一，居委会 540 个。2015 年又实施了新一轮的区划调整，原崇安区、南长区、北塘区合并成立梁溪区，新设立新吴区，这将进一步带动镇村行政区划的调整。

（二）以产业一体化为动力机制，促进城乡区域产业联动发展

城乡区域一体化的动力，关键还要依靠产业发展，产业发展形成合理的

产业布局、具有竞争力的产业集群和产业链，带动新的城市和区域的科学分工，才能逐步消除城乡之间、城郊之间的界限和落差。无锡按照城乡经济融合和三次产业联动发展的要求，整体推进城乡产业结构和生产力布局结构的调整，努力形成城乡合理分工、生产要素和资源优势得到充分发挥的城乡产业发展体系。

一是大力推进农村“三个集中”。以发展现代农业和建设现代农村为目标，加快推进农业、工业、居住集中，切实优化了农村经济、社会、空间和生态的结构布局。“国际花园城市”江阴新桥镇通过积极稳妥推进“三集中”，农业向规模集中——全镇10000多亩农田，实现规模经营的达8000多亩；工业向园区集中——百家工业企业中已有86家进驻园区；居住向城镇集中——82%居民集居镇区，有效缓解了新桥镇发展与用地的矛盾，有利于新桥的产业集聚、企业集中、经营集约，有利于提升全镇农业综合效益和城乡可持续发展能力。目前，工作在园区、居住在社区、生活在镇区的美好愿景已成为新桥人的真实写照。同时加快推进农村产业发展集群化和园区发展特色化，已经形成了机械化工向锡山区、电子信息向新区、创意旅游产业向滨湖区、汽车金属制品产业向惠山区集中的生产力布局。

二是大力推进农村产业特色发展。实施“一村一品、一村一企”战略，大力推进农业生产的专业化和规模化，农产品的特色化和品牌化。目前，全市所有涉农行政村均与企业挂钩结对，涌现了阳光、海澜、红豆、中兴等一大批农业科技园区，以及“阳山水蜜桃”、“太湖翠竹茶叶 ”、“甘露青鱼”、“马山杨梅”、“宜兴百合”、“璜土葡萄”等一大批专业特色镇村和基地。

三是大力发展现代高效农业。着眼提高农业的现代化水平和综合效益，优化农业区域布局，明确全市着力发展的十大主导产业，培育形成了现代高效农业五大产业集群，积极推动了生态农业、观光农业的发展，进一步提升了现代农业发展水平，极大地促进了二、三产业的升级，推动了城乡产业的一体化发展。“十二五”的第一年，全市农业规模经营面积达到133.4万亩，占全市农用地面积的72.82%；建成亩均效益2000元以上的高效农业面积超过100万亩，比重达到54.6%，同期苏州为60%；无锡设施农业占耕地面积比重为12.3%，同期苏州为9.6%；无锡农业园区面积占耕地面积比重为17.4%，苏州为18.3%；无锡农业综合机械化水平为84%，苏州为83%。至2015年，全市农产品产量小幅下降，但农业现代化程度有所提升。

（三）以基础设施一体化为保障，助推城乡区域生产生活同质化

基础设施一体化是实现城乡区域互动的空间支撑基础，顺畅的交通运输便利了城乡区域经济发展中劳动力要素、物质要素的流动，可有效解决城乡区域之间市场分隔的现实问题。

无锡以“区域一体、城乡通开”为目标，加快重点区域之间的连接通道建设，加强中心城市与副城、各卫星城之间的联结，形成江阴几个主要板块与中心城区几个板块的互通；在锡宜之间，规划将通过建设锡宜大桥或隧道，实现中心城区到宜兴的直通。统筹城乡基础设施建设，加速构建区域一体发展的网络框架，两市七区已经基本实现了城乡交通、水、电、气、环保等重大基础设施的“无缝对接”。坚持把新增财政投入的重点放在农村基础设施建设上，把区域公共基础设施建设的重点向农村延伸。大力推进农村公路网络建设，实现了所有乡镇的车辆15分钟内驶上快速干道、30分钟内驶上高速公路的“1530”工程建设目标；加快推进农村电网建设，加速农村广电网、电信网、互联网“三网合一”，农村有线电视行政村入户率达到100%。可见，无锡城乡区域基础设施总体上形成了较为完善的网络系统，达到了覆盖全市城乡区域的服务能力。

（四）以公共服务一体化为目标，追求城乡区域公共服务均等化

基本公共服务均等化，是城乡区域一体化过程中的重点和难点，也是实现城乡区域一体化的根本途径和关键切入点。无锡不仅加快了全市、全区经济社会的发展步伐，更让老百姓享受到了更加完善的公共服务，进一步缩小城乡差距。以农民教育培训工程、农民健康工程、农村文化建设工程等为重点，加速城乡公共服务均等化配置、一体化发展。积极完善农村义务教育经费投入保障机制，着力推进农村职教资源整合，加快建设城乡一体的社区教育网络。全市农村义务教育学校装备条件达省级Ⅱ类标准比例超过90%，镇文化站、村文化活动室达标率达到99.5%。继续完善农村公共卫生体系，加快构建农村康复服务网络体系，已经形成市、镇、村三级医疗体系，实现社区卫生服务全覆盖，基本形成15分钟健康服务圈，城乡居民可在15分钟内到达就近的社区卫生服务机构。加强农村公共文化服务网络建设。全市公共文化设施达标率达到96%，基本形成15分钟文化生活圈。

（五）以生态文明建设一体化为支撑，注重城乡区域环境共同改善

农村生态环境，是提升农民幸福指数的重要指标，是实现可持续发展的基础。无锡积极落实环保优先理念，大力推进生态农村建设。一是以开展“6699”行动全面治理太湖为契机，实现农村生活污水的无害化处理。农村生活污水的处理，一直是困扰无锡市农村环境保护和建设的难题。针对村庄布局分散、城镇污水处理厂难以覆盖到村庄的现状特点，全市各地积极开展农村生活污水处理试点工程，探索出了一套适合无锡农村分散村庄推广的生活污水处理方案。二是大力加强农村河道治理，加强对全市所有村庄河塘的疏浚整治，全市95%以上农村河道落实了长效管理机制。三是加强垃圾无害化集中处理和再生资源回收利用，全面建立了“户集、村收、镇运、县处理”的垃圾处理机制。无锡垃圾无害化处理覆盖率为100%。

虽然无锡近年来在城乡区域发展方面取得了阶段性成效，但是与发达国家城市相比，与率先基本实现现代化的目标相比，与城乡人民的理想愿望相比，城乡区域经济社会发展在许多领域还存在不同程度的差距，主要表现在以下几个方面：

一是城乡区域空间布局未尽完善。有些地区城乡发展一体化规则起点不高，系统性也不强。由于行政辖区的多次变动，在城市的扩张过程中，历史上曾隶属不同行政辖区的地区，在规划和建设上缺乏长远的统筹考虑，导致每次行政区划调整后，城市空间布局随之相应改变，产业功能、生态空间布局结构不稳定，而且使得地域交界处的路网与基础设施难以衔接。

二是城镇集聚程度不高，功能不强。目前无锡区域范围内各乡镇有经济上的优势，但人口集聚不高、规模较小，且分布分散，小城镇与大中城市之间、小城镇与小城镇之间缺乏应有的分工和协调。因此，难以发挥城镇对周围农村的辐射和带动作用。另外，农村实行“三集中”后，出现了“空关村”现象，使原有的行政村与新型居民集中区相分离，影响城乡一体化进程。

三是城乡产业同构、市场过度竞争，城乡企业经济效益下降，城乡之间还未形成相互支撑的经济技术服务体系。部分地区在转型发展中普遍遇到资金紧张、建设性土地指标压力大等问题。

四是农村保障水平不高。全市农村社会保障体系已基本建立，但保障标准仍然相对较低，被征地农民生活保障水平还不高。

五是农村生态治理任务艰巨。农村环境虽已有很大改观，但在农业面源污染治理、生活垃圾处置、污水管网建设、河道综合整治等方面的任务还相当艰巨。

三、推进城乡区域一体化发展的路径

依托城镇网络推进城乡和区域一体化可以从基础设施服务一体化、产业一体化以及生态一体化几个方面着手。基础设施服务的一体化是促进城乡和区域间要素流动，加强分工与合作，促进城乡和区域整体发展的重要驱动因素。产业一体化既有利于拓展城市资源配置空间，增强城市集聚与扩散功能，同时又有利于带动乡村产业的发展，有利于农村产业吸引城市先进的生产要素，提升城乡产业整体竞争力。生态一体化是对城乡生态环境的有机结合，保证自然生态过程畅通有序，促进城乡健康、协调发展。

（一）城乡和区域基础设施服务一体化

一是着力推进交通设施建设。城乡之间的交通网络，必须考虑城乡协调发展的要求，适应提高城乡通达程度、增强城乡经济运行机动性、保证城乡生产化与社会交往的便捷性、扩大对外交流程度的需要，建设成大城市—中等城市—小城镇—乡村之间合理配置、路网密度适宜、公路、铁路、水运、航空和管道等各种交通运输方式密切配合、统一规划、协调发展的综合运输网络。城乡交通网络的建设大体可以分为三个层次：一是高速交通网络，既满足城镇群对外联系的需要，又是大区域交通运输走廊的重要组成部分，具有很强的机动性，是交通运输通道的主动脉；二是快速交通网络，是地区性的交通通道，具有政治、经济、文化、国防意义的城市与主要乡镇之间的重要交通走廊；三是普通交通网络，为快速交通系统的补充部分，在各个小城镇之间及小城镇与周边乡村之间的政治、经济和文化交流等方面发挥重要作用。

无锡市“十二五”优化空间布局的主线是以中心城市带动区域发展，“城乡建设规划”提出要整合环湖沿江资源，构建“1+2+4”（一个特大城市、两个大城市、四个城镇组团）的市域空间新格局，形成大都市（发展）区—都市区—中心城市—次区域的多层次区域发展格局。通过锡澄江湖城市发展轴、宜兴滨氿城市发展次轴、环太湖城镇发展带、江阴沿江城市发展次带的“双轴双带”整合市域空间，构建区域发展走廊，强化市域空间的凝聚性，加快市域战略资源组合。为更好地适应区域一体化的态势，融入长三角，放大锡沪同城效应，无锡市要全力打造空港枢纽，启动无锡机场改扩建二期工程，规划提出建立方式齐全、结构均衡、运行高效的内外交通体加强主动对接上海。为了更好地发挥市域范围城镇优势资源，要加强无锡与江阴宜兴“一体两翼”，“双轴双带”以及各城镇组团之间的路网衔接，优化城乡公交线路，完善市、市（县）区、镇村三级网络体系，建立健全镇村公交服务体系，提升镇村公交服务水平，确保行政村镇村公交通达率达到 100%。

二是着力推进公共设施建设。公共设施具有以下几个方面的特征：一是公共设施服务具有公共性或准公共性，亦即对其他的消费具有非排他性和非竞争性，或在一定地域空间范围、一定制度条件下具有非排他性和非竞争性；二是公共设施具有联合消费的可能性；三是公共设施初期固定资本投资很大，但使用的边际成本很低并且递减（如图 11-1 所示）。公共设施初期的巨额投资使得政府往往成为公共设施的主要供给者，政府及相关公共管理机构控制着公共设施的服务目的、范围和方式。公共设施的边际成本递减特征决定了分散居住就业的农村或是小集镇，要想获得与城市相当的基础设施，要付出

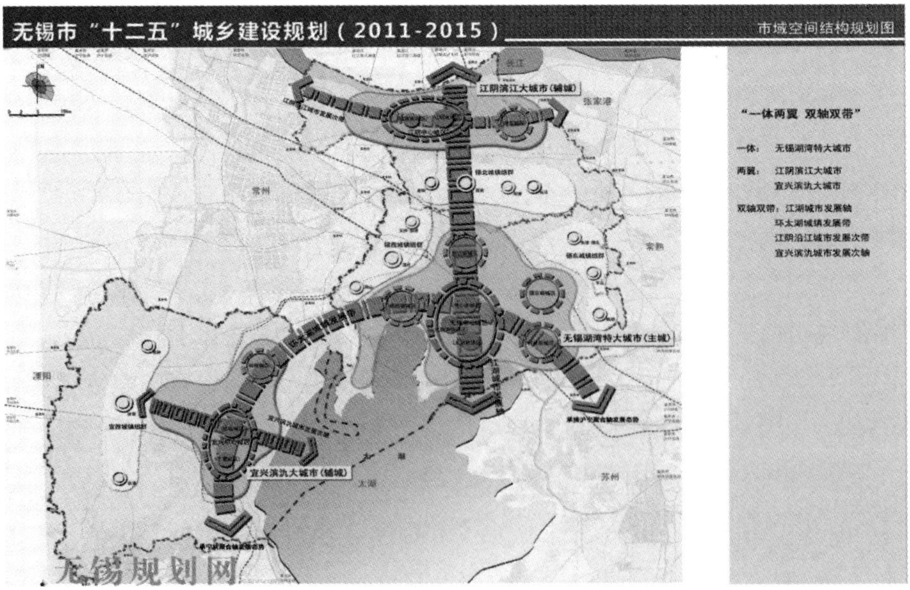

▲ 无锡“十二五”市域空间结构规划图

大得多的成本。佩卡·库西认为：乡村主要是解决人类的生物学需求的；只有进入城镇时代，人类自己的人类学需求才找到了解决的途径。因此，要想降低公共设施的投资成本，必须加快城镇化的步伐，把人口适度地集中起来以节省基础设施的投资成本。如图 11-1，当对公共设施的需求由 D_1 增加为 D_2 时，公共设施的价格就由 P_1 降为 P_2。无锡市要继续推动土地承包经营权置换城镇保障，以农村住宅置换城镇住房，使农民身份转化为城镇居民身份的“两置换一转化”工作，加快人口城镇化的步伐，提高城镇的人口密度，降低公共设施的使用成本。

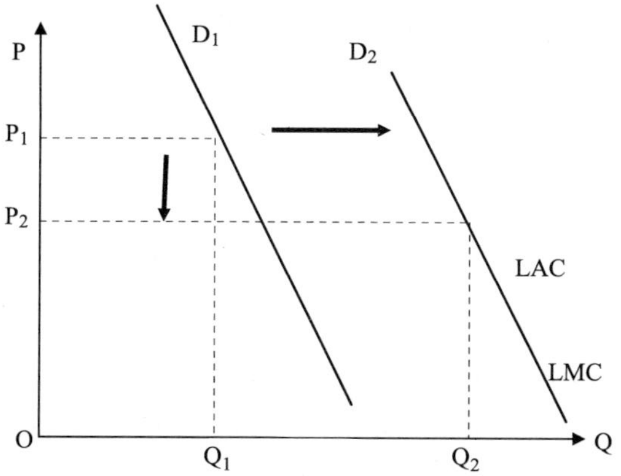

图 11-1　公共设施投资的成本分析

要重点推进城镇供水、供气、电力、通信、环保、信息化等公共设施向农村的延伸，力求实现城乡公共设施的“无缝对接”。完善农村供水管网，不断提高农村供水的可靠性和安全性，实现城乡“一张网、一个价”的一体化供水目标。大力推进城乡一体化污水处理设施建设，加快建设国内一流的排水系统。加大农村电网改造升级力度，提高农村电网的承载力和稳定性，改善农村电力基础设施条件。加快农村信息化基础设施网络建设，全面完成广电网、电信网、互联网“三网合一”，实现农村信息化建设行政村全覆盖。加快建立健全城乡一体的基础设施长效管理体制机制，不断提高使用和管理效率。

三是着力推进服务设施建设。城乡间的消费性分工其实指的是服务性设施在城乡之间的配置，其布局模式可以参考克里斯·泰勒的中心地理论。泰勒发现，一个独立的贸易区用六边形去拼接周围的地区会更有效，可以避免社区间的重叠问题。在六边形网格上所建立交易中心的最小层次为基层村，第二层次

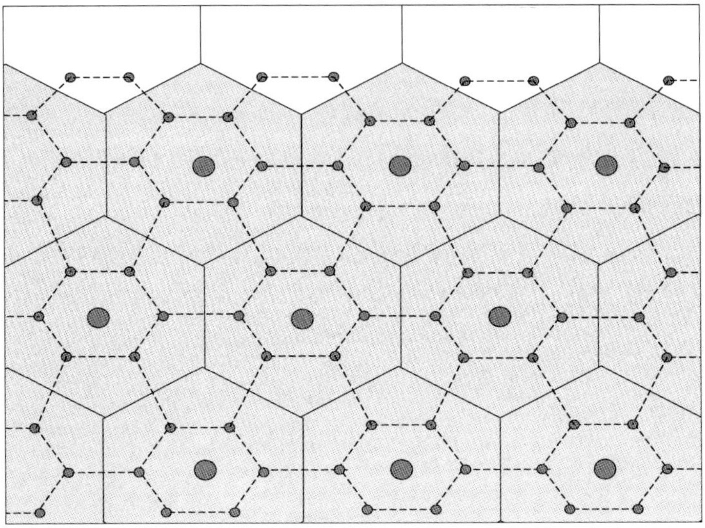

图 11-2　中心地层次

为中心村，第三层次为镇，第四层次为县市，如图 11-2 所示。不单镇具有中心职能，一个村庄也存在中心职能。不同的职能有不同的门槛值和服务范围。那些相对昂贵、人们并不经常需要的商品或服务，门槛值就高，顾客也情愿到较大的中心地去获得这种商品或服务，因为那里可供选择的机会较多，因此这些职能要求有较大的服务范围。人们经常需要的，一般是低值或易腐烂的商品和服务，顾客不会舍近求远，门槛值低，服务范围也小。因此，较高等级的中心地为周围地区提供的货物越多，服务的范围越广；反之，较低等级的中心地为周围地区提供的货物越少，服务的范围越小。

不同等级的中心地，人口规模、服务半径不同，在城乡体系中承担的分工角色也必然不同，必须具备相应的配套基础设施。高层次中心地不仅要为本地区居民提供生产、生活服务，而且还要为周边村庄居民提供一些基本的服务，同时也要为上一级层次的中心地提供必要的配套。因此，不同中心地的公共基础设施建设，要在考虑其服务范围内的人口规模，满足其门槛人口下线的基础上，促进区域内的公共设施共享，实现规模经济，降低供给成本。不同层次中心地的公共设施分类如表 11-1 所示，低层次中心地的基础设施主要用来提供日常生活所需商品和服务，而更高层次的中心地除了提供低层次中心地的基础设施外，还需提供高等级商品和服务。

表 11-1　　　　不同等级中心地的公共设施布局

中心地结构	公共设施分类					
	商业服务	教育	医疗卫生	文化娱乐	交通通信	福利
基层村	食杂店（日常生活用品，小百货、副食店）	幼儿园，2—3个基层村1所小学	乡村医生（常见疾病诊疗）	闭路电视	—	—
中心村	周期性集市贸易（低级耐用消费品和日常生活用品）理发店、饭店、浴池	初中	受过专业教育的医生、兽医	乡村俱乐部、图书室	—	—
镇	农贸市场、农资供应站、维修站、粮棉临时收购站、大型农机具商店、信用社	高级中学	乡镇卫生院、兽医站	书店、照相馆，电影院、网吧等休闲娱乐设施	城乡公交站、邮局	养老院
县市	珠宝店、花店、名牌服装店、大型超市、电器卖场、专卖店，律师所、银行、旅行社	重点高中、职业技术学校、精英大学，农业技术研发和成果转化	综合性、专业性的医院	图书馆、报纸，广播、电视台，游泳池、溜冰场等休闲娱乐设施	汽车、火车站	福利院

（二）城乡和区域产业一体化

根据城市的空间聚集性特征和乡村的空间分散性特征，城市和乡村各自的资源禀赋，以及产业的空间指向偏好，无锡城乡产业空间布局圈层如图 11-3 所示。

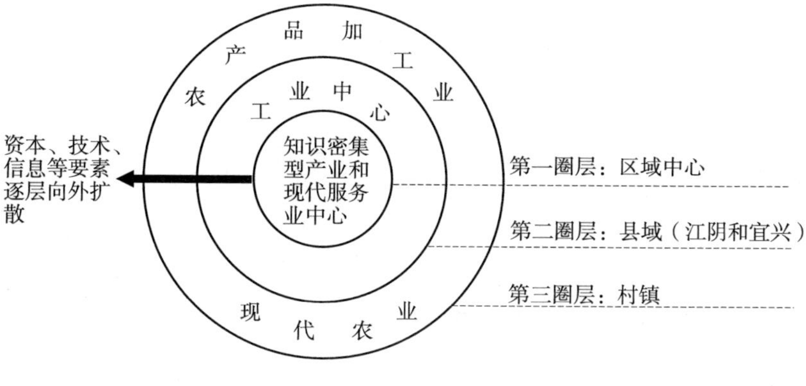

图 11-3　无锡未来城乡产业空间布局圈层

第一圈层：区域中心。无锡市的区域中心包括三心、三区，要通过培育三个增长极核，着力强化区域中心功能，提升综合竞争力，使其成长为现代服务业中心。老城商贸中心（CAZ）要提升中心区功能业态，推进公共资源整合，提升公共空间质量，预控基础设施扩容。太湖新城商务中心（CBD），要完善城市框架，集聚都市工业和商务功能；强化低碳引领，建设生态城示范；推进设施建设，加快人气集聚。蠡湖休闲中心（RBD），要加快集聚国际化湖滨旅游度假功能、体验式高端商业文化娱乐消费功能、多元化休闲服务功能，加快新城宜居示范住区和国际社区建设，打造国际上最具魅力的城市湖湾地区。三区主要包括中心老城区，太湖新城区和山水旅游休闲区。中心老城区是无锡传统城市中心，推进旧城更新，提升中心城服务能级，强化其贸易中心、服务中心的功能。太湖新城区是无锡新的城市中心，是国内一流、国际有影响力的“城市新中心，产业新高地，旅游新天地，宜居新天堂，生态新标杆”，要把太湖新城打造成无锡的商务金融中心、行政文化中心、科技研发中心、风景旅游休闲度假中心和设计创意中心。着力打造宜人居的自然环境，启动建设中瑞低碳生态城，加快功能性项目建设，加快打造特色、新兴战略性产业基地，高水平高标准地推进“三创”载体建设。山水旅游休闲区是无锡展现太湖山水的魅力门户，是现代旅游和休闲游憩功能区、区域性旅游度假中心、无锡山水名城、休闲名城承接地。要强化沿湖地区绿道建设和山地森林维护，加快休闲旅游资源整合，加强文化、旅游、休闲、健身等国际化和大众化配套设施建设，打造最具无锡特色的山水、文化、生态，休闲区。

第二圈层：两翼县域，江阴和宜兴，逐渐成为工业中心。江阴、宜兴以构建现代化产业体系、实现优势互补为目标，推进产业高端化、集群化，促进产业融合、布局优化。促进锡澄产业布局的错位互补，通过引导形成沿江、沿路和沿湖产业带。沿江产业发展，主要是锡澄两地通过长江岸线整合，加强无锡（江阴）港、临港新城、靖江园区和江阴高新技术开发区的协调、开发和管理，发展新材料、装备制造、港口物流等产业；沿路产业发展，则要发挥科技新城（新区）和锡山、惠山经济开发区的集聚功能，促进锡澄宜高速公路等沿线地区的物联网、电子信息、节能环保、现代物流等产业发展；沿湖产业发展，将依托濒临太湖的环境优势，发展总部经济、会展经济等高端服务业，发展物联网、创意等高技术产业，大力优化提升旅游及相关配套产业。

加快宜马快速通道的建设，促进锡宜一体化进程。将宜兴、马山乃至整个无锡的资源进行有效整合，带动宜兴、马山和无锡经济社会的发展。放大中心城区辐射带动功能，提高整体发展效益，提高无锡区域发展竞争能力。

第三圈层：村镇，逐渐成长为现代农业、农产品加工业中心。无锡市要按照土地利用总体规划、经济发展和城市建设总体规划，优化无锡现代农业发展的空间布局，进一步实现集约、集中、集聚发展，到 2015 年，基本形成锡东生物农业、锡西优质果蔬农业、锡澄高效设施农业、宜南特色精品农业和环湖休闲农业等五大现代农业板块。

锡东生物农业板块。重点打造“无锡太湖生物农业谷”，包括南园—新区太湖生命科技园、北园—锡山生物农业产业园。新区太湖生命科技园主要承接生物种苗、生物制剂、生物食品制造、生物肥料、生物反应器、生命传感器等方面的重大产业化项目。锡山生物农业产业园重点发展园艺、水产等珍稀生物新品种新技术开发以及食用菌菇、生物能源、太空育种等产业。

锡西优质果蔬农业板块。重点打造无锡市“菜篮子”工程基地，主要包括惠山区阳山、洛社镇和滨湖区马山、胡埭镇，并辐射带动周边地区，以惠山精细蔬菜园区、阳山水蜜桃园区和天蓝地绿生态农庄等为主体，规划形成 3 万亩水蜜桃产业园区和 3 万亩高标准精细蔬菜基地。

锡澄高效设施农业板块。以沿徐霞客大道、芙蓉大道的江阴现代农业产业园区、江阴现代渔业产业园区为重点，积极发展果品、花卉温室栽培、蔬菜连栋大棚种植、葡萄避雨设施生产、水产智能化工厂养殖等设施农业，进一步提高农业设施化、集约化和智能化水平。

宜南特色精品农业板块。在宜南丘陵山区，以宜兴阳羡茶产业园区、宜兴现代农业产业园区、宜兴湖滨百合科技园等为主体，重点培育名特茶、百合、板栗、应时果品等特经产业，形成宜南丘陵山区特色精品农业板块。

环湖休闲农业板块。以环太湖地区为重点，结合生态建设，加快提升龙寺生态园、太湖花卉园、红沙湾生态园、九龙湾乡村家园、唯琼农庄等一批兼顾产业与休闲功能的休闲农业园区，形成环太湖休闲农业产业带。

（三）城乡和区域生态一体化

一是加强生态功能区建设和保护。大力推进太湖新城国家低碳生态城示范区建设，基本建成中瑞低碳生态城，提升生态环境质量。持续推进建设长广溪、尚贤河、梁塘河、贡湖湾、北兴塘河、锡山、宛山荡、唐平湖、鹅真荡、锡北运河等10个湿地公园，马山、青龙山、惠山、大浮、翠屏山、斗山等6个森林公园，金城湾公园、太湖广场中心公园、植物园、阖闾城遗址公园、鸿山遗址公园、阳山地质生态公园、九里河中央公园、北尖生态公园、洗砚湖生态公园、梅园等10个城市公园，有序推进30条590公里绿道网建设，形成布局合理、配套完善、景观丰富、服务周全的具有江南特色的绿道网络系统。

二是加强生物多样性保护。恢复和重建城市物种多样性，尽量保护城市自然遗留地和自然植被，建立自然保护地，修建绿色廊道和暂息地，增加开放空间和各生物板块的连接度。对于划定的重要生态功能区实施严格保护，保证生态廊道的建设，避免出现生物孤岛现象。开展综合物种指数、本地植物指数调查。对城市规划区域内的河湖、自然湿地、水源保护地等生态和景观的敏感区域，划定范围，严格保护，持续利用。对于种群数量较少的物种，加大科学研究和人工培育力度，恢复种群数量。加强生物检测和外来物种监控，严格保护南部宜兴山地原生生态系统，恢复太湖湖沼湿地生态系统，维护野生生物栖息环境。加强外来物种和转基因物种监控和管理，防止外来物种的入侵。

三是大力发展生态产业。首先，要促进生态农业的发展，全面实施锡山、惠山、滨湖现代农业综合创新实验区建设，建设一批省、市级农业标准化示范区。充分挖掘太湖自然资源，结合时令特色果品产业，加快环太湖农业休闲旅

▲ 十八湾生态湿地

游带整合提升，形成一大批各具特色、功能互补的农业休闲旅游园区。通过举办现代农博会和各种特色农业节会，创新发展农业博览园经济，形成农业多种形式的产业化发展模式，拓展农业多元化功能。其次，重点发展生态工业。加快培育传感网、新能源、新材料、环保、生物医药等五大新兴产业，以规模化和高新化为核心，优化政策环境，集中资金扶优扶强，加强产学研合作，加大招商选资力度，抓好一批规模大、效益好、带动性强的产业化示范工程项目，建设一批创新能力强、机制灵活的研发平台，培育一批产业链条完整、产业集群优势突出的产业基地，促进五大产业集聚式发展，成长为综合效益好、增长速度快、带动效应强的战略性新兴产业。重点改造冶金、纺织、轻工食品等传统优势产业，大力发展区域品牌，推广使用集体商标，创建区域国际品牌，推动传统产业从数量规模型向品牌效益型转变。再次，加快发展现代服务业。优先现代物流、金融服务、生态旅游等低碳型生产性服务业、新兴服务业和高端服务业，发展生态服务业。大力发展低碳型服务业。加快建设太湖新城金融集聚区，大力吸引境内外各类金融机构来锡设立分支机构，打造区域性金融中心。加快建设总部企业集聚区，大力发展总部经济。全力构筑中国服务外包高地和世界服务外包基地，打造具有全国影响力的工业设计和文化创意产业集聚区。大力发展生态旅游业，加快推进八大博览园、五大历史街区、徐霞客农业生态旅游区等一批旅游精品建设。最后，加快发展绿色物流业。以加快物流中心建设为载体，完善不同物流区域之间无缝衔接服务体系，实现绿色物流运输，建设无锡现代绿色物流业。

（四）进一步推进城乡和区域发展一体化的思路

1. 鼓励和规范地方政府的制度创新行为

地方政府的制度创新应集中在以下几个方面：一是统一思想。要解放思想，坚持在改革中解放思想，在发展中统一思想。进一步坚定人们走中国特色社会主义道路的信念，“深入贯彻落实科学发展观”，从片面追求 GDP 的狭隘思路上寻求“解放”。二是科学规划。要实现城乡规划建设一体化，使城乡一体化整体规划更加完善，专项规划有机衔接，布局结构更加科学合理，建设以新城、新市镇、新型社区为节点的一体化规划体系。三是政策保障。立足“转变职能、理顺关系、优化结构、提高效能”，创新农村社会管理体制机制，全面强化村级“四有一责”建设，加快改变城乡分割、条块分割的管理方式，逐步建立适应发展需求、城乡接轨统一的社会管理体系，努力营造社会安定团结、人民和谐幸福的良好氛围。四是统筹推进。要按照统盘筹划、点面结合、各有侧重、功能清晰的要求，加强整体设计与系统安排，深入做好城乡规划完善工作，切实提高规划的科学性、前瞻性、系统性和长效性。

2. 设计土地—社会保障—户籍制度改革相互联动的政策组合

户籍制度、社会保障制度和土地制度的改革相结合，有助于导入一种良性循环的机制，突破城乡制度壁垒的耦合状态。为迁移人口建立基本的社会保障制度，降低进城农民的后顾之忧，有利于土地产权的流转，促进土地的规模化和专业化经营。当迁移人口在城市具有稳定的职业并工作较长的时间后，就可以被纳入到城镇的社会保险体系中去，并最终通过户籍制度改革获得城镇户口，放弃其土地产权，为农村土地的集中化经营创造条件。

3. 建立和完善农村要素市场

一是培育农村土地市场。农村土地的流转离不开农村土地市场的发育和完善，在明确界定农地产权的基础上，将农地的终极所有权界定给村、社区集体所有，将农地的处置权和收益权也就是经营使用权界定给社区成员个人所有，允许个人所有的处置权和收益权上市交易。政府可以从制定经营使用权的收费标准、购入者的资格认定、购入土地的使用范围等方面对农地产权市场进行管理，而不是放任自流。发育农地产权市场的最终目的，是促进农地的流转与集中，为优化农地与其他农业要素的配置、提高农业劳动生产率、实现农业规模经营创造一种机制。

二是培育农村金融市场。农村金融市场是农村要素市场的重要组成部分，农村金融市场的培育，需要建立多层次的农村金融服务体系，实现各金融组织合理分工、优势互补、正规与非正规金融机构有机互动，更好地支持“三农”、服务“三农”。首先，要深化农村信用社管理体制改革，明确产权关系，强化支农职能，充分发挥信用社直接服务农业、农村、农民，覆盖面广的优势，把农村信用社培育成真正的农村合作金融组织。其次，要扩大邮政储蓄的功能，加速建立邮政储蓄的支农机制。再次，在保留农业发展银行的政策定位的基础上，进一步拓宽其政策性支农领域，把农业开发、扶贫贴息等政策性业务转给农业发展银行，使其信贷重点由流通领域转向生产领域，改善农业生产条件，提高农产品质量和市场竞争力。在抓好农业银行改革的同时，克服其偏离农村的倾向，强调其服务对象是涉农企业，为农村和农业提供综合性金融服务。最后，降低农村金融市场的准入门槛，放宽民间资金进入金融业的限制，通过制定和完善有关法律法规，实现非正规金融组织合法化，建立农村金融监管体制和破产保护制度，强化民间金融市场的退出制度，建立存款保险制度和担保补偿制度，保护中小贷款人利益，为民间金融的发展提供保障。

三是培育农村劳动力市场。通过开放城乡劳动力市场，多渠道促进农业剩余劳动力转移。第一，打破城乡之间的就业壁垒，培育统一的劳动力市场体系，充分发挥市场机制在劳动力资源配置中的作用。为此，对现行户籍制度要适当地改变。可考虑放宽农民常住地户口迁移的政策，建立以公民住房、生活基础（包括稳定的职业、收入等）为落户标准的户口迁移制度。第二，打破地区之间的就业壁垒，促进从落后地区到发达地区的劳动力流动。对落后地区的劳动力输出，要积极引导，而不是放任自流。第三，打破农村社区之间的就业壁垒，发达的农村社区要作开放式的资源配套，不能仅仅根据本社区的劳动力资源状况选择技术进步战略。

展望篇

经过改革开放三十多年的发展，无锡已经成为一座经济实力雄厚、社会事业发达、生态环境优美的江南名城。站在“十二五”和“十三五”的交汇点上，无锡的发展正呈现新的阶段性特征。今后五年，无锡处在提高自主创新水平的机遇期、打造现代产业新高地的关键期、增创改革开放新优势的攻坚期、新型城镇化和城乡一体化的提质期、生态文明建设的深化期、社会文明程度的提升期、人民生活质量和水平进一步提高的普惠期，充满新的发展机遇和挑战。

展望未来，无锡将围绕建设一个“经济强、百姓富、环境美、社会文明程度高”的新无锡这一发展的总命题、总纲领，遵循“创新、协调、绿色、开放、共享”的发展理念，在过去推进“两个率先”实践取得成果的基础上，实

施六大战略，高水平全面建成小康社会，开启基本现代化建设的新征程。在“十三五”期间，着力打造产业发展新高地，共建共享民生新成果，开辟绿色发展新路子，展现文明法治新风貌。

城市发展将掀开新的一页。无锡将坚持以人的城镇化为核心，全面推进国家新型城镇化综合试点，优化“一体两翼”城镇体系结构，打造市域城市群，深入推进城乡一体化发展。进一步推进绿色发展，加快主体功能区建设，加强生态保护和环境综合治理。深入实施文化建设工程和社会治理创新工程，增强城市文化软实力。一个充满经济发展活力和江南文化魅力的美丽宜居新无锡将会展现在太湖之畔。

第十二章 朝着基本现代化目标率先前行

现代化是指国家或地区通过用现代因素对传统因素进行补充和改造，使传统因素通过创造性转化，使其功能适应国家或地区现代化要求，使国家或地区能快速全面地追赶到发达国家或地区发展水平的能动性活动。2005年，无锡就已经宣布在江苏省率先建成了全面小康社会，并开始进行基本实现现代化的实践探索。在未来的发展中，无锡仍将以夯实小康社会建设基础、在全省率先实现现代化为重要目标进行先行先试，在更高水平上推进经济建设、政治建设、文化建设、社会建设、生态文明建设，努力走出一条具有鲜明无锡地方特色的城市建设发展之路，这既是无锡人民的强烈期盼，更是无锡作为发达地区的历史担当。

一、率先基本实现现代化的基础与条件

（一）突出优势

经过多年来特别是改革开放以来的快速发展，无锡经济社会发展取得显著成绩，城乡面貌发生巨大变化，综合实力和国际竞争力得到大幅提升，走出了一条经济大发展、社会大变革、文化大繁荣、人的素质大提高和政府职能大转变等有区域特色的发展道路。无锡确立率先基本实现现代化的战略定位，主要

是立足于全面转型发展，以国际国内先进城市为标杆，充分发挥现有的区域竞争优势，在客观分析外部环境和内生能力的基础上，提出符合无锡发展实际并能引领无锡未来发展的城市发展战略和经济社会发展总体目标。

一是具有转型升级的率先发展优势。发展转型并不是一个新的概念，人类经济发展史，实质是一部不断调整与转变发展方式的历史，从农业时代到工业时代，再到知识经济时代，发展方式一直在不断变化，转型一直在进行之中。回顾改革开放以来的历程，无锡经历了3次转型发展。第一次是以发展乡镇企业为标志，实现了从农业经济向工业经济的历史转变。第二次是以发展外向型经济，实现了由内生型经济为主向开放型经济带动的转变。第三次是在太湖水危机的背景下进行的由重点发展到优化发展的战略转型，更加注重经济质量的提升，更加注重生态环境的保护，更加注重人的全面发展。从近年来的发展看，2008年下半年，一场发端于美国并席卷全球的金融危机，益发刺激了无锡转型发展的“觉醒”。经过前几年的自觉转型，无锡经济实力大幅度提升。2011年无锡GDP达到6880亿元，分别占全国的1.45%和全省的14.2%，人均地区生产总值107437元，位列江苏全省第一，接近新加坡1991年水平。其次在产业转型上无锡先人一步。2011年，服务业占经济总量的比重上升到44%，机械装备、纺织服装等传统优势产业不断转型提升，物联网、新能源与新汽车、节能环保、生物、微电子、新材料与新型显示、软件与服务外包、工业设计与文化创意等八大战略新兴产业发展迅猛。2013城市竞争力蓝皮书《中国城市竞争力报告》中，宜居城市无锡排第三。虽然近两年无锡在产业结构调整中放慢了经济增幅，但经济总量仍位居江苏省前列，2015年GDP达到8518亿元。

二是具有创新驱动发展的动力优势。创新驱动是无锡进一步发展的强劲动力所在。无锡市委、市政府明确把创新驱动作为经济社会发展的核心战略，狠抓“三个第一”（即科技第一生产力、人才第一资源、创新第一驱动力）和“科教兴市、人才强市、质量与知识产权立市”主战略，大力推进科技创新和人才高地建设，努力实现经济社会发展从“投资拉动”到“创新驱动”的转变。

有关数据还表明，无锡市每万名从业人员中研发人员超过140人，拥有省级以上工程技术研究中心数列全省第一，跻身中国“十大创新城市”，被评为中国智慧城市发展水平第一名。无锡的科技进步贡献率高出全省3个百分点，为现代化建设提供了强劲的动力支撑。

三是无锡具有改革开放的先发优势。无锡每次大的历史性跨越和发展赶超，都是在深入推进改革开放中实现。无锡从不缺乏改革的勇气和决心，从改革开放早期创造著名的“苏南模式”，到乡镇企业二次改制，再到率先探索创新经济发展方式，开创民间创业、技术创新新局面，无锡大胆尝试，敢为人先，一直走在全国改革开放的前列，保持了率先发展的良好势头。在发展模式上，无锡经历了从“苏南模式”向“新苏南模式”的及时转变；在发展战略上提出了科教兴市和打造“人才硅谷”战略、创新驱动战略等，不断奠定先发优势的厚实基础。这些都有利于无锡在全球化、市场化、城市化、信息化条件下，深入推进重点领域和关键环节改革，进一步扩大对外开放，构建有利于科学发展的体制机制和市场资源优势。

（二）制约因素

无锡具有率先基本实现现代化的基础优势，但和先进国家和地区相比，还面临率先基本实现现代化的一些制约因素，主要有：

一是城市化质量有待进一步优化。乡镇企业的高速发展和外资高地的快速崛起，导致无锡城市功能定位紧紧围绕着制造业的发展进行空间布局，考虑更多的是硬件设施建设和物流成本。随着制造业高端化和产业知识化的速度加快，需要对新兴产业空间布局进行优化。加工组装型企业往往在意土地、厂房、劳动力、物流和公共服务的成本，而高端制造业和科技创新型企业更在意专用化基础服务设施、基础性专用信息共享、产业间要素融合、关键技术协同突破、核心知识产权保护、知识产业的制度建设和监管效率以及人居环境等，这是城市化进程需要考虑的新趋势之一。

二是新兴产业规模化迫在眉睫。目前无锡新兴产业发展已具备了一定的先发优势，但产业的集聚化、规模化水平有待进一步提高。新能源、物联网、软件与服务外包、生物医药、新材料、工业设计等产业在各园区都有分布，集聚水平较低，园区中超过100亿元的新兴产业凤毛麟角。导致园区特色不够鲜明、专用性基础服务设施使用效率不高、项目多而杂、土地资源利用效率较低、产品附加值偏低、产业链控制能力较差。园区与园区之间、板块与板块之间、行业与行业之间的联动不足。

三是传统产业转型升级有待进一步加快。纺织业、机械工业、冶金工业一直是无锡的支柱产业。随着劳动力成本提高、土地资源成本攀升、环境约束要求大幅提高、市场竞争进一步加剧，传统支柱产业发展要素束缚进一步显现。

今后很长期间内是无锡新兴产业高速发展和传统产业高速转型的“双峰”重叠阶段。做好“两峰互推”，是加快新兴产业规模化与传统产业转型的有效对接点。需要加快新兴产业与传统产业在企业制度和市场制度方面的融合，解决新兴产业“落地”规模化和传统产业升级问题。

四是现代服务业发展亟待加速。产业现代化需要通过制造业向研发设计和销售推广两端延伸，占领产业链的高端环节，实现现代服务业的快速发展。在服务业资源计划配置时代，无锡的工业城市功能和行政级别较低的地位，使得无锡在现代服务业发展的资源配置方面天生不足，现代服务业发展规模和质量与经济规模相当的同类城市相比，存在着较大的差距。

五是外向型经济质量有待进一步提高。全球生产方式正在从福特制、丰田制快速向温特制转变，区域的规模优势、分工优势正在逐步被技术、商业模式协同创新优势所取代。目前无锡引进的外资中有相当大的比重是加工组装类的外资，经济发展速度和稳定性不仅受国际经济形势的不确定性影响很大，而且没有较强的议价权。应充分学习韩国相关方面的经验，在汽车、家电、电子、高端纺织品和服装等主要消费品制造方面，通过人力资本投入和人才培养，大力培育本土品牌，在文化振兴、生态推进过程中注重引导本土投入，鼓励有标准、技术、品牌和商业模式的企业占领国际市场，在国际、国内市场同时赢得竞争优势。

六是企业的创新创业动力有待进一步增强。在低收入阶段，社会发展动力主要来源于“贫困驱动型”价值取向，最大特点是不怕吃苦的拼搏精神，企业主要通过引进生产设备，进行模仿生产，通过低成本优势占领市场。进入中等收入和商品过剩时代以后，技术创新和商品模式的创新能力不足，使内需始终很难真正形成强劲的拉力，难以发现新的投资机会，难以有创新产业和新产品开发，产生有效投资机会的不足，容易导致企业家创新创业能力缺失。目前大部分创新创业的人才、技术和市场稀缺性资源都集中在政府机关、高校和科研院所里，企业和个人很难通过市场竞争获得，稀缺性资源的市场化不足是造成企业创新创业动力不强的主要原因。

（三）机遇和挑战

一是全球经济增长模式深刻调整带来了新的机遇和挑战。当今世界的总需求，很大程度上是由以美国为代表的发达经济体所创造和引导的。世界金融危机之后，发达经济体出于对过度消费增长模式的反思，一方面，加快调整储蓄和消费结构，超前消费、过度消费、负债消费模式发生根本性变化。另一方面，开始进入“再工业化”进程，增强在高端消费品、投资品方面的生产能力，增加国内供给。这种需求总量和结构的变化，使得世界经济增长的总需求不断减速。这种全球增长格局深度调整的总趋势，将对我国长期形成的出口导向型经济构成巨大冲击。无锡作为中国第七大制造业大城市，具有非常显著的外向型经济特征，全球经济需求萎缩给无锡带来较大的冲击。占全市比重近七成的外资企业出口，由于受到国际经济环境深刻变化影响，出口份额持续下降；全市主要出口产业之一的太阳能光伏产业，受到欧洲削减光伏补贴以及美国“双反”调查影响，自 2010 年下半年以来至 2015 年，出口大幅下跌，全市整体出口也不断下滑。

从机遇分析，全球增长格局调整，将为中国新一轮改革提供动力，倒逼中国改变严重依赖出口的增长模式，刺激内需和发展国内消费市场。倒逼中国改变过去低成本竞争的模式，通过自主创新提升产业和企业的竞争力。无锡可以充分抓住“倒逼机制”所带来的机遇，加快经济增长方式调整与转型步伐，减少低水平产能、淘汰落后企业，优化外贸结构，力争率先全面构建新的竞争优势。

二是新一轮产业革命也带来了新的机遇和挑战。自金融危机以来，世界各国都在努力寻找新的经济增长点。以科技创新和绿色低碳为特点的新能源、新材料、信息技术和生物技术等成为各国走出金融危机、应对气候变化的热点。美国把新能源作为带动美国经济复苏的“发动机”，计划在未来 10 年投入 1500 亿美元资助风能、太阳能以及其他可再生能源研究；俄罗斯大力发展纳米技术及核能技术，努力保持在航天领域的强国地位；日本政府在致力于新能源、新型汽车、低碳技术、医疗技术和信息技术的开发；欧盟国家在致力于绿色技术、低碳技术和新能源汽车技术的开发。展望未来，以能源、材料、信息与生物为核心的新科技革命，将引领人类进入绿色、智能和可持续发展的新时代，为生产力发展打开新的空间，催生战略性新兴产业，推动全球产业结构的新变革。从挑战上讲：全局上有可能会进一步加大我国与发达国家之差距，无锡作为制造业大城市，部分产业可能面临技术淘汰之威胁。无锡新建立的一部分高新技术产业，有可能在竞争中处于不利地位。从机遇分析，有利于无锡利用长期积累的投资环境、功能配套、产业基础优势，走引进、消化、吸收和再创新之路；

有利于无锡利用国际创新资源，提升自主创新能力，实现跨越式发展。而且，无锡具有科技创新和人才战略的基础，早在2009年，无锡就确立建设创新型经济领军城市的战略目标，已成为国家创新型试点城市、国家微电子产业基地、国家传感网创新示范区和国家云计算服务创新发展试点城市。只要把握机遇，顺应产业发展规律，无锡将在新科技和产业革命的局部领域赢得一席之地。

三是国内形势发展带来的机遇和挑战。我国正处于发展转型的关键时期。长期以来形成的投资主导、出口主导的发展模式确实难以为继，特别是随着经济发展与能源资源短缺、生态环境脆弱矛盾进一步加剧，生产要素价格进一步上升，这种粗放型增长模式日益暴露出其承载能力的脆弱。从我国发展战略来看，中国经济增长格局的内需和消费导向战略日益清晰，结构调整也将从重点调整产业结构转入到全面调整需求结构、供给结构和要素投入结构，长期以来形成的内需与外需、消费与投资失衡格局必将逐步得到解决。在这样背景下，经济增长动力将更多地倾向创新驱动，自主创新将成为中国经济内生增长之动力源，战略性新兴产业培育上升为国家战略，大力发展服务经济已经被放在国家发展战略规划的突出位置。所有这些，将有利于无锡抓住机遇，率先转型，建立以创新驱动为核心的动力结构和发展服务经济为主的产业结构。

任何一种经济发展方式都具有其一定的惯性，无锡经过改革开放30多年的高速发展，经济的总体实力显著增强，经济增长质量有所突出，但总体上仍然囿于传统增长方式。2001年以来，无锡经济增长的贡献最大的因素是物质资本投入的增加，其年平均贡献率为65.61%；其次是劳动力投入的增加，为17.25%；贡献最小的是全要素生产率的改善，为17.14%。这表明，无锡经济带有较为明显的传统增长（外延式增长）方式的特征，即主要依靠传统要素投入来支撑经济增长。目前，无锡新兴产业如微电子、物联网、生物医药、软件服务外包等新兴产业发展迅猛，但是毕竟产业的形成、成长、进化是一个长期的过程，再加上传统产业的转移导致经济增长有所放缓，无锡面临率先转型调整的艰难和阵痛。

2013年5月，国务院批准出台《苏南现代化建设示范区规划》，规划明确：江苏苏南地区，包括南京、无锡、常州、苏州和镇江五市，到2020年建成全国现代化建设示范区，到2030年全面实现区域现代化、经济发展和社会事业达到主要发达国家水平。这是我国第一个以现代化建设为主题的区域规划，标志着苏南现代化建设示范区的战略规划上升到了国家层面。可预见的是：这个与无锡联系最紧密的国家战略，将开启一道影响深远的机遇之门。苏南规划首先注重的是苏南五个城市一体化统筹发展，泰锡宜高速公路等规划多年的基础设施可望提上建设日程，由此形成人流、物流、信息流、资金流等各种资源在苏南地区的集聚。众目期盼的宜马快速通道、苏锡常南部通道也有望从蓝图变为现实，进而助推区域快速发展。无锡国家传感网创新示范区建设升格为国家战略后，将获得工信部扶持新兴产业的专项资金 1.5 亿元，为无锡物联网产业又好又快发展增添强大动力。同时，苏南现代化示范区建设，对于苏南五市，既是发展的重大机遇，也意味着一场新的城市竞争，特别是城市间人才和科技的竞争将更为激烈。今后一个时期，无锡要找准定位，抢抓苏南现代化建设示范区的现实机遇，探索走出一条具有江苏特色、无锡特点的现代化之路，奋力走在苏南现代化示范区建设前列。

二、率先基本实现现代化的探索

2013 年 5 月，中国第一个以现代化建设为主题的区域规划《苏南现代化建设示范区规划》正式颁布实施，凸显了苏南在全国现代化建设中所具有的重要地位，走在率先基本实现现代化新征程的最前列，是国家对苏南地区的新定位和新要求。《苏南现代化建设示范区规划》对无锡的分工定位是：无锡要发挥实业基础雄厚、文化底蕴深厚的优势，建设全国重要的先进制造业、战略性新兴产业、创意设计基地和区域交通枢纽、商贸中心、旅游胜地，成为现代滨水花园城市和智慧城市。

无锡作为苏南的重要板块，有基础、有条件、有责任在这一过程中率先探索、率先实践。2012 年之后，无锡提出建设“魅力无锡、创新无锡、创业无锡、幸福无锡”的目标，并制定了《无锡苏南现代化建设示范区三年行动计划（2013—2015）》，行动计划提出，坚持从无锡实际出发，把握关键环节，突出工作重点，积极争创科技创新创业示范区、产业转型升级示范区、城乡发展一体化示范区和“两型社会”建设示范区，探索一条具有江苏特色、无锡特点的现代化之路。

一是加快建设科技创新创业示范区。深入实施创新驱动战略，大力加强体制机制创新，着力推动人才与科技相互促进、创新与创业紧密结合、企业与产业协调发展，全面提升无锡人才竞争力、科技竞争力、产业竞争力，努力把无锡建设成为创新创业人才高度集聚、科技成果迸发涌流、新兴产业快速发展、传统产业转型升级、体制机制充满活力的“东方硅谷”。

二是加快建设产业转型升级示范区。大力推动新兴产业快速发展，积极推进传统制造业向先进制造业转变，着力促进服务业超越发展，加快把无锡建设成为新兴产业发展高地、先进制造业基地、旅游度假胜地和科技创新创业人才集聚中心、文化创意中心、商贸物流中心，努力走出一条以科学发展、转型发展为特征的“率先之路”。

三是加快建设城乡发展一体化示范区。坚持城乡发展一体化战略，努力做到城乡一体化规划、一体化建设、一体化管理、一体化服务、一体化保障，切实加强和创新社会管理，积极促进城乡居民收入持续增加、百姓生活水平持续改善，努力打造富有时代特色、彰显传统文化、拥有良好生态的花园城市和美丽乡村。

四是加快建设“两型社会”示范区。坚持节约优先、环保优先，积极推进省“两型社会”建设综合配套改革试点，持续加大太湖水环境综合整治力度，切实加强生态环境建设，大力构建节约资源能源和保护生态环境的产业结构、增长方式、消费模式，加快形成良好的自然生态、高效的经济生态、文明的社会生态，努力培育可持续发展新优势，不断提升人民群众对生态环境质量的满意度。

围绕这些思路，制定了《无锡市基本实现现代化指标体系》，包括经济发展、社会建设、民主法治、生活质量、生态环境五大类，共 39 项 50 个指标。在参照了省初步形成的基本现代化指标体系 40 个指标基础上，根据无锡特点，新增了单位土地面积 GDP 产出、每万人拥有大专以上受教育程度人口数、食品安全合格率、市区居民人均可支配收入等 10 个指标。因统计口径和数据采集等因素，2011 年，全市可比较指标共 43 个，占全部指标的 86%。可比较指标中，已实现现代化参照值（实现程度为 100%）的指标有 11 个，占总数的四分之一强。低于参照值但高于参照值 90% 以上的指标有 12 个，占总数的 27.9%。低于参照值 60% 的指标 7 个，占总数的 16.3%。

依据江苏省委、省政府印发关于贯彻落实《苏南现代化建设示范区规划》的实施意见，参考《苏南现代化建设示范区监测评价指标体系》，无锡市配套出台了《无锡市苏南现代化建设示范区监测评价指标体系（试行）》。《指标体系》包括经济发展、人民生活、社会发展、民主法治、生态环境等 5 大类 30 个指标，其中包括居民科学文化素质和多项健康、环保、基本社会保障等指标。按照无

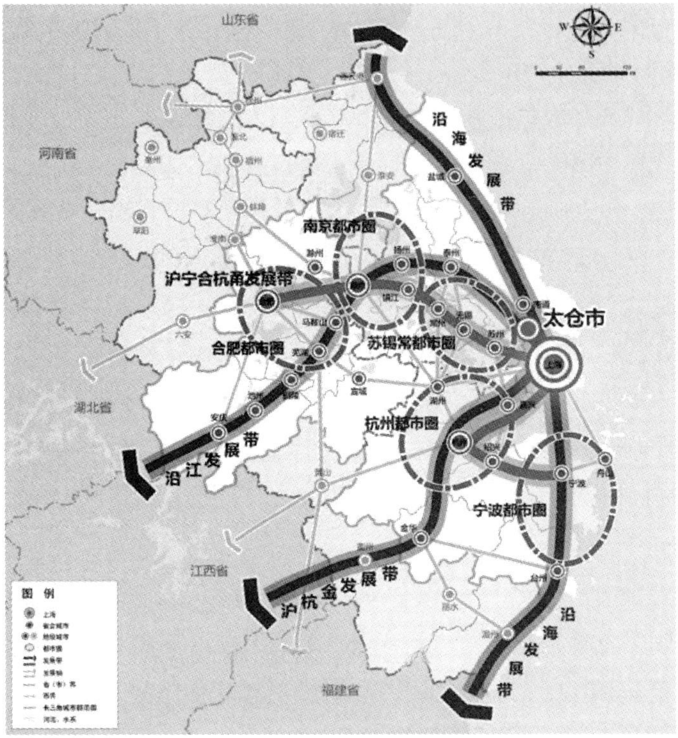

◀长三角都市圈

锡市的《指标体系》，到2020年，无锡市苏南现代化建设示范区居民科学素质达12%，居民综合阅读率达90%，注册志愿者人数占城镇人口比例达15%；居民健康水平指标包括人均预期寿命80岁、每千人拥有医生数2.3人、居民体质合格率93%；环境质量指标包括空气质量达到二级标准的天数比例90%、地表水好于Ⅲ类水质的比例80%、生活垃圾无害化处理率100%、城镇污水达标处理率95%、康居乡村建设达标率90%、村庄环境整治达标率100%；基本社会保障指标包括城乡基本医疗保险覆盖率98%、每千名老人拥有养老床位数40张等。

上述目标和相关指标制定之后，随着发展形势的变化曾有所调整和变化，但在率先基本实现现代化目标的引领下，无锡坚持推进科学发展，奋力走在苏南现代化建设的前列，经济社会取得长足发展。经济建设、全面深化改革、生态文明建设、社会治理、民生事业、党的建设等各项工作得到有力推进。无锡通过率先探索基本现代化的实践，已经取得了先发优势，为再造经济社会发展的新辉煌奠定了雄厚的基础。

第十三章 “强富美高”：无锡的新使命

2014年12月，习近平总书记视察江苏时，殷切希望江苏紧紧围绕率先全面建成小康社会、率先基本实现现代化的光荣使命，协调推进全面建成小康社会、全面深化改革、全面推进依法治国、全面从严治党，努力建设经济强、百姓富、环境美、社会文明程度高的新江苏，并明确要求江苏在推动经济发展、现代农业建设、文化建设、民生建设、全面从严治党等五个方面迈上新台阶。总书记的重要讲话，为无锡做好今后一个时期的各项工作指明了前进方向、提供了根本遵循。在过去推进率先建成小康社会、率先基本实现现代化的实践基础上，努力建设一个经济强、百姓富、环境美、社会文明程度高的新无锡，这是无锡未来发展的总命题、总纲领，也是无锡未来发展的新目标、新使命。

一、建设经济强的新无锡

经济强是基础保障，没有经济强，其他都是无源之水、无根之木。发展是时代的主题，也是永恒的主题。无锡将始终保持昂扬向上、奋发进取的拼搏精神，把发展的旗帜高高举起，把发展的信念深深扎牢，把发展的工作紧紧抓住，不断开辟无锡发展的新境界。

（一）站在新起点上重振产业雄风

无锡经济发展的历程、禀赋和定位，决定了无锡必须坚定不移地走产业强市的发展道路。以深化改革开放为动力，以智能化、绿色化、服务化、高端化为引领，进一步加大产业发展的投入力度和工作力度，构建以新兴产业为先导、先进制造业为主体、现代服务业为支撑的现代产业发展体系，构建以市场为导向、企业为主体、高校院所为支撑的产业科技创新体系，推动产业结构由中低端向中高端迈进，全力打造现代产业发展新高地，在新的起点上重振无锡产业雄风。

一是大力推进产业智能化。智能化是新一轮科技革命和产业变革的核心，将给世界产业升级带来极大冲击，也将引领制造业发展模式的革新，对于无锡制造业的转型升级来说已是必然的选择。以建设无锡国家传感网创新示范区为契机，大力推进信息化与工业化深度融合，组织开展智能制造关键技术、共性技术研发，加快提升智能装备水平，推进物联网技术、工业机器人等智能装备应用，广泛开展智能工厂、智能车间建设，积极开发智能产品，推进企业智能生产、智能管理、智能服务，提升企业智能化发展水平。

二是大力推进产业绿色化。严格实施环保准入标准，全面实施制造业绿色化改造，推进绿色低碳循环发展，坚决淘汰落后产能，加大节能减排力度，形成资源消耗低、环境污染少、投入产出高的产业结构和生产方式，走出一条经济发展和生态文明相辅相成、相得益彰的可持续发展路子。

三是大力推进产业服务化。服务化是现代产业发展到一定阶段的重要特征。要顺应制造业与服务业融合发展的新趋势，促进企业从产品设备供应商转向系统集成总承包和整体解决方案提供商，推动制造业由生产型向生产服务型转变。充分依托无锡制造业优势，积极培育发展现代物流、服务外包、电子商务、信息服务、金融服务、研发设计等生产性服务业，建设一批生产性服务业集聚区，引进和培育一批生产性服务业骨干企业，推动生产性服务业专业化发展、迈向价值链高端。积极实施“互联网+”计划，加快发展互联网经济，推动新业态新模式茁壮成长。

四是大力推进产业高端化。高端化是产业结构调整的重要方向，也是检验产业发展水平的重要标志。围绕推动企业向产业链、价值链、市场链的高端攀升，突出先导性和支柱性，重点培育壮大新一代信息技术、高端装备制造、节能环保、生物医药、新能源和新能源机车、新材料、高端纺织及服装等七大先进制造业，努力培育成为无锡经济新的增长点；建立“千企技改”长效机制，引导企业开展技术改造，增加企业内涵发展能力；深化企业品牌培育，实施产

国家传感网创新示范区

上图　幸福家园
下图　和谐社区

湖光夜色

花园城市

京沪高铁无锡东站

湿地公园

国家数字电影产业园

品质量标准提升行动计划，不断提高无锡品牌、无锡质量的影响力。

制造强则工业强，工业强则产业强，产业强则经济强，经济强则城市强。无锡制造业在全省乃至全国都有比较优势，坚定不移发展先进制造业，是无锡实现产业强、推动经济迈上新台阶的现实途径。主动对接“中国制造2025”计划，大力推进制造业转型升级，提升制造业核心竞争力，抢占先进制造业发展制高点，努力打造一批先进制造业产业集群，加快打造一批主业突出、竞争力强、带动力大的先进制造业企业集团，积极打造一批“专精特新”的成长型中小企业，把无锡建设成为国内一流、具有国际影响力的制造业强市。

强化创新驱动。创新是制造业发展的灵魂。不抓创新就要落后，创新慢了也要落后。健全以市场为导向的产业创新体系，强化企业创新主体地位，建立产学研资用协同创新机制，鼓励企业加大创新投入力度，推动企业普遍建立科技投入长效机制，加快突破高端技术，积极研发高端产品，实现制造技术、企业管理、商业模式的多元创新，不断提升制造业核心竞争力。创新驱动实质上是人才驱动。创新人才体制机制，优化人才发展环境，积极引进和培养科技领军人才和高水平创新团队，大力培育高技能实用人才，加快打造一支优秀企业家队伍，充分激发各类人才的创新创造活力。

狠抓项目建设。项目建设尤其是重大制造业项目建设，是产业强市的重要基础和关键支撑。立足自身优势，制定发展规划，瞄准重点领域，坚持优质高端，集中资源、集成政策、集聚力量，多上快上科技含量高、产业链条长、市场潜力大的好项目，加快引进一批投资超50亿元甚至超100亿元的龙头型、旗舰型、基地型大项目，加快实施一批重大技改项目，推动全市制造业发展提档升级、提质增效。要通过优化调整规划，为制造业提供发展空间。

推进两化融合。信息化与工业化深度融合是发展先进制造业的重要引擎和技术支撑。要顺应信息化发展的时代潮流，建立信息化与工业化深度融合机制，健全两化融合管理体系，引导企业增强两化融合意识，培育一批两化融合示范企业，深化信息技术在制造业领域的集成应用，加快提高制造业的数字化、网络化、智能化水平。

深化开放发展。坚持以开放倒逼制造业转型升级，进一步加强与世界500强制造业企业的合作，吸引更多的世界顶尖制造业企业落户无锡，引导外资更多投向先进制造业。积极推动我市制造业大企业大集团融入全球产业分工，提高全球资源整合能力、全球供应链管理能力和全球化服务水平，形成一批国际

▲ 地铁一、二号线开通

化骨干企业。

提升管理水平。把推动企业管理创新作为提升产业竞争力、企业竞争力的重要抓手，积极引导企业建立现代企业管理制度，发展混合所有制经济，健全法人治理结构，完善内部激励约束机制，促进企业健康发展。要大力推进信息技术与企业管理相融合，促进信息技术在研发、设计、采购、生产、销售等各个环节的广泛应用，提高企业的产品质量和生产效率。

（二）在对接国家战略和重大政策中把握新机遇

党的十八大以来，中央陆续制定实施了一系列重大发展战略，这些重大战略有的与无锡直接有关，有的与无锡密切相关，出现了前所未有的国家战略在无锡叠加的态势。深挖战略红利，最大程度发挥国家战略效应，是增创无锡发展新优势的重要机遇。

一是加快苏南国家自主创新示范区建设。建设苏南国家自主创新示范区，对破解苏南发展瓶颈、加快转型升级、探索基本现代化路径具有重大而深远的意义。在国务院的批复中，无锡高新区、江阴高新区被纳入了“八区一园”的示范区范围，省委、省政府出台的《实施意见》中明确提出无锡太科园、宜兴环科园、江阴滨江科技城要成为示范区的创新核心区。这些园区是主阵地、主战场，要紧紧围绕“三区一高地”战略定位和发展目标，立足“高”、突出

"新"，不断提升自主创新能力和引领发展能力，争当苏南自主创新示范区建设的排头兵。

建设苏南自主创新示范区，"示范"的概念，就是不仅要出创新成果，更要出创新经验。在推进示范区建设中，要敢于创新、先行先试，积极探索新体制、新机制、新模式，做出更多的成功范例，创出更多的鲜活经验。重点要围绕深化科技体制改革，在促进科技金融相融合、建设新型科研机构、科技资源开放共享、区域协调创新、发展"众创空间"、健全创新激励政策等方面积极探索、寻求突破，形成有利于出创新成果、有利于创新成果产业化的体制机制。坚持以园区作为示范区建设的"点"，以点串线、以线带面，辐射带动全市各开发区、各地区的科技创新。充分发挥五个园区的核心载体作用、龙头带动作用，放大辐射示范效应，推动人才、资金、技术等创新要素在各区域合理流动、优化配置和高效组合，促进科技创新分工协作、错位融合，形成区域协同创新效应，全面提升无锡的自主创新能力。

二是积极对接"一带一路"建设。找准无锡在"一带一路"建设中的定位，明确主攻方向，科学谋划布局。强化投资合作，充分发挥无锡开放度比较高、经济实力比较强的优势，引导钢铁冶金、化工化纤、电线电缆、船舶制造、纺织轻工、机械电子等优势行业企业到沿线国家地区投资建厂，开拓海外新兴市场。鼓励和支持企业采用多种形式，承揽境外重要基础设施和工程项目，推动节能环保、光伏风电、海洋工程等有实力的骨干企业承接系统集成业务，供应相关配套产品，抢抓"一带一路"战略带来的巨大投资机遇。积极推动西港特区建设，努力把西港特区建成中柬友谊城和"一带一路"样板园区。扩大贸易规模，"一带一路"沿线大多是新兴经济体和发展中国家，普遍处于经济发展上升期，市场潜力巨大。要把沿线国家地区的进口需求与我市的产业转型升级要求结合起来，加强与"一带一路"沿线国家地区的经贸合作交流，组织企业到沿线国家地区参会办展，扩大机械装备、海工船舶、电力通信、光伏新能源、电线电缆等机电产品和高新技术产品的出口规模，巩固纺织服装、医药化工等传统产品的市场份额，努力打造新的出口增长点。

依托无锡丰富的人文资源，与"一带一路"沿线国家地区开展各种形式的教育、文化、体育等交流活动，提高人文交流的深度和广度。积极开展与沿线国家地区的旅游合作，加强无锡旅游的对外推广，提升无锡旅游在沿线国家地区的影响力和吸引力。大力推进与沿线国家地区的友好城市建设，密切沟通联系，带动各个层面的交往。以更加积极的姿态加快“走出去”与“引进来”的步伐。进一步突出产业发展这个重点，围绕重点领域积极引进一批重大产业项目，不断提高利用外资的质量和水平，推动现代产业发展新高地建设。全面提升开发区建设水平，创新开发区体制机制，完善开发区考评体系，推动开发区功能整合，提升开发区的吸引力和承载力，充分发挥开发区在产业发展、科技创新中的引领和支撑作用。进一步落实好外贸扶持政策，优化出口商品结构，大力发展跨境电子商务，加快由“大进大出”向“优进优出”转变。

三是主动融入长江经济带建设。科学把握国家和省相关规划意见和政策措施，立足自身实际，积极主动作为，做好融入长江经济带建设这篇大文章。坚持基础设施建设先行。着力推动苏南国际机场建设，大力提升中央车站、锡东高铁站、城铁惠山站、宜兴城际铁路客运站、无锡（江阴）港的辐射服务能力，尽快启动沿江城际铁路、盐泰锡宜城际铁路、江阴肖山公铁两用大桥建设，加快推进苏锡常南部高速、锡太高速、宜长高速等高速公路建设和锡澄运河“五改三”等航道整治，着力打造现代化综合性交通枢纽体系。主动对接上海国际航运中心，完善口岸、海关、商检等一体化服务功能体系，推进跨关区快速通关作业，提高通关效率。积极融入区域城市群。全面融入对接上海发展，借鉴和复制上海自贸区建设成功经验，争取开展投资管理制度、贸易监管制度改革，扩大金融、航运、商贸、文化、社会等服务业开放政策先行先试，更好地承接上海产业转移。深入推进苏锡常都市圈基础设施一体化、城市和产业发展一体化，推动企业开展跨区域合作，实现产业错位发展。加快推动锡常泰跨江融合发展，强化产业项目对接合作，努力实现协同配合、跨区合作、联动发展。围绕做优特色、做深腹地、做高效益，整合沿江岸线资源，调整优化沿江产业布局，依托江阴高新区、江阴临港开发区、惠山工业转型集聚区等载体，加快沿江现代物流服务集聚区、现代服务业集聚区、先进制造业集聚区建设，提升沿江产业发展的层次和水平，增强沿江产业的集聚辐射功能，形成向南向北的纵深带动效应。积极构建开放有序的沿江产业转移机制，推动相关产业沿江梯次转移，用好用足沿江发展资源，拓展产业发展新空间。

二、建设百姓富的新无锡

百姓富是根本目标，加快推进经济社会发展就是为了使城乡居民过上更加富裕的生活。无锡进一步把保障和改善民生作为一切工作的出发点和落脚点，坚持以民生为“指南针”引领和检验各项工作，切实从群众最关心的问题抓起，多做致民富、增民利、纾民忧、解民困的好事实事，让人民群众从改革发展中得到更多看得见、摸得着、感受得到的利益和实惠，使民生保障与经济发展有效对接、相得益彰，不断增强人民群众的获得感。

一是优化公共服务。深入实施民生幸福工程，扎实推进为民办实事项目，不断优化财政支出结构，有针对性地扩大公共产品投入，健全完善公共服务“六大体系”，提高公共服务质量和均等化水平。积极推进就业惠民、创业富民、帮扶助民，健全居民收入持续增长机制，落实收入分配制度改革措施，让城乡居民“有活干、有钱挣”。贫困人口是全面实现小康的短板，更是基本实现现代化的短板，这要求把帮扶贫困人口脱贫作为民生工作的重中之重。切实加大对经济薄弱地区和低收入群体、困难群众的帮扶力度，落实精准扶贫措施，织密民生保障网，把民生底线兜住兜牢。继续加大对基本公共服务的投入，不断提高教育、卫生、文化、体育等社会事业发展水平，努力向人民群众提供优质均等的基本公共服务。鼓励社会力量参与高端医疗、社会化养老服务等建设，满足群众多样化需求，更高质量实现民生“五有”目标。

二是统筹城乡发展。坚持城乡统筹、推动城乡一体化发展，既是经济发展的重要动力，也是改善民生的重要抓手。大力推进以人为本的新型城镇化和城乡一体化，在规划研究、目标制定、项目实施中坚持民生导向，把保障民生、改善民生、发展民生的要求体现在城乡一体化的全过程、各方面。加大城乡“六个一体化”统筹推进力度，健全城乡发展一体化体制机制，进一步推动公共财力向农村更多倾斜、基础设施向农村加快延伸、基本公共服务向农村全面覆盖，促进城乡互动发展、共同繁荣，突出抓好培育新型农业经营主体、建设现代农业园区、调整农业产业结构、构建现代农业产业体系、提升农业物质装备和技术水平等重点工作，加快农业现代化步伐。深入推进新农村建设，坚持规划先行，注重乡土风情，注重补农村的短板，将新农村建设与农村环境整治、农民住房改造、薄弱村扶贫开发、乡村旅游发展等结合起来，增强农村可持续发展能力，努力建设美丽乡村和农民幸福家园。

三是创新和加强社会治理。完善社区管理体制和服务网络，加强信息化社区建设，增强基层组织为民服务能力。积极稳妥推进食品药品安全监管体制改革，进一步提高监管效能和应急处置能力。切实加强安全生产工作，强化企业主体责任、部门监管责任和属地管理责任，建立健全隐患排查治理体系和安全预防控制体系，严格安全生产考核与责任追究，坚决遏制重特大事故发生。加大信访问题排查和社会矛盾化解力度，健全及时就地解决群众合理诉求机制，深入开展领导干部接访下访活动，着力化解信访积案。创新社会治理方式，发挥行业协会、商会、慈善组织、义工志愿者组织等各类社会组织的桥梁纽带作用，拓宽社情民意表达渠道，加强网络等舆论引导和规范。强化社会治安综合治理，完善防控体系建设，严密防范、依法打击各类违法犯罪活动，建设法治中国先导区和平安中国示范区。

三、建设环境美的新无锡

一是坚持绿色发展。牢固树立“绿水青山就是金山银山”的理念，坚定不移走绿色发展道路，推动产业结构向高端高效发展，切实改变不合理的产业结构、能源结构、资源利用方式，以经济结构调整推动生态文明建设，从源头上节能减排和控制污染。坚持绿色生产提高环保准入门槛，加快淘汰高能耗、高排放落后产能，加强工业园区生态化改造，积极构建以低能耗、低污染、低排放为基础的低碳经济发展模式，打造绿色产业链和资源循环链，确保完成减排约束性指标，努力建设低碳城市。

二是加强环境污染综合治理。坚持把生态建设成效作为衡量发展质量水平的重要指标，坚持科学治理、综合施策，切实加大水污染、大气污染、土壤污染、垃圾污染等突出问题的综合整治力度。无锡水美则城美，以更坚定的决心，实施最严格的水资源管理制度，建立太湖流域和区域水污染治理联动机制，保护水源水质，控制工业点源污染，加强污水处理厂和污水管网建设，强化农村污水处理，加强面源污水治理，全方位改善水环境，切实提高太湖治理成效。深入落实资源有偿使用和生态补偿制度，建立环境损害责任终身追究制度和环境损害惩治制度，完善环境监管执法机制，推动环境保护从“治标”向“治本”转变。让无锡的天更蓝、水更清、山更绿。牢固树立尊重自然、顺应自然、保护自然的生态文明理念，加快建设全国生态文明示范市，积极倡导节约、绿色、低碳的生活方式和消费模式，在全社会大力弘扬和普及生态文化。

三是美化城乡生活环境。加快促进锡澄、锡宜一体化发展。积极推进太湖新城、马山国际旅游岛、古运河风光带“一城一岛一带”建设，加大老城改造

▲ 新农村一角

力度，积极整治背街小巷，不断改善城市环境面貌。着力推进农村集中连片、区域整治，打造更多美丽乡村，让农村成为安居乐业的美好家园。坚持城市建设与历史文化融合发展，彰显城市文化特色。精心打造太湖新城，着力完善文化、休闲、商业、学校、医院等配套服务，尽快实现金融商务街区、会展片区和沿湖滨水片区建设的重点突破，加速形成产业和人气集聚效应，加强蠡湖湾规划设计和开发工作，集中展示生态宜居和山水文化形象。精心打造马山国际旅游岛，利用独特的山水人文资源，积极建设国际化、生态化、特色化的休闲旅游度假胜地。精心打造古运河风光带，重点推进惠山古镇、清名桥特色夜经济区、沿河绿地景观工程建设和沿岸旧住宅外立面整治，加快配套功能开发，建设民俗特征鲜明、城市记忆深刻、工商文化浓厚的历史文化长廊。

四、建设社会文明程度高的新无锡

社会文明程度体现的是城市的软实力，也是经济强、百姓富、环境美的集中体现。推进现代化建设不仅需要经济发展的“硬实力”，也需要社会文明的“软实力”。无锡要实现社会文明程度高，必须要坚持以社会主义核心价值观为引领，以法治建设为支撑，以文化建设为抓手，作风建设为保障，持续加强文明城市建设，为现代化建设提供强大的价值引导力、文化凝聚力和精神推动力。

一是坚持弘扬社会主义核心价值观。坚持用邓小平理论、“三个代表”重要思想、科学发展观和习近平总书记系列重要讲话精神为指导，用中国梦和社会主义核心价值观凝聚共识，汇聚力量。从党史资源、优秀传统文化、新时代精神中汲取营养，大力宣传身边好人好事，积极推进公民道德建设。深化法治建设，大力推动科学立法、严格执法、公正司法、全民守法，不断提高社会治理法治化水平，在全社会形成办事依法、遇事找法、解决问题用法、化解矛盾靠法的良好氛围，让人民群众感受到公平正义就在身边。积极开展诚信宣传教育，大力建设信用文化，全面推进政府、企业、个人三个层面信用建设，加快构建征信服务体系和信用监督体系，建立健全守信受益机制和失信惩戒机制，营造讲信用、守承诺的社会风尚。

二是推进无锡特色的社会主义先进文化建设。着眼文化建设上新台阶，努力构筑“思想文化高地”和“道德风尚高地”。大力挖掘和弘扬吴文化、民族工商文化等优秀传统文化，加强对历史文化资源的保护与继承，对吴文化、工业遗存、名人故居等历史文化资源进行全方位的整合，使之产生聚合效应，充分利用各类历史资源的文化价值，带动旅游业、文化休闲产业和特色商业的发展，发掘历史资源潜在的经济价值，形成文化品牌。完善历史文化资源管理体制，整合充实文化资源保护与研究力量，形成历史文化资源保护、研究、开发的新机制，实现保护与开发利用的平衡发展。进一步加强思想理论建设，弘扬“尚德务实，和谐奋进”的城市精神，繁荣文艺创作生产，推进哲学社会科学创新工程，提升互联网条件下的舆论引导能力，推进文化事业发展和文化产业提质增效，深化文化体制改革，激发文化发展活力。

三是深化文明城市创建活动。加强职业道德、社会公德、家庭美德建设，坚持不懈提升市民道德素质。进一步巩固全国文明城市创建成果，健全创建工作制度化的领导机制，进一步形成责任到位、齐抓共管的格局。广泛动员群众参与，健全社会化的共建机制，广泛开展各类志愿者活动，努力形成互帮互助的良好社会氛围，深入推进群众性的平安创建活动，完善立体化现代化社会治安防控体系，推进社会大局和谐稳定。健全监督机制，对照文明城市测评标准，推进各项创建工作落实到位。建立健全科学化的考评机制，把文明创建工作纳入科学发展考核目标之中，鼓励在文明城市创建方面推进工作思路、举措和载体的创新，形成文明城市创建扎实有效、与时俱进的生动局面。

第十四章 高水平全面建成小康社会

到 2020 年全面建成小康社会，是我国第一个百年奋斗目标。围绕全面建成小康社会，无锡市作出了不懈的努力，取得了有目共睹的成绩。在 2005 年底，根据当时江苏省的指标体系，无锡就已经宣布在江苏省率先建成了全面小康社会，并开始了基本现代化建设的探索。站在“十二五”和“十三五”的交汇点上，围绕贯彻党的十八届五中全会精神，无锡的小康社会建设要在全面达标的基础上体现更高要求，无锡市委、市政府明确了新的发展目标：高水平全面建成小康社会，积极探索开启基本现代化建设新征程，为建设“强富美高”新无锡打下坚实基础。

一、“十二五”发展奠定良好基础

“十二五”时期，无锡坚持以科学发展观为引领，积极主动应对错综复杂的宏观环境，深入贯彻落实党中央、国务院和省委、省政府各项决策部署，突出转型发展主线，扎实开展稳增长、促改革、调结构、惠民生、防风险各项工作任务，经济社会发展取得良好成绩。

综合实力继续增强。坚持把稳增长作为经济工作的首要任务，积极应对经济下行压力，发挥企业主体作用和政策引导作用，加大有效投入，释放消费潜力，开拓国际市场，推动经济稳定健康发展。到 2015 年底地区生产总值超过

8500 亿元，年均增长 8.5% 左右；人均地区生产总值（按常住人口计算）达到 13.1 万元，超过 2.1 万美元；公共财政预算收入达到 810 亿元，年均增长 9.6%。

产业结构稳步调整。积极推动产业转型升级，产业结构更趋优化。到“十二五”期末，无锡三次产业结构将由“十一五”期末的 1.8：55.4：42.8 调整为 1.7：49.3：49.0，第三产业增加值占地区生产总值比重提高 6.2 个百分点。高新技术产业产值达到 6200 亿元，占规模以上工业总产值的比重超过 41.5%。国家传感网创新示范区建设推进顺利，新兴产业规模逐步扩大，总产值（营业收入）年均增长 14% 左右。

科技创新成效显现。在苏南国家自主创新示范区建设中积极探索，全市科技创新更加活跃，科技发展水平稳步提高。到“十二五”期末，全市科技进步贡献率达到 62%，全社会研发投入占地区生产总值比重达到 2.8%，比“十一五”期末提高 0.3 个百分点。累计建成国家级国际合作基地 9 个，省级以上企业研发机构 523 家，入选“江苏省重点企业研发机构”84 家。全市万人发明专利拥有量达 19 件，全市专利申请量、发明专利授权量和万人有效发明专利数三个指标均位居全省前列，获评国家创业型城市。

城乡建设统筹推进。发挥规划引领作用，在省内率先制定出台了《无锡市主体功能区实施计划》。坚持实施中心城市带动战略，推动城市现代化和城乡发展一体化，到“十二五”期末，常住人口城镇化率达到 75%，比“十一五”期末提高 4 个百分点。综合交通体系进一步完善，苏南国际机场二期改扩建工程基本完成，实现一类口岸扩大开放；京沪高铁、宁杭高铁无锡段建成通车，无锡（江阴）港跻身亿吨大港，地铁 1、2 号线正式通车。美丽乡村建设进展良好，完成全市 9079 个自然村环境整治，“三星级康居乡村”和“江苏最美乡村”数量位居全省前列，宜兴市周铁镇荣获中国人居环境范例奖。智慧城市建设水平位居全国前列。

民生福祉有效提升。坚持民生优先，实施民生幸福工程，加快构建民生“六大体系”，成功获评全国文明城市和全国创业先进城市，跻身全国首批所有市（县）区全部通过“义务教育发展基本均衡”的大中城市。拓展城乡居民增收渠道，到“十二五”期末，全市城镇、农村居民人均可支配收入分别达到 44700 元和 24000 元，位居全省前列，年均增长均达到 10% 以上。基本建成城乡一体的社会保障体系，社会保障水平显著提升，城乡基本养老、医疗、失业等保险覆盖率均达 98% 以上。国家公共文化服务体系示范区创建取得良好成效，文化产业年均增长 23% 以上。中国大运河（无锡段）成功列入世界文化遗产。平安无锡建设深入推进，荣获“全国社会管理综合治理优秀市”称号。

生态环境持续改善。坚持生态优先、绿色发展，推进江苏省资源节约型和环境友好型社会建设综合配套改革试点工作，单位 GDP 和规模工业总能耗逐年下降，水环境综合治理取得阶段性成果，太湖无锡水域水质稳中趋好，连续多年实现城市安全度汛和太湖安全度夏。加强生态空间保护，全市 28.7% 的土地划定为生态红线保护区域，建立并实施了生态补偿机制。到“十二五”期末，全市林木覆盖率达到 27%，自然湿地保护率达到 44%，获得全国首批“水生态文明城市建设试点市”、“国家园林城市”、“国家森林城市”、“国家生态市”、“全国节约集约用地模范市”、“国家生态保护与建设示范区”和“国家可再生能源建筑应用示范市”等荣誉。

改革开放不断深入。紧扣发展中面临的突出问题，加大改革攻坚力度，重要领域和关键环节改革取得重要阶段性成果。有力有序推进行政区划调整、社会事业“管办分离”、市属国有企业等重点领域改革，深化行政审批、医药卫生、商事登记、公共资源交易、财税等重点制度改革，复制推广上海自贸区改革创新事项 48 项。组建文旅集团、金融投资公司、江苏资产管理公司，获批成立中韩（无锡）科技金融服务合作区、海峡两岸金融与科技合作试验区，积极有效化解金融风险。开放型经济体系进一步完善，“十二五”期间累计利用外资 172 亿美元，对外投资 60 亿美元，进出口总额位列江苏省第二。国家级开发区增至 7 个，苏南国际机场开通境内外客货运航线近 40 条，柬埔寨西哈努克港经济特区首期 5.28 平方公里建设基本完成。

二、“十三五”：高水平全面建成小康社会

“十二五”发展取得了巨大成就，但对照“强富美高”新无锡建设的目标要求，且囿于自身发展思路、发展阶段以及外部宏观环境影响和资源要素制约，无锡经济社会发展仍然存在着较多的问题、困难和矛盾，主要是：自主创新能力不强，新兴产业支撑力不足，部分行业产能严重过剩，部分企业生产经营困难，信贷债务风险有所显现；资源、环境、发展空间约束趋紧，人口老龄化加速，制约发展的体制机制障碍仍然存在；城乡区域发展不够平衡，基本公共服务供给不足；法治建设和社会治理能力建设还存在差距，市民文明素质和社会

文明程度有待提升。面对“十二五”期间取得的成绩和存在的问题，无锡充分认识到，“十三五”时期，是无锡打造现代产业发展新高地的关键期、增创改革开放新优势的攻坚期、城乡发展一体化的加速期、生态文明建设的深化期、社会文明建设的提升期，也是无锡人民生活水平的提质普惠期。必须探索发展新路，描绘高水平全面建成小康社会的宏伟蓝图。

高水平全面建成小康社会，是历史的选择、发展的选择、人民的选择。中央和江苏省委要求，发展比较快的地区要为全国、全省全面建成小康社会作出贡献。无锡是全国比较发达地区，是苏南板块的重要成员，担当历史责任，就是要体现出小康社会建设的“高水平”，体现“强富美高”的新要求，满足人民群众对幸福生活的更高期盼，在巩固提升全面小康社会建设成果的基础上，积极探索开启基本现代化建设新征程。

从目标内涵来看，高水平全面建成小康社会的“高水平”，首先是全面达标基础上的高要求，是覆盖领域的全面化，是五位一体的全面进步。即在坚持以经济建设为中心的同时，全面推进经济、政治、文化、社会、生态文明建设，促进全面小康社会建设各个方面协调发展，做到既有经济的硬实力又有文化的软实力，既有产业的不断发展又有优美的生态环境，既有丰硕的物质成果又有文明的社会风尚，既有社会的全面进步又有人的全面发展。同时，覆盖的人口和区域也要全面。不仅大多数群众的问题要解决好，而且低收入困难群众的问题更要解决好，以共建共享、兜牢底线、提高基准的思路和有力举措保障好基本民生，使发展更有“温度”。不仅要缩小城乡区域之间经济发展上的差距，更要缩小居民收入、社会事业、基础设施、公共服务等方面的差距，在更高层次上实现整体推进、区域协调。其次，“高水平”应该是人民群众认可的高标准。人民群众是高水平全面小康社会建设的主体，也是高水平全面小康社会建设成果享受的主体，“高水平”不能简单看指标数据，更要看群众的实际感受，使群众更多地分享改革发展的成果。最后，“高水平”是为迈向基本现代化奠定坚实基础的高起点。全面小康和基本现代化是紧密相连的发展阶段，全面小康的基础打的越扎实，基本现代化建设就越顺利。必须显著增强可持续发展能力，切实提高发展的质量和效益。

从内容构成看，高水平全面小康社会建设要实现以下目标：

打造产业发展新高地，在“经济强”上取得突破进展。经济运行保持在合理区间，呈现向上向好势头，地区生产总值年均增长 7.5% 左右，提前实现地区生产总值比 2010 年翻一番。基本形成以新兴产业为先导、先进制造业为主体、现代服务业为支撑的现代产业体系，基本形成以市场为导向、企业为主体、高校院所为支撑的产业科技创新体系，基本形成产业结构合理、产业发展集聚、产业竞争优势明显的现代产业发展新高地。苏南国家自主创新示范区建设取得重要成果，主要创新指标达到创新型国家和地区中等以上水平。农业现代化走在前列，城乡区域协调发展水平显著提高。全方位开放新格局基本形成，开放型经济质量和水平进一步提升。到 2020 年，科技进步贡献率达到 66%，全社会研发投入占 GDP 比重超过 3.1%，规模以上工业总产值突破 2 万亿元，高新技术产业产值占规模以上工业总产值比重达到 45%，服务业增加值占 GDP 比重和农业现代化水平明显提高，全员劳动生产率达到 28 万元 / 人，五年累计到位注册外资 180 亿美元。

共建共享民生新成果，在“百姓富”上取得切实成效。建立健全居民收入持续增长机制，低收入者收入明显增加，中等收入群体持续扩大，收入差距逐步缩小，经济薄弱村全部脱困转化，提前实现城乡居民人均收入比 2010 年翻一番。基本公共服务实现常住人口全覆盖均等化，城乡“六个一体化”水平明显提高。促进实现充分就业、稳定就业、更高质量就业，创业致富、共同致富活力迸发。教育质量进一步提高，优质教育资源受惠面更宽，总体实现教育现代

◀ 城中购物公园

化。现代医疗卫生体系建设取得重要进展，健康无锡建设加快推进，更好满足人民群众多层次、多样化医疗服务需求，居民健康主要指标达到国际先进水平。社会救助和社会保障体系进一步完善，实现从制度全覆盖到法定人员全覆盖的跨越。建立比较完善的养老助残服务体系。居住品质不断提升。到 2020 年，城镇调查失业率控制在 5% 以内，城乡基本社会保险覆盖率保持在 98% 以上，五年累计新增城镇就业 50 万人，现代教育发展水平达到 95 分。

开辟绿色发展新路子，在“环境美”上得到显著改善。资源节约型、环境友好型社会建设取得显著成效，生产方式和生活方式绿色、低碳水平上升。能源资源综合利用效率大幅提高，主要污染物排放总量大幅减少，太湖综合治理长效机制基本建立，环境风险得到有效控制，太湖无锡水域水质一年比一年好。主要功能区建设成效明显，生态安全屏障基本形成。城乡生态环境显著改善，人居环境更加宜人。生态产品供给持续增加，生态文明制度体系更加健全，全社会环保意识显著增强。到 2020 年，土地开发强度严格控制在 33% 以内，单位 GDP 能耗降低 15% 以上，空气质量达到二级标准的天数比例达到 72%，地表水好于Ⅲ类水质的比例达到 70% 以上，林木覆盖率保持在 27% 以上。

展现文明法治新风貌，在“社会文明程度高”上得到明显提升。中国梦和社会主义核心价值观更加深入人心，向上向善、诚信互助的社会风尚更加浓厚。人民群众思想道德素质、科学文化素质、健康素质明显提高。文化事业文化产业繁荣发展，公共文化服务体系更加完善，文化体制改革取得重要突破，人民群众文化享有、文化提升、文化创造的需求和愿望得到更好满足。法治无锡建设扎实推进，人民民主更加健全，法治政府基本建成，法治经济和法治社会建设加快推进，司法公信力明显提高。人权得到切实保障，产权得到有效保护。公共安全水平进一步提高，人民群众安全感持续提升，到 2020 年，群众安全感保持在 92% 以上，城乡和谐社区建设达标率达到 98%，基层社会服务管理三级平台合格率达到 98%，城乡居民依法自治率达到 99% 以上。

三、高水平全面建成小康社会的路径

（一）全面推进六大发展战略

自觉践行党的十八届五中全会提出的“创新、协调、绿色、开放、共享”的发展理念使之成为引领无锡建设高水平全面小康社会的指路明灯。在发展战略上，实施六大发展战略。

一是创新驱动发展核心战略。坚持把发展的基点放在创新上，大力推进以科技创新为核心的全面创新，突出产业科技创新，着力增强自主创新能力，着力破除体制机制障碍，最大程度地解放和激发创新活力，使创新成为经济社会发展的主引擎，加快形成以创新为主要引领和支撑的经济体系和发展方式。创新驱动实质上是人才驱动，创新驱动战略实质上就是人才驱动战略。大力强化“人才是第一资源”的思想，围绕发展需要和创新方向，着力夯实科教基础，完善教育体系，提高科学素质，优化人才环境，打造高水平创新人才队伍，为经济社会持续健康发展提供有力保障。

二是产业强市主导战略。从无锡经济发展的禀赋和定位出发，牢固树立“实业为本、产业强市”的理念，主动融入全球产业分工体系，落实《中国制造2025江苏行动纲要》，主动对接国家、省重大发展战略和产业发展政策，着力推进信息化和工业化、制造业和服务业的深度融合，积极发展新产业、新技术、新业态和新模式，不断推进产业转型升级，不断提高产品质量和品牌影响力，以制造强促进工业强、以产业强支撑经济强，着力抢占产业发展制高点，增创无锡经济发展新优势。

三是全面开放战略。主动适应国家全面扩大开放的新格局，积极抢抓“一带一路”国家战略机遇，坚持对外开放和对内开放并举，坚持内外需协调、进出口平衡、更高水平“引进来”和更大步伐“走出去”并举，坚持引资和引技引智并举，不断拓展对外开放的广度和深度，全面提升开放型经济的层次和水平，以开放促改革、促调整、促转型、促发展，不断提高我市区域和国际竞争力。

四是新型城镇化和城乡发展一体化战略。大力推进以人为核心的新型城镇化，深入推进城乡发展一体化综合改革，加快推进“六个一体化”进程，促进农村基础设施配套、功能区域分明、产业特色鲜明、生态环境优美、经济持续发展、农民生活富裕、农村社会文明、组织坚强有力、镇村管理民主，全面提高城镇化发展质量和水平，增强城镇综合承载能力和可持续发展能力，提高无锡城市集聚辐射能力。加快构建新型城乡关系，加快形成城乡发展一体化新局面。

五是可持续发展战略。把生态文明的理念融入经济社会发展各方面和全过程，着力推进生产方式、生活方式、消费方式的绿色化，弘扬生态文化，完善法规和制度保障，守住生态红线，促进经济发展与生态文明相辅相成、相得益彰，促进人与自然和谐共生，加快建设美丽宜居新无锡。

六是民生共建共享战略。全面落实以人民为中心的发展思想，把富民优先、民生幸福作为经济社会发展的根本价值取向，鼓励创业致富、勤劳致富，提高公共服务均等化水平，提高社会事业发展水平，提高保障改善民生水平，在共建中共享、在普惠中提质，不断增强人民群众的获得感和幸福感。

（二）高水平全面建成小康社会的重点措施

1. 加快建设现代产业发展新高地，全面增强产业竞争力和经济综合实力

坚持产业强市，以提高质量效益为中心，以创新驱动为主引擎，以智能化、绿色化、服务化、高端化为引领，厚植制造业发展优势，打造现代产业体系，增强产业竞争力，推动经济发展迈上新台阶。

一是提升自主创新能力，增强区域核心竞争力。以苏南国家自主创新示范区建设为龙头，深入推进创新驱动发展，加快建设创新型城市和产业科技创新领军城市。优化无锡区域创新体系和创新平台布局，加快形成“一区三核多特”［“一区”指无锡国家传感网创新示范区，“三核”指无锡国家高新技术产业开发区、江阴国家高新技术产业开发区和宜兴环保科技工业园，“多特”指辐射到各市（县）区的特色高科技产业园区基地］的创新发展新格局。加快构建以市场为导向、企业为主体、高校院所为支撑的产业科技创新体系。健全技术创新市场导向机制，强化科技与经济、创新成果与产业、创新项目与现实生产力、研发人员创新劳动与利益收入“四个对接”。强化企业创新主体地位和主导作用，实施创新型企业培育计划，培育有国际竞争力的创新型领军企业，以高新技术企业为主力军的创新企业集群。发挥高校和科研院所的创新源头作用，实施现代产业发展共性技术创新行动计划，建立健全产学研协同创新机制，推动跨领域跨行业协同创新，鼓励支持企业、高校和科研院所围绕现代产业发展重大需求和关键共性技术建设协同创新中心，鼓励企业主导构建产业技术创新联盟。营造促进创新发展的良好环境。推动政府职能从研发管理向创新服务转变，构建普惠性创新支持政策体系。积极争取和承担国家重大科技项目，争取国家重大科技基础设施和国家实验室落户无锡。主动对接上海科技创新中心建设，积极参与国际大科学计划和大科学工程，加强与相关创新型国家和地区之间的产业研发合作。推动创新创业人才集聚。加快苏南人才管理改革试验区建设，把无锡建设成为充满活力的人才高地。

二是推进产业转型升级，构建现代产业体系。加快形成以新兴产业为先导、先进制造业为主体、现代服务业为支撑的现代产业体系，把无锡打造成国内一流、具有国际影响力的制造强市。大力发展新一代信息技术产业、高端装备制造、节能环保、生物医药、新能源和新能源机车、新材料、高端纺织及服装等先进制造业。实施先进制造业集群培育计划，培育一批千亿级产业集群和品牌集群，培育一批“专精特新”成长型中小企业和“科技型小巨人”企业。改造提升传统产业，对接工业强基工程，实施企业制造装备升级计划，建立“千企技改”长效机制，开展产品质量标准提升行动，引导企业瞄准国际同行业标杆推进技术改造，全面提高产品技术、工艺装备、能效环保等水平。推进智能制造，构建新型制造体系，引导制造业向分工细化、协作紧密方向发展，促进信息技术向市场、设计、生产等环节渗透，推动生产方式向柔性、智能、精细转变。培育壮大战略性新兴产业。突出先导性和支柱性，发挥产业政策导向和促进竞争功能，按照市场化原则进一步完善战略性新兴产业发展基金运作机制，推动物联网、微电子、软件与服务外包等新兴产业集聚发展，做精做特做优做强一批新兴产业。大力发展现代服务业，引进和培育一批现代服务业骨干企业，打造具有国际竞争力、引领产业发展的创新型服务业领军企业。加快农业现代化步伐。转变农业发展方式，积极培育新型农业经营主体，实施新型职业农民培育推进工程，开展耕地质量提升行动，发展多种形式适度规模经营，提高农业物质装备和技术水平。积极发展新经济新业态新模式，促进互联网与经济社会融合发展。加快培育经济发展新供给新动力。着力加强供给侧结构性改革，提高供给体系质量和效益。

三是扩大对内对外开放，增创开放型经济新优势。积极对接“一带一路”建设，推进与沿线国家、地区在基础设施建设、经贸产业、服务贸易、人文交流等领域的全面合作，鼓励企业在沿线国家、地区布局和集聚发展，加快柬埔寨西港特区建设，使无锡成为全省“一带一路”建设的重要支撑城市。主动融入长江经济带建设，加快完善综合交通枢纽体系，优化沿江产业发展，深化区域城市合作，努力成为长江经济带发展战略中的重要节点城市。全面对接服务上海，积极参与长三角世界级城市群合作共建。促进苏锡常都市圈一体化发展，推动锡常泰跨江融合发展。拓展东中西部产业合作，继续推动南北挂钩，深化对口支援。加强与港澳台经贸合作，推进与友好城市全面合作。促进开放型经济转型升级。鼓励企业“走出去”，加快培育一批本土跨国企业，着力推动开发区转型升级，并创新对外开放体制机制。

四是推进新型城镇化和城乡发展一体化，在更高层次上统筹城乡区域协调发展。开展全国新型城镇化综合试点，实施“强富美高”新农村建设推进行动，形成以工促农、以城带乡、工农互惠、城乡一体的新格局。落实区域协调发展“苏南提升”的要求，增强区域发展的整体性和协调性，形成竞相发展、全面发展的良好态势。构建新型城镇化推进机制。深化户籍制度改革，促进有能力在城镇稳定就业和生活的农业转移人口举家进城落户，并与城镇居民享有同等权利和义务，提高户籍人口城镇化率。健全城乡发展一体化体制机制。加大“六个一体化”统筹推进力度，促进城乡要素平等交换、合理配置和基本公共服务均等化。推动区域协调发展。强化规划引领作用，优化市域“一体两翼”空间布局，构建以中心城市为核心，以江阴、宜兴为副中心，以重点镇、特色镇为支撑，以规划发展村庄为节点的城镇体系。实施重大公共设施和基础设施工程共建共享，推进基础设施体系互联互通，加快推进沿江、跨江、跨湖重要通道建设，重点抓好苏锡常南部高速公路、南沿江铁路、盐泰锡常宜铁路及江阴长江公铁大桥建设，加快实施轨道交通、快速路和主次干道建设，构建设施完善、内外通达、便捷高效的现代综合交通运输体系。

2. 扎实推进民生建设，不断增强人民群众获得感

坚持以人为本、民生优先、共享发展，深入推进民生幸福工程，扎实办好民生实事，努力让人民群众有更好的教育、更稳定的工作、更满意的收入、更可靠的社会保障、更高水平的医疗卫生服务、更舒适的居住条件、更优美的环境。

一是促进城乡居民持续普遍增收。坚持居民收入增长与经济发展同步、劳动报酬增长与劳动生产率提高同步，继续实施居民收入倍增计划，逐步缩小收入差距，促进共同富裕。大力促进就业创业。实施更加积极的就业政策，创造更多就业岗位，实施就业质量提升工程，着力解决结构性就业矛盾。构建劳动者终身职业技能培训制度。推行工学结合、校企合作的技术工人培养模式，全面推行企业新型学徒制，提高技术工人待遇。维护劳动者平等就业权利，构建和谐劳动关系。深化收入分配制度改革。完善收入分配制度和劳动报酬增长机制，规范初次分配，加大再分配调节力度。实行有利于缩小收入差距的政策，明显增加低收入劳动者收入，扩大中等收入者比重。规范收入分配秩序，保护

合法收入，规范隐性收入，遏制以权力、行政垄断等非市场因素获取收入，取缔非法收入。

二是创新完善精准帮扶助困机制。实施低收入人员和经济薄弱村脱困致富奔小康工程，提升标准，聚焦重点，创新机制，丰富内涵，织牢底线，切实减少相对贫困。建立城乡困难群众精准帮扶机制。以低保家庭、低收入家庭和特殊困难人员为重点，创新帮扶政策和运作机制，进一步加大产业开发、就业帮扶、转移支付、政策兜底等工作力度，做到帮扶精准到村（社区）、到户、到人，增强城乡困难群众自我发展能力，建立健全以最低生活保障为基础、以专项救助为辅助、以社会力量共同参与为补充的现代社会救助体系，全面实现城乡低保标准一体化。确保低保家庭收入增长高于城镇居民可支配收入增长，到2020年人均年收入达到12000元以上。创新经济薄弱村精准帮扶机制。强化政策支持，巩固经济薄弱村结对帮扶成果，深化机关单位与经济薄弱村结对挂钩活动，鼓励引导企业、社会组织和个人自愿参与帮扶，引导经济薄弱村推进新“八有”建设，发展集体经济，增强“造血”功能。到2020年经济薄弱村年收入全部达超200万元，全面实现脱困转化。

三是提高社会事业发展水平。坚持普惠性、保基本、均等化、可持续方向，从解决人民群众最关心、最直接、最现实的利益问题入手，增加公共服务供给，创新公共服务提供方式，提高公共服务共建能力和共享水平。提高教育现代化水平。坚持教育优先发展，深化教育领域综合改革，促进教育公平，提高教育质量和办学水平，高水平建成苏南教育现代化示范区。加快高等教育发展，支持在锡高校发展，引进新的本科高校，努力建设高水平中外合作大学。增强人民健康保障。推进医药卫生体制改革，加快构建现代医疗卫生服务体系，加快健康产业发展，努力打造健康无锡。全面推进公立医院改革，探索建立现代医院管理制度，切实解决群众关切的“看病难、看病贵”问题。推进公共卫生体系建设，强化重大疾病综合防治、职业病危害防治和突发公共卫生事件应急机制。完善基本药物制度，健全药品供应和质量安全保障机制，理顺药品价格，提高药品质量。加快医疗国际化步伐。建设高水平、全覆盖的公共体育服务体系，大力推进体育资源共建共享，建设智慧体育城市。促进人口均衡发展。坚持计划生育基本国策，贯彻人口发展战略，全面实施一对夫妇可生育两个孩子政策。创新人口服务管理体制，健全人口发展投入保障机制，优化人口发展环境，开展提升人口素质行动计划，不断优化人口素质结构和空间布局。开展应对人口老龄化行动。全面推进国家养老服务业综合改革试点，大力发展老龄服务事业和养老服务产业，推进医养护结合，积极推进以居家为基础、社区为依托、机构为补充的多层次养老服务体系建设，到2020年实现居家养老服务全覆盖。

四是建立更加公平更可持续的社会保障制度。坚持“全覆盖、保基本、多层次、可持续”的方针，以稳步提升水平和强化制度衔接为重点，健全覆盖城乡居民的社会保障制度体系。

实施全民参保计划，力争法定人员应保尽保，基本解决户籍人口“缺保”、“断保”问题。建立统筹机关事业单位和企业退休人员基本养老金、城乡居民基础养老金待遇正常调整机制，坚持以基本养老保险为重点，职业年金、企业年金和商业养老保险为补充，稳步提高基本养老保险待遇水平。完善基本医疗保险制度，建立城乡统一的居民医疗保险制度，拓展医保个人账户功能，提升医保基金使用效率。实施“阳光医保工程”，深化医保支付方式改革，强化医保基金监督管理。全面实施城乡居民大病医疗保险，加快发展商业健康保险，发挥商业保险对基本医疗保险、大病保险的重要补充作用。健全预防、补偿、康复“三位一体”协调发展的工伤保险制度。加强社会保险经办服务能力建设，健全完善社保转移衔接机制和异地就医结算系统。促进社会福利由补缺型向适度普惠型转变，发展公益慈善事业。完善住房保障和供应体系。加快危旧房和“城中村”改造，推进物业管理标准化。加强房地产市场分类指导，改善供求关系，规范市场秩序，化解房地产库存，促进房地产业持续健康发展，满足群众多层次住房需求。

3. 全面改善生态环境质量，建设美丽宜居城市

把生态文明建设放在突出的战略位置，深入实施生态文明建设工程，推进资源节约型、环境友好型社会建设，推动形成绿色生产方式、生活方式和消费方式，建设人文与山水交相辉映、人与自然和谐共生的美丽宜居城市。

一是加快主体功能区建设。全面落实主体功能区规划，抓好生态空间管控与保护，划定农业空间和生态空间保护红线，构建科学合理的城市化格局、农业发展格局、生态安全格局、自然岸线格局。推动优化开发区域产业结构向高端高效发展，推动重点开发区域提高产业和人口集聚度，重点生态功能区实行产业准入负面清单。贯彻落实无锡市生态红线区域保护规划，强化刚性约束，落实管控措施，不断提升生态红线区域的生态功能。实施生态保护和修复工程，推进自然保护区规范化建设，加强沿江、环太湖、古运河、马山、宜南山区等特色区域生态风貌保护。强化饮用水源地保护和监测。以县级行政区为单元，建立由空间规划、用途管制、领导干部自然资源资产离任审计、差异化绩效考核等构成的空间治理体系。

二是积极推动绿色发展。实行能源和水资源消耗、建设用地等总量和强度双控行动，提高节能、节水、节地、节材标准，强化约束性指标管理，建立健全用能权、用水权、排污权、碳排放权初始分配制度，实施全民节能行动计划，开展能效、水效、环保领跑者引领行动。实施近零碳排放区示范工程。实行最严格的水资源管理制度，实施雨洪资源利用和再生水利用工程。实行最严格的节约集约用地制度和耕地保护制度，严格控制新增建设用地，严格控制建设用地总量，严格节约集约用地考核，建立产业用地绩效管理平台，着力推进存量建设用地内涵挖潜和高效配置，切实提高土地利用效率。加快推进绿色生产，推进工业绿色改造，推动建立绿色低碳循环发展产业体系，鼓励企业工艺技术装备更新改造。发展绿色金融，设立绿色发展基金。实施循环发展引领计划，推行企业循环式生产、产业循环式组合、园区循环式改造，减少单位产出物质消耗。加强生活垃圾分类回收和再生资源回收的衔接，推进生产系统和生活系

▲ 环境怡人的花园小区

统循环链接。大力发展节能环保产业，把宜兴环保科技工业园建设成为具有国际竞争力的节能环保产业基地，形成新的支柱产业。提升生态农业水平，应用农业循环产业链模式，推动农业向绿色生产转变。大力倡导绿色生活，普及生态文化。

三是加大环境污染综合治理力度。以改善环境质量为核心，实行最严格的环境保护制度，加强社会公共环保基础设施建设和管理，实施工业污染源稳定达标排放计划，推进多污染物综合防治和区域联防联控，形成政府、企业和公众共治的环境治理体系。深入实施水污染防治行动计划。突出以太湖为重点的水环境治理，按照源头治理、精准治理、综合治理、依法治理和长效治理的原则，创新太湖治理的体制机制和政策办法，加快推进新孟河建设，全面完成新沟河拓浚工程，提升蓝藻打捞和资源化利用水平，推动国家水专项科技示范工程与治理工程有效结合，突出氮磷控制，努力消除大面积湖泛发生隐患，促进湖体水质持续好转。加强工业污染防治，控制农业面源污染，全面消除全市域黑臭水体。推进地下水污染防治。强化区域环境治理协作，积极推进环太湖地区和长江流域生态文明联动发展机制，共同维护区域生态环境安全。扎实推进大气污染防治行动计划和土壤污染防治行动计划。

四是改善城乡人居环境。把创造优良人居环境作为城市工作的中心目标，提高城市规划、建设、管理水平，进一步优化城乡布局和形态，优化镇村布局规划，逐步形成全民共享的安居体系、配套完善的适居服务、品质卓越的宜居环境。科学确定城镇发展规模，强化城镇边界约束增长，推动城市有机更新，促进城市地上地下空间复合利用，推进海绵城市建设，实施城市地下管网改造和综合管廊建设，加快消防、危化品应急管理和集中经营、防洪防涝等设施建设。推进智慧城市建设，实施支撑保障“互联网 +”新硬件工程。加强城市公共交通、静态交通设施建设，加强历史文化名城建设，在新城建设中注重融入传统文化元素、延续历史文脉，提升城镇特色魅力。深化城市环境综合整治行动，全面整治“背街小巷”脏乱差问题，提升城市形象和环境面貌。加快建设美丽乡村。深化农村生态文明示范建设，按照康居村、美丽村、整洁村标准建设重点村、特色村、一般自然村。实施历史文化名镇名村和传统村落乡村特色保护计划，加大传统村落民居和历史文化名村保护力度，塑造“看得见山、望得见水、记得住乡愁”的具有浓郁乡土气息的特色村庄，促进乡村旅游休闲业发展。

五是健全生态文明制度体系。落实中央《生态文明体制改革总体方案》，落实环境保护党政同责和一岗双责，健全自然资源资产产权制度，建立国土空间开发保护制度，建立空间规划体系，完善资源总量管理和全面节约制度，健全资源有偿使用和生态补偿制度，建立环境治理体系，健全环境治理和生态保护市场体系，推进生态环境损害赔偿制度改革，完善生态文明绩效评价考核和责任追究制度，推动生态文明建设治理体系和治理能力现代化。

4. 加强文化建设和社会治理，提升城市软实力

顺应社会发展需要，加快文化改革发展，加强和创新社会治理，不断提升市民文明素质和社会文明程度，提高社会治理能力现代化水平，为经济社会发展提供坚强的思想保证和精神动力。

一是推进文化繁荣发展。深入实施文化建设工程，推动文化建设与全市经济社会发展水平相适应，把无锡建设成为具有文化核心竞争力、文化创新发展力、文化影响力的区域性文化高地。加强先进思想文化引领。坚持用邓小平理论、“三个代表”重要思想、科学发展观和习近平总书记系列重要讲话精神武装头脑、教育人民，深化中国特色社会主义和中国梦宣传教育。积极培育和践行社会主义核心价值观，深入开展爱国主义、集体主义、社会主义教育，发扬党的光荣传统和优良作风，大力弘扬民族精神、时代精神和“三创三先”新时期江苏精神、“四千四万”精神，提升全社会精神追求。加大红色资源宣传推介力度，促进优秀传统文化的宣传普及。加强和改进基层宣传思想文化工作，推进志愿服务制度化，深化群众性精神文明创建和未成年人“八礼四仪”养成教育，注重通过法律和政策向社会传导正确价值取向，促进全社会形成“爱、敬、诚、善”的良好道德风尚。推进文化事业发展，加快构建覆盖城乡、便捷高效、保基本、促公平的现代公共文化服务体系。坚持以人民为中心的创作导向，积极打造文艺精品。推动锡剧、惠山泥人、宜兴紫砂等传统文化传承发展。推进惠山祠堂群、荡口古镇和宜兴紫砂陶制作技艺申遗，推进非物质文化遗产系列保护工程。推动文化产业提质增效升级。加快文化产业结构调整，推进文化产业重大项目建设，强化文化创意的引领功能，促进文化与科技、金融、信息、旅游等融合，鼓励新型文化业态发展，扩大和引导文化消费。深化文化体制改革，完善文化管理体制和文化生产经营机制，构建现代公共文化服务、产业、市场体系。加强宣传舆论阵地建设，发展积极向上网络文化。推动传统媒体和新兴媒体融合发展，加快媒体数字化建设，打造一批新型主流媒体，提升新媒体格局下的价值引导力。

二是提升社会治理水平。坚持系统治理、依法治理、综合治理、源头治理，深入实施社会治理创新工程，推进平安无锡建设，完善党委领导、政府主导、社会协同、公众参与、法治保障的社会治理体制，全面提升社会治理现代化水平。完善基层社会治理体系。坚持重大决策社会稳定风险评估制度，完善社会矛盾纠纷防范化解机制，健全利益表达、利益协调、利益保护机制，引导群众依法行使权力、表达诉求、解决纠纷，有效预防化解矛盾纠纷。创新发展大调解机制，推进“阳光信访”，完善矛盾纠纷多元化解工作体系。加强市（县）区、镇（街道）、村（社区）三级综合服务管理平台规范化建设，推进社会治理精细化。以治理协同化、政务扁平化、自治民主化、服务社会化、运行信息化为模式创新基层社区治理，健全公共安全体系。以信息化为支撑，加快建设立体化现代化社会治安防控体系，严密防范、依法惩治各类违法犯罪活动，加强禁毒工作，扎实推进公共交通安全、消防安全、重点场所安全防范、社会面巡防、特殊人群和流动人口服务管理、突发事件应急处置等机制建设。完善落实安全生产责任和管理制度，实行党政同责、一岗双责、失职追责，落实相关部门监督管理职责、企业主体责任，坚决遏制重特大安全生产事故发生。坚持以防为主、防抗救相结合，加强气象、地质等灾害的监测预警，全面提高全社会抵御自然灾害的综合防范能力。贯彻食品安全战略，坚持产管并重，实施食品安全专项行动计划，强化监管专业能力和队伍建设，建立科学完善的食品药品安全技术支撑体系和追溯体系。

三是完善社会信用体系。加快政务诚信建设，坚持依法行政、“阳光行政”，提高政府公信力。大力推进司法公信建设，构建开放、动态、透明、便民的司法机制。加快商务诚信建设，强化企业社会责任，促进企业自觉履行诚信义务，营造诚信市场环境。全面推进社会诚信建设，创建社会信用示范城市，加快构建社会诚信体系，建立完善自然人在经济社会活动中的信用记录，引导职业道德建设与行为规范。加快建立覆盖全社会的信用信息系统，推进信用信息互联互通和交换共享。建立和完善守信激励、失信惩戒和信用监管机制，培育规范信用服务市场，基本建成全社会信用服务体系。

5. 深化改革和法治，加强党的领导，为新无锡建设提供动力和保障

认真落实中央和省委关于改革和法治建设的各项部署，坚持全面深化改革和全面依法治市“双轮驱动”，切实加强和完善党的领导，为“强富美高”新无锡建设和高水平全面建成小康社会提供强劲的动力和有力的保障。

一是打好全面深化改革攻坚战。坚持整体设计与基层探索相结合、统筹推进与重点突破相结合，协调推进经济、政治、文化、社会、生态文明体制改革和党的建设制度改革，确保到2020年完成全面深化改革各项任务，形成系统完备、科学规范、运行有效的体制机制。

实现重点领域改革突破。加快政府职能转变，持续推进简政放权、放管结合、优化服务，着力深化行政审批制度改革，全面提升涉企审批、监管和服务效率，积极推进相对集中行政许可权和综合行政执法改革。深化农村综合改革，增强农村经济社会发展活力。推进国企改革和混合所有制经济改革，不断激发非公有制经济活力和创造力。加快资源要素市场化配置改革，构筑统一的公共资源交易平台体系，促进公共资源交易法制化、规范化、透明化，促进人才、资金、科研成果在城乡、企业、高校、科研机构间有序流动，提高公共资源配置的效率和效益。深化财税体制改革，建立现代财政制度、税收制度，建立事权和支出责任相适应的制度，建立健全政府全口径预算管理体系，实施跨年度预算平衡机制和中期财政规划管理。加快金融体制改革，培育多层次金融市场主体，发展普惠金融，建立完善促进金融创新的配套政策和机制，加强对中小微企业、农村特别是经济薄弱地区金融服务，降低企业融资成本，提高金融服务实体经济效率。创新财政支持经济发展方式，通过拨改投、拨改贷、拨改转等方式，撬动社会资本、金融资本进入实体经济。通过PPP、资源资产证券化等途径，发挥市场机制作用，改革公共产品提供方式，提高公共服务供给效率。健全完善改革推进机制和改革督察机制，建立定期评估机制，确保各项改革目标任务落到实处。

二是全面推进依法治市。坚定不移走中国特色社会主义法治道路，深入推进科学立法、严格执法、公正司法、全民守法，努力建设法治无锡。坚持科学立法。加强党对立法工作的领导，充分发挥人大及其常委会在立法工作中的主导作用，健全立法项目立项、起草、论证、协调、审议工作机制。加强和改进政府立法制度建设，完善政府规章制定程序。坚持问题导向、改革方向，突出抓好重点领域立法工作，健全公众参与地方立法机制，不断提高立法科学化、民主化水平。推进依法行政。加快法治政府建设，依法设定权力、行使权力、制约权力、监督权力，完善政府部门权力清单和责任清单制度。完善行政决策程序规定，明确重大行政决策范围，建立重大决策终身责任追究制度及责任倒查机制，推行政府法律顾问制度。促进公正司法，推进司法体制改革。完善对权利的司法保障、对权力的司法监督，提高司法公信力，切实维护公平正义，打造阳光司法。建设法治社会把全民普法和守法作为依法治市的长期和基础性工作，加强法治文化建设，弘扬法治精神，深入开展“七五”普法。完善法律援助制度，培育发展公共法律服务组织，加强法治工作队伍建设。

三是加强和改善党的领导。认真落实全面从严治党的要求，深入实施党建工作创新工程，充分发挥党委总览全局、协调各方的领导核心作用，切实提高领导发展的能力和水平。完善党领导经济社会发展的工作体制机制。提高运用新的发展理念推动经济社会发展的能力，提高把握方向、谋划全局、提出战略、制定政策、推进改革、破解难题的能力。加强制度建设，注重运用法治思维和法治方式推动发展。加强党的各级组织建设，强化基层党组织整体功能。严明党的纪律和规矩，落实党风廉政建设主体责任和监督责任，健全改进作风建设长效机制，努力实现干部清正、政府清廉、政治清明的良好政治生态。充分发扬民主，贯彻群众路线，加强思想政治工作，注重发挥工会、共青团、妇联等群团组织的作用。巩固和发展最广泛的爱国统一战线，充分发挥民主党派、工商联和无党派知识分子联谊会作用，促进政党关系、民族关系、宗教关系、阶层关系、海内外同胞关系和谐，最大程度凝聚社会共识和力量，保证高水平全面建成小康社会的宏伟事业顺利推进。

展望未来，围绕建设“强富美高”新无锡的要求，无锡一定能够在高水平全面建成小康社会和基本实现现代化建设的伟大事业中再展宏图，谱写出更加绚烂的中国梦的无锡篇章！

后　记

《无锡》作为《当代中国城市发展》丛书之一卷，经过编纂人员的共同努力，和广大读者见面了。

本书以无锡城市的历史沿革、规划建设、功能布局及其与经济、社会、文化活动的相关关系为研究对象，彰显无锡丰厚的历史文化底蕴，弘扬无锡优秀的人文精神，展现无锡城市建设发展的进程，探索具有无锡特点的城市化发展道路，思考和展望无锡未来发展的美好前景。

本书由无锡市社科联牵头组织编纂。在编写过程中，得到了市委市政府和市委宣传部领导的高度重视，市规划局、市建设局、市经信委、市旅游局、市史志办等单位给予了大力支持。在本书付梓之时，谨向支持本书工作的各级领导、有关部门和全体编写人员致以诚挚的谢忱！

本书的内容和数据总的截止时间为2015年底。由于研究和写作周期等原因，本书专题篇的部分内容和数据截至2012年底，涉及2012—2015年的有关内容和数据在第三部分进行了总体概括和论述。

由于本书涉及的年代跨度较大，且限于课题组写作水平，疏漏不妥之处在所难免，祈请广大读者批评指正。

《无锡》课题组

2016年1月